Das Buch

– eine spekulative Untersuchung des Grals und des Templerordens, die seit dem Bestsellererfolg von »Der heilige Gral und seine Erben« auch bei uns breit diskutiert wird

– die Entschlüsselung eines »esoterischen Geheimnisses« mit dem Wissen des Raumfahrtzeitalters

– die Geschichte der Kreuzzüge als Kampf um ein »außerirdisches Erbe«

Die Autoren

Dr. Johannes Fiebag, Jahrgang 1956, geboren in Northeim, Dipl.-Geologe. Er studierte Geologie und Paläontologie an der Universität Würzburg und promovierte über ein Spezialgebiet der Planetologie.

Peter Fiebag, Jahrgang 1958, geboren in Northeim, Dipl.-Hdl. Er studierte Philologie, Wirtschaftspädagogik und Publizistik an der Universität Göttingen und widmete sich mehrere Semester der Mediävistik.

Beide Autoren haben diverse Aufsätze in Zeitschriften und Magazinen veröffentlicht, beide waren Referenten auf den Weltkonferenzen der »Ancient Astronaut Society« und sind Herausgeber der ersten wissenschaftlichen Anthologie zum Thema »Paläo-SETI« (»Aus den Tiefen des Alls«, Tübingen 1985) sowie Autoren weiterer Bücher. Ihr gemeinsamer Vortrag »Der Gral – ein außerirdisches Gerät« war eines der meistbeachteten Referate auf der 8. Weltkonferenz der AAS 1982 in Wien.

JOHANNES UND PETER FIEBAG

DIE ENTDECKUNG DES GRALS

Auf den Spuren der Manna-Maschine,
der Bundeslade
und des Templerordens

GOLDMANN VERLAG

Neubearbeitete Ausgabe des 1983
in der Edition buch 2000 erschienenen Buches

Der Goldmann Verlag
ist ein Unternehmen der Verlagsgruppe Bertelsmann

Made in Germany · 8/90 · 2
© 1989 by Wilhelm Goldmann Verlag, München
Umschlaggestaltung: Design Team, München
Druck: Presse-Druck, Augsburg
Satz: Filmsatz Schröter GmbH, München
Verlagsnummer: 11455
Lektorat: Michael Görden/DvW
Herstellung: Peter Papenbrok/Voi
ISBN: 3-442-11455-1

Dieses Buch widmen wir

— jenen Intelligenzen einer fernen Welt, die vor Jahrtausenden unseren Planeten besuchten

— jenen Menschen, die, von Moses bis Jeremias, von Kyot bis Jacques de Molay, an der wechselvollen Geschichte der Manna-Maschine beteiligt waren

— jenen Schriftstellern der Antike und des Mittelalters, die die Überlieferung vom Gral bis in unsere Zeit hinein lebendig erhalten haben, und

— all jenen Gralssuchern, die das Geheimnis des heiligen Gefäßes zu entschleiern bemüht waren.

Inhaltsverzeichnis

TEIL 2 – DIE MASCHINE

Kapitel IV – Die Paläo-SETI-Hypothese

Kapitel V – Der kosmische Gral

TEIL 3 – DIE GESCHICHTE

Kapitel VI – Bundeslade und Manna-Maschine

Kapitel VII – Der Tempel

Kapitel VIII – Kyot

ANHANG

Ich bin zu dem Schluß gekommen, daß die Theorie der prähistorischen Astronauten in genügendem Ausmaß den wissenschaftlichen Bedingungen entspricht. Ich sage sogar: Diese Theorie wirft mehr Licht auf die gesammelten Unterlagen menschlicher Frühgeschichte als manche andere, erklärende Hypothese. Mit dieser Theorie haben wir ein außergewöhnliches Werkzeug in Händen und können so den roten Faden durch das verwirrende Labyrinth der menschlichen Entwicklung auf diesem Planeten erkennen.

Dr. Luis E. Navia
Professor für Philosophie
New York University

Vorwort

Wir leben in einer Zeit der Umwälzungen. Niemals zuvor in der Geschichte der Menschheit haben sich so viele Veränderungen auf unserem Planeten abgespielt, wurden mehr irreversible Entscheidungen getroffen, die unsere gesamte Zukunft beeinflussen werden. Niemals zuvor haben wir so sehr das Schicksal unserer Umwelt bestimmt wie heute. Wissenschaft, Forschung und Technik haben innerhalb kürzester Zeit politische, soziologische und religiöse Werte neu geschaffen, umgeformt oder völlig ausgelöscht. Unser Denken, unsere Ansichten, Meinungen haben sich verändert, das, worauf wir hoffen, und das, woran wir glauben.

Diese Revolution ist offensichtlich. Sie kann jederzeit und an nahezu jedem Ort unseres Planeten nachvollzogen werden.

Es gibt aber noch eine andere »Revolution«, die unser Denken nachhaltiger und weitreichender verändern wird als sämtliche politischen und wissenschaftlichen, weltanschaulichen und religiösen Revolutionen zuvor. Diese »Revolution« bahnt sich ihren Weg noch langsam, im Nicht-Offensichtlichen, und doch wird sie uns eines Tages völlig überwältigen, wenn sie uns in ihrer ganzen umfassenden Bedeutung bewußt wird.

Wir meinen damit die Erkenntnis, daß wir Menschen nicht allein im Kosmos sind, daß es außerhalb unseres kleinen, von uns *Erde* genannten »Staubkorns« noch andere Welten und Wesen gibt. Wenn nicht alles täuscht, dann ist allein unsere Galaxis angefüllt mit außerirdischen Kulturen, über deren Biologie, Entwicklung, Geschichte, Ethik, Religion und Wissenschaft wir uns keinerlei Vorstellung machen können. Seit die Galaxis entstand, wird auf vielen Millionen Planeten das Licht der Intelligenz entzündet worden sein, werden sich ganze Völker zu den Sternen erhoben haben, werden große Kulturen vergangen oder bei gewaltigen, unvorstellbaren stellaren Katastrophen von einem auf den anderen Tag ausgelöscht worden sein.

Wir Menschen in einem unscheinbaren Planetensystem am Rande der Galaxis haben von all dem bislang kaum etwas wahrgenommen. Wir, die wir gerade die ersten zaghaften Schritte hinaus ins All und damit fort von unserer kosmischen Heimat wagen, scheinen über mehr als vier Milliarden Jahre völlig isoliert gewesen zu sein, abgeschirmt und abgeschnitten von den Ereignissen draußen. Unsere Situation ist vielleicht vergleichbar mit einer kleinen, noch im Steinzeitalter befindlichen Inselkultur inmitten des Ozeans, während nur einige hundert Kilometer entfernt auf den Kontinenten seit Jahrtausenden ganze Reiche entstanden und wieder vergingen, Menschen lebten und starben, Völker einander bekriegten und Frieden schlossen, Religionen ihre Siegeszüge antraten und wieder verschwanden, Tempel, Kirchen, Städte erbaut wurden, die Technik entwickelt und perfektioniert und schließlich der Schritt hinaus ins All vollzogen wurde. Von all dem wissen unsere Inselbewohner nichts, ahnen nichts von der Welt um sie, die ihnen so nah ist und doch so fern.

Aber so wie es diese Welt gibt und so, wie Einflüsse auch auf die kleine Insel früher oder später unvermeidbar sind, so werden auch Ereignisse im Kosmos früher oder später unseren Planeten berühren – oder bereits berührt haben. Die Insulaner mögen vielleicht eine Coca-Cola-Dose am Strand gefunden, ab und zu in der Ferne etwas wie ein riesiges schwimmendes Haus beobachtet oder die Kondensstreifen eines Urlauberjets weit oben am Himmel gesehen haben. Irgendwann werden »zivilisierte Menschen« in Flugzeugen oder Schiffen kommen, die Insel »entdecken«, Kontakt aufnehmen und die Isolation beenden – ob dies für die Insulaner gut oder weniger gut ist, sei dahingestellt und hängt letztlich von der Form des Kontaktes und der sich anschließenden Beziehung zwischen der »zivilisierten Welt« und der kleinen Insel ab.

Früher oder später wird es auch zu Kontakten zwischen außerirdischen Kulturen und der Erde kommen. Wir wissen nicht, ob es schon morgen oder erst in hundert oder tausend Jahren sein wird. Extraterrestrische Zivilisationen, die uns beobachten und sich irgendwann zum Kontakt entschließen, werden uns in ihrer Entwicklung weit voraus sein und den Zeitpunkt des Eingriffs abwägen – dann nämlich, wenn wir selbst dazu in der Lage sind, die Begegnung und die aus ihr resultierenden politischen, soziologischen und religiösen Umwälzungen zu akzeptieren.

Zuvor aber sollten wir danach Ausschau halten, ob wir nicht auch so etwas wie »Kondensstreifen« am Sternenhimmel sehen, Schiffe am Horizont, Zeichen dafür, daß da jemand ist in den grenzenlosen Weiten des Alls. Kosmisches Strandgut, an die Gestade unseres Planeten gespült, hier vergessen oder zurückgelassen bei einer frühen Expedition, Markierungen, Zeichen, Signale, die sie setzten, als sie unsere Welt einst fanden – vor Jahrtausenden, Jahrmillionen oder noch früher.

Wir sind sicher, daß es solche Zeichen gibt, kosmische »Coca-Cola-Dosen«, die zurückgelassen wurden, Signale nicht nur für sie, sondern auch für uns.

Um eines dieser Zeichen geht es in diesem Buch. Wir haben versucht, seine Geschichte aufzuhellen, seinen Spuren zu folgen, das Geheimnis, das es umgibt, zu entschlüsseln. Als wir damit begannen, wußten wir nicht, welches Abenteuer uns bevorstand, ein Abenteuer, das uns hinein in die Anfänge unserer Zivilisation versetzen und zurück bis in unsere heutigen Tage führen würde. Es ist ein grandioses Abenteuer, in dessen Zentrum der »Heilige Gral« steht und in dem sich nicht nur über 3000 Jahre Geschichte, sondern auch die Anfänge jener alles verändernden Revolution widerspiegeln, die das Antlitz unserer Welt verändern und die Zukunft der Menschheit bestimmen wird.

Auftakt

1944: Roger Lhomoy, ehemaliger Aufseher in der alten Templerburg oberhalb der Stadt Gisor (Frankreich), beginnt mit Wissen des Staatssekretariats für Kunst, aber ohne offizielle Grabungserlaubnis, den Brunnenschacht der Festung freizulegen. Nach Monaten erreicht er den Grund des Brunnens – 30 Meter unter der Erdoberfläche. Mit Hilfe eines Freundes dringt er in einen blinden Seitengang ein, wenig später, allein, in einen zweiten.

1946: Es ist Ende April, als Lhomoy in diesem Gang auf eine Mauer stößt. Unter großen Anstrengungen durchbricht er die Wand, räumt die Steine beiseite. Die Arbeit lohnt sich: vor Lhomoy breitet sich eine unterirdische Kapelle aus – 30 m lang, 9 m breit, 4,5 m hoch. An den Wänden stehen die lebensgroßen Figuren von Jesus und den zwölf Aposteln, 19 Steinsarkophage von zwei Meter Länge, neunzig Zentimeter Breite und...

Lhomoy glaubt seinen Augen nicht trauen zu dürfen: mitten im Raum befinden sich 30 Truhen aus kostbarem Metall, aufgestellt in Zehnerreihen, jede 1,8 Meter hoch, 2,5 Meter lang und 1,6 Meter breit.

Lhomoy berichtet von seiner Entdeckung, aber niemand will ihm glauben. Ein Feuerwehrmann, der sich schließlich bereit erklärt hinabzusteigen, bekommt es am Grunde des Schachtes mit der Angst zu tun und kehrt unverrichteter Dinge zurück. Auf Anordnung der Stadt Gisor wird der Brunnen zugeschüttet.

1952: Zusammen mit einigen Freunden gründet Roger Lhomoy eine Gesellschaft, die eine erneute Grabung finanzieren soll. Die Auflagen der Stadt sind jedoch so rigide, daß das Projekt von vornherein zum Scheitern verurteilt ist.

1959: Lhomoy erhält Arbeit auf dem Landgut des damaligen Redakteurs der französischen Nachrichtenagentur »Agence France Presse«, Gérard de Sède. Lhomoy berichtet erneut von seiner Entdeckung. De Sède beginnt daraufhin, nach alten Unterlagen zu suchen, und findet tatsächlich mittelalterliche Pläne und Zeichnungen, die Skizzen der von Lhomoy beschriebenen unterirdischen Kapelle enthalten.

1961: Jetzt interessieren sich auch offizielle Stellen für den Fund. Eine Kommission – offiziell unter dem Vorwand, »alte Fresken« zu erforschen – wird unter Leitung von Prof. Michel de Bouard vom Ministerium für Kultur gegründet. Der Brunnen wird freigelegt, aber noch vor Erreichen des 30 Meter tiefen Seitenganges wieder zugeschüttet. Das Ganze geschieht – ohne jede plausible Erklärung – insgesamt drei Mal. Und dann geschieht etwas noch Seltsameres:

1964: Im Februar wird das gesamte Gelände um die Burg Gisor zu militärischem Sperrgebiet erklärt und die Fortsetzung der Grabungsarbeiten dem Verteidigungsministerium unterstellt. Für mehrere Monate darf kein Außenstehender die Festung betreten. Weder Journalisten noch Wissenschaftlern ist es gestattet, sich dem Innenbereich der Burg zu nähern.

Die Frage erhebt sich von selbst: Warum wurden archäologische Grabungen von der französischen Armee durchgeführt? Welches außergewöhnliche, unter allen Umständen zu bewahrende Geheimnis hüllte sich um die Templerburg Gisor? Was befand sich in den metallenen Truhen, die Roger Lhomoy bei seiner Erkundung der unterirdischen Kapelle entdeckte? Was hatten die Templer dort versteckt? Gold? Edelsteine? Wertvolle Dokumente? All das hätte ein militärisches Unterfangen dieser Art nicht gerechtfertigt. Nein – Gisor diente ganz offensichtlich als Versteck für etwas völlig anderes, völlig Ungewöhnliches, völlig Unerwartetes ...

Gibt es eine Erklärung? Gibt es eine Antwort?

Teil 1

Die Legende

Kapitel I

Parzival

Wir bringen das Neue nicht, um die Geister zu verwir-
ren, sondern um sie aufzuklären, nicht um die Wissen-
schaft zu zerstören, sondern um sie wahrhaftig zu
begründen.

Galileo Galilei
(1564–1642)

Die Welt des Mittelalters

In einer Zeit, die von der Technik geprägt ist, in der Nachrichten aus
Übersee per Satellit pünktlich um 20 Uhr auf den Farbfernsehschir-
men unserer Wohnzimmer erscheinen, in der jeder sein Auto fährt,
jeder eine Waschmaschine sein eigen nennt und einen Kühlschrank –
in einer solchen Zeit ist es schwierig sich vorzustellen, daß wir über all
diese Errungenschaften noch gar nicht lange verfügen. Noch vor
hundert Jahren gab es weder Autos noch Fernseher, keine Flugzeuge,
keine Raketen, kein Radio. Gehen wir in Gedanken noch weiter
zurück, so müssen wir sehr schnell auf alles verzichten, was uns die
heutige Zeit an Annehmlichkeiten (zweifellos aber auch an Gefahren)
zu bieten hat.
Die Welt des Mittelalters unterscheidet sich von der unsrigen nahezu
grundlegend. Es gab keine Technik im heutigen Sinne, die politischen,
sozialen, religiösen Systeme waren anders, der kleine Bürger, der
Bauer, sie wußten kaum etwas von der Welt draußen, ja, das ganze
Weltbild war ein von dem unsrigen völlig verschiedenes. Die Men-

schen glaubten sich und die Erde, die sie gemäß der ptolemäischen Lehre als flache Scheibe betrachteten, im Zentrum des Universums, um das sich alles drehte. Man wußte noch nichts von Amerika, hatte keine Ahnung davon, daß unser Planet eine Kugel ist genauso wie die anderen Welten des Alls, daß sie sich um die Sonne dreht und diese Sonne nur eine unter vielen am Rande einer von zahllosen Galaxien ist.

Nein, den Menschen in der Zeit des Mittelalters beschäftigten ganz andere Dinge. Für ihn gab es tatsächlich den Kampf ums tägliche Brot. Hungersnöte, Pestseuchen, Kriege – mit ihnen wuchs er auf, und mit ihnen starb er. Das gesamte Leben bestand aus harter Arbeit. Freie Tage oder Ferien, das gab es nicht. Und noch ein wichtiger Faktor darf nicht übersehen werden: die Religion. Sie war das einzige, woran man sich wirklich klammern konnte, das den Menschen Mut gab, ihnen half, die Unbill des eigenen Lebens besser zu ertragen, um mit all den Schwierigkeiten und Nöten fertig zu werden. Christus war der Mittelpunkt und seine Kirche – zumindest beim Volk – der unantastbare und unbestrittene Vertreter Gottes auf Erden.

Etwas anders sah es bei der Herrscherschicht aus. Denn obwohl sich die Kirche im 11., 12. und 13. Jahrhundert auf dem Höhepunkt ihrer Macht befand, war es doch auch eine Zeit, die vom unverhüllten Streit zwischen Staat und Kirche gekennzeichnet war. Die Forderungen Papst Gregor VII. (1073–1085 Pontifikat) nach einem Verbot der Laieninvestitur (Einsetzung von Priestern und Bischöfen durch weltliche Herrscher) und der Simonie (Handel mit geistlichen Gütern und Kirchenämtern), auf die sich die Macht des Adels begründete, der Gang Heinrich IV. nach Canossa im Jahr 1077 und das Wormser Konkordat 1122 spiegeln sehr exakt das Verhältnis zwischen den beiden Mächten dieser Zeit wieder.

Dennoch – in die gleiche Zeit fallen auch die Kreuzzüge. Herrscher, Ritter, Bauern, Handwerker, Kinder zogen zusammen mit Männern der Kirche ins Heilige Land, um dieses und die Stadt Jerusalem vom Islam zu befreien. Zum erstenmal überhaupt zeigte sich so etwas wie ein europäisches Zusammengehörigkeitsgefühl, das über alle Grenzen hinausging. Der Handel begann zu florieren, neue Städte wurden gebaut, neue Orden gegründet. Und während noch um das Jahr 1000 die Bildung auf ein Minimum zurückgefallen war, begann mit dem ersten Kreuzzug 1096 eine Rückkehr zum Lehren und Lernen. Die

Klosterschulen, insbesondere die der Benediktiner, beschäftigten sich mit den Wissenschaften, die antiken Schriftsteller wurden gelesen und übersetzt: das geistige Europa begann zu erwachen. Vor allem in Frankreich scheinen sich die Zentren dieses neuen Erwachens befunden zu haben. Die Schule von Chartres hatte im zwölften Jahrhundert ihren Höhepunkt, und an vielen anderen Orten begannen Menschen damit, die Gedankenwelt der Antike mit den Ideen des Christentums zu verbinden. Vielerorts nahm diese Forschung Formen an, die sehr schnell das Mißfallen der Kirche hervorriefen, und so fällt in diese Zeit auch der Beginn der Inquisition, wohl eines der schwärzesten Kapitel in der Geschichte des Abendlandes.

Auf der anderen Seite aber kam das Rittertum zu seiner Blüte. Die meisten Ritter waren nicht adelig und mußten darum versuchen, diesen Mangel durch die Entwicklung bestimmter Tugenden wie Kühnheit, Tapferkeit, Mut, Treue und Beständigkeit wettzumachen. Es entstand eine eigene Kultur, deren oberstes Ziel die »Ritterlichkeit« und deren äußere Zeichen eine bestimmte Tracht, der Dienst für adlige Frauen und Turniere waren.

Es kam nicht von ungefähr, daß sich aus den Abenteuern der Ritter, die an den Höfen gern gesehene Gäste waren, eine eigenständige, höfische Dichtkunst neben der geistlichen entwickelte. Zuerst in Frankreich, insbesondere in der Provence, wo die Troubadoure die Künder dieser neuen Kultur wurden, später auch in Spanien und in Deutschland. Zahlreiche Fürsten, etwa der Landgraf Hermann von Thüringen, der auf der Wartburg einen Sängerwettstreit ausführen ließ, förderten diese Kunst. Auf allen Burgen erklangen zum Lob der schönen Frauen Minne-(Liebes-)Lieder, deren vollendetste wohl von Walther von der Vogelweide stammen. Die Heidelberger Liederhandschrift aus dem 13. Jahrhundert zählt 140 Minnesänger auf, darunter auch Kaiser Heinrich VI.

Gleiche Wertschätzung aber genossen auch die bereits erwähnten Dichter ritterlicher Romane, etwa Hartmann von Aue, Gottfried von Straßburg oder Gottfried von Mormouth in England. Er war es, der um 1135 als erster die Sagen und Geschichten von König Arthur schriftlich niederlegte und damit eine Bewegung auslöste, die für uns heute nur schwer verständlich erscheint. In einer zeitgenössischen Niederschrift drückte bereits Alanus ab Insulis sein Erstaunen darüber aus:

Wo ist ein Ort innerhalb der Grenzen des Christenreiches, zu dem die beflügelte Lobpreisung des Briten Artus nicht gelangt ist? Wer spricht wohl nicht von Artus dem Briten, da er doch den Völkern Asiens kaum weniger bekannt ist als den Bretonen, wie unsere Pilger nach ihrer Rückkehr aus den Ländern des Ostens erzählen? Die östlichen Völker sprechen von ihm ebenso wie die westlichen, obwohl sie durch die Weiten der ganzen Erde voneinander getrennt sind. Ägypten spricht von ihm, und der Bosporus schweigt nicht darüber; Rom, die Königin der Städte, besingt seine Taten, und seine Kriege sind dem alten Gegner Roms, Karthago, nicht unbekannt. Antiochien, Armenien und Palästina feiern seine Werke. Geht in das Reich Armorika, d. h. die Bretagne, und verkündet auf den Marktplätzen und in den Dörfern, daß Artus, der Brite, tot sei, so wie andere Menschen tot sind, und die Tatsachen werden beweisen, wie wahr die Prophezeiung Merlins ist, die besagt, daß das Ende des König Artus zweifelhaft sei. Ihr werdet kaum unbeschädigt davonkommen, ohne mit Flüchen überschüttet oder von den Steinen eurer Zuhörer zerschmettert zu werden.

Noch heute, achthundert Jahre später, werden wir in eine seltsame Stimmung versetzt, wenn wir uns der Sagen, die wir als Kinder hörten, erinnern. König Arthur, der Zauberer Merlin, der Ritter Gauwein, die Tafelrunde – all das hat einen seltsamen Klang für uns. Wieviel mehr muß es für jene Menschen damals bedeutet haben, für die all das wirklich und real war, für die die Tafelrunde ein Rittertum symbolisierte, das angefüllt war mit all den Tugenden der damaligen Zeit: christlich, selbstlos, gottesfürchtig. Arthur und seine Ritter waren die Personifizierung des Guten auf Erden, ihre Taten zum Wohle der Menschen, insbesondere der Armen, waren wie eine zweite »Frohe Botschaft« in einer Zeit der Grausamkeiten, der staatlichen und kirchlichen Willkür, des harten Lebens zwischen Geburt und Tod. Geschichten wie die Arthursagen waren für die Menschen ein Ausgleich, der ihnen ihr Dasein, den Kampf ums tägliche Brot erleichterte.

Es gab neben der Arthur-Legende aber noch eine zweite Sage, die mit ihr zum Teil verknüpft ist und die auf die Menschen des zwölften und dreizehnten Jahrhunderts eine nicht minder starke Wirkung ausübte. Wir meinen die Parzivallegende, die der Dichter Wolfram von Eschenbach um 1200 erstmals in deutscher Sprache niederlegte.

Die Legende vom Heiligen Gral
nach Wolfram von Eschenbach

Wenn wir ein Sagenbuch aufschlagen, das sich aus Jugendtagen herübergerettet hat und sich vielleicht noch in der hintersten Ecke des Bücherschrankes entdecken läßt, so finden sich die darin wiedergegebenen Überlieferungen meist in prosaischer Erzählweise wieder. Ursprünglich aber sind die Sagen des Mittelalters in fast allen Fällen in Gedichtform niedergelegt. Wir wollen hier jedoch auf die Wiedergabe der Parzivallegende Wolframs in dieser Form verzichten (sie würde den Rahmen dieses Buches zweifellos sprengen, der interessierte Leser sei jedoch auf das Quellenverzeichnis verwiesen) und statt dessen eine auf das Wesentliche reduzierte, gekürzte Fassung vortragen, in die wir an für das Verständnis wichtigen Stellen Textauszüge in Anlehnung an die Übersetzung Wilhelm Stapels (1950) eingeflochten haben. Besonders interessante Textproben, die für die spätere Interpretation wichtig sind, werden im weiteren Verlauf wörtlich zitiert werden. Zunächst aber geht es ja nur darum, einen Überblick zu erhalten oder eine Gedächtnisauffrischung vorzunehmen, um später die Details im richtigen Zusammenhang betrachten zu können.

Wolframs Parzivalerzählung setzt sich aus insgesamt sechzehn Büchern zusammen, die in den Jahren um 1195 bis 1219 entstanden. Die Handlung spielt auf zwei Ebenen: zum einen wird die Geschichte um den Artus-Ritter Gawan (oder Gauwein) erzählt, zum anderen die Suche Parzivals nach dem Gral.

Das erste Buch beginnt – nach einer allgemeinen Einführung über die »staete«, also die Treue gegenüber Gott und den Menschen – mit dem Tode des Königs von Anschouwe (= Anjou, französ. Landschaft an der Loire) und dem darauffolgenden Aufbruch seines zweiten Sohnes Gahmuret. Gahmuret, auf der Suche nach Abenteuern, zieht in die Länder des Orients und stellt sich in den Dienst des Baruchs von Baldac, also des Kalifen von Bagdad. Nach zahlreichen Kämpfen gegen dessen Feinde zieht er weiter und kommt ins Land Zazamanc in Afrika. Er findet dort den Hafen der Stadt Patelamunt von Feinden belagert vor, schlägt sich auf die Seite der Eingeschlossenen und lernt auf diese Weise die schwarze Königin Belacane kennen. Beide verlieben sich ineinander, Gahmuret besiegt die Anführer der Feinde und gewinnt dadurch Belacane zur Gemahlin. Sie haben einen Sohn, Feirefiz, doch Gahmuret hält es nicht lange im fremden Lande, und zusammen mit seinem Gefolge stiehlt er sich eines Tages davon.

Buch II berichtet von der Landung Gahmurets in Spanien, wo er von einem Turnier in Kanvoleis hört. Für den Sieger steht als Preis die Hand der jung verwitweten Königin Herzeloyde fest, und so bleibt es nicht aus, daß auch Gahmuret sich an den Spielen beteiligt. Er geht aus allen Kämpfen als Gewinner hervor und ehelicht wenig später Herzeloyde. Fast zur gleichen Zeit erfährt er, daß sein älterer Bruder gestorben und er somit auch Herr über Anschouwe geworden ist. Dennoch währt das Glück der beiden Eheleute nicht lange: Gahmuret eilt seinem ehemaligen Kriegsherren, dem Kalifen von Bagdad, zu Hilfe und findet durch sarazenische Hand den Tod. Herzeloyde sieht all das in einem Traum kurz vor der Geburt ihres Sohnes, und nach der Entbindung zieht sie sich in die Einöde zurück, damit ihr Kind, dem sie den Namen Parzival gegeben hat, niemals Gelegenheit dazu erhält, das Ritterhandwerk zu erlernen.

Hier schließt sich nun das dritte Buch an, mit dem die eigentliche Erzählung um den Helden beginnt. Der junge Mann wächst in völliger Abgeschiedenheit auf, irgendwo in den tiefen Wäldern des Landes. Nur der Gesang der Vögel weckt in seinem Herzen ein unbestimmtes Sehnen, und die Jagd mit dem Gabylot, dem Wurfspieß, läßt ihn schnell und stark werden. Dann kommt es zur wohl entscheidendsten Begegnung Parzivals:

Eines Tages ging er seinen Weidgang auf einer langen Halde. Er brach sich einen Zweig und pfiff auf dem Blatt vor sich hin. Dicht neben ihm lief ein Pfad. Da hörte er den Schall von Hufschlägen. Er begann sein Gabylot wurfbereit zu schwingen und sagte: »Was hab' ich da gehört? Wenn jetzt der Teufel kommen wollte, zorniglich mit Grimm! Ich wollte ihn sicherlich bestehn! Meine Mutter erzählte Schauriges von ihm, aber ich glaube, sie hat nur keinen rechten Mut!«

Also stand er kampfeslustig da.

Aber seht! Da kommen drei Ritter galoppiert, herrlich ausgestattet und von Fuß bis zum Haupte gewappnet. Der Knabe glaubte allen Ernstes, jeder von den dreien wäre ein Gott. Er blieb nicht länger dort stehen, sondern fiel mitten auf dem Weg auf die Knie. Laut rief er: »Hilf Gott! Du kannst wohl helfen!«

Natürlich ist es nicht Gott, dem Parzival hier begegnet, und auch jener Ritter, der den dreien kurz darauf folgt und noch prächtiger gekleidet ist, hat mit Gott wenig gemein. Ihn aber hält Parzival in seiner Naivität erst recht für den Herrn der Himmel und fällt vor ihm nieder:

Der Fürst sagte: »Ich bin nicht Gott, aber ich folge seinen Gebote. Du kannst hier vier Ritter vor dir sehen, wenn du richtig sehen könntest!«
Der Knabe fragte sogleich: »Du sagst: Ritter – was ist das? Hast du keine göttliche Kraft, so sage mir, wer dann die Ritterschaft gibt!«
»Das tut der König Artus. Junge, wenn du den besuchest, dann gibt er dir den Ritternamen, und du wirst dich dessen nicht zu schämen brauchen! Denn du magst wohl von ritterlicher Herkunft sein!«

Als die Männer weiterziehen, faßt der junge Parzival einen schicksalsschweren Entschluß: Er will Ritter werden und zu König Arthur aufbrechen. Herzeloyde, die eben das hatte verhindern wollen, ist vor Gram tief betrübt. Aber da sie weiß, daß sie ihren Sohn nicht mehr halten kann, gibt sie ihm ein schlechtes Pferd, rostige Waffen und das Gewand eines Narren, in der Hoffnung, Spott und Schläge würden ihn bald zu ihr zurücktreiben. Noch ehe er davoneilt, trägt sie ihm auf, jedermann gegenüber freundlich zu sein und nach der Zuneigung edler Frauen zu streben. Kaum hat Parzival das Haus verlassen, sinkt sie aus Herzensschmerz zu Boden und stirbt.

Am folgenden Morgen trifft der junge Parzival nahe einem Zelt eine Dame, und in allzu wörtlicher Befolgung des Rates seiner Mutter, nach Spange, Ring und Kuß einer edlen Frau zu streben, nimmt er ihr beides ab, küßt sie, greift zum Essen und reitet weiter. Die Dame ist die Schwester Erecks, Jeschute, und als ihr Mann Orilus zurückkehrt, schwört er, Parzival zu folgen und Genugtuung für die Schmach zu fordern.

Unterdessen ist Parzival weitergeritten. Er begegnet Sigune, die weinend den Tod ihres Geliebten Schionatulander beklagt. Dieser war von Orilus im Kampf erstochen worden. Dann spricht sie zu Parzival, der seinen Namen noch nicht kennt:

»Du hast ein gutes Gemüt. Heil deiner süßen Jugend und deinem lieblichen Antlitz! Wahrlich, du wirst an Wonnen reich werden! –

Dieser Ritter fiel nicht durch einen Gabylot, sondern er fand den Tod von einer Tjoste (Zweikampf). Du mußt gute Eltern haben, daß du so traurig über einen Toten sein kannst.«

Ehe sie den Knaben weiterreiten ließ, fragte sie ihn, wie er heiße, und sagte, Gott habe ihn mit Sorgfalt geschaffen.

»Bon Fils, cher Fils, beau Fils, so wurde ich zu Hause genannt!«

Da erkannte sie ihn bei diesen Namen. Und nun merket auf, vernehmet seinen richtigen Namen, damit ihr wißt, wer der Held dieses Abenteuers ist, der da bei der Jungfrau weilte.

Ihr roter Mund sprach also: »Wahrlich, du heißt Parzival. Der Name ist recht mitten durch (perce à val: Dringe quer hindurch). Große Liebe pflügte mit dem Pflug der Treue eine tiefe Furche mitten durch das Herz deiner Mutter. Dein Vater ließ sie einst im Leide zurück. Ich sage dir, nicht um mich zu rühmen: Deine Mutter ist meine Schwester, und ich sage dir die rechte und sichere Wahrheit, wer du bist. Dein Vater war ein Anschouwin, von deiner Mutter Seite her bist du ein Waleise und bist in Kanvoleis geboren. Und auch davon weiß ich dir die Wahrheit zu sagen: Du bist auch König über Norgals, und dein Haupt soll in seiner Hauptstadt Kingrivals die Krone tragen...«

Nachdem Parzival all dies erfahren hat, will er den Tod Schionatulanders rächen, aber Sigune, die um das Leben des jungen Helden fürchtet, weist ihm einen anderen Weg. So kommt er am dritten Tage seiner Reise zu König Arthur.

Vor den Mauern der Stadt Nantes begegnet er einem Ritter in roter Rüstung. Dieser hält einen goldenen Becher in seinen Händen. Prahlend verkündet er, der Becher sei König Arthur gestohlen worden, und er entsende Parzival, damit einer der Ritter herauskomme und mit ihm streite.

Am Hofe Arthurs eingetroffen, wird Parzival von einem Knappen in den Saal geführt:

Der tollkühne Knabe befand sich schnell inmitten des Gedränges und wurde hin und her geschoben. Sie sahen seine Gestalt, und jeder schaute mit eigenen Augen, daß es wohl nie ein liebreizenderes Kind gegeben hatte. Gott war in einer freundlichen Laune, als er den Parzival schuf.

So ward der Knabe, der das Gruseln nicht kannte, vor Artus gebracht. Ihm, den Gott als den Vollkommensten erdacht hatte, konnte niemand gram sein.

Artus sah den Knaben an und sprach zu ihm, der da in seiner Unwissendheit vor ihm stand: »Gott vergelte Euch den Gruß! Ich will Euch gern gefällig sein mit Leib und Gut. Es wird mir ein Vergnügen sein.«

Es sind dieser Mut und die naive Anmut des jungen Mannes, die den König beeindrucken, so daß er der Aufforderung Parzivals nachkommt. Sogleich bietet dieser sich an, Ither, den Roten Ritter, zur Rechenschaft zu ziehen. Arthur willigt ein, es kommt zum Kampfe, Parzival siegt und legt sich selbst die Rüstung Ithers an.

Noch am selben Tag reitet er weiter und trifft den alten Ritter Gurnamanz, der ihm Unterkunft gewährt und sein Lehrer wird. Er gewöhnt Parzival sein tölpelhaftes Benehmen ab und lehrt ihn den Umgang mit den Waffen eines Ritters. Neben vielen anderen Weisungen vermittelt er ihm auch jene Belehrung, die für Parzival so schicksalshaft werden sollte:

»Ich habe wohl gemerkt, daß Ihr Belehrung braucht. Ich rate Euch, daß Ihr das unziemliche Daherreden laßt. Ihr sollt nicht so viel fragen.«

Die größte Hoffnung Gurnamanz' erfüllt sich jedoch nicht: Eines Tages zieht Parzival weiter, ohne die Tochter des alten Mannes, Liaze, geehelicht zu haben.

Das vierte Buch beschreibt, wie Parzival in einer belagerten Stadt eintrifft, deren jungfräuliche Königin Kondwieramurs ihn um seinen Beistand bittet. Wie schon einst sein Vater – von dem er noch immer nicht viel weiß – reitet er in den Kampf, besiegt den Feind, schickt die Anführer gefangen an den Hof Arthurs (wo ihre Berichte großes Aufsehen erregen) und heiratet Kondwieramurs. Aber auch hier hält es ihn nicht lange, und er bricht auf, seine Mutter zu suchen.

Damit kommen wir zum fünften Buch der Parzival-Legende, das uns zu einem vorläufigen Höhepunkt bringt. Der in seine rote Rüstung gehüllte Abenteurer begegnet am Abend einem prächtig gekleideten Fischer:

Diesen Fischer fragte er alsbald, er möge um Gottes willen und als
rechter Ritter ihm die Auskunft geben, wo er eine Herberge finden
könne. Traurig entgegnete der Mann: »Herr, soviel ich weiß, sind
das Wasser und das Land dreißig Meilen im Umkreis völlig unbe-
baut. Nur ein einziges Haus ist hier in der Nähe, das ich Euch mit
gutem Wissen empfehlen kann. Denn wohin anders sonst könntet
Ihr zu dieser Stunde noch reiten? Dort, wo der Fels zu Ende ist,
wendet Euch nach rechts. Kommt Ihr an den Burggraben, werdet
Ihr anhalten müssen und rufen, bis man Euch die Brücke herabläßt
und den Weg öffnet.«

Parzival reitet los, erkennt in der Ferne die Burg. Je näher er kommt,
um so mehr verwundert ihn ihre Pracht, und trotzdem liegt sie still da,
wie in tiefer Trauer.
Parzival betritt die Burg, wird von einem Knappen willkommen
geheißen, wäscht sich, kleidet sich um und wird schließlich in einen
großen Saal geleitet. Hier brennen Feuer, und es sind hundert Tische
für je vier Ritter aufgestellt. Parzival begegnet dem alten, kranken
Herrn der Burg, der trotz der Wärme in einen Pelz gehüllt ist, und wird
aufgefordert, neben ihm Platz zu nehmen. In diesem Moment beginnt
ein seltsames Schauspiel.

Da trug man etwas Schmerzliches herbei. Ein Knappe sprang zur
Tür herein, der trug eine Lanze – ein Brauch, der dort jedesmal ein
Wehgeschrei hervorrief. Ihrer Scheide entquoll Blut und rann am
Schaft hernieder bis auf die Hand, so daß es schließlich im Ärmel
versickerte. Da erhob sich ein großes Weinen und Schreien im
weiten Saal. Das Volk aus dreißig Ländern könnte nicht lauter
weinen als die Ritter hier.
Er trug die Lanze in seinen Händen an den vier Wänden rings-
herum, bis zur Tür. Der Knappe ging wieder hinaus. Still war des
Volkes Klage, zu der sie von dem Jammer getrieben worden waren,
an den die Lanze sie erinnerte, die der Knappe getragen hatte.

Daraufhin hebt eine seltsame Prozession an: Diesmal sind es Jungfrauen, die, in Zweierreihen hervortretend, Kerzen, Tischstollen aus
Elfenbein, eine Platte aus Edelsteinen und silberne Messer hereintragen. Und schließlich kommt die Königin selbst:

Von ihrem Antlitz ging ein Schein aus, daß alle meinten, es beginne zu tagen. Man sah die Frau gekleidet in Pfellel von Arabien. Auf einem grünen Achmardi trug sie die Wunscherfüllung vom Paradies, Wurzel war es zugleich und Reis. Das war ein Ding, daß hieß der Gral, allen Erdenwunsches Überschwang. Die aber, von welcher der Gral sich tragen ließ, war Repanse de Schoye. Es war des Grales Art, daß er von reiner Hand verwahrt werden mußte; die ihn in rechte Obhut nehmen sollte, die mußte ohne Falsch sein.

Damit beginnt das Mahl. Kostbare Gefäße stehen bereit, und alle werden gefüllt durch die Wundertätigkeit des Grals, der jedem Anwesenden Speise und Trank nach dessen Wunsch gewährt:

Man sagte mir, und ich sage es auch Euch, auf Euren Eid freilich, daß vor dem Gral bereit lag (wenn ich Euch Falsches berichtete, so lügt Ihr nun ebenso wie ich), wonach ein jeder die Hand ausstreckte, und daß er vor sich bereitet fand warme Speise, kalte Speise, neue Speise und alte Speise, von zahmen und von wildem Getier. Etwas derartiges hat es nie gegeben, möchte mancher wohl sprechen. Aber er irrt: Denn der Gral war die Frucht der Seligen, eine solche Fülle irdischer Süßigkeit, daß er fast all dem glich, was man sagt vom Himmelreiche.

Parzival ist stumm vor Erstaunen, und kein Wort der Frage nach dem seltsamen Geschehen, das ihn umgibt, kommt über seine Lippen. Als das Mahl beendet ist, treten die Jungfrauen in umgekehrter Reihenfolge wieder aus dem Saale.

Die Ritter erheben sich, der Gast wird in sein Schlafgemach geleitet. In der Nacht plagen ihn wirre Träume, und als endlich der Morgen graut, ist niemand da, der ihn bedient. Lediglich das Schwert, das er am Abend zuvor aus der Hand des Burgherren zum Geschenk erhalten hat, liegt neben ihm bereit. Im Hofe ist sein Pferd angebunden. Parzival besteigt es, reitet hinaus, hinter ihm schließt sich das Tor.

Sein Weg führt ihn erneut zu Sigune, deren Schönheit, wie er wehmütig feststellt, verblichen ist. Dann berichtet er von der prachtvollen Burg, auf der er gewesen, und Sigune antwortet ihm:

»...Nur eine einzige Burg, die steht allein, die ist an irdischer Vollkommenheit reich. Wer sie mit Fleiß sucht, der findet sie nicht. Gleichwohl sieht man viele Leute sich darum bemühen. Es muß ohne Wissen geschehen, wer immer die Burg sehen soll. Ich glaube, Herr, Ihr kennt sie nicht. Sie wird Munsalvaesche genannt. Der alte Titurel vererbte sie seinem Sohne, dem König Frimutel – so hieß der edle Recke... Er hinterließ bei seinem Tod vier Kinder. Trotz ihres Reichtums lebten drei von ihnen im Jammer. Der vierte aber trägt freiwillig die Armut. Das tut er um Gottes willen, um Sünde zu sühnen. Dieser heißt Trevrizent. Sein Bruder Anfortas muß immerzu in einem Sessel sitzen, da er weder reiten noch gehen, noch liegen, noch stehen kann. Ihn, den Herrn von Munsalvaesche, verschont die Ungnade nicht. Herr, wäret Ihr dorthin gekommen zu der leidvollen Schar, so wäre der Herr das viele Elend, das er schon lange trägt, losgeworden.«*

Doch im Laufe des folgenden Gesprächs muß Parzival eingestehen, daß er sich weder nach der Lanze noch nach dem Gral, noch nach dem Leiden des alten Königs erkundigt habe. Sigune antwortet erschrocken:

»Oh weh! Daß mein Auge Euch sieht!« sprach die leidvolle Frau. »Da Ihr nicht den Mut zur Frage hattet! Ihr sahet doch so große Wunder – daß Euch das Fragen unangenehm war, dort, wo Ihr doch schon beim Grale ward! – Ihr sahet viele untadelige Frauen, die edle Garschiloye und Repanse de Schoye, und schneidendes Silber und den blutenden Speer! Oh weh, was wollt Ihr denn nun hier bei mir? Verstoßenes Leben! Verfluchter Mann! Ihr hättet Erbarmen mit dem Herrn haben sollen, den Gott mit einem schrecklichen Wunder heimgesucht hat, und hättet nach seiner Not fragen sollen! Ihr lebt, aber Ihr seid tot an Glück!«

Parzival reitet, tief betroffen, weiter. Schließlich begegnet er Orilus und Jeschute. Es kommt zum Kampf zwischen Orilus und ihm. Parzival siegt, schenkt seinem Gegner jedoch das Leben und sendet ihn und Jeschute an den Hof Arthurs.

Damit beginnt das sechste Buch. Parzival ist auf der Suche nach dem Hof Arthurs, als er im winterlichen Wald auf die Blutspur einer Gans stößt, die von einem der Falken Arthurs erjagt worden war. Der weiße Schnee und das rote Blut erinnern Parzival an die Schönheit seiner Gattin. In einer plötzlich aufwallenden tiefen Sehnsucht nach ihr verliert er die Besinnung und wird so von einem Angehörigen der Tafelrunde Arthurs gefunden. Der Ritter Segremor bricht daraufhin auf, den vermeintlichen Eindringling zu strafen, aber er fällt von der Lanze des Wiedererwachten zu Boden. Es folgt Keie, der Truchseß Arthurs, aber auch er muß unverrichteter Dinge und mit gebrochenen Armen und Beinen zurückkehren. Schließlich begibt sich Gawan hinaus. Er verdeckt die Blutstropfen, redet Parzival gut zu und führt ihn als Gast an den Hof Arthurs. Hier wird er von allen jubelnd empfangen und ihm zu Ehren die Tafelrunde besetzt.

Die festliche Feier hat gerade begonnen, als ein häßliches Weib mit tierischem Gesicht, einer Hundenase, Eberzähnen und Haaren, die eher Schweineborsten gleichen, angetan aber mit herrlichem Kleide, mitten in die Versammlung reitet. Es ist Kundrie, die Gralsbotin. Sie verflucht Parzival, da ihm die höchste Herrlichkeit verlorengegangen sei. Unwiederbringlich sei er der Schande verfallen und für ewiglich der Hölle bestimmt.

Dann reitet sie hinweg, nicht ohne zuvor noch Arthur zugerufen zu haben, eine Aventure (etwa: Abenteuer) auf der Burg Schastermaveile zu bestehen. Und noch eine Kunde trifft ein: Gawan soll sich in Ascalon, dessen alten König er getötet habe, dem Landgrafen Kingrimursel zum Zweikampf stellen.

So löst sich die Versammlung schnell auf: Gawan kommt der Aufforderung nach, Arthur sucht Schastermaveile, und Parzival, über sich, Gott und die Welt völlig verzweifelt, bricht auf, um die, wie es scheint, völlig aussichtslose Suche nach dem Gral erneut zu beginnen.

Die Bücher VII und VIII berichten nun von den Abenteuern Gawans, seiner Reise und seinem Aufenthalt in Ascalon. Dort kommt es zu allerlei Verstrickungen, die für uns weniger von Interesse sind. Schließlich jedoch kann Gawan seine Unschuld beweisen und wird entlassen, allerdings mit dem Auftrag, ebenfalls nach dem Gral zu suchen.

Das neunte Buch wendet sich wieder Parzival zu. Erneut begegnet er Sigune, die sich in eine Klause zurückgezogen hat. Einmal wöchentlich erhält sie Speise, die ihr die Gralsbotin Kundrie bringt. Sigune rät Parzival, Kundrie zu folgen, um auf diese Weise zur Burg zu gelangen.

Parzival nimmt den Rat an, folgt Kundrie, verliert aber ihre Spur. Statt dessen trifft er im Wald von Munsalvaesche auf einen Gralsritter, der das Gebiet gegen Eindringlinge verteidigt. Es kommt zum Kampf, der Gralsritter wird aus dem Sattel geworfen, kann aber zu Fuß entkommen. Auch Parzival stürzt, sein Pferd kommt zu Tode, er selbst setzt den Weg auf dem Tier des Ritters fort.

Tage und Wochen vergehen. Nach langer Irrfahrt begegnet Parzival in einem verschneiten Wald erneut einem alten Ritter, der sich mit seinen beiden Töchtern auf einer Pilgerfahrt befindet. Diese ermahnen ihn, am heutigen Tage – es ist Karfreitag – die Waffen abzulegen. Parzival murrt zwar, er liege mit Gott im Streit und dieser habe ihm seine Hilfe versagt, doch wolle er sich nun noch einmal an ihn wenden. So läßt er seinem Pferd die Zügel frei, und es führt ihn zu jener Stelle, an der er die Wahrheit über den Gral erfahren wird.

Es ist eine einsame Klause, zu der Parzival gelangt. Ein Einsiedler empfängt ihn, und der junge Ritter klagt ihm sein Leid. Daraufhin gibt sich der Eremit als sein Onkel Trevrizent zu erkennen, Bruder von Herzeloyde und gleichzeitig Bruder des Gralskönigs Anfortas. Er berichtet vom Tod seiner Schwester nach Parzivals Aufbruch und kommt schließlich auch auf den Gral selbst zu sprechen: Dieser sei ein wundertätiger, edler Stein, und jeden Karfreitag lasse sich eine weiße Taube mit einer Hostie auf ihm nieder. Durch dieses Wunder erhalte er die Kraft, den Menschen Nahrung und ewiges Leben zu spenden. Einst hätten Engel ihn gehütet, jetzt dagegen ein hohes Rittergeschlecht. Dessen König aber sei durch eine Sünde verletzt worden, und nur die Frage eines Ritters würde ihn dereinst von seinen Schmerzen erlösen. Dieser Ritter sei nun beim Gral gewesen, die so wichtige Frage habe er jedoch nicht gestellt.

Die Zeit vergeht. Und schließlich bekennt Parzival:

>>Herr und lieber Oheim! Getraute ich mir vor Scham, es einzugestehen, so würde ich Euch mein Unglück klagen. Um Eurer Güte willen verzeiht mir dieses Unglück. Zu Euch kann ich ja Vertrauen haben. Solch einen großen Fehler habe ich gemacht – wenn Ihr mir nicht verzeiht, so bin ich ganz ohne Trost und der von Schmerz für immer Unerlöste ... Der Mann, der nach Munsalvaesche kam und der das Leid sah und der keine Frage stellte, das bin ich unseliges Kind! So bin ich, Herr, vom rechten Pfade abgekommen!<<

Zunächst ist Trevrizent entsetzt, dann aber spricht er Parzival Mut zu und ist bereit, die Schuld des jungen Ritters durch Buße abzusühnen. Die Geschichte wendet sich nun wieder Gawan zu, dessen Abenteuer in den Büchern X bis XIII erzählt werden. Gawan findet zwar nicht den Gral, dafür aber das Zauberschloß Schastermaveile. Nach zahlreichen Festen, Verwicklungen und Kämpfen treffen auch Arthur und Parzival ein. Es kommt zu Vermählungen und Festen, bei denen nur Parzival kein Glück findet und heimlich erneut aufbricht. Seine letzte, schwerste Prüfung steht ihm bevor.

Die Tafelrunde und der Gral. Frankreich 14. Jh. Bibliothèque Nationale, Paris.

Das vorletzte Buch der Parzival-Legende berichtet davon. Der Held trifft in einem Walde auf einen anderen Kämpfer. Er ist Heide. Sofort entbrennt ein wütender Streit, aber keiner ist stark genug, den anderen zu besiegen. Da zerspringt Parzivals Schwert. Doch der Heide will seinen Tod nicht. Er verlangt den Namen seines Gegners und nennt den seinen zuerst: Feirefiz Anschouwin. Da erkennen die beiden Halbbrüder einander und fallen sich beglückt in die Arme. Feirefiz war ausgezogen, seinen Vater zu suchen, von dessen Tod er jetzt erfährt.

Beide kehren zurück zur Tafelrunde Arthurs, und Feirefiz muß von seinen Abenteuern erzählen genauso wie Parzival über jene, die er erlebte. Da erscheint plötzlich wieder Kundrie:

»Oh wohl dir, Gahmurets Sohn! Gott will nun Gnade erweisen an
dir, ich meine an dem, den Herzeloyde gebar! Auch der gefleckte
Feirefiz soll mir willkommen sein um Sekundilles, meiner Herrin,
und auch um des hohen Ruhmes willen, den er von Jugend an sich
erkämpft hat!«
Zu Parzival gewandt sagte sie: »Nun halt an dich in deiner Freude!
Wohl dir, da du so hoher Ehre teilhaftig geworden bist! Du Krone
des Menschenheils! Das Epitaphium wurde gelesen: Du sollst des
Grales Herr sein, und dein Weib Kondwiramurs und dein Sohn
Lohengrin sind beide dorthin mit dir berufen. Als du das Land
Brobarz verließest, trug sie zwei schon lebendige Söhne. Kardeiß
wird sein Erbe dort in Brobarz erhalten. Würdest du nie eine
größere Seligkeit erfahren als die, daß dein wahrhaftiger Mund den
edlen und lieben Herren nun mit Worten grüßen soll – deines
Mundes Frage wird den König Anfortas erretten, wird das Seufzen
und den Jammer von ihm abwehren – wo ist jemand, der dir an
Seligkeit gleichkäme?«

Parzival also ist es zum zweiten Male gestattet, die Gralsburg zu
betreten. Er soll nun kommen und sein Erbe als neuer König antreten.
Ein Begleiter ist ihm auf seinem Weg erlaubt. Parzival wählt, ohne zu
zögern, seinen Bruder Feirefiz.
Damit beginnt das sechzehnte und letzte Buch. Parzival und Feirefiz
betreten die Gralsburg und werden, von der sie erwartenden Schar, in
den großen Burgsaal geführt:

Da lagen, wie immer, hundert große, runde Teppiche und auf
jedem ein Flaumkissen und eine lange samtene Steppdecke. Ein
Kämmerer kam und reichte ihnen reiche Kleider, beide wurden
gleich bekleidet. Die anwesenden Ritter setzten sich. Man brachte
ihnen manch kostbare Schale von Gold, nicht nur von Glas. Feirefiz
und Parzival tranken und gingen darauf zu Anfortas, dem traurigen
Mann. Er sagte: »Ich habe schmerzlich darauf gewartet, ob ich
wohl je noch einmal durch Euch wieder fröhlich würde. Als Ihr
damals hier waret, nahmet Ihr einen solchen Abschied, daß es
Euch, sofern Ihr Treue im Herzen traget, reuen mußte. Wenn Ihr je
Ruhm errungen habt, so bewegt die Leute hier, daß ich sieben
Nächte und acht Tage lang den Gral nicht sehen muß! Dann wäre

Parzival verehrt den Gral. Frankreich 15. Jh. Bibliothèque Nationale, Paris.

all mein Schmerz zu Ende. Mehr darf ich Euch nicht sagen. Wohl
Euch, wenn man Euch wird rühmen können, daß Ihr mir geholfen
habt! Euer Freund ist fremd bei uns. Warum laßt Ihr ihn nicht
ausruhen?«
Heftig weinend sagte Parzival: »Sagt mir, wo in der Burg hier der
Gral sich befindet. Wenn Gottes Güte an mir den Sieg behält, so
werden es diese erfahren.«
Dann fiel er, zum Gral gewendet, auf die Knie – dreimal zu Ehren
der Dreifaltigkeit. Er betete um das Ende der Verzweiflung des
traurigen Mannes. Er richtete sich auf und sagte dann: »Oheim,
was schmerzet Dich?«

Die Zauberfrage ist gestellt, und auf der Stelle schwinden die Krankheit und das Siechtum von Anfortas.

Dann schritt man zur Wahl und wählte den, den die Schrift am Gral
zum Herrn bestimmt hatte: Parzival wurde zum König und Herrn
erklärt. Ich glaube – wenn ich überhaupt etwas von Reichtum
verstehe –, niemand könnte irgendwo sonst zwei so reiche Männer
finden wie Parzival und Feirefiz. Man diente ihm, dem Herrn der
Burg, ebenso wie seinem Gast mit großem Eifer.

Kurze Zeit später trifft Kondwieramurs, Parzivals Gattin, in der Gralsburg ein, zusammen mit ihren beiden Zwillingssöhnen, die Parzival nun zum ersten Mal sieht. Der eine wird zurückgesandt, um als König über die irdischen Reiche seines Vaters zu herrschen, der andere, Lohengrin, bleibt auf der Gralsburg, um einmal hier das Erbe Parzivals antreten zu können. Und auch Feirefiz ist Glück beschieden: Er verliebt sich in die Trägerin des Grals, Repanse de Schoye, läßt sich taufen, und beide werden miteinander vermählt. Mit ihr kehrt er in seine Heimat zurück und begründet dort durch seinen Sohn, den mystischen Priester Johannes, ein christliches Königreich.
Hier endet die eigentliche Geschichte um Parzival und seine Suche nach dem Gral. Angefügt wird noch eine kurze Schilderung von Lohengrin, die für uns aber unbedeutend ist. Mit den Worten, an dieser Stelle sei die Kunde zu Ende, schließt Wolfram von Eschenbach seine Erzählung ab.

Leben und Werke Wolframs von Eschenbach

Um die Gralssage Wolframs von Eschenbach ganz verstehen zu können, müssen wir uns ein wenig mit dem Dichter beschäftigen. Wolframs Geburt wird etwa auf das Jahr 1170 datiert, sein Tod um 1220. Glaubte man früher, Wolfram stamme aus der Schweiz oder aus Eschenbach bei Bayreuth, wissen wir heute, daß sein Geburtsort Ober-Eschenbach (heute Wolframs-Eschenbach) südlich von Ansbach in Mittelfranken war. Es gibt keinerlei Urkunden über Wolfram, doch können wir aus Abbildungen und Niederschriften anderer Dichter eine ganze Reihe über ihn in Erfahrung bringen, mehr als über manche anderen Autoren des Mittelalters.

Anders als etwa Walther von der Vogelweide, ein Zeitgenosse Wolframs (beide haben sich gekannt), war der Dichter kein »fahrender Sänger«, wenngleich auch er häufig seinen Wohnsitz veränderte. Grund dafür wird wohl gewesen sein, daß Wolfram auf die ebenfalls wechselnden Gönner angewiesen war. So dürfte er Beziehungen zum Grafengeschlecht der Wertheimer gehabt haben, zu den Herren von Durne in Wildbach im Odenwald, zum Landgrafen Hermann in Eisenach und zu bayerischen Adelsgeschlechtern in der Steiermark. Wolfram war kein reicher Mann – im Gegenteil. Und trotzdem war er von einem starken Lebenswillen beseelt und pries seine Ehe und seine Vaterschaft in höchsten Tönen.

Er machte keinen Hehl daraus, daß er, im Gegensatz zu anderen Dichtern seiner Zeit, ein nahezu ungebildeter Laie war. Latein hatte er nicht gelernt, und jegliche Buchweisheit, derer sich beispielsweise Hartmann von Aue brüstete, war ihm zuwider. Dagegen hatte er eine geradezu kindliche Freude an allem Fremdartigen, insbesondere an orientalischen Namen, die er mit Vorliebe in seine Werke aufnahm. Personen, Länder, Völker, magische Geräte – sie mit ungewöhnlich klingenden Namen zu belegen, mit ihnen umzugehen und zu operieren war für ihn von großer und tiefer Bedeutung. Er kannte die deutsche Literatur sehr gut, insbesondere was die Helden- und Legendendichtung betraf.

Mit seinem »Parzival« hatte Wolfram vermutlich vor 1200 begonnen und ihn erst 1210 abgeschlossen. Dazwischen lagen zahlreiche Pausen und Unterbrechungen, in denen er an anderen Werken arbeitete. So kann angenommen werden, daß zwischen dem zweiten und dritten Buch sein »Erec« entstand (nicht vor 1190), und das fünfte Buch ist erst nach dem »Iwein« zu Ende gebracht worden. Arbeitspausen sind ferner zwischen dem achten und neunten und dem dreizehnten und vierzehnten Buch anzunehmen. Diese lange Schaffenszeit bedingte auch eine Änderung von Wolframs Stil. Waren seine ersten Parzival-Bücher noch sehr unbekümmert geschrieben, zeugten sie noch von einer inneren Frische, ist dies bei den späteren nicht mehr der Fall gewesen. Dagegen sind die der zweiten Hälfte mit weitaus weniger unreinen Reimen versehen als die ersten. Man kann wohl annehmen, daß Wolfram an seinem Hauptwerk über zwanzig Jahre arbeitete.

Neben dem »Parzival« hat Wolfram zahlreiche Dichtungen verfaßt und neu ausgearbeitet, etwa »Titurel«, das die Familiengeschichte der Gralskönige beschreibt, oder den »Willeham«. In seiner Frühzeit schrieb Wolfram als Dichter auch mehrere Minne-Lieder, eine Kunst, von der er sich aber bald wieder abwandte.

Schon im Mittelalter war Wolfram von Eschenbach zu einer legendären Figur geworden. Man sah in ihm bald einen der Gründer der Meistersinger, erkannte ihn als einen der Dichter, die seinerzeit am Sängerwettstreit auf der Wartburg teilgenommen hatten, und glaubte zu wissen, daß er in Maßfeld bei Meiningen von einem Grafen von Henneberg zum Ritter geschlagen worden war.

Der erste, der sich philologisch mit Wolfram beschäftigte, war sein Zeitgenosse Gottfried von Straßburg (Autor von »Tristan und Isolde«). Wirft dieser ihm noch eine schwerfällige Sprache vor, sprechen viele andere mit Lob und Bewunderung von seinen Werken. Etwa 1462 Jakob Püterich, der im Frauenmünster zu Eschenbach auch Wolframs Grab gesehen hatte und sich darüber beklagte, daß die Schrift und das Wappen bereits verblichen seien. 1460 bis 1470 wurde die Eschenbacher Deutschordenskirche neu erbaut und eine eigene Kapelle als Ruhestätte des Dichters eingerichtet. Im Jahre 1608 berichtete der Nürnberger Patrizier Hans Wilhelm Kress von seinem Besuch am Grab Wolframs, auf dem sich jetzt die Inschrift »Hie ligt der Streng Ritter Herr Wolfram von Eschenbach, ein Meister Singer« befände. 1861 wurde auf Anordnung von König Maximilian II. auf dem Marktplatz von Eschenbach ein Denkmal errichtet. Die eigentliche Wolfram-Renaissance hatte bereits in den ersten Jahrzehnten des 19. Jahrhunderts eingesetzt, als der Königsberger Philologe Karl Lachmann sich intensiv mit den Schriften des Dichters beschäftigte und ihnen nachforschte.

»Die Germanistik hat sich mit keinem anderen Dichter des Mittelalters so vielfältig beschäftigt wie mit Wolfram von Eschenbach und seinen Werken, dem ›Parzival‹ vor allem«, schrieb 1966 Heinz Rupp und kennzeichnete damit treffend die Entwicklung der Parzival-Forschung bis zum heutigen Tage.

Leben und Werke Chrestians de Troyes

Wir haben bisher nur das Parzival-Werk Wolframs von Eschenbach betrachtet. Es gibt neben dem fränkischen Dichter aber noch einen zweiten bedeutenden Verfasser des Mittelalters, der hier nicht unerwähnt bleiben darf: Chrestian de Troyes. Wir nennen ihn als Verfasser des »Conte del Graal« hier erst an zweiter Stelle, zum einen, weil sein Werk unvollständig geblieben ist, zum anderen, weil uns Wolframs Erzählung vom Inhalt her ursprünglicher erscheint.

Wie bei Wolfram fehlt auch bei Chrestian jedes zeitgenössische Dokument. Wir besitzen weder Geburts- noch Sterbeurkunden, und lediglich sein umfangreiches literarisches Werk weist auf seine Existenz hin. Immerhin muß Chrestian als Begründer einer völlig neuen Richtung des höfischen Kunstromans betrachtet werden, einer Richtung, die sehr schnell Verbreitung fand und sich überall großer Zustimmung erfreuen konnte.

Chrestian ist, so können wir annehmen, in Troyes geboren worden, wenngleich er den Zusatz »de Troies« nur in seinem ältesten Werk verwendete, im »Erec«, also zu einer Zeit, als er noch nicht bekannt war. Auch die von ihm gebrauchte Mundart, die der westlichen Champagne, weist darauf hin. Wo er aufgewachsen ist, ist unbekannt. Auf jeden Fall muß ihm aufgrund seiner hohen Bildung eine gute Erziehung zuteil geworden sein. Bereits als Dichter kam er an den Hof Heinrichs I., des Grafen der Champagne, an dem er für dessen Gattin Marie zwischen 1164 und 1173 den »Lancelot« schrieb. Daraufhin verließ er sein Domizil und begab sich in die Dienste des Grafen Philipp von Flandern, in dessen Auftrag er auch den »Perceval«

verfaßte. Das dürfte etwa ab 1174 der Fall gewesen sein. Um 1190, also vor Vollendung des »Conte del Graal«, hat ihn der Tod ereilt.

Ein kurzer Vergleich zeigt, daß Wolframs »Parzival« etwa zur gleichen Zeit begonnen wurde. Im wesentlichen sind sich beide Erzählungen sehr ähnlich, dennoch gibt es einige Unterschiede.

Zunächst einmal fehlt bei Chrestian all das, was Wolfram in seinen Büchern I und II ausführlichst darstellt, d. h. die Vorgeschichte zum eigentlichen »Parzival«. Chrestians »Perceval« (wie das Werk später genannt wurde) beginnt mit der Begegnung der fünf Ritter im Wald, nahe der Wohnstätte der Mutter. Dann läuft die Handlung sehr ähnlich ab, wenngleich Chrestian z. T. andere Namen verwendet als Wolfram. Perceval trennt sich von seiner Mutter, es folgt die Begegnung mit der Dame im Zelt (das anschließende Treffen mit Sigune, die bei Chrestian später erscheint, ist hier wohl eine Einschiebung Wolframs), das Auftreten von König Arthur, der Kampf um die belagerte Burg Belrepeire. Anders als bei Wolfram heiratet Perceval die Königin (sie heißt hier Blanceflor) jedoch nicht, versichert ihr aber seine Liebe und macht sich auf, die Mutter zu suchen.

Es schließt sich das Abenteuer auf der Gralsfestung an. Im Unterschied zur Version Wolframs sind es hier keine Ritter, die auf der Burg des Fischerkönigs leben, sondern lediglich Knappen. Perceval wird zum Nachtmahl eingeladen, es folgt die bereits bekannte Gralsprozession (mit Lanze, Gral, Kerzen usw.), wobei die Gegenstände von Knaben getragen werden und nur der Gral selbst von einer Jungfrau getragen wird. Danach geleitet man Perceval in sein Schlafgemach (auch er hat die erlösende Frage nicht gestellt), er erwacht am kommenden Morgen allein, reitet hinaus und ist völlig verwirrt.

Perceval begegnet – wie im Epos Wolframs – seiner Tante, erfährt aber erst jetzt seinen Namen. Auch gestaltet sich das Gespräch freundlicher als später bei dem Frankendichter. Schließlich verläuft alles sehr ähnlich weiter; die drei Tropfen im Schnee; Gauvain (Wolframs Gawan), der Perceval zu Arthur führt; die Verwünschung der häßlichen Gralsbotin und ihre Ankündigung des Abenteuers auf der Burg der gefangenen Jungfrauen (hier Montescleire genannt), zu dem sich Gauvain verpflichtet.

Es folgen die Gauvain-Abenteuer und – dazwischengeschoben – die fünf Jahre später spielende innere Einkehr Percevals in der Eremitenklause. Sein Onkel erklärt ihm die Hintergründe, u. a. daß der Vater

König Arthur wie man ihn sich im Mittelalter vorstellte und in Chrestians
»Conte del Graal« beschrieben wird.

des Fischerkönigs seit Jahren nur die Heilige Hostie empfange, die ihm der Gral als wundertätige Speise spende. Damit wendet sich das Geschehen wieder Gauvain zu, beschreibt seine Abenteuer und bricht schließlich mitten in einer Frage ab.

Die Gralssagen von Robert de Boron, Gautier de Dourdan, Manessier, Herbert von Mostreuil

Wir wollen nun noch kurz auf die Gralssagen anderer mittelalterlicher Autoren eingehen, und hier insbesondere Robert de Boron erwähnen. Gautier de Dourdan, Manessier, Herbert von Mostreuil u. a. setzten den unterbrochenen Chrestian lediglich fort, wohingegen Robert de Boron die gesamte Geschichte in drei Teilen niederschrieb. Leider wissen wir über ihn so gut wie nichts, weder seine genaue Zeit noch seinen Geburtsort. Es ist nicht einmal gesichert, ob er Franzose oder Engländer war, und auch die Abfassungszeit seiner Werke ist nicht eindeutig festgelegt. Manche vermuten, er habe sein Werk vor Christian begonnen, es aber erst nach der »Perceval«-Abfassung vollendet. Andere gehen davon aus, das Gesamtwerk Roberts sei erst nach dem Chrestians entstanden.

Wir möchten uns diesem Streit in keiner Weise anschließen, er ist für unser Thema nur von geringem Interesse. Wichtig ist, daß es Robert de Boron war, der als erster im Gral jene Schale sah, in die Christus beim Abendmahl seine Hände tauchte (Mt., 26, 23) und in der – der Legende nach – Josef von Arimathea das Blut Jesu auffing, das vom Kreuz zu Boden rann. Dies wird im ersten Teil seines Epos' beschrieben, das damit schließt, wie der Gral von Jerusalem aus nach England gebracht wird. Im »Merlin«, dem zweiten Buch Roberts, werden die Geschichte um die Geburt des Magiers Merlin und Arthurs, die Einrichtung der Tafelrunde und die Krönung Arthurs zum König beschrieben. Der »Perceval« schildert die bereits bekannte Erzählung, die an phantastischen Details reicher ist als die Chrestians oder Wolframs. Für uns bleibt festzuhalten, daß Roberts Bücher einen starken christlich-religiösen Aspekt in bezug auf den Gral enthalten, wie wir ihn von den vorher besprochenen Werken nicht oder zumindest nicht in dieser Form kannten.

Genauso verhält es sich mit Gautier de Dourdan (er dichtete zwischen 1190 und 1200), Manessier (1214–1220), Herbert von Mostreuil (vor 1225), Perceval li Galios (um 1225) und dem unbekannten Verfasser des »Grand St. Graal« (nach 1220). Sie alle setzten entweder Chrestian fort oder hielten sich an die Fassung Robert de Borons, schmückten Einzelheiten aus und betonten insbesondere die christliche Komponente der Gralsgeschichte (d. h. der Gral als Kelch bzw. als Schale mit dem Blut Christi).

Damit haben wir einen knappen Überblick über die auf uns gekommene Parzival- bzw. Gralsliteratur gewonnen. Aus jetzt sicherlich leicht ersichtlichen Gründen waren wir gezwungen, die einzelnen Überlieferungen stark zu reduzieren oder sie nur kurz anzuführen. Für uns soll diese Zusammenfassung zum Verständnis genügen. Damit wollen wir uns im folgenden Abschnitt nun der Frage zuwenden, wie es zur Entstehung der Parzivalsage gekommen ist.

Kapitel II

Die Quellen

Erzähle mir die Vergangenheit,
und ich werde die Zukunft erkennen.

Konfuzius
(551–479 v. Chr.)

Peronik und Peredur – Parzivals Vorgänger

Eine Sage zeichnet sich dadurch aus, daß um einen wahren Kern eine
Dichtung entsteht, die diesen eigentlichen Ausgangspunkt mit phantastischen Details anreichert. Nicht immer ist es freilich so einfach,
zumindest nicht bezüglich der Parzival-Sage. Bereits zu Beginn unserer Forschungen war uns der Gedanke gekommen, daß die von
Chrestian und Wolfram niedergeschriebene Legende um Parzival und
den Gral in Wirklichkeit ein Sammelsurium aus verschiedenen Quellen sein müsse. Wir fanden dies bei unserem späteren Literaturstu-
dium bestätigt.

Im Wesentlichen gilt, was Alfons Hilka (1932) schreibt: »Wie ich
bereits bemerkt und andere vor mir gefunden haben, besteht Kristians
Roman 1. aus dem Gralmotiv, dessen Mittelpunkt die heilige Schüssel ist, an die das Motiv der Erlösung durch »Fragen« geknüpft ist,
2. aus einer Dümmlingserzählung, indem der Hauptheld, der Sucher
des Grals, als solcher eingeführt wird, 3. das Ganze ist an Arthurs
Hof versetzt, dessen Ritter die handelnden Personen des Romans
werden.«

Zunächst wollen wir uns mit dieser von Hilka angesprochenen
»Dümmlingserzählung« beschäftigen. Sowohl Christian als auch

47

Robert oder Wolfram (ebenso wie die späteren Fortsetzer Chrestians) beschreiben Parzival als einen jungen Burschen, der, von der Außenwelt völlig isoliert aufgewachsen, bei seiner Konfrontation mit dieser (die drei bzw. fünf Ritter, die Dame im Zelt usw.) wie ein »dummer Junge« reagiert bzw. reagieren muß. Tatsächlich existiert eine sehr ähnliche, allerdings ältere keltische Überlieferung, die weitgehend als eine der Quellen für die spätere Parzival-Überlieferung gilt. Der Held dieser Erzählung heißt Peronik: Er ist ein armer Junge, der von einem vorbeigehenden Ritter vernimmt, auf der Burg Ker Glas befänden sich zwei Wunderdinge: zum einen eine diamantene Lanze, die alles vernichte, was sie treffe, zum anderen ein goldenes Becken, dessen Inhalt von allem Übel heile. All diese Dinge besitze ein Zauberer namens Rogear, der auf Ker Glas lebe. Von einem Eremiten hatte der Ritter weiterhin erfahren: Um nach Ker Glas zu gelangen, müsse man als erstes einen Trugwald durchqueren, dann einen Apfel von einem Baume pflücken, den ein Zwerg mit feurigem Schwerte bewache, und eine von einem Löwen gehütete lachende Blume finden. Danach führe der Weg durch einen Drachensee, durch das Tal der Freuden und schließlich an einen Fluß, an dessen einziger Furt der Sucher von einer schwarzgekleideten Frau erwartet werde. Die Frau müsse mit auf das Pferd genommen werden, denn nur sie kenne den weiteren Weg. Alle, so bemerkt der Ritter abschließend, die sich bisher auf dieses Wagnis eingelassen hätten, seien dabei umgekommen. Das hindert Peronik freilich nicht daran, dieses Abenteuer zu bestehen. Er durchquert den Trugwald, pflückt den Apfel, findet die lachende Blume und gelangt schließlich – in Begleitung der schwarzen Frau – nach Ker Glas. Der Held besiegt den Zauberer, indem er ihm von dem gepflückten Apfel zu essen gibt und die schwarze Frau ihn berührt. Peronik entdeckt in den unterirdischen Gewölben der Burg die Lanze und das Becken. In diesem Moment verschwindet das Schloß mit einem Donnerschlag. Peronik findet sich in einem Wald wieder. Sein Weg führt ihn an den Hof des Königs, wo er mit Geschenken belohnt und zum Oberbefehlshaber der königlichen Soldaten gemacht wird.

Die Parallelen zur späteren Parzival-Sage sind deutlich: Peronik ist wie Parzival abseits und allein von der Welt aufgewachsen, er begegnet einem Ritter, der ihn zum Aufbruch veranlaßt, er besteht zahlreiche Abenteuer, er gelangt schließlich zum Wunderschloß, dort gibt es eine diamantene Wunderlanze und einen Kessel. Zum Schluß wird

Peronik reichlich belohnt und nimmt eine führende Stellung ein. Interessant ist auch die Gestalt der »schwarzen Frau«, die die Pest symbolisiert und eine Analogie zur Krankheit Anfortas' darzustellen scheint.

Daneben existiert noch eine Sage um einen gewissen Peredur, die der Parzival-Erzählung in noch stärkerem Maße gleicht, obwohl zahlreiche Elemente (z. B. Kampf mit Hexen, Zwergen usw.) vorhanden sind, die weder Chrestian noch Robert noch Wolfram erwähnen. Dennoch können wir uns Julius Evola (1955) anschließen, wenn er schreibt: »Die Grundthemen der altkeltischen Sage von Peredur entsprechen denen der Parsifalsage.«

Allerdings: Statt des Grals findet sich in der Peredur-Erzählung lediglich eine Platte, auf der ein abgeschlagener und in seinem Blut schwimmender Kopf liegt. Peredur fragt nicht danach, und erst beim zweiten Mal erfährt er die Wahrheit:

> »Der Kopf war der deines leiblichen Vetters. Die Hexen von Clucester haben ihn getötet und deinen Oheim gelähmt. Ich bin dein Vetter. Die Weissagung verheißt, daß du hierfür Rache nehmen wirst.«

Dieses Rache-Motiv fehlt in der Parzival-Erzählung fast völlig. Dennoch sind die Übereinstimmungen frappierend: Der erste Teil des »Peredur« ist nahezu mit Chrestians Text bis zur Aufnahme Percevals in die Tafelrunde König Arthurs identisch, der zweite Teil beinhaltet die bereits erwähnten Hexen- und Zwerge-Abenteuer, der dritte Teil aber deckt sich von der Verfluchung der häßlichen Botin bis zur Szene in der Einsiedelei wieder fast völlig mit der Überlieferung Chrestians. Wir können also festhalten, wie Ernst Martin (1903) betont, daß »in der Tat schon allgemeine Gründe auf die Entwicklung der Gralssage zur halbchristlichen Legende hinweisen«. Solche Gründe sind beispielsweise die Eigennamen, die aus dem keltischen Westen stammen: Cornwall, Wales, die Bretagne, Alan, Celidonie, Avalon usw. Auch das Motiv von »Gahmurets Ehe mit einer Mohrenkönigin (stammt) aus einer keltischen Quelle, derzufolge Peredur als ›Mohr‹ mißverstanden wurde«, stellt Joachim Bumke (1970) fest. Und der mythische Keltenkönig Bran hat seine Entsprechung in Chrestians Frühwerk »Erec«, wo er als »Ban de Gomoret« auftaucht, was später zu Parzivals Vater »Gahmuret« geführt haben dürfte.

König Arthurs Hof

Wir sehen also, daß sich viele Elemente der Parzivalssage auf ältere keltische Mythen zurückführen lassen. Eine andere wichtige Komponente ist die Arthur-Legende. Paul Piper (1890) hält sie sogar für ausschlaggebend: »Der Parzival Wolframs ist seinem Inhalt nach einer der zahlreichen Artusromane, d.h. der Gedichte, welche Artus selbst oder einen der Helden seiner Tafelrunde zum Gegenstand haben.«

Wer war Artus oder Arthur? Bis heute ist man sich darüber nicht einig, zumal es keine zeitgenössische Schrift gibt, die ihn als historische Gestalt erwähnt. Dennoch kann man wohl annehmen, daß er nicht nur der reinen Phantasie entsprungen ist, obwohl viele der Ereignisse, die sich mit seiner Person verbinden, vermutlich nie stattgefunden haben. Erstmals wird sein Name im neunten Jahrhundert genannt, und zwar in einem Text eines gewissen Rennius (um 860), der zwölf Feldzüge Arthurs und einen Zug nach Jerusalem beschreibt, was aber wohl kaum der Fall gewesen sein wird. Arthur war bereits hier zur Legende geworden. Später taucht sein Name in den »Annalen von Wales« (10. Jahrhundert) im Zusammenhang mit der Schlacht am Berg Badon auf, bei dem die Briten einen Sieg von entscheidender Bedeutung über die eindringenden Sachsen errangen. In dieser Chronik findet sich auch eine Passage über den »Kampf von Camlann, in dem Arthur und Mordred umkamen«. Den ausführlichsten Bericht über Arthur verfaßte im 11. Jahrhundert Gottfried von Mormouth in seiner »Historia regum Britanniae«. Hier sind all jene Gestalten und Geschehnisse erwähnt, die wir kennen: Arthurs Geburt, seine Erziehung durch Merlin (eine äußerst mysteriöse Gestalt, die Parallelen zu anderen Beratern geschichtlicher Herrscher aufweist), seine Einsetzung als König in frühem Alter, nachdem er das Schwert *Excalibur* aus einem Steinblock gezogen hatte, die Einrichtung der Tafelrunde usw.

Geoffry Ash (1986) konnte inzwischen mit einiger Sicherheit belegen, daß der historische Arthur etwa in der Mitte des fünften Jahrhunderts lebte und in Wirklichkeit Riotimus hieß. Er kämpfte gegen die eindringenden Westgoten und verschwand um 470 im Dunkel der Geschichte.

Die Arthur-Legenden jedenfalls, die zur Zeit Chrestians und Wolframs sehr populär waren, schufen gewissermaßen den Rahmen für die Parzivallegende. Aber nicht nur keltische Einflüsse haben sich dabei geltend gemacht. So faßt beispielsweise Jessie A. Weston (1920), eine ausgezeichnete Kennerin der Artusromane, die Gralssage als »ein christianisiertes und nicht mehr verstandenes Überbleibsel eines altvorderasiatischen phönizischen oder syrischen Vegetationsritus« auf. Das mag vielleicht übertrieben sein, zeigt aber doch, wie komplex die Parzival-Sage sich darstellt. Einflüsse mag es auch aus der sogenannten »Alexandersage« gegeben haben. Sie wurde erstmals im 12. Jahrhundert schriftlich fixiert und berichtet, wie Alexander der Große bis ans Paradies reiste und dort den »Stein der Demut« fand.

Christliche und ägyptische Mythen

Zu all diesen meist aus heidnischer Zeit stammenden Komponenten der Parzival-Legende kamen noch die christlichen Motive hinzu, die vor allem bei Robert de Boron stark ausgeprägt sind. Interessanterweise gibt es eine aus dem 11. Jahrhundert stammende Eucharistielegende, die eine starke Ähnlichkeit mit den Schilderungen um Anfortas und seine tägliche Speisung durch die Hostie aufweist: Nahe Clavennas wurde ein Mann in einer Höhle verschüttet. Nach langem Suchen gab man alle Rettungsversuche auf. Erst als ein Jahr verstrichen war, machte man sich erneut auf, um die Gebeine zu finden, und entdeckte den Mann lebend. Dieser erzählte seinen erstaunten Freunden: Täglich habe ein einer Taube ähnlicher Vogel eine kleine Gabe weißen Brotes gebracht, das ihn durch seinen köstlichen Geschmack erfrischt und gestärkt habe. Nur ein einziges Mal sei der Vogel ausgeblieben, und an diesem Tage habe ihn der Hunger schrecklich gequält. Seine Gattin hatte nämlich für den Totgeglaubten täglich eine Messe lesen lassen. Nur einmal war sie wegen der Kälte des Winters nicht zur Kirche gegangen, und das war eben jener Tag, an welchem der Verschüttete an Hunger gelitten hatte.

Es ist unschwer vorstellbar, daß Legenden wie diese bei Wolfram zur Schilderung der weißen Taube, die jeden Karfreitag eine Hostie zum Gral bringt, geführt haben werden. Wie aber verhält es sich mit

Roberts Beschreibung des Josef von Arimathea, der sich mit der Abendmahlschale, in der das Blut Christi am Kreuz aufgefangen wurde, ins Europa des ersten Jahrhunderts begibt? Emma Jung (1960) gibt dazu eine, wie wir meinen, überzeugende Erklärung. Sie schreibt: »Daß die Seelensubstanz des Gottes in einem sepulkralen [das Begräbnis betreffenden, Anmerk. d. Verf.] Gefäß erhalten bleibe, entspricht ebenfalls einer besonderen archetypischen Vorstellung, welche auf antike und orientalische Wurzeln zurückgeht.« E. Jung weist auf afrikanische Häuptlingsbegräbnisse hin, bei denen die aus dem Leichnam austretenden Sekrete aufgefangen und – als »heilig« verehrt – getrennt bestattet werden. Ähnliches kennt man auch aus den altägyptischen Bestattungsriten, wo bestimmte Teile des Körpers aus dem Leichnam genommen und in besonderen Gefäßen beigesetzt wurden. Diese Gefäße enthielten dann die »magische Seelensubstanz des Gottes«, und es ist nicht unwahrscheinlich, daß ähnliche Vorstellungen später auf den Gral übertragen wurden.

Wichtig erscheint uns in diesem Zusammenhang auch eine andere Parallele, die Emma Jung anführt. Sie weist auf die »Légende de l'Abbaye de Fécamp« hin, in der Nikodemus (eine Gestalt des Johannes-Evangeliums) mit einem Messer das Blut vom Kreuz Christi abgeschabt, es zunächst in seinem Handschuh, später in einem Bleigefäß verwahrt und dieses – offensichtlich eine Art Röhrchen – bei der Belagerung von Sidon im Stamm eines Feigenbaumes versteckt hat. Auf ein Geheiß Gottes hin fällt er den Baum und übergibt ihn dem Meer. Der Stamm gelangt so an die Gestade der Normandie und wird bei Fécamp an Land gespült. Er schlägt Wurzeln, und wegen der Wunderwirkungen, die von diesem Ort ausgehen, werden hier eine Kirche und ein Kloster errichtet. Die Parallelen zur Grals-Legende Roberts de Boron sind offensichtlich.

Interessanterweise nun gibt es einen älteren, aus Ägypten stammenden Osiris-Mythos, der etwas ganz Ähnliches beschreibt: Demnach sei der Sarg des ägyptischen Gottes Osiris in Byblos (Byblos liegt in Phönizien, von wo auch der Feigenbaum der Nikodemuslegende stammt) an Land gespült worden, wo ihn ein Erikastrauch umwuchs und verbarg. Die Vorstellung vom Blut eines Gottes bzw. dessen leiblichen Überresten und ihre Verbindung mit wunderbaren Vorgängen sind folglich sehr alt und finden sich in dieser oder jener Form bei vielen Völkern der vorchristlichen Zeit.

Auffallend an Roberts Dichtung ist seine Gralsauffassung, die dem bloßen Anblick des Grals eine magische Wirkung zuschreibt: Innere Seligkeit, Unbesiegbarkeit und irdische Unverletzlichkeit werden jenen zugeschrieben, die den Gral sehen. Das aber wiederum können nur begnadete und auserwählte Menschen. Josef von Arimathea wird so zum Gründer einer »Überkirche«. Die liturgische Abendmahlsmystik enthält eine Vielzahl von Allegorien, die sich in Roberts Epos wiederfinden: Grab und Altar, Grabtuch und Altartuch, Blutschale und eucharistischer Kelch. Diese Beziehungen lassen sich auf eine eucharistische Mystagogie griechischen Ursprungs zurückführen, wie Konrad Burdach (1974) in einer umfangreichen Studie belegen konnte: Liturgische Gebräuche aus der griechischen Welt waren seit dem neunten Jahrhundert ins Abendland vorgedrungen und durch Honorius Augustodunenis im zwölften Jahrhundert verbreitet worden. Die Symbolik von der blutenden Lanze beispielsweise wurzelt in einer solchen ostkirchlichen Mystik.

Zum anderen scheint Roberts erster Teil – wir erwähnten es bereits – auf dem apokryphen Nikodemus-Evangelium zu basieren. (Als *apokryph* gelten eine Reihe von Schriften, die von der Kirche als nicht kanonisch, d. h. als nicht echt angesehen wurden bzw. werden. Auf den Konzilien der Frühzeit des Christentums fanden mehrmals regelrechte »Säuberungsaktionen« per Handzeichen statt, bis schließlich aus der Fülle des vorhandenen Materials nur noch das übrigblieb, was wir heute im Alten und Neuen Testament lesen können. Dennoch blieben Teile dieser Apokryphen in östlichen, also nicht römisch-katholischen Kirchen fester Bestandteil des Glaubensgutes.)

Das sogenannte *Evangelium Nicodemi* war in England bereits seit dem achten Jahrhundert für verschiedene christliche Gedichte als Grundlage benutzt worden, und Josef von Arimathea, der dort eine »Hauptrolle« spielt, war zu einer beliebten Gestalt der Passionsgeschichte geworden. Etwa zu Beginn des elften Jahrhunderts wurde dann auch ein anderes Apokryphon ins Alt-Englische übertragen: die *Vindicta Salvatoris*. Die Figur des Josef von Arimathea gelangte so ein zweites Mal in die abendländische Literatur (R. P. Wülke, 1872). Josef steht hier stets in einem engen Zusammenhang mit dem Apostel Philippus und der Missionierung Englands. Welche Berechtigung eine solche Beziehung hat, läßt sich schwer beurteilen. Augenfällig ist aber, daß Handschriften aus dem zehnten und elften Jahrhundert in georgischer bzw. grusinischer Sprache, die, aus Palästina kommend, ins Griechische übertragen worden waren und vermutlich eine syrische Fassung zur Grundlage hatten, wiederum Josef als Hauptperson charakterisieren. Josef selbst erzählt hier seine Geschichte, die fast identisch mit der Roberts ist (Grablegung Christi, Gefangenschaft Josefs, Erscheinung des auferstandenen Jesus, Auffangen des Blutes Jesus). Vor allem wird auch in dieser ursprünglich syrischen Erzählung eine Art »Grals-Tafel« errichtet (wie bei Robert von einem Mann namens Petrus) sowie ein eigenes Sakrament eingeführt. Burdach (1974) kommt daher zu dem Schluß, daß ein Vergleich beider Schriften dazu zwingt, »anzunehmen, daß die in England früh bekannte und beliebte Josefslegende aus syrischer Quelle stammt oder wenigstens teilweise durch syrische Überlieferung befruchtet ist«. In dieser syrischen Fassung gibt es jedoch kein Gefäß, das dem Gral gleicht. Somit ließe sich nach der Absonderung des *Percevals*, der – wie gezeigt wurde – auf keltische Überlieferungen zurückgeht, nun auch die christliche Komponente (Josef von Arimathea, Auffangen des Blutes usw.) vom eigentlichen Gral-Teil abspalten.

Wir haben somit die verschiedensten Einflüsse, die zur Bildung der Parzival-Legende im 12. und 13. Jahrhundert geführt haben, nämlich

1. die Peronik- und Peredur-Überlieferung des keltischen Raumes,
2. weitere keltische Motive, die insbesondere in der Namensgebung ihren Ausdruck finden,
3. Einflüsse aus Ländern des vorderen Oriens,
4. die Arthur-Legenden,
5. christliche Aspekte, die ihrerseits wieder auf ägyptische und andere heidnische Volksmythen zurückgehen,
sowie schließlich das Gralsmotiv selbst, auf das wir hier noch nicht eingegangen sind, obwohl es das wesentliche Element der gesamten Erzählung bildet. Paul Piper (1890) bestätigt das, wenn er schreibt: »Die Sage vom heiligen Gral gibt dem Gedicht die charakteristische Gestalt.« Auf den Ursprung dieser Sage vom heiligen Gral wollen wir in einem späteren Zusammenhang zurückkommen.

Kapitel III

Der Gral –
Sinn, Bedeutung, Interpretation

Wahrheit ist die Tochter der Zeit.

Leonardo da Vinci
(1452–1519)

Von der Bedeutung des Wortes »Gral«

Das zentrale Thema der Parzival-Legende Wolframs, Chrestians, Roberts und anderer ist zweifellos jener ominöse Gegenstand, den Wolfram »grâl« nennt und Chrestian »graal«. Bei Wolfram taucht er namentlich erstmals in Vers 235, 23 – 32 auf. Er schreibt:

> *nach den kom diu künegin.*
> *ir antlütze gap den schin,*
> *si wânden alle ez wolde tagen.*
> *man sach die maget an ir tragen*
> *pfellel von Arâbi.*
> *ûf einem grüenen achmardi*
> *truoc si den wunsch von paradis,*
> *bêde wurzeln unde ris.*
> *daz was ein dinc, daz hiez der Grâl,*
> *erden wunsches überwal.*

* * *

Nach denen kam die Königin.
Von ihrem Antlitz ging ein Schein aus,
daß alle meinten, es beginne zu tagen.
Man sah die Frau gekleidet in
Pfellel von Arabien.
Auf einem grünen Achmardi
trug sie die Wunscherfüllung vom Paradies,
Wurzel war es zugleich und Reis.
Das war ein Ding, das hieß der Gral,
allen Erdenwunsches Überschwang. *

Christian de Troyes beschreibt die gleiche Stelle wie folgt (nach K. Sandkühler, 1963):

Eine schöne, edle und wohlgeschmückte Jungfrau, die mit den Knappen hereintrat, hielt einen Gral zwischen ihren beiden Hän-den. Als sie mit dem Grale eingetreten war, da kam damit ein so großer Glanz herein, daß die Kerzen ihre Helligkeit verloren wie die Sterne, wenn die Sonne oder der Mond aufgeht.

Was also ist der Gral, welche Bedeutung hat dieses Wort? Wie Wendelin Foerster (1914) und Alfons Hilka (1921) betonen, kann es »etymologisch . . . nur auf gradalis zurückgehen«.
Bereits um 1204 benutzte Helinandus dieses Wort »gradalis«. Heli-nandus war ein Chronist des 13. Jahrhunderts, der – bis weit in die Vergangenheit zurück – Jahr für Jahr ihm wichtig erscheinende Ereignisse der Weltgeschichte aufzeichnete bzw. nachtrug. Es ist allerdings mehr als zweifelhaft, ob Vorgänge, die damals bereits an die 500 Jahre zurücklagen, auch immer der historischen Wahrheit entsprochen haben. Wie bei unserem Fall (Helinandus beschreibt das Erlebnis eines britischen Eremiten, dem in einer Vision folgendes zuteil wurde: Ein Engel habe ihn im Traum über Josef von Arimathea unterwiesen, der Jesus vom Kreuz abgenommen, sowie über die Schüssel, aus der Christus beim Abendmahl gegessen habe. Die Vision

---

*) Nach Hertz: »Sie trug des Paradieses Preis, des Heiles Wurzel, Stamm und Reis. Das war ein Ding, das hieß Gral, ein Hort von Wunder ohne Zahl.«
Legerlotz übersetzt: »Sie trug des Paradieses Preis, des Segens Wurzel und Blütenreis. Das war ein Stein, der Gral genannt, der allen Weltschatz überwand.«

sei dann von dem Einsiedler in einer lateinischen Abfassung niedergelegt worden.) dürfte es sich um eine willkürlich in das Jahr 717 datierte, im frommen Glauben erfundene Geschichte handeln, um auf diese Weise die Gralstradition weit in die Vergangenheit hinein zu erweitern. Wir müssen das annehmen, weil es zum einen keine lateinische Schrift aus dieser Zeit gibt, die sich mit dem Gral befaßt (die ersten Texte – französische – tauchen erst Ende des zwölften Jahrhunderts auf, es sind die von Chrestian und Robert), zum anderen, weil die Geschichte von Josef von Arimathea gut zu dem wenige Jahre zuvor erschienenen Epos Roberts de Boron paßt, der bekanntlich als erster diese Deutung gegeben hatte.

Dennoch führt Helinandus in seinem lateinischen Text eine Deutung des Wortes »Gral« an (eben von gradalis), die bis heute zu den von den meisten Forschern akzeptierten Möglichkeiten gehört. Helinandus schreibt in seinem lateinischen Original:

Gradalis vel gradale gallice dicitur scutella tata et aliquantulum profunda, in qua preciosae dapes divitibus solent apponi gradatim, unus morsellus post alium in diversis ordinibus. Dicitur et vulgari nominale graalz, quia grata et acceptabilis est in ea comedenti tum propter contines, quia forte argenta est vel de alia preciosa materia, tum propter contentum, i. e. ordinem miltiplicem dapium preciosarum.

***

Gradalis oder auch gradale heißt im Französischen eine breite und ein wenig tiefe Schüssel, in welcher kostbare Speisen zusammen mit ihrer Soße den Reichen stufenweise (gradatim) vorgesetzt zu werden pflegen, ein Stückchen nach dem anderen in verschiedenen Anordnungen, auch wird sie mit dem volkssprachlichen Namen graalz benannt, weil sie dem aus ihr Speisenden gefällig (grata) und angenehm ist, einmal wegen ihrer äußeren Beschaffenheit, weil sie ganz silbern ist oder aus anderem kostbaren Material, zum anderen wegen ihres Inhaltes, d. h. wegen der vielfältigen Anordnung kostbarer Speisen.

»Damit ist«, so betont Paul Piper (1890), »die Deutung als Schüssel ganz klar.« In der Tat entspräche eine solche Bedeutung auch allen Sprachgesetzen, denn »graal« aus mittellateinisch »gradalis« oder

»gradale« hieße dann – französisch – eine »breite und tiefe Schüssel«. Diese Schüsseln waren, zumindest für die reichen und vornehmen Leute, so gestaltet, daß, wie auch Helinandus es beschreibt, die Gerichte, Häppchen für Häppchen, auf verschiedenen Stufen serviert werden konnten. Ernst Martin (1903) bemerkt dazu: »Christian muß diese Bedeutung als seinen Lesern bekannt ansehen, da er ohne weitere Angabe ›un graal‹ [einen Gral, Anmerk. d. Verf.] hereintragen läßt.«

Parzival, Bors und Galahad verehren den Gral. Bibliothèque Nationale, Paris.

Helinandus und Christian sahen also im Gral ein schüsselförmiges Gefäß. In F. Diez' »Etymologisches Wörterbuch der romanischen Sprache« finden sich in diesem Zusammenhang für »graal« die folgenden Begriffe: »... altfranzösisch ›greal‹, ›grasal‹, provenzalisch ›grazal‹, altkatalonisch ›gresal‹, ein Gefäß, Becken oder Napf von Holz, Erde oder Metall...«. Emma Jung (1960) berichtet, daß man noch heute in Südfrankreich »...›grazal‹, ›grazau‹, ›grail‹, ›grau‹ für verschiedene Gefäße (braucht); auch französisch ›grassalo‹ = Napf ist hier zu setzen. Das Wort Graal, ›grasal‹, soll heute noch in gewissen Dialekten Süd- und Ostfrankreichs vorkommen.«
Eine andere Abstammung des Wortes »Gral« sehen manche in dem Wort »garalis«, das ebenfalls zum einen »Schüssel«, zum anderen

58

auch »Napf«, »Becher« bedeutet, eine Herleitung, die aber beispielsweise Ernst Martin (1880) ablehnt. Dennoch meint Paul Piper (1890), »garalis« könne durchaus als ältere Form von »gradalis« gelten und habe damit eine Berechtigung, zur etymologischen Bedeutungsanalyse herangezogen zu werden. Auch die Ableitung von »cratalis«, was »Milchkrug« bedeutet, wird von Paul Piper genannt.

Eine ganz andere Deutung leitet sich laut Piper (1890) aus dem »Grand St. Graal« her: »Im Grand St. Graal ist es eine heilige Schale, der Nafcien, als er sie erblickte und weil er nie so Herrliches meinte gesehen zu haben, diesen Namen gab, den sie hinfort nicht wieder verlor. Denn, so sprach er, habe er etwas gesehen, was ihm nicht in irgendeiner Beziehung mißfallen habe (degraast); aber was er jetzt sehe, das gefalle ihm mehr und sei ihm angenehmer (graoit) als alles, was er bisher gesehen. Dieselbe Deutung gibt auch Robert de Boron.« Hier also wird, wie auch Emma Jung schreibt, eine von Helinandus bereits angeführte Interpretation gegeben, die »graal« eher von »gratus«, was gefällig, willkommen, oder »gratia«, was Annehmlichkeit, Wohlgefälligkeit, Gnade, Dank ausdrücken will, herleitet. Dem entspräche auch das französische »agréable«, also »angenehm«, was seinerseits auf »gré« = Wunsch zurückgeht.

Eine wiederum davon verschiedene Erklärung deutet das Wort »gradale« an, das, von »gradatim« kommend, auch »das, was sich stufenweise erst zu enthüllen vermag«, bedeutet, andererseits seine starke Wortverwandtschaft zu »gradalis« aufzeigt. Auch an »panes gradiles« ist gedacht worden, also an Brot, das vom römischen Kaiser zur Linderung bei Hungersnöten verteilt wurde (Paul Piper, 1890). Die Herleitung von »Sangreal«, »königliches Blut«, deutet nach P. Piper auf das spätere Mittelalter hin, als sich bereits eine Identifizierung des Grals mit dem Abendmahlskelch vollzogen hatte.

Daneben gibt es eine ganze Reihe anderer Deutungen, etwa »Kreis«, »Höhle«, »Koralle«, auf die wir hier nicht näher eingehen wollen. Interessant erscheint aber noch das »gangandi greidi« der nordischen Fassung der Parzivalslegende. Sie hält sich an die Darstellung Chrestians, und zwar ebenfalls ohne die Fortsetzung, die Chrestians Buch später durch andere Autoren erfahren hat. Der Text dürfte um 1310 entstanden sein. In ihm wird vom Gral als einem »Gerät« gesprochen, das »gangandi greidi« genannt wird und mit »umherwandelnde Wegzehrung« übersetzt werden kann (P. Piper, 1890).

Herbert Kolb (1963) sieht im Namen Gral, den er seiner Herkunft nach arabischen Quellen zuordnet, eher einen Geheimnamen. Andere glauben, Gral von »grès«, also »Stein« herleiten zu können. Dies mag auf den ersten Blick vielleicht überraschen, ist aber doch recht überzeugend, dann nämlich, wenn wir uns einem weiteren Wort zuwenden, mit dem Wolfram den Gral belegt: »lapsit exillis«.

Von der Bedeutung des Wortes »lapsit exillis«

Was weiß der Frankendichter vom Gral im Zusammenhang mit einem Stein? Wolfram schreibt in Vers 469, 2–8 hierzu wie folgt:

> *ich wil iu künden umbe ir nar*
> *si lebet von einem steine,*
> *des geslähte ist vil reine.*
> *hat ir des niht erkennet,*
> *der wirt iu hie genennet,*
> *er heißet lapsit exillis*
> *der stein ist ouch genant der grâl.*

* * *

> *Ich will Euch künden, wovon sie leben:*
> *sie leben von einem Steine,*
> *der von ganz reiner Art ist.*
> *Wenn Ihr ihn nicht kennt,*
> *so soll er hier genannt werden.*
> *Er heißt Lapsit exillis.*
> *Der Stein wird auch der Gral genannt.*

Es ist von philosophischer Seite aus viel gerätselt worden, um was es sich bei diesem »lapsit exillis« handelt, was Wolfram damit gemeint haben könnte. Zunächst einmal herrscht eine allgemeine Übereinstimmung dahingehend, daß »lapsit« in Wirklichkeit eine – durch den lateinunkundigen Wolfram vermutlich unbewußte – Verdrehung des Wortes »lapis«, also »Stein«, ist. Dies ist wohl anzunehmen und auch

insofern logisch, weil er selbst ja von »einem Steine« spricht, den er mit diesem Namen belegt. Hinzu kommt noch, was Bodo Mergell (1952) betont: »Mitbeteiligt an der Bildung lapsit und insbesondere aus den mittleren Konsonanten zu erschließen ist lat. lapsus als Bezeichnung für jede ›gleitende Bewegung nach unten, Fall, Sturz‹.«
Weniger einhellig ist die Meinung in bezug auf »exillis«. So vertritt beispielsweise Friedrich Ranke (1946) die Meinung, »exillis« könne auf »exilis« zurückgeführt werden, lateinisch »klein«, »dünn«, »unscheinbar«, aber diese Deutung ist doch recht unwahrscheinlich, weil »Wolframs deutlich erkennbare Absicht, für den Gralstein jedes festumrissene beschreibende Eigenschaftswort zu meiden und die Eigenart des Grals mehr in der ›Reinheit‹ und wunderwirkenden ›Kraft‹ als in seiner ›Kleinheit‹ zu erkennen, einen solchen Gedanken von vornherein verbietet«, wie Bodo Mergell (1952) schreibt.
Eine andere Deutungsmöglichkeit wäre dagegen »lapis elixir«, der »Stein der Weisen«, was sich gut mit der Wundertätigkeit des Grals vertragen würde. Eine überaus christlich orientierte Auslegung bietet Petrus Tax (1965) an. Er möchte in »lapis exillis« zum einen Christus als Eckstein (lapis), zum anderen das in der Ostervigil (Osternachtsfeier der katholischen Kirche) aus einem Kieselstein (ex silice) geschlagene Osterfeuer sehen. Das Ganze ist aber, wie Tax selbst eingesteht, eine »kühne Neukonzeption«, insbesondere gegenüber dem liturgischen Text.
Dagegen hat Joachim Bumke (1979) eine durchaus vertretbare Möglichkeit aufgezeigt. Er leitet »lapsit exillis« von »lapsis exili« her, was »Stein des Exils« heißen könnte, oder von »lapis exulis«, also »der fern der Heimat befindliche Stein«, was sinngemäß etwa das gleiche bedeutet. In diese Richtung gehört auch die Herleitung von »exilium«: Ausstoßung, Zerstörung.
Schließlich soll hier noch eine letzte Deutung vorgetragen werden, die von vielen Forschern als die wahrscheinlichste angesehen wird, nämlich die Ableitung von »lapsit exillis« aus »lapis ex coelis« bzw. »lapis de coelis«, also der »Stein aus dem Himmel«, oder gar, wie Bodo Mergell (1952) meint, eine Verkürzung des Ausdrucks »lapis lapsus ex illis stellis«, was sich mit »Stein, der von jenen Sternen herabgekommen ist«, übersetzen ließe.
Nach dieser verwirrenden Vielzahl an Worten, Bedeutungen, Begriffen, Übersetzungen wollen wir uns nun einem etwas anders gelagerten

Aspekt der Gralsfrage zuwenden, nicht ohne zum Vorausgegangenen noch einmal Bodo Mergell (1952) zu zitieren, der zu der großen Fülle an Deutungsmöglichkeiten schreibt: »Gerade das vielfältige, tönereiche Mitanklingen von Verschiedenartigem im Glockenspiel des Gralsnamens gehört zum Wesen von Wolframs dichterischer Absicht, obwohl das Geheimnisvolle dieses Namens keineswegs gleichbedeutend ist mit sinnlos-phantastischer Willkür, sondern im Gegenteil durch eine klare, sorgsam aufeinander abgestimmte Skala poetischer Wort- und Sinnbezüge sich auszeichnet.«

Von der Beschaffenheit des Grals

Nicht weniger umstritten als die Bedeutung des Wortes »Gral« bzw. des von Wolfram verwendeten »lapsit exillis« ist in der Literatur die Deutung des Grales selbst. Es gibt die verschiedensten Ansichten darüber, wie dieser Gral beschaffen gewesen sein mag, was er wirklich darstellte; dies nicht zuletzt vielleicht auch deswegen, weil Chrestian und Robert – zumindest vordergründig – eine völlig andere Beschreibung zu geben scheinen als Wolfram von Eschenbach. Stellen wir die beiden Darstellungen einander gegenüber. Chrestian schreibt:

Eine schöne, edle und wohlgeschmückte Jungfrau, die mit den Knappen hereintrat, hielt einen Gral zwischen ihren beiden Händen. Als sie mit dem Grale, den sie trug, eingetreten war, da kam damit ein so großer Glanz herein, daß die Kerzen ihre Helligkeit ebenso verloren wie die Sterne, wenn die Sonne oder der Mond aufgeht... Der Gral, der vorausging, war aus reinem, feinem Golde. Kostbare Steine der verschiedensten Art waren an dem Grale, der reichsten und teuersten und kostbarsten, die es im Meer oder in der Erde gibt: die Steine am Gral übertrafen ohne Zweifel alle anderen Steine.

Wolfram dagegen hält sich bei der Beschreibung sehr zurück. Er erwähnt in Vers 235, 20–24, lediglich:

ûf einem grüenen achmardi
truoc si den wunsch von paradis,
bêde wurzeln unde ris,
daz was ein dinc, daz hiez der Grâl,
erden wunsches überwal.

* * *

Auf einem grünen Achmardi
trug sie die Wunscherfüllung vom Paradies,
Wurzel war es zugleich und Reis.
Das war ein Ding, das hieß der Gral,
allen Erdenwunsches Überschwang.

Und an anderer Stelle, nämlich in dem ebenfalls bereits zitierten Vers 469, 2–8, bemerkt er, es handle sich um einen Stein »ganz reiner Art«, der »lapsit exillis« heiße und »auch Gral genannt« werde.

Zugegebenermaßen sind all diese Beschreibungen nicht sehr weitgehend. Es wird weder etwas über die Form noch über die Größe ausgesagt. Dennoch läßt sich eine gewisse Übereinstimmung dahingehend erzielen, daß sowohl Chrestian als auch Wolfram den Gral entweder als Stein selbst (Wolfram) oder aus Metall, in diesem Fall Gold, und mit Steinen verziert (Chrestian) bezeichnen, wodurch der Weg frei wird zu all jenen Vorstellungen, die die mittelalterliche Welt in bezug auf heilige und zauberkräftige Steine, Edelsteine, Altäre, Steinheiligtümer und Talismane gehabt haben mag.

Wenn der Gral, wie Wolfram schreibt, tatsächlich ein Stein war, zudem noch ein »Stein, der vom Himmel fiel«, so läßt sich natürlich zunächst an einen Meteoriten denken. Dabei ist zu berücksichtigen, daß es noch heute einen Meteoriten gibt, der von den Anhängern einer Weltreligion als heilig verehrt wird: Gemeint ist der heilige Schwarze Stein der Kaaba in Mekka. Der Legende nach soll er einst Abraham vom Erzengel Gabriel übergeben worden sein, damit dieser ihn zum Tempelbau in Mekka verwende. Wolfram, so meinen einige, könne dies zu Ohren gekommen sein und er habe den Gral deshalb ebenfalls als Wunderstein beschrieben.

So verlockend eine Interpretation des Grals als einfacher Meteorit auch sein mag – sie erklärt leider nicht, wie dieser Himmelstein dazu in der Lage gewesen sein sollte, Speise zu geben, warum er, wie es

Chrestian beschreibt, mit Edelsteinen verziert war, aus Gold bestand und gestrahlt habe. Zudem war den Menschen des Mittelalters die Vorstellung, aus dem Himmel könnten Steine herab zur Erde fallen, völlig fremd.

Die gleiche Schwierigkeit ergibt sich, wenn man den Gral als jenen mythischen Edelstein betrachtet, der dem abtrünnigen Luzifer – der Legende nach – bei seinem Kampf mit den Engeln Gottes aus der Krone zur Erde gefallen sei. Eine solche Deutung gibt als erste die mittelalterliche Fassung des »Wartburgkrieges«, Strophe 143, wieder:

> *Sol ich die krône bringen vür?*
> *diu wart gewohrt nâch sehstic tûsent engel kür,*
> *die wolten got von himelriche dringen.*
> *sich Lucifer, dô wart si din!*
> *swâ noch werde wise meisterpfaffen sin,*
> *die wizzent wol, daz ich die wârheit singe.*
> *Sant Michâhêl sach gotes zorn von ubermuotes twâle:*
> *die krône brach er sunder dane*
> *im von dem houbet, daz ein stein der ûz gesprange,*
> *der wart doch sint ûf erden Parzivâle.*
> *Den stein, der ûz der krônen sprange,*
> *den vant, der ie mit hôhem pris nach wirde rane.*

∗ ∗ ∗

> *Soll ich die Krone bringen für,*
> *die von 60 000 Engeln gemacht worden ist?*
> *Die wollten Gott aus dem Himmelreich verdrängen.*
> *Sieh! Luzifer, da war sie deine.*
> *Wenn es noch weise Meisterpfaffen gibt,*
> *dann wissen sie wohl, daß ich die Wahrheit singe.*
> *Sankt Michael sah Gottes Zorn, gequält von diesem Übermut.*
> *Er brach ihm (Luzifer) die Krone vom Haupt,*
> *so daß ein Stein heraussprang,*
> *der auf Erden Parzivals Stein wurde.*
> *Den Stein, der aus der Krone sprang,*
> *den fand, der mit hohem Preis nach Würde rang.*

Das Ganze ist, wie bereits erwähnt, eine mittelalterliche Deutung, die uns im Moment nicht weiterhilft. Natürlich könnte man auch hier wieder von der »Meteoriten-Theorie« ausgehen, doch führt uns diese, wie bereits dargelegt, zu keinem Ziel. Der Abschnitt ist aber vielleicht insofern von Interesse, als er die Deutung des »aus dem Himmel« gekommenen Grals zu bestätigen scheint.

Eine andere Vorstellung ist jene, die Bodo Mergell (1952) anführt und nach der Wolfram bei der Beschreibung des Grals vielleicht einen Altarstein vor Augen hatte. Mergell schreibt dazu: »Daß der verhältnismäßig kleine Altarstein (altare portatile) noch bis ins 12. Jahrhundert ohne jede Holz- und Metallfassung vorkam und somit ein kleiner Stein als solcher als Altarstein gelten konnte, ist zu ergänzen durch den Beleg, wonach das altare portatile oder viaticum in einem Freisinger Schenkungsverzeichnis des 11. Jahrhunderts kurzerhand als lapis bezeichnet wird.«

In diese Betrachtungsweise des Grals als Altarstein mischt sich bei einigen Interpreten auch die Vorstellung von einer Art Tragaltar oder gar einer Altarplatte, die dann wiederum mit dem »Stein verknüpft (ist), mit welchem Christi Grab verschlossen worden war und der nach orientalischen Legenden derselbe gewesen sein soll, der mit den Kindern Israel durch die Wüste gezogen (war) und ihnen Wasser gespendet hatte«, wie Emma Jung (1960) schreibt.

Eine ganz andere Deutung ergibt sich aus der Ableitung des Wortes Gral von »gradalis«, also Schüssel. Sie käme der Beschreibung Roberts de Boron am nächsten, der ja offen von einer Schale spricht. Um was für eine Schale soll es sich gehandelt haben? Einige vermuten, die Schüssel erinnere an jene, in der das Haupt Johannes des Täufers nach dessen Hinrichtung vor Herodes gebracht worden sei, und weise somit auf die Bedeutung der Johannis-Nacht in der Gralsdichtung. Viel häufiger – wir sind darauf bereits eingegangen – ist hingegen die Ansicht, der Gral sei jene Schale gewesen, aus der Jesus und die zwölf Apostel beim Abendmahl den verwandelten Wein tranken und die – der Legende zufolge – die gleiche gewesen sein soll, in der Josef von Arimathea das Blut Christi am Kreuz auffing. Der Text Robert de Boron hierzu liest sich wie folgt:

Der König, der Herr der Sanftmut und der Geduld, erfüllte ihm seinen Wunsch und sprach: »Das will ich Euch nicht versagen.«

Unter Tränen begann er zu sprechen: »Das ist das Gefäß, worin das kostbare Blut unseres Herrn aufgefangen ward, als er von der Lanze getroffen wurde, und so Ihr mehr darüber hören wollt, will ich Euch die ganze Wahrheit verkünden.«

Für uns ist es nicht einfach nachzuvollziehen, wieso der Kelch Christi eine derartige Bedeutung gewinnen konnte. Aber die Menschen des Mittelalters hatten andere Vorstellungen, andere Phantasien, einen anderen Glauben. War in der Urkirche die Wiederkunft Christi noch als für die unmittelbare Zukunft – d.h. im Grunde tagtäglich – erwartet worden, so machte sich im Laufe der anschließenden Jahrhunderte mehr und mehr das Gefühl breit, daß der Weltuntergang bis auf weiteres »ausfiel«. Parallel dazu wuchs auch die Distanz zu den geschichtlichen Vorgängen, zu der Zeit also, als Jesus leibhaftig auf der Erde geweilt hatte. Die Gläubigen suchten nach Halt. Sie fanden diesen Halt in Reliquien, und überall setzte das Bemühen ein, Gegenstände zu finden, zu bewahren und zu verehren, die aus der Zeit Christi oder der apostolischen Epoche stammten. Auf diese Weise versuchte man einen direkten, realen Bezug zu Gott und seinem Wirken auf der Erde zu bekommen.
Der Wunderglaube des Mittelalters war sehr ausgeprägt. So, wie Indianer später Jagd auf den Skalp des Weißen Mannes machten, jagte man im Mittelalter Reliquien hinterher, die z. T. bis auf den heutigen Tag Zentrum religiöser Verehrung geblieben sind. Das »Grabtuch von Turin«, das die Templer einst aus dem Heiligen Land mit nach Europa brachten (vgl. M. Zehetbauer, 1978), dürfte wohl das bekannteste aber inzwischen als Fälschung erkannte derartige Utensil sein. Aber es gibt auch andere, etwa sogenannte »Kreuzpartikel«, die – zusammengesetzt – wenigstens drei Kreuze ergäben, die »Nägel«, mit denen Jesus an das Kreuz geschlagen wurde, die »Dornenkrone«, »Bretter aus der Krippe von Bethlehem«, die in einer römischen Kirche aufbewahrt werden. Es gibt aber auch die »Windeln Jesu«, den »Schwamm«, der Jesus am Kreuz gereicht wurde, und mehrere »Schweißtücher der Veronika«. Besonders kurios sind ein »Backenzahn« von Johannes dem Täufer, der in der Wiener Hofburg ausgestellt wird, oder – inzwischen allerdings ziemlich eingetrocknete – Tropfen der »Muttermilch Marias« sowie eine »Feder aus dem Flügel des Erzengels Michael«, die in katholischen Kirchen gezeigt,

geheiligt und verehrt werden. Muselmanische Geschäftemacher des Mittelalters hatten sehr schnell herausgefunden, was die Kreuzritter und Pilger jener Zeit im Heiligen Land suchten: Kontakt zu den Jahren, in denen Jesus gelebt hatte. Und so beschafften und verkauften sie genau das, was gesucht wurde: Reliquien *en masse*. Daß dabei gleich mehrere Longinus-Lanzen und mehrere Kelche Christi auftauchten, führte zwar zu kurzzeitigen Verwirrungen und häufig recht unheiligen Streitereien zwischen Gemeinden, Diözesen und ganzen Staaten, änderte aber nichts an der Reliquienverehrung selbst. Und sogar heute, am Ende des 20. Jahrhunderts, werden noch immer Heilige in ihre Einzelteile zerlegt und zur allgemeinen Verehrung rund um den Erdball geschickt. Daß dabei auch einige weniger »Heilige« zu hohen Ehren kamen, sei nur angedeutet. Jüngstes Beispiel eines derartigen Flops ist ein Kelch, aus dem Jesus beim letzten Abendmahl getrunken haben soll und der schließlich im *Metropolitan Museum of Art* in New York gelandet war. Untersuchungen ergaben sein wahres Herstellungsjahr: 1910.

Die Psychologin Emma Jung (1960) hat herausgearbeitet, welch tiefe innere Auswirkung die Idee einer Blutreliquie von Jesus auf den Menschen des Mittelalters gehabt haben muß. In seinem Blut wurde die »Seele«, ja die Göttlichkeit Christi gesehen. Unbegrenzte Heilkräfte, unmittelbare Gotteserkenntnis wurden dem zuteil, der dieses Blut sah. Eine Auswirkung dieser Vorstellung war die rasch aufkommende Verehrung des »göttlichen Herzens Jesu« und der Wundmale, aus denen das Blut geflossen war, eine Verehrung, die sich in der katholischen Kirche bis heute nicht verändert hat.

Ein Weiteres kam hinzu: Um diese Zeit des Übergangs vom Früh- zum Hochmittelalter wurde in der Liturgie eine Neuerung eingeführt: Die Hostie (also das nach christlichem Glauben zum Leib Jesu verwandelte Brot) wurde nicht mehr – wie bis dahin geschehen – vor den Gläubigen verborgen gehalten, sondern offen gezeigt. Damit aber wurden die Menschen einer Illusion beraubt: der Illusion des Übernatürlichen, des Geheimnisvollen. Wir mögen darüber lächeln, aber es ist interessant, darauf hinzuweisen, daß Ähnliches auch in unseren Tagen geschehen ist. Als nach dem *Zweiten Vatikanischen Konzil* Anfang der sechziger Jahre die Wandlung von Brot und Wein nicht mehr vom mit dem Rücken zum Volk stehenden Priester und damit für die Gläubigen unsichtbar, sondern an einem zu den Betenden hin gerichteten Altar vollzogen wurde, wurde offensichtlich, daß sich das »Geheimnisvolle« der Wandlung im Grunde unsichtbar vollzieht. Viele, die an ihrer kindlichen Vorstellung eines real auftretenden Wunders festgehalten hatten, waren nun desillusioniert und protestierten lautstark – ein Grund für den Zulauf, den der Traditionalistenbischof Lefebre unter erzkonservativen Katholiken hat. Aber auch in vielen Missionskirchen Afrikas und Südamerikas regte sich Widerspruch, die »Gläubigen« blieben dem Gottesdienst fern. Für sie war der Priester bis dahin immer noch so etwas wie ein Zauberer gewesen. Jetzt aber wurde deutlich, daß auch nach der Wandlung – dem »Zauberspruch« – das Brot wie Brot und der Wein wie Wein aussah. Die katechistische Auffassung einer rein metaphysischen Verwandlung hatte man nicht verstanden.

Im Mittelalter war dieses Verhalten noch ausgeprägter. Man hatte den Gläubigen ihr »Geheimnis« genommen. Die Hostie, der »Leib Christi«, wurde nun offen gezeigt und verlor damit alle Mystik, die sie bislang umgeben hatte. Die Folge war, daß man diese Mystik, dieses Geheimnis, auf einen anderen Gegenstand übertrug: auf den Gral. Eine Beschreibung, wie sie Robert de Boron vom Gral gibt, stieß damit genau in die sich öffnende Lücke, obwohl der Gral kirchlicherseits nie in irgendeiner Weise als heiliger und verehrungswürdiger Gegenstand anerkannt worden ist. Aber vielleicht wußte man in der päpstlichen Engelsburg damals bereits mehr über dieses »Gefäß«, als man zuzugeben bereit war. Wir werden dieser Spur noch folgen.

Zwei Deutungen des Grals sollen hier zum Schluß angeführt werden. Die eine sieht im Gral eine Analogie zum Wunderstein *Schamir* König Salomons. Werner Wolf (1950), schreibt dazu: »Beide Kleinode stammen aus dem (irdischen) Paradies..., beide sind ihrer Natur nach höchst begehrenswerte Wunschdinge... Beide Gegenstände werden als leuchtende Edelsteine gekennzeichnet.«

Die andere Deutung vergleicht den Gral mit dem sogenannten »Sonnentisch« der Äthiopier, der »sich allnächtlich mit Fleisch und Früchten deckte«, wie Paul Piper (1890) darlegt.

Damit wollen wir dieses Kapitel abschließen. Es erschien uns wichtig, zum einen die verschiedenen Wortbedeutungen des »Grals« selbst, seines Namens »lapsit exillis« (nach Wolfram) und die wichtigsten Vorstellungen über den Gegenstand darzulegen. Es sollte vielleicht noch einmal darauf hingewiesen werden, daß »sich in den Anfängen der überlieferten Gralepik eine deutliche Unsicherheit kundgibt hinsichtlich dessen, was der Gral ist und was er bedeutet« (Herbert Kolb, 1963), und daß sich diese Unsicherheit erst später legt, als man sich auf den Gral als Kelch Christi fixiert hatte. Christian (der nur von »einem Graal« und von einem »überaus heiligen Ding« spricht) und Wolfram (er bleibt während des gesamten Gedichts bei der Bezeichnung »Stein«), die beide wohl als die ursprünglichen Gralsautoren gelten können, wissen augenscheinlich nicht viel über dieses »Ding«. Sie haben es weder mit eigenen Augen gesehen, noch sind sie in der Lage, eine wirkliche Vorstellung davon zu vermitteln (wobei dies für Christian nur eingeschränkt gilt, da er ja die Verbindung Gral – gradalis offenbar voraussetzte).

Wir konnten hier also nur die in der Literatur angeführten Deutungsmöglichkeiten aufzählen und nebeneinander stellen. Der Grals als Schüssel, als Kelch, als Stein, als Sonnentisch, als Schamir – das ist auf den ersten Blick sehr verwirrend. Man mag davor zurückschrecken, weil es sich offensichtlich um völlig verschiedene Dinge handelt. Aber – könnte es nicht doch so etwas wie einen roten Faden geben? Etwas, das all diese Begriffe, Ausdeutungen, Vermutungen miteinander verbindet?

Wir glauben, daß es diesen »roten Faden« tatsächlich gibt. Allerdings werden wir ihn nur dann finden, wenn wir der Vielzahl an Deutungen noch eine weitere hinzufügen. Das soll im fünften Kapitel geschehen. Unsere Deutung ist völlig neu, sie könnte für manchen im ersten Moment unglaubwürdig klingen. Ein genaues Textstudium und eine Analyse des vorhandenen Materials zeigen hingegen, daß sie sich aus völlig logischen Gesichtspunkten ergibt, sogar ergeben *muß*. Um sie ganz verstehen zu können, ist es jedoch unabdingbar, daß wir uns zunächst mit einem – scheinbar – völlig anderen Thema beschäftigen: mit der Paläo-SETI-Hypothese.

Teil 2

Die Maschine

Kapitel IV

Die Paläo-SETI-Hypothese

Es ist eine bequeme Methode und nicht mehr als eine konventionelle Weise des Denkens, frühe Überlieferungen als mythologisch oder legendär abzustempeln. Dies ist eine scholastische Phrase, die wenig Gewinn einbringt und aus der keine greifbare Bedeutung erwächst. Ein wißbegieriger Geist beschäftigt sich mit der Enträtselung der Struktur eines Mythos und sucht nach dem Zeitpunkt seines Ursprungs. Wenn es den Mythos gibt, wie konnte dieser plötzlich entstehen? So, wie es eine Logik des menschlichen Urteilens gibt, so gibt es auch eine Logik der menschlichen Einbildungskraft. Die Imaginationskraft des menschlichen Geistes kann sich keine Dinge ausdenken, die in der Realität überhaupt nicht vorhanden sind. Ein Produkt unserer Imagination wird immer erst hervorgebracht durch etwas, das existiert oder worüber wir Grund haben zu glauben, daß es existiert.

Prof. Berthold Laufer
The Prehistory of Aviation, 1928

Kontakte mit außerirdischen Intelligenzen?

In den Jahren zwischen 1577 und 1580 befuhr der englische Seefahrer Sir Francis Drake die Westküste der heutigen USA und nahm als erster Weißer Kontakt zur dortigen indianischen Urbevölkerung auf. Der Schreiber Sir Drakes berichtet über eine der damaligen Begegnungen:

Am 21. wurde unser Schiff, das auf See ein Leck erhalten hatte,
näher ans Ufer herangebracht, damit wir es nach Anlandbringen
der Ladung ausbessern konnten. Der Sicherheit halber sandte unser
General zunächst seine Leute mit den nötigen Vorräten an Land,
um Befestigungen anzulegen und die Zelte aufzubauen. Als die
Eingeborenen unserer Absicht kundig wurden, zündeten sie Feuer
an, wie um zur Verteidigung ihrer Heimat aufzurufen. Die Indianer
kamen nun in großen Scharen mit Pfeil und Bogen bewaffnet heran,
jedoch nicht mit dem Vorsatz, uns zu bekriegen, vielmehr waren sie
von den vielen neuen und unbekannten Dingen entzückt und
dachten nicht an den Kampf, sondern verehrten uns als überirdi-
sche Wesen. Durch Zeichen gaben wir ihnen zu verstehen, daß sie
ihre Bogen und Pfeile hinlegen sollten. Sie taten es ohne Bedenken.
Und immer mehr Menschen kamen, Frauen und Männer, so daß
ihre Zahl beträchtlich sich erhöhte. Damit der Friede von Dauer
sei, beschenkte der General sie reichlich und behandelte sie in jeder
Weise entgegenkommend. Er gab ihnen vor allen Dingen das
Notwendigste, um ihre Nacktheit zu bedecken. Wir versuchten
ihnen auch klarzumachen, daß wir gar keine Götter seien, sondern
gewöhnliche Sterbliche, die zur Erhaltung des Leibes Speise und
Trank benötigten. Alles das konnte sie jedoch nicht von ihrer
vorgefaßten Meinung abbringen.

Wir haben es hier mit einem Phänomen zu tun, das sich im Laufe der
Geschichte immer wieder ereignet hat, und zwar immer dann, wenn
eine (relativ) hochstehende mit einer (relativ) niedrigstehenden Kultur
in Kontakt gerät. Als erstem dürfte Christoph Columbus dieses
merkwürdige Verhalten aufgefallen sein: »Sie begrüßten uns, als ob
wir aus dem Himmel kämen«, schrieb er in sein Bordbuch, nachdem
die Mannschaft nach wochenlanger Fahrt auf einer der Bahamainseln
zum ersten Mal wieder an Land gegangen war. Captain James Cook
wurde auf Tahiti für den zurückgekehrten Gott Rongo gehalten, der
die Insel einst auf einem Wolkenschiff verlassen hatte. Der französische Kapitän Jean Ribault ließ 1565 in Florida eine Säule mit dem
Staatswappen errichten. Nur wenige Jahre später war diese Säule zu
einem Zentrum des kultischen Verhaltens der Eingeborenen geworden: sie hatten sie mit Girlanden geschmückt und Opfergaben davor
niedergelegt.

Vergleichbare Ereignisse finden sogar heute noch statt. In den zwanziger Jahren unseres Jahrhunderts mußte der Forscher Frank Hurley (1924) kurioserweise feststellen, daß die Eingeborenen Neuguineas nicht nur ihn, sondern auch sein gelandetes Wasserflugzeug als göttlich verehrten. Allabendlich brachten sie ein Schwein, um es am Bug seiner Maschine zu opfern. Als andere Weiße 1943 zum ersten Mal ins östliche Hochland von Neuguinea vorstießen, mußten sie erstaunt feststellen, daß die Ureinwohner dort mit langen »Antennen« aus Bambusstöcken, mit »Drähten« aus Pflanzenfasern, mit »Isolatoren« aus Bambusblättern und mit »Mikrophonen« aus Holz hantierten. Später stellte sich heraus, daß einige ihrer Späher das Verhalten amerikanischer Soldaten auf einer entfernten Air-Base beobachtet hatten und nun ihrerseits die »himmlischen Vögel« herabrufen wollten, damit sie ihnen wie den Soldaten Geschenke bringen könnten. Die Eingeborenen hatten sogar einen regelrechten Geisterflughafen angelegt, und jeden Abend warteten ihre Ältesten auf das Eintreffen der »Weißen Himmlischen«.

Friedrich Steinbauer (1971), Peter Worsley (1973), Ulrich Dopatka (1982) und Erich von Däniken (1986) haben eine ganze Reihe solcher in der Völkerkunde als *Cargo*-Kulte bezeichneten Verhaltensformen zusammengetragen. Ein Symptom dieser Kulte ist das Verlangen nach Geschenken, nach Ware (im Englischen »cargo«), die Vertreter der europäischen Zivilisation mit sich führen. Technische Gerätschaften werden im Falle eines Kontaktes mit Begriffen der eigenen »primitiven«, d. h. wort-reduzierten Sprache belegt und Vergleiche zu bekannten Objekten angestellt. Ein Flugzeug wird zum »großen Vogel« oder zum »Donnervogel«, eine Dampflokomotive zum »Feuerroß«, die Telephondrähte zu »singenden Drähten«, und bei den Apachen-Indianern werden noch heute die Teile eines Autos mit Begriffen aus der menschlichen Anatomie belegt, mit »Augen« für Scheinwerfer, mit »Gedärm« für den Motor und so weiter. Die Fremden selbst geraten schnell in den Verdacht, Götter zu sein: Die Eingeborenen der Banks-Inseln hielten die Weißen für den Schöpfergott Quat, auf Neuguinea wurden Europäer zum Gott Mansaren Koreri etc.

Der wohl kurioseste Fall eines solchen *Cargo*-Kultes hat sich auf der kleinen Südseeinsel Tanna ereignet. Dort wird noch heute ein Gott namens »John Frum« verehrt, die Insulaner tragen Tätowierungen mit den Buchstaben »USA« auf ihrer Haut und halten Amerika für das »gelobte Land«, aus dem John Frum einst zurückkehren und sie reich belohnen wird.

Inzwischen weiß man, daß John Frum ein amerikanischer Soldat gewesen sein muß, der vermutlich in den zwanziger Jahren für kurze Zeit auf Tanna weilte. Er erzählte den Insulanern von seiner Heimat, den Gebräuchen und der Zivilisation dort, er zeigte ihnen kleine technische Tricks, vollzog mit einfachen Methoden den Eingeborenen wie Wunder erscheinende Heilungen und avancierte nach seiner Heimkehr innerhalb weniger Jahrzehnte zu einem Gott, auf den sich die gesamte Inselkultur ausgerichtet hatte. Wie Reliquien werden ein paar Münzen, zwei Dollar-Geldscheine, der Helm und ein Foto des John Frum aufbewahrt. Der damalige Häuptling des Stammes, dem John Frum später im Traum erschienen sein soll, wird heute als großer Prophet verehrt. In der kleinen Kirche des inzwischen (leidlich) christianisierten Hauptdorfes findet sich über einem Jesus-Bild das Foto eines amerikanischen Astronauten auf dem Mond, dem man als Vertreter des »gelobten Landes« ganz selbstverständlich Blumengestecke als Opfergaben darbietet. Rund um die Uhr sitzen Auserwählte des Stammes am Strand und warten auf die Rückkehr John Frums, der eines Tages von Amerika aus über das Meer zu ihnen kommen und sie ins Paradies führen soll.

Man mag über ein solches Verhalten lächeln oder die völlig umsonst auf ihren Gott John Frum wartenden Insulaner bedauern – aber sind wir wirklich ganz sicher, daß es uns nicht ganz genauso ergangen wäre? Wenn wir uns in Gedanken nur um zwei oder drei Jahrhunderte zurückversetzen, würden uns all die Errungenschaften der heutigen Technik als magische Gerätschaften erscheinen: ein Radio, ein Fernseher, ja die simpelste Glühbirne wäre in unseren Augen ein »Zauberding«, das wir nicht verstünden. Und wenn wir noch weiter zurückgehen, vielleicht um einige Jahrtausende, so wird der Unterschied immer größer, das Erstaunen vollständiger, die Fassungslosigkeit angesichts des Unbegreiflichen komplett.

An dieser Stelle und in diesem Zusammenhang drängt sich ein Schluß geradezu auf: Wenn Menschen heute und vor fünfhundert Jahren (Ankunft der Spanier in Amerika) in der oben beschriebenen Weise reagiert haben, was hindert uns daran zu vermuten, daß es in noch früheren Zeiten nicht ebenso war? Man wird – nicht zu Unrecht – einwenden, um das Jahr 4000 v. Chr. habe es wohl kaum eine Kultur gegeben, die beispielsweise den Sumerern derart überlegen war, daß aus einem Kontakt eine neue Religion hervorging.

Dieser Einwand ist aber nur dann berechtigt, wenn wir unseren Planeten als ein völlig geschlossenes System betrachten und diese »andere Kultur« allein auf die Erde beschränken. In den Jahrtausenden vor Christus – und auch noch eine lange Zeit danach – gab es auf dieser Welt niemanden, der die Voraussetzungen einer »Götterkultur« gehabt hätte. Und dennoch fällt in eben diese Zeit die Entwicklung der großen Zivilisationen: Sumer, Babylon, Ägypten, Indien, China, Israel. Vergleichen wir nun die Überlieferungen jener Völker über die Ursprünge ihrer Religionen, so müssen wir zu unserem Erstaunen feststellen, daß sie ganz offensichtlich Parallelen zeigen zu den Begegnungen eines Francis Drake mit den Indianern und eines John Frum mit den Eingeborenen von Tanna.

Wenn es also auf der einen Seite solche Begegnungen gegeben hat, auf der anderen Seite aber keine irdischen Kulturen mit überlegener Technik existierten, bleibt als einzig mögliche (weil in sich logische) Konsequenz, daß diese Kulturen bzw. deren Vertreter von außerhalb der Erde, d. h. aus dem Weltall, kamen.

Diese Hypothese ist in den vergangenen zwanzig Jahren mit zum Teil großer Schärfe und Heftigkeit diskutiert worden. Seit der Schweizer Schriftsteller Erich von Däniken die Idee vom Besuch außerirdischer Intelligenzen in seinen Büchern vorgetragen und populär gemacht hat, ist das Für und Wider einer solchen Möglichkeit in zahlreichen Publikationen und Diskussionen erörtert worden. Nicht immer war Sachlichkeit dabei ein tragender Faktor, wie es bei einer wissenschaftlichen oder wissenschaftlich orientierten Diskussion der Fall sein sollte.

Zweifellos ist nicht alles, was bisher zur Stützung der Hypothese vorgetragen wurde, tatsächlich als Indiz für einen solchen Besuch zu werten. Auch ist anzunehmen, daß sich etliche Argumente, die im Laufe der Zeit vorgetragen wurden, bei näherer Betrachtung als unkorrekt oder nicht sachdienlich erweisen werden. Wir sind jedoch der Auffassung, daß in diesen zwanzig Jahren eine derartige Fülle an guten, zum Teil sehr guten Indizien zusammengetragen wurde, daß zumindest die Möglichkeit eines solchen Besuchs heute nicht mehr von der Hand zu weisen ist. Leider wurde noch immer kein allgemein anerkannter Begriff für diesen Themenbereich gefunden. Bis in die

Mitte der siebziger Jahre war »Astro-Archäologe« ein gängiges Schlagwort. Aber diese Bezeichnung ist zu eng gefaßt, da nicht nur die Archäologie, sondern sehr zahlreiche, traditionelle Wissenschaften (Astronomie, Geologie, Paläontologie, Anthropologie, Religionswissenschaft, Indologie, Ägyptologie, Alt-Amerikanistik usw.) Beiträge zum Thema liefern können. Der heute weitgehend etablierte Begriff »Prä-Astronautik« drückt den Sachverhalt letztlich aber auch nicht korrekt aus, da damit eine Wissenschaft gemeint wäre, die sich mit den Entwicklungen hin zur Astronautik unserer Tage (prä = vor) beschäftigt. Vielleicht sollte man sich zunächst auf den Begriff »Paläo-SETI« bzw. »Paläo-SETI-Hypothese« einigen, die von dem sowjetischen Geologen Vladimir Avinski geprägt wurde. SETI ist ein weltweit akzeptiertes Kürzel für »Search for Extraterrestrial Intelligence« (= Suche nach außerirdischer Intelligenz) und wird für die Forschung mittels Radiowellenbereich (Suche nach Signalen außerirdischer Lebewesen im Radiowellenbereich) verwendet. »Paläo-SETI« (paläo = alt) wäre dann die sich in die historische und prä-historische Vergangenheit hinein erstreckende Suche nach außerirdischer Intelligenz. Der Begriff »Paläo-Besuch« (nach dem sowjetischen Physiker Vladimir Rubtsov) könnte darüber hinaus Kontakte in früheren Zeiten von heutigen, möglichen Kontaktereignissen (UFO-Phänomen) abgrenzen.

Im wesentlichen sind es vier Argumente, die – in leicht veränderter Form – seit den späten sechziger Jahren gegen die Paläo-SETI-Hypothese vorgetragen werden.

Argument 1: *Es gibt kein außerirdisches Leben und daher keine außerirdische Intelligenz. Demzufolge können wir in der Vergangenheit auch nicht von »ihnen« besucht worden sein.*

Die Astronomie und Radio-Astronomie der vergangenen Jahrzehnte hat deutlich gemacht, daß die Elementenverteilung im Universum überall gleich ist. Das bedeutet, daß in sämtichen uns bekannten Galaxien die gleichen atomaren Bausteine zur Verfügung standen und stehen, die die Sonne, die Erde und die darauf beheimatete Biosphäre aufbauen. Wir kennen bislang leider nur *ein* konkretes Beispiel einer Lebensbildung und -evolution (nämlich das unsrige) und wissen nicht, ob wir im Universum ein völlig normales oder völlig einzigartiges Endergebnis einer jahrmilliardenlangen Entwicklung verkörpern. Die Gleichartigkeit des Aufbaus der Materie im All und die unvorstellbare Anzahl möglicher Bildungsbereiche (d. h. die Nähe energieliefernder Sonnen) lassen die erste Annahme aber als die wahrscheinlichere erscheinen.

Noch vor wenigen Jahren war völlig unbekannt, ob nicht sogar unser Sonnensystem mit seinen Planeten und damit die Basis für die Entstehung von Leben eine Ausnahme im Universum ist. Inzwischen konnte man jedoch anhand von Infrarot-Aufnahmen in der Umgebung der sehr jungen Sonnen *Beta Pictoris, Wega* und vierzig weiterer Sterne sogenannte »Akkretionsscheiben« nachweisen, also flache, diskusförmige Staubgebilde, die recht gut den Modellen entsprechen, die man sich von einem in der Entstehung befindlichen Sonnensystem macht. Bei *Beta Pictoris* wurden inzwischen sogar Kometen und damit größere Körper nachgewiesen, die in die junge Sonne fallen. Anfang Mai 1987 berichtete Bruce Campell (Vancouver, Kanada) erstmals über die wahrscheinliche Entdeckung fremder Planeten. Sechs Jahre lang hatten er und seine Kollegen insgesamt 16 sonnenähnliche Sterne in der stellaren Nachbarschaft genau vermessen. Heute sind sie sicher, daß insgesamt sieben von ihnen Planeten zwischen einer und zehn Jupitermassen besitzen. Die sichersten Kandidaten sind *Epsilon Eridiani* in elf Lichtjahren und *Gamma Cephei* in 48 Lichtjahren Entfernung. Schließlich konnte auf der im August vergangenen Jahres stattgefundenen Generalkonferenz der *Internationalen Astronomischen Union* in Baltimore (USA) die Entdeckung eines Planeten im Bereich des 90 Lichtjahre entfernten sonnenähnlichen Sterns *HD 114762* bekanntgegeben werden.

Damit deutet sich an, daß Planeten in der Tat keine Ausnahme darstellen, sondern eher zur Regel gehören. Dann aber sind die Grundbedingungen für die Entstehung von Leben mit großer Sicherheit auch anderswo in der Galaxis und im gesamten Universum erfüllt oder erfüllt gewesen. Die Frage ist, ob diese Grundbedingungen auch zwangsläufig zur Entstehung intelligenter biologischer, d. h. zur Selbsterkenntnis fähiger Systeme führen müssen.

L. J. Cox (1976) und F. J. Tipler (1980) haben in verschiedenen Publikationen die Existenz einer solchen außerirdischen Intelligenz in Frage gestellt. Ihr Hauptargument bezieht sich auf das sogenannte »Fermi-Paradoxon« (nach dem bekannten Physiker Enrico Fermi).

Fermi hatte bereits in den fünfziger Jahren die entscheidende Frage gestellt: »Wenn es *sie* gibt, warum sehen wir *sie* dann nicht?« Die für L. J. Cox und Frank Tipler einzig mögliche Antwort lautet: »Weil es *sie* nicht gibt!

Aber wir wollen uns das Fermi-Paradoxon einmal im Detail ansehen. Es behauptet: *Weil* wir »sie« nicht wahrnehmen können, sind oder waren sie nicht in unserem Sonnensystem, und *deswegen* existieren sie nicht. D. W. Schwartzmann (1977) und Robert Freitas (1985 a/b) haben aber darauf aufmerksam gemacht, daß diese Argumentation sowohl aus logischen wie aus beobachtungstechnischen Gründen fehlerhaft ist. Es kann nämlich nicht ohne Schwierigkeiten vom ersten Teil des Postulats (Nicht-Wahrnehmung) direkt auf den letzten Teil (Nicht-Existenz) geschlossen werden, weil beide völlig unabhängig voneinander existieren. Darüber hinaus kennen wir – trotz aller bisherigen bemannten und unbemannten Vorstöße ins All – nur einen sehr geringen Teil unseres Sonnensystems genau genug, um eine Präsenz außerirdischer Intelligenzen oder ihrer Hinterlassenschaften ausschließen zu können. Insbesondere Artefakte in der Größenordnung von einem bis zehn Metern, also jener Bereich, der beispielsweise für interstellare Sonden, Relaisstationen, Minneneingänge und ähnliches in Frage kommt, hatten bislang nur wenig Chancen, von uns entdeckt zu werden. Um es exakt zu fassen: Nur etwa 0,001% einer gedachten Raumkugel um die Plutobahn, 1% der Mondoberfläche, 0,1% der Marsoberfläche, überraschenderweise sogar nur 10% der Erdoberfläche sind genau genug aufgenommen, um darüber eine definitive Aussage treffen zu können. Es verbleiben 99,999% der Raumkugel und 99,96% der planetaren Oberflächen, die noch zu untersuchen sind. Es ist einsichtig, daß man zum gegenwärtigen Zeitpunkt überhaupt noch keine Entscheidung darüber fällen kann, ob es künstliche außerirdische Gegenstände im Sonnensystem gibt oder nicht. Darüber hinaus sind bestimmte morphologische Erscheinungen auf dem Mars vielleicht Anzeichen einer solchen, vor Jahrmillionen stattgefundenen Expedition (vgl. J. v. Buttlar, 1987). Das sogenannte »Marsgesicht« in der Cydonia-Region, pyramidenähnliche und andere Strukturen könnten künstlichen Ursprungs sein. Mark Carlotto (1988) von der *Analytic Science Corporation* (USA) konnte im vergangenen Jahr anhand umfangreicher Computeranalysen erstmals nachweisen, daß das »Gesicht« tatsächlich symmetrisch,

d. h. kein zufälliges Ergebnis von Licht, Schatten und Position des aufnehmenden *Viking*-Orbiters ist. Der Beweis für einen künstlichen Ursprung ist damit allerdings noch nicht erbracht. Hier werden viel weitreichendere Analysen – insbesondere anhand neuen Fotomaterials – nötig sein, um eine endgültige Entscheidung treffen zu können.

Michael Papagiannis von der Boston University (1978, 1982, 1983, 1984) hat vorgeschlagen, extraterrestrische Kolonien könnten sich vielleicht im Asteroidengürtel verbergen, ohne bislang von uns bemerkt worden zu sein. Rohstoffe, Sonnenenergie und Wasser (von den Eismonden des Jupiter und den Polkappen des Mars) wären dort in nahezu unbegrenzten Mengen vorhanden. Diese Kolonien könnten sich hinter einigen Asteroiden oder sogar in Asteroiden verbergen. Robert Freitas und Francisco Valdes (1984) haben bereits ein unbemanntes/bemanntes Erkundungsprogramm entworfen, das die Suche nach solchen Artefakten in unserem Sonnensystem aufnehmen soll (SETA = Search for Extraterrestrial Artifacts/Suche nach außerirdischen Artefakten).

In vorausgegangenen Arbeiten (J. u. P. Fiebag, 1988) haben wir selbst vorgeschlagen, die kuriosen Himmelskörper *2060 Chiron* und den Neptun-Mond *Nereide* auf die Möglichkeit hin zu untersuchen, ob es sich dabei um künstliche Objekte in unserem Sonnensystem handelt. *Chiron* umkreist die Sonne in einem Orbit zwischen Jupiter und Saturn. Beide Körper besitzen einen extrem chaotischen, instabilen Orbit (*Chiron* sogar erst seit 1664), und die gemachten Beobachtungen entsprechen ganz dem Verhalten, das man von großen »Weltraumhabitaten« erwarten kann. Zwei weitere Entdeckungen seien hier angefügt. Der amerikanische Physiker Freeman Dyson hatte 1960 vorgeschlagen, hochentwickelte Zivilisationen könnten ihr eigenes Sonnensystem so »umkonstruiert« haben, daß es von einer sphärischen Schale zerlegter Planeten und Planetoiden umgeben ist. Auf diese Weise wäre eine maximale Energieausbeute des Zentralgestirns möglich. Sterne, die von einer solchen Schale umhüllt sind, würden nur noch wenig Strahlung ins All entsenden und sollten als Infrarotquellen ausfindig zu machen sein. Fast 25 Jahre lang blieb die Suche nach derartigen *Dyson-Sphären* erfolglos. Aber 1985 veröffentlichte der bekannte sowjetische Astrophysiker V. I. Slysh in einem Sonderband der *Internationalen Astronomischen Union* (IAU) zur

Problematik außerirdischer Intelligenz die Entdeckung von fünf möglichen Kandidaten in der näheren stellaren Nachbarschaft, die von dem Infrarot-Satelliten IRAS aufgespürt worden waren. Und auf der Jahrestagung der IAU im Juni 1987 in Budapest gab ein weiterer sowjetischer Astrophysiker, Alexej Archipow (1988) vom Radioastronomischen Institut der Ukraine, bekannt, sein Institut hätte bei insgesamt vier benachbarten sonnenähnlichen Sternen eine Strahlung festgestellt, die mit der »Industriestrahlung« der Erde vergleichbar sei. Auch die Entfernung der Strahlungsquellen zum Muttergestirn sei mit jenem Bereich identisch, den man für belebte Planeten am geeignetsten hält.

Noch ein Gesichtspunkt sollte hier bedacht werden: Was geschieht, wenn außerirdische Intelligenzen zwar in unserem Sonnensystem »Späher« bzw. Beobachtungssonden haben, sich aber nicht finden lassen *wollen*? Eine Zivilisation, die uns in ihrer technologischen Entwicklung um Jahrtausende oder mehr voraus ist, dürfte Mittel und Wege gefunden haben, uns von einer gewollten oder unbeabsichtigten Entdeckung abzuhalten und einen Kontakt erst zu einem von ihnen determinierten Zeitpunkt zuzulassen. Bis dahin mag eine völlige Sperre (*Interdikt-Hypothese,* vgl. Martyn Fogg, 1987) oder eine »durchlässige« Sperre gelten (*Embargo-Hypothese*), wie sie James Deardorff (1986, 1987) von der Ohio University postuliert. Letztere wäre so angelegt, daß durch sporadische Ereignisse das Bewußtsein der Menschheit Schritt für Schritt und über Generationen hinweg auf den kommenden Kontakt hin vorbereitet wird. Bereits 1977 hatten die beiden Physiker T. Kuiper vom Jet Propulsion Laboratory in Pasadena und M. Morris vom Owens Valley Radio Observatory in Pasadena in der renommierten Wissenschaftszeitschrift *Science* eine ähnliche Meinung vertreten: »Es bleibt die Möglichkeit, daß Angehörige einer außerirdischen Zivilisation einen begrenzten Kontakt mit uns anstreben, ohne dabei etwas von ihrem Wissen preiszugeben. Sie könnten dieses Vorgehen gewählt haben, um gewisse Informationen in unser Bewußtsein zu implantieren und unsere Entwicklung so in eine bestimmte Richtung zu steuern.« Das gesamte UFO-Phänomen einschließlich verwandter Ereignisse wie Marienerscheinungen (J. Fiebag, 1986, 1988) könnte Teil dieses Projektes sein. In diesem Falle wäre auch zu erklären, warum es uns bislang nicht gelungen ist, Radiobotschaften außerirdischer Intelligenzen zu empfangen.

Argument 2: *Es ist zwar möglich oder sogar wahrscheinlich, daß außerirdische Intelligenzen existieren. Da die Entfernungen zwischen den Sternen jedoch unvorstellbar groß sind, ist eine Überbrückung – jedenfalls bemannt – nicht vorstellbar. Interstellare Raumschiffe müßten annähernd Lichtgeschwindigkeit (etwa 300 000 km/sec) erreichen, um diese Distanzen zu überwinden. Die dafür notwendigen Energiemengen sind aber technisch nicht beschaffbar. Jede galaktische Kultur ist daher für immer in Raum und Zeit isoliert; ein Kontakt kann allenfalls über Radiobotschaften stattfinden.*

Abgesehen davon, daß diese Behauptung letztlich auf den recht bescheidenen technologischen Möglichkeiten unserer, sich erst in den Anfängen befindlichen Raumfahrt basiert, hat eine andere Entwicklung dieses unter Kritikern der Paläo-SETI-Hypothese noch immer sehr beliebte Argument längst überwunden. Gerald O'Neill (1974) von der *Princeton-University* (USA) hatte Mitte der siebziger Jahre Modelle über große künstliche Weltraumhabitate vorgelegt, gigantische Strukturen mit Durchmessern von etlichen Kilometern, in denen Tausende, Hunderttausende oder sogar Millionen von Menschen leben könnten. Diese Habitate wären große Röhren oder zu gigantischen Speichenrädern geformte Röhren, die in ihrem Inneren ganze Städte, Fabriken und Landschaften mit Bergen, Wäldern, Seen und Wiesen beherbergen könnten. Solche Strukturen wären bald von der Erde unabhängig und könnten das gesamte Sonnensystem kolonisieren.

Michael Hart vom *National Center for Atmospheric Research* in Boulder (USA) hatte daraufhin 1975 als erster auf die Möglichkeit aufmerksam gemacht, daß solche Habitate ohne nennenswerte Schwierigkeiten dazu in der Lage wären, die Entfernungen zwischen den Sternen zu überwinden. Innerhalb der Strukturen bestünde eine völlig autonome Welt, für deren Bewohner die Reisezeit keine Rolle mehr spielt. Es ist nur noch von sekundärer Bedeutung, *welche* Generation ein fremdes Planetensystem erreicht, *wie lange* man dort verweilt (und möglicherweise Tochter-Habitate konstruiert) und *wann* man wieder auf die Reise geht. Bereits die zweite, an »Bord« geborene Generation versteht nicht »die Erde«, sondern das »Schiff« als Heimat.

In rascher Folge gab es daraufhin in der astronomischen Fachliteratur weitere Arbeiten, die sich des Themas annahmen (etwa von Eric

Jones, 1976; William Newman und Carl Sagan, 1981; Ben Zuckerman, 1985). Heute weiß man anhand von Modellrechnungen, daß
unsere gesamte Galaxis mit Hilfe solcher Weltraumhabitate in nur
etwa fünf bis zehn Millionen Jahren vollständig kolonisiert sein
würde – ein sehr geringer Zeitraum, wenn man bedenkt, daß unsere
Erde seit 4,6 Milliarden Jahren besteht und man das Alter des
Universums heute auf 15–20 Milliarden Jahre ansetzt.

Diese inzwischen recht gut abgesicherten Modelle bringen die Astronomen aber in ein scheinbar unlösbares Dilemma. Wenn es nämlich
außerirdische Intelligenz gibt, dann sollte irgendwann im Laufe der
vergangenen Jahrmillionen zumindest eine Zivilisation mit der Kolo-
nisierung der Galaxis begonnen haben. Dann aber *muß* unser Sonnensystem entdeckt, erforscht, also besucht worden sein. Darauf haben
auch in der astronomischen Fachliteratur verschiedene Wissenschaftler immer wieder hingewiesen. Warum unsere Erde nicht kolonisiert
wurde, wissen wir nicht. Möglicherweise existiert ein »Codex Galac-
tica«, der es verbietet, bereits belebte Welten zu vereinnahmen.
Möglicherweise aber hat es solche Kolonisationsversuche auch gegeben, und wir selbst sind das Ergebnis eines derartigen Projekts.

Es ist unklar, wie man beide Faktoren (Wahrscheinlichkeit außerirdischer Intelligenz und Wahrscheinlichkeit interstellarer Raumfahrt)
miteinander verbinden will, ohne einen Besuch extraterrestrischer
Intelligenzen auf der Erde anzunehmen. Das ergibt sich zwangsläufig
aus den bekannten Daten.

Argument 3: *Selbst wenn es sie gibt und selbst wenn sie in unserem
Sonnensystem und auf der Erde waren, ist es nahezu ausgeschlossen,
daß sie uns ähnlich sind. Folglich müssen Mythen und Überlieferungen etwas anderes beschreiben als Kontakte mit außerirdischen Intelligenzen.*

Fraglos – es wurde bereits darauf hingewiesen – können wir bei all
unseren Betrachtungen über außerirdische Intelligenz nur von unserem eigenen Fall als Modell ausgehen. Dieser mag im Universum
absolut einzigartig dastehen; Leben könnte überall völlig verschieden
von dem unsrigen aufgebaut sein, statt auf Kohlenstoff- vielleicht auf
Siliziumbasis. Es wäre dann von uns als Leben nur schwer identifizier-
bar. Solche Lebensformen sind zwar vorstellbar, aber es ist unwahr-

scheinlich, daß in der Natur das Kohlenstoff-Konzept des Lebens nur ein einziges Mal realisiert werden konnte, zumal Kohlenstoff ein weitverbreitetes und häufiges Element im Universum ist. Leben sollte damit auch auf anderen Welten durch eine Biologie vertreten sein, die der unsrigen in etwa entspricht.

Dennoch gibt es eine schier endlose Fülle möglicher organischer Konstruktionsformen. Im Laufe der irdischen Evolution wurden zahlreiche Baustrukturen des Lebens verwirklicht; wir Menschen sind letztlich nur eine (zufällig?) entwickelte Form. Ebenso wären intelligente Sauropoden, intelligente Meeresbewohner (etwa weiterentwikkelte Wale oder Delphine), intelligente Insekten oder intelligente Vögel vorstellbar. Auf anderen Planeten mag es darüber hinaus Lebensformen geben, die keinerlei Parallelen zu der auf unserer Welt existierenden oder fossil überlieferten Fauna erkennen lassen.

Die Frage ist: Haben uns intelligente Vögel-Abkömmlinge, Echsenabkömmlinge, intelligente Insekten besucht? Auch das ist nicht auszuschließen. Die Überlieferungen sprechen jedoch eine andere Sprache: Hier ist zumeist von *menschenähnlichen* Göttern die Rede, von Wesen, die uns so ähnlich sahen, daß die meisten Chronisten keine *wesentlichen* Unterschiede zu sich selbst feststellen konnten, sieht man einmal von verschiedenen Details (Größe, andere Finger-Anzahl, etwas verschiedene Gesichtsform usw.) ab. Wie ist das zu erklären?

Wir müssen uns bewußt machen, daß wir auch diesen Punkt aus unserem Blickwinkel betrachten. Für uns sind sie *uns* ähnlich. Für sie aber sind wir *ihnen* ähnlich – und das ist nicht unbedingt das gleiche.

Verschiedene Autoren (Erich von Däniken, 1975; Peter Krassa und Viktor Farkas, 1985) haben immer wieder darauf aufmerksam gemacht, daß eine überwiegende Anzahl aller Schöpfungsmythen davon berichtet, die »Götter« hätten den Menschen nach *ihrem Ebenbild* geschaffen. Bei manchen Völkern (z.B. Mayas, Sumerer u.a.) sind sogar mehrere Schöpfungsversuche überliefert, bevor die »Götter« mit dem Endresultat zufrieden waren.

Die Mikrobiologie unserer Zeit hat uns in dieser Richtung nahezu phantastisch-erschreckende Möglichkeiten eröffnet. Die künstliche Hybridisierung eines Lebewesens auf gentechnologischem Wege ist in greifbare Nähe gerückt, die Erschaffung eines uns untergeordneten Wesens nach unseren Vorstellungen – *nach unserem Ebenbilde* – keine Utopie mehr. Mythen, Religionen und kultische Überlieferungen spiegeln möglicherweise nur das Wissen um einen Vorgang wider, der sich nun in den biologischen Labors rund um den Erdball erneut anzukündigen beginnt.

Wenn sich die Annahme eines künstlich vorgenommenen Eingriffs als richtig erweist, wird verständlich, warum *sie* uns ähnlich sind – weil wir *ihre* »Produkte« sind. Anthropologie und Paläontologie waren immer davon ausgegangen, wir Menschen hätten uns aus verschiedenen Stammesgruppen, den vor uns lebenden *Homo-erectus-* und *Homo-habilis*-Arten, entwickelt. Nun aber konnte Rebecca Cann von der Universität von Hawaii anhand spezieller Genanalysen von insgesamt weltweit 147 Frauen nachweisen, daß sämtliche heute lebenden Menschen von einer einzigen Ur-Mutter abstammen, die – und das ist das erstaunlichste daran – vor nur etwa 200 000 Jahren in Afrika oder Asien gelebt haben muß. Diese wirkliche »Eva« läßt sich in allen genetischen Stammbäumen jedes Menschen wiederfinden. Der Paläontologe Stephen J. Gould faßte die Entdeckung wie folgt zusammen: »Wir müssen erkennen, daß alle menschlichen Wesen, ungeachtet ihrer Unterschiede im äußeren Erscheinungsbild, wirklich Nachfahren einer einzelnen Person sind, die vor einer extrem kurzen Zeit an einem definierten Ort lebte. Es besteht eine Art Familienzugehörigkeit, die sehr viel tiefreichender ist, als wir jemals dachten.«

Was geschah vor 200 000 Jahren auf unserem Planeten? Vielleicht steht die Antwort darauf – religiös verklausuliert – seit Jahrtausenden in den Schöpfungsmythen der Völker rund um den Globus. Wir sollten diese Überlieferungen wieder ernster nehmen.

Argument 4: *Es ist unwahrscheinlich, daß außerirdische Intelligenzen über eine Technologie verfügten, die wir gerade jetzt, zu Beginn unseres eigenen Raumfahrtzeitalters, als solche erkennen können. Beschreibungen in alten Texten, die von den Anhängern der Paläo-SETI-Hypothese in dieser Richtung gedeutet werden, sind daher nur symbolisch zu verstehen und spiegeln in keiner Weise Kontakte mit außerirdischen Intelligenzen wider.*

Man kann dieser Behauptung gut mit fünf Argumenten begegnen:

1. Technik ist im Grunde eine Nachahmung von in der Natur verwirklichten physikalisch-mechanischen Prinzipien. Sie wird

infolgedessen überall im Universum auf den gleichen mathematischen und physikalischen Strukturen beruhen und eine ähnliche oder gleiche Ausbildung erfahren.

2. Die Modellvorstellung einer Galaxiskolonisation durch große Weltraumhabitate zeigt, daß wir dafür eine Technologie benötigen, die der unsrigen nur noch in wenigen Bereichen überlegen ist. Eine völlig unverständliche »Supertechnologie« ist für die Überwindung interstellarer Distanzen nicht nötig.

3. Da wir möglicherweise »Ableger« außerirdischer Intelligenzen (mit einer bestimmten, definierten Technologie) sind, ist es nur folgerichtig, daß auch wir einen zumindest vergleichbaren Weg der technologischen Entwicklung beschreiten.

4. Es war uns bislang nur möglich, einen sehr bescheidenen Anteil der Mythen und Überlieferungen in Richtung auf die Paläo-SETI-Hypothese zu deuten. Viele Bestandteile sind noch völlig unverständlich und werden nach wie vor kultisch-religiös betrachtet. Fortschreitende technologische Entwicklung und neue wissenschaftliche Entdeckungen mögen auch hier zu neuen Interpretationenen führen, die uns im Moment noch sehr fremd anmuten würden.

5. *Cargo*-Kulte unserer Tage zeigen sehr gut, wie primitive Menschen auf einen Kontakt mit Hochtechnologie reagieren. Es ist kein Grund erkennbar, warum sich Menschen vor fünf- oder sechstausend Jahren anders verhalten haben sollten als zu unserer Zeit (d.h. Verehrung überlegener Menschen als Götter, Identifikation von Maschinen mit lebenden Wesen, Begründung kultisch-religiöser Strukturen usw.).

Eine genaue Analyse der wichtigsten gegen die Paläo-SETI-Hypothese gerichteten Argumente zeigt damit, daß wir es hier durchaus nicht mit einer »Pseudo-Wissenschaft« vom Schlage der Astrologie, der Handlesekunst oder des Rutengehens zu tun haben. Die dennoch in weiten Kreisen bestehende Nicht-Akzeptanz der Hypothese beruht folglich weniger auf logischen und exakt-wissenschaftlichen, als offensichtlich eher soziologischen, politischen und religiösen Motiven.

Was spricht für die Paläo-SETI-Hypothese?

Es kann nicht Anliegen dieses Buches sein, alle hinreichend abgesicherten Indizien erneut ausführlich darzustellen, die bislang zur Stützung der Paläo-SETI-Hypothese von verschiedener Seite erbracht worden sind (vgl. hierzu u. a. W. Fuchs, 1979; J. und P. Fiebag, 1985; E. v. Däniken, 1988). Einige wenige Punkte seien jedoch kurz angerissen. Jenen, die sich bereits mit der Thematik des Paläo-Besuchs beschäftigt haben, wird das eine oder andere vertraut sein. Wir sind jedoch sicher, daß unter unseren Lesern viele bislang nicht oder nur oberflächlich mit der Hypothese vom Besuch außerirdischer Intelligenzen konfrontiert wurden. Insbesondere für sie ist dieses Kapitel gedacht.

Indizien für einen Paläo-Besuch wurden aus sehr unterschiedlichen Fachbereichen zusammengetragen. Einen ganz wesentlichen Raum nehmen dabei die Überlieferungen vor- und frühgeschichtlicher Völker ein. Hier sind insbesondere Beschreibungen über Vorgänge von Bedeutung, die nach bisherigem Verständnis der Geschichte den entsprechenden Kulturen nicht oder nur unter Annahme komplizierter Hilfshypothesen zugebilligt werden können (z. B. Beschreibungen von Maschinen, Flugzeugen, Raumschiffen etc.). Daneben sind bildhafte Darstellungen (Zeichnungen, Malereien, Figuren), ungewöhnliche Gebäudekomplexe und Bearbeitungsmethoden, seltsame gigantische Bodenzeichnungen, mysteriöse Artefakte, Symbolismen und sogenannte »antike Geheimwissenschaften« von Interesse.

Eine kleine Auswahl solcher Indizien mag dies veranschaulichen:

● Der in Mali beheimatete Stamm der *Dogon*-Neger verfügt seit nachweislich mehreren hundert (vermutlich aber mehreren tausend) Jahren über komplexe astronomische Kenntnisse. Den Zauberern des Stammes waren nicht nur die Kugelgestalt der Erde, ihre Rotation um die Sonne, der Aufbau des Planetensystems, die vier großen Monde des Jupiters und die Ringe des Saturn bekannt, sie wußten auch um die Struktur der Milchstraße, ihre Rotation um die eigene Achse und die Existenz anderer Galaxien. Ein spezielles Wissen um den acht Lichtjahre entfernten Fixstern *Sirius* kommt hinzu. Den Dogon waren die

Existenz eines mit dem bloßen Auge nicht sichtbaren Begleitsterns (eines sogenannten »Weißen Zwergs«), dessen extreme Masse und seine genaue Umlaufzeit (50 Jahre) bekannt. Als die beiden Ethnologen Marcel Griaule und Germaine Dieterlen in den vierziger Jahren erstmals das Wissen der Dogon schriftlich fixierten, hatte noch kein Weißer jemals mit den Eingeborenen gesprochen. Die von Carl Sagan (1979) geäußerte Vermutung, Missionare hätten den Dogon ihr Wissen vermittelt, konnte entkräftet werden. Vor den Ethnologen hielten sich keine Weißen in dem Gebiet auf. Darüber hinaus ist es im höchsten Maße unwahrscheinlich, daß Missionare einem Eingeborenenstamm exakte Daten über den Sirius liefern und dieses Wissen daraufhin prompt zum Zentrum eines den ganzen Stamm beherrschenden Kultes wird. Spezielle, alle fünfzig Jahre zum »Sigui-Fest« angefertigte Masken belegen zudem das Vorhandensein des Wissens seit mehreren Jahrhunderten. Nach den Überlieferungen der Dogon soll ein gewisser »Nommo« einst in einer »Arche« vom Sirius gekommen und ihnen das Wissen vom Kosmos überliefert haben. – Der Fall belegt exemplarisch das Vorhandensein eines ganzen Informationsbündels, dessen Ursprung anders als auf außerirdische Quellen zurückgehend nur schwerlich vorstellbar ist (vgl. hierzu: Robert Temple, 1977).

● Die altindische Literatur berichtet in umfassender Weise von verschiedenen technischen Apparaturen, Waffen, Flugzeugen, Raumschiffen und Weltraumhabitaten. Die Beschreibungen sind dabei teilweise derart detailliert, daß Rekonstruktionen möglich sind, die sinnvolle (d. h. auf den heute bekannten aerodynamischen oder anderen physikalischen Gesetzen beruhende) Resultate ergeben. So lassen sich beispielsweise in den Charakterisierungen von als »Vimanas« bezeichneten »fliegenden Tempeln« tatsächlich Fluggeräte erkennen, die unseren Vorstellungen moderner Flugzeuge entsprechen. Waffen (etwa chemische, bakteriologische und atomare), deren Anwendung und Wirkungsweise ausführlich beschrieben wird, finden ihre Entsprechung in der modernen Militärtechnologie unserer Zeit. Leider ist erst ein sehr geringer Teil des immensen literarischen Erbes des alten Indien in eine europäische Sprache übersetzt, so daß wesentliche und für die Paläo-SETI-Hypothese sicherlich von unschätzbarem Wert zu vermutende Teile noch einer Sichtung und Verifizierung bedürfen (vgl. hierzu u. a. D. K. Kanjilal, 1985, 1986, 1988; L. Gentes, 1977).

● Im ägyptischen Hathor-Tempel entdeckte Reliefs zeigen Szenen, in deren Mittelpunkt eine große, glühbirnenähnliche Struktur steht. Elektrotechnische Rekonstruktionen der Gesamtdarstellung erbrachten eine funktionsfähige elektrische Anlage, die sich aus einem Generator, einer Vakuumpumpe und einer Glühbirne zusammensetzt (vgl. hierzu: P. Krassa, R. Habeck und W. Garn, 1982, 1985).

● In Ägypten und in Südamerika aufgefundene, zuvor als »Kultgegenstände« oder »Fisch-« bzw. »Vogeldarstellungen« klassifizierte Objekte erwiesen sich bei Analysen im Windkanal als flugfähige Modelle von Segel- und Düsenflugzeugen (vgl. hierzu u. a. K. Messiha, 1985).

● Maya-Schriftzeichen und Azteken-Ornamentik konnten als Darstellungen von Rotationskolben- und Elektromotoren identifiziert werden (F. Egger, 1985). Eine Abbildung auf einem Amulett der Huaxteken (mexikanischer Indianerstamm) erwies sich als Darstellung eines Elektro-Galvanisierungsvorgangs (vgl. M. Nicklas, J. u. P. Fiebag, 1988).

● Puma Punku, nahe der alten Anden-Metropole Tiahuanaco in Bolivien gelegen, ist ein auf dieser Welt einzigartiges Ruinenfeld. Die z. T. bis zu 43 Meter langen und 1000 Tonnen schweren Granit-, Diorit- und Andesit-Blöcke sind allesamt bearbeitet, geschliffen und poliert. Millimetertiefe Rillen verlaufen exakt gefräst in den Oberflächen; rechteckige abgetragene Flächen, jeweils nur um Millimeter tiefer versetzt, sind präzise voneinander getrennt. Winzige, aber tiefe Löcher, versetzte Kanten, quaderförmige Würfelstücke wurden in einer Weise erarbeitet, die heute nur mit modernsten Maschinen, etwa Bohrern, Hartstahlfräsen, luft-, eis- oder wassergekühlten Rotationsmaschinen und Stahlschablonen, möglich wäre (vgl. hierzu u. a. E. v. Däniken, 1988).

● Die Cheops-Pyramide und die Sonnenpyramide von Teotihuacan stellen offensichtlich Signalbauwerke außerirdischer Intelligenzen dar. Diese bereits in der frühen Phase der Paläo-SETI-Hypothese geäußerte Vermutung scheint jüngst eine exakte mathematisch-physikalische Bestätigung erhalten zu haben. Der Physiker Wolfgang Feix (Frankfurt) konnte anhand der Entdeckung bestimmter physikalischer Konstanten, die den Maßen beider Bauwerke zugrunde liegen, eine gespeicherte Botschaft entdecken, die auf die Sterne *Alpha Centauri* (nächstgelegenes Sternsystem in 4,3 Lichtjahren Entfernung) und *Sirius* (8 Lichtjahre Entfernung) hinweisen. Die Daten geben u. a. die Entfernung beider Sterne zum Zeitpunkt der Erbauung der Pyramiden an, so daß die zeitliche Differenz (Cheops-Pyramide von Gizeh um 3000 v. Chr., Pyramide von Teotihuacan um 100 n. Chr.) auch eine räumliche Differenz der jeweiligen Standorte beider Fixsternsysteme beinhaltet. Eine Analyse des Monuments von Stonehenge (Südengland) erbrachte darüber hinaus Hinweise auf den Fixstern *Beta Virgines* in 32 Lichtjahren Entfernung. Alle Daten sind über die Zahl Pi gegenseitig gesichert und ergeben sinnvolle Interpretationen. Diese erwähnten Bauwerke könnten eine Aufforderung an uns enthalten, im Bereich der erwähnten Sterne nach Spuren außerirdischer Intelligenzen zu suchen. Das Argument, *Alpha Centauri* und *Sirius* seien Doppelsterne und ein Planet sei dort aufgrund des komplizierten, instabilen Orbitalverhaltens nicht zu erwarten, ist spätestens seit der Modellvorstellung einer galaktischen Kolonisation hinfällig, da nach diesem Modell praktisch *alle* Sternsysteme besiedelt sein können (vgl. hierzu W. Feix, 1988).

● Dem amerikanischen NASA-Ingenieur Josef F. Blumrich gelang 1973 die Rekonstruktion eines Raumschiffes, dessen Aussehen und Funktion der biblische Prophet Ezechiel (Kap. 1) beschreibt. Ezechiels erste von insgesamt vier Begegnungen mit dem Fahrzeug und seinen Insassen erfolgte um das Jahr 587 v. Chr. Der Prophet beschreibt detailliert ein Schiff, das aus einem kreiselförmigen Hauptflugkörper, einer durchsichtigen Kommandokapsel und Hubschraubereinheiten für den Flug in der Atmosphäre bestand. Diese vier Hubschraubereinheiten besaßen je vier klappbare Flügel, je zwei mechanische Greifarme und je ein Rad, die dem Schiff die Möglichkeit gaben, sich auf dem Boden zu bewegen. Diese Räder werden von Ezechiel besonders detailliert beschrieben; sie waren in einer Weise konstruiert, die es ihnen ermöglichte, sowohl Vorwärts- als auch Seitwärtsbewegungen durchzuführen, ohne das Rad wenden zu müssen. Blumrich vermochte dieses Prinzip zu erkennen und ein US-Patent darauf anzumelden.

Ezechiel wurde offensichtlich zweimal mit in das Raumschiff genommen. Das erste Mal bringt man ihn nach Jerusalem, wo er einem Massaker und einer Austauschaktion nuklearer Brennstoffe beiwohnt (Kap. 8). Das zweite Mal (Kap. 40 ff.) wird er in eine andere Stadt geflogen. Er selbst glaubt sich zwar in Jerusalem, die Charakte-

Das vom Propheten Ezechiel beschriebene und von dem NASA-Ingenieur J. F. Blumrich
Modell: H. Bayer, Foto: Fiebag.

...ekonstruierte Raumschiff. Die Rekonstruktion des Tempels erfolgte durch Ing. H. Bayer.

risierung weicht aber erheblich von den geographischen Gegebenheiten der Stadt ab. Zentraler Punkt der Kap. 40 ff. ist die Beschreibung einer gigantischen Tempelanlage, die Ezechiel von »einem Mann aus Erz« detailliert gezeigt wird. Verschiedene Rekonstruktionsversuche der letzten Jahrhunderte führten zu keinem brauchbaren Ergebnis. 1985 veröffentlichte der deutsche Ingenieur Hans Herbert Beier sein Modell des von Ezechiel geschilderten Tempels. Über zehn Jahre Konstruktionsarbeit hatten ihn zu der Erkenntnis geführt, daß der Tempel nicht – wie bislang angenommen – ein geschlossenes Gebäude, sondern nach oben hin offen und einer antiken Arena nicht unähnlich war. Dieses Modell löste schlagartig eine ganze Reihe von Problemen, an denen ältere Rekonstruktionsversuche zwangsläufig scheitern mußten. Ezechiel beschreibt auch die Landung des Raumschiffs im Tempel, was nun – da sich dieser nach oben öffnete – keinen Widerspruch mehr darstellte. Mehr noch: die von Beier anhand des Ezechiel-Textes rekonstruierten Maße des Bauwerks und seines Innenbereichs stimmen exakt mit den zuvor von Blumrich für das Raumschiff errechneten Maßen überein. Ein Zufall ist damit auszuschließen. Beier nimmt an, daß der Tempel einschließlich der an ihn angeschlossenen Gebäude, Vorhöfe, Mauern und Kammern eine erdgebundene Versorgungsbasis für das Raumschiff darstellte. Möglicherweise handelte es sich um ein von den Außerirdischen für ihre Zwecke verändertes lokales Heiligtum. Wo es gestanden hat, ist dagegen schwer zu sagen. Grundsätzlich könnte es an jedem Ort der Welt gewesen sein. Denkbar wäre nach Beier insbesondere eine Lokalisation in Südamerika – mehrere Indizien weisen darauf hin. Entdeckt wurde das Gebäude offensichtlich noch nicht; die archäologische Fachliteratur kennt keinen Tempel mit den beschriebenen Ausmaßen und Details. Da er von Ezechiel aber genau und in sich logisch beschrieben wird, kann es nicht – wie von theologischer Seite häufig betont – lediglich eine Traumvorstellung gewesen sein, gewissermaßen eine Vision des künftigen Tempels von Jerusalem. Falls das Gebäude eines Tages gefunden wird, sollte man darauf vorbereitet sein, dort nicht nur Hinweise auf eine antike Kultur zu finden (vgl. hierzu. J. F. Blumrich, 1973 und H. H. Beier, 1985).

Ohne Zweifel wären solche Rekonstruktionsversuche von rein akademischem Interesse, würden bei derartigen Arbeiten lediglich irgendwie geartete Phantasiegebilde entstehen, die weder eine Funktion erfüllten noch sonstigen Zwecken genügten. Dies ist aber weder bei den oben erwähnten Motoren noch bei dem Raumschiff und dem Tempel des Ezechiel der Fall. Es ergeben sich jeweils sinnvolle, in allen Einzelheiten durchdachte und offensichtlich einer fortgeschrittenen Zivilisation zuzuordnende technische Geräte und architektonische Bauwerke. Nicht anders verhält es sich mit einer weiteren Rekonstruktion, die wir im folgenden etwas ausführlicher behandeln wollen. Sie gibt uns Hinweise auf einen gigantischen *Cargo*-Kult der geschichtlichen Frühzeit, dessen Auswirkungen noch heute die religiösen Vorstellungen, Sitten und Gebräuche eines großen Kulturvolkes bestimmen und dessen Spuren sich selbst im Christentum wiederfinden lassen.

Das Manna-Wunder der Israeliten

Im 2. Buch Mose, Kapitel 16, lesen wir über eines der wohl bekanntesten Wunder des Alten Testaments:

2. Und es murrte die ganze Gemeinde der Kinder Israel wider Mose und Aaron in der Wüste.
3. Und sie sprachen: Wollte Gott, wir wären in Ägypten gestorben durch des Herrn Hand, als wir bei den Fleischtöpfen saßen und hatten Brot in Fülle zu essen. Denn ihr habt uns dazu herausgeführt in diese Wüste, daß ihr diese ganze Gemeinde an Hunger sterben laßt.
4. Da sprach der Herr zu Moses: Siehe, ich will euch Brot vom Himmel regnen lassen, und das Volk soll hinausgehen und täglich sammeln, was es für den Tag bedarf, daß ich's prüfe, ob es in meinem Gesetz wandle oder nicht.
5. Am sechsten Tage aber wird's geschehen, wenn sie zubereiten, was sie einbringen, daß es doppelt soviel sein wird, wie sie sonst täglich sammeln.

Am nächsten Morgen finden die Israeliten das von Gott versprochene »Brot vom Himmel« in der Wüste (2 Mose 16):

13. Und am Morgen lag Tau rings um das Lager.
14. Und als der Tau weg war, siehe, da lag's in der Wüste rund und
klein wie Reif auf der Erde.
15. Und als es die Kinder Israels sahen, sprachen sie untereinander: Man hu? (Das heißt: Was ist das?) Denn sie wußten nicht, was es war. Mose aber sprach zu ihnen: Es ist das Brot, das euch der Herr zu essen gegeben hat.

Indes – Das Himmelsbrot war offensichtlich kein gewöhnliches Brot und nicht aus Mehl gebacken. Es hatte sogar eine sehr unangenehme Eigenschaft (2 Mose 16):

19. Und Mose sprach zu ihnen: Niemand lasse etwas davon übrig bis zum nächsten Morgen. Aber sie gehorchten Mose nicht. Und etliche ließen davon übrig bis zum nächsten Morgen; da wurde es voller Würmer und stinkend. Und Mose wurde zornig auf sie. Sie sammelten aber alle Morgen, soviel ein jeder zum Essen brauchte. Wenn aber die Sonne heiß schien, zerschmolz es.

Diese Eigenschaft des »Sichverflüchtigens« und »Schlechtwerdens« verlor sich erst dann, wenn das Manna gebacken und gekocht wurde (2 Mose 16, 33). Das war offensichtlich auch notwendig, denn am siebten Tage, am Sabbat, gab es kein Manna (2 Mose 16):

25. Da sprach Mose: Eßt dies heute, denn heute ist der Sabbat des Herrn; ihr werdet heute nichts finden auf dem Felde.
26. Sechs Tage sollt ihr sammeln; aber der siebte Tag ist der Sabbat, an dem wird nichts dasein.

Auch über das Aussehen und den Geschmack des himmlischen Mannas finden sich Informationen in der Bibel (2 Mose 16):

31. Und das Haus Israel nannte es Manna. Und es war wie weißer Koriandersamen und hatte einen Geschmack wie Semmel und Honig.

Das Wunder der Speisung geschah jedoch nicht nur in diesen Tagen, als die »ganze Gemeinde der Kinder Israel wider Mose« gemurrt hatte, sondern setzte sich Tag für Tag aufs neue fort (2 Mose 16):

35. Und die Kinder Israels aßen Manna vierzig Jahre lang, bis sie in bewohntes Gebiet kamen; bis an die Grenzen des Landes aßen sie Manna.

In diesem Zusammenhang ergeben sich zwei Fragen:

1. Hat es *Manna* wirklich gegeben?
2. Sofern wir diese Frage positiv beantworten können: Um was handelte es sich?

Die Bibelarchäologie hat bis heute zahlreiche, noch vor wenigen Jahrzehnten als unglaubhaft erschienene Überlieferungen im »Buch der Bücher« bestätigen können. Sei es der Durchzug durch das Rote Meer (der in einem Flachwasserbereich stattgefunden hat) oder der Besuch der Königin von Saba bei Salomo – all dies sind historische Geschehen und keine Phantasieprodukte der Schriftsteller des alten Israel.

Auch beim Manna-Wunder hat es sich ähnlich verhalten. Die Chronisten der Bibel hätten ihm und seiner Beschreibung nicht eine derartige Stellung eingeräumt, wenn es sich nur um ein Hirngespinst gehandelt hätte. Tatsächlich schien man bereits 1493 dem Geheimnis auf die Spur gekommen zu sein. Damals schrieb der Mainzer Dekan Breitenbach über seine Pilgerfahrt zum Sinai:

In allen Tälern um den ganzen Sinai-Berg findet man noch zu dieser Zeit Himmelsbrot, welches die Mönche und die Araber sammeln, behalten und verkaufen, den Pilgern und fremden Leuten, die dahinkommen. Dasselbe Himmelsbrot fällt morgens gegen Tage eben wie Tau oder Reif und hänget tropflicht an dem Gras, den Steinen und an den Ästen der Bäume. Und es ist süß wie Honig und hänget und klebet an den Zähnen, so man es ißt, und wir kauften davon viel Stück.

Dreihundertdreißig Jahre später vertrat der deutsche Botaniker G. Ehrenberg in seinem Buch »Symbolae physicae« (1823) die Ansicht, Manna sei nichts anderes gewesen als ein vom Tamariskenstrauch ausgeschiedenes Sekret, das ausfließt, sobald der Strauch von einer im Sinai beheimateten Schildlausart angestochen wird. Eine Expedition, die in den zwanziger Jahren unseres Jahrhunderts auf den Spuren des Mannas das Sinai-Gebiet durchforschte, konnte bestätigen, daß Ehrenberg zum Teil recht hatte. Aber nicht die Tamariskensträucher waren es, sondern das Sekret der auf ihnen lebenden kleinen Insekten. Einer der Teilnehmer der Expedition charakterisierte die aufgefundenen Körner wie folgt:

> *Der Geschmack der auskristallisierten Mannakörnchen ist eigentümlich süß. Er läßt sich am ehesten mit dem von Honigzucker, dem Produkt langstehenden Bienenhonigs, vergleichen.*

Noch heute, so schreibt Werner Keller (1955), sammeln die Beduinen die süßen Körner auf, entweder, um sie sogleich zu essen, oder aber, um sie in Krügen für längere Zeit aufzubewahren.

Manna wäre demnach nichts anderes gewesen als das Sekret kleiner Insekten. Vielleicht mag eine solche Erklärung für viele annehmbar und ausreichend sein, für uns ist sie es nicht. Keller scheint nämlich einige wichtige Gesichtspunkte nicht beachtet oder zumindest nicht ausreichend bewertet zu haben. Er selbst schreibt (1955): »Der Anfall an Manna hängt von einem günstigen Winterregen ab und ist von Jahr zu Jahr verschieden.« In der Bibel (2 Mose 16, 35) aber findet sich ein Vers, wonach das himmlische Manna jeden Tag über vierzig Jahre lang regelmäßig erschien (bis auf den Sabbat) und das Volk Israel ernährte. Man braucht kein Meteorologe zu sein, um sich vorstellen zu können, daß es in diesem Zeitraum auch schlechte Perioden gegeben haben wird, in denen die Insekten kein Sekret ausschieden. Und es liegt auch kein Grund dafür vor, warum die Tiere ausgerechnet am Sabbat – und auch das über vierzig Jahre hinweg – ihre natürlichen, artspezifischen Prozesse einstellen sollten. Zudem weist die Bibel darauf hin, daß das Manna-Wunder nach vierzig Jahren endgültig beendet war – die Schildläuse produzieren dagegen noch heute ihr Sekret. Auch der Hinweis auf die leichte Verderblichkeit des Manna bereits nach einem Tag stimmt in keiner Weise mit dem Honigsekret der Schildläuse überein, da dieses ohne gesonderte Behandlung von den heutigen Einwohnern des Sinai-Gebietes für längere Zeit in Krügen aufbewahrt wird.

Noch gravierender allerdings wiegt die Zusammensetzung dieser Körner. Sie bestehen aus Glukose und Traubenzucker mit geringen

Anteilen an Pektin, sind also im wesentlichen reiner Zucker. Zwar ist es richtig, daß die Beduinen »aus den Mannatropfen einen Brei [kneten], der als beliebte und vitaminreiche Beigabe zur oft eintönigen Nahrung verzehrt wird«, wie W. Keller (1955) schreibt, aber eben genau das bestätigt, daß es sich bei dem Sekret allenfalls um eine »Anreicherung des Speisezettels«, niemals aber um ein Hauptnahrungsmittel gehandelt haben kann. Und wer will auch glauben, die Israeliten hätten sich vierzig Jahre lang ausschließlich von Zucker ernährt? Die Bibel selbst schließt dies aus, indem sie Manna als »Brot«, also als Grundnahrungsmittel, bezeichnet.

Von der in Theologenkreisen noch immer sehr populären Sekret-These werden wir wohl Abschied nehmen müssen, wollen wir uns um eine wirkliche Lösung des Problems bemühen. Einer solchen Lösung ist man unterdessen offensichtlich nähergekommen. Sie ist – sowohl was die Details als auch ihre Gesamtheit betrifft – in sich logisch und kann damit eine höhere Wahrscheinlichkeit für sich beanspruchen als die oben diskutierte Sekret-Hypothese, die letztlich jeglicher Grundlage entbehrt. Diese hier gemeinte Lösung geht davon aus, daß Manna maschinell, also künstlich, hergestellt wurde.

Eine derartige Behauptung mag auf den ersten Blick absurd erscheinen. Tatsächlich aber ist es den beiden Briten George Sassoon und Rodney Dale (beide haben Ingenieurwissenschaften an der Universität von Cambridge und Naturwissenschaften studiert, besitzen eine eigene Elektronikfirma und sind außerdem Übersetzer technischer Texte) gelungen, eine solche Manna-Maschine zu rekonstruieren. Im wesentlichen verhält es sich wie bei den bereits angeführten Beispielen der Maya-, Azteken- und Huaxteken-Aggregate und des Ezechiel-Raumschiffs und -Tempels: Auch hier ergab sich nach sehr eingehender Analyse der Texte ein funktionstüchtiges Gerät, das, genau wie die Schriften es sagen, dazu in der Lage wäre, Nahrung, also Manna, zu produzieren. (Ein direkter Nachbau der Maschine war bislang nicht möglich, da der benötigte Laser technisch noch nicht hergestellt werden kann; funktionsfähige Vorstufen dieser Maschine wurden dagegen mit Erfolg getestet – vgl. Anhang 3.)

Sassoon und Dale waren auf die Beschreibung dieser Maschine im *Sohar*, einem Buch der *Kabbalah*, gestoßen. Die Kabbalah ist eine alte jüdische Geheimschrift, die 1290 von Rabbi Moses de Leon erstmals schriftlich niedergelegt wurde, nachdem sie bis dahin – ihrer absoluten Geheimhaltung wegen – nur mündlich weitergegeben worden war. Seither hatte man die Kabbalah als eine Anhäufung mystischer, magischer und alchimistischer Geheimtexte betrachtet und ihr keine große religionswissenschaftliche oder sonstige Bedeutung beigemessen. Selbst heute noch gibt es in aller Welt sogenannte »Kabbalisten«, die aus diesen Texten ausschließlich magische Rituale, Zaubersprüche, astrologische »Weisheiten« und ähnliches mehr ableiten wollen.

So war es mehr ein Zufall, daß Sassoon und Dale beim Lesen des Sohar auf die Beschreibung einer Maschine stießen.

Für ihre Arbeit der Rekonstruktion bedienten sie sich vor allem dreier Quellen: zum einen des aramäischen *Chremona Codes* von 1558, zum zweiten der lateinischen *Kabbalah Denudata* von 1644 und drittens der englischen *Kabbalah Unveiled* von 1892. Das Ergebnis ihrer Arbeit veröffentlichten sie 1979 (»Die Manna-Maschine«).

Der Sohar ist – wie die Bibel – in mehrere Bücher unterteilt. Für uns von Interesse sind insgesamt drei, nämlich das Buch des *Mysteriums* (BdM), die *Kleine Heilige Versammlung* (KHV) und die *Große Heilige Versammlung* (GHV). In diesen Büchern wird eine Maschine beschrieben, die dort »Der Alte der Tage« oder auch »Der Hochbetagte« genannt wird. Das Wort leitet sich vom Aramäischen OThIQ IVMIN (attik jomin) bzw. dem hebräischen OThIQ IMIM (attik jomim) her, das zwar mit diesen Begriffen übersetzt werden, aber auch »Der Transportierbare mit den Behältern« bedeuten kann. Diese Herleitung erscheint sinnvoller, auch wenn die Bestandteile des Geräts mit Namen menschlicher Gliedmaßen und Organe belegt wurden.

Im wesentlichen setzte sich die Maschine aus drei Einheiten zusammen: einem oberen, als »männlich« empfundenen, einem mittleren, als »weiblich«, und einem »unteren«, ebenfalls als »männlich« angesehenen Teil. Weil wir wissen, daß diese Benennungen (uns werden noch andere, z. T. weitaus seltsamere begegnen) zunächst auf Verständnisschwierigkeiten stoßen, müssen wir an dieser Stelle noch einmal darauf hinweisen: Den Völkern der vorchristlichen Jahrhunderte war eine Technik in unserem Sinne unbekannt. Komplizierten Maschinen, wie sie uns heute tagtäglich begegnen, mußten sie mit völliger Ahnungslosigkeit gegenübertreten. Begriffe wie »Drähte«, »Kabel«, »Schaltungen«, »Funktionslampen«, »Antriebsaggregate« kannten sie nicht. Sie waren, wollten sie all dies beschreiben – und sie

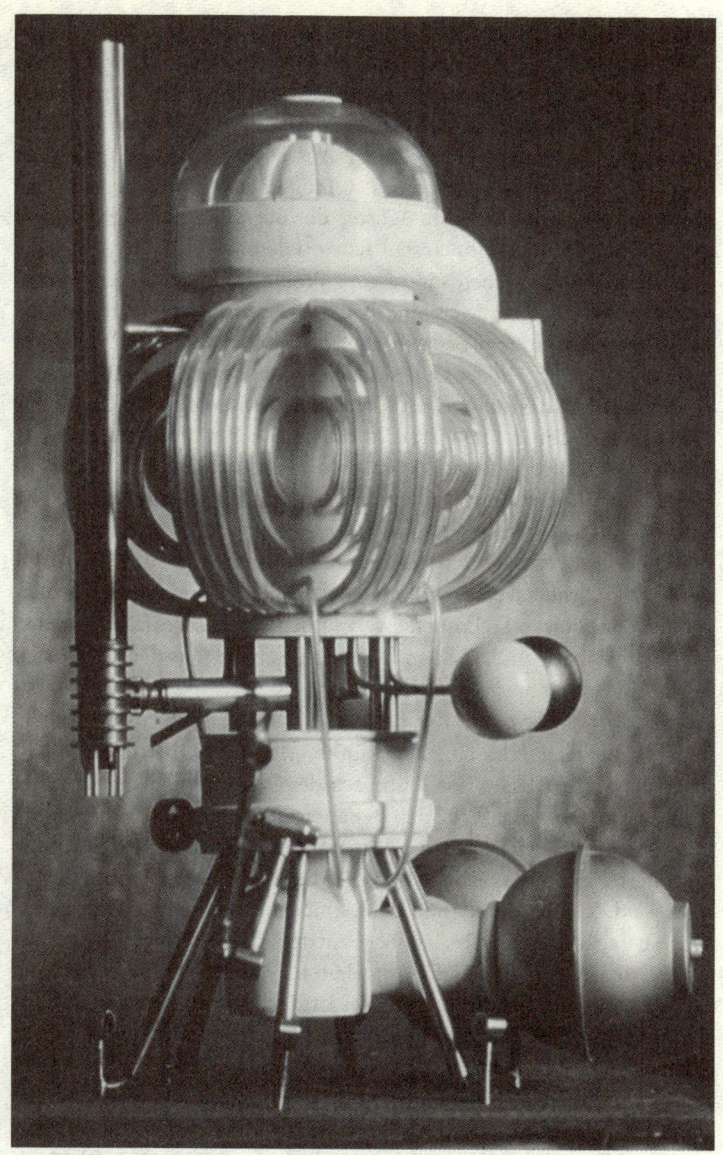

Modell der Manna-Maschine, Seitenansicht. Modell von Martin Riches, Berlin, Foto: Fiebag.

taten es ganz offensichtlich! –, darauf angewiesen, auf diese für sie fremdartigen Dinge ihnen vertraute Begriffe anzuwenden. Wir möchten unsere Leser in diesem Zusammenhang zu einem Experiment anregen: Versetzen Sie sich im Geiste um etwa 200 Jahre zurück in die Vergangenheit, und versuchen Sie, Aussehen und Funktionsweise eines simplen Staubsaugers, eines Radiogerätes oder eines Autos zu beschreiben – ohne all jene Worte, die die moderne Technik uns geliefert hat! Es dürfte Ihnen sehr schwerfallen.

Vor nahezu den gleichen unlösbaren Problemen standen jene Menschen, die die Manna-Maschine beschreiben wollten. Dennoch sind ihre Worte mit großem Bedacht gewählt und so verwendet, daß wir heute (wieder) dazu in der Lage sind, aus ihnen tatsächlich ein Gerät zu rekonstruieren, das zum einen dieser Beschreibung entspricht, zum anderen aber sehr sinnvoll ist, d. h. die gleiche Funktion erfüllt, die es dem *Sohar* zufolge haben soll, nämlich die Produktion von Nahrung.

Grundstoff für die Herstellung von Manna dürfte demnach eine Art der *Chlorella-Alge* gewesen sein, deren Anteile an Proteinen, Kohlenhydraten und Fetten durch bestimmbare Parameter beim Wachstum der Kultur variiert werden konnten. Die Algenkultur benötigte insbesondere eine starke Lichtquelle, vermutlich einen Laser. Die Apparatur dürfte daher – und Sassoon/Dale schließen dies aus den Texten des *Sohar* – wie folgt ausgesehen haben:

An der Spitze war ein Tau- oder besser Luftfeuchtigkeits-Destillierapparat installiert, der eine abgekühlte, gebogene Oberfläche besaß. Über diese Oberfläche floß Luft, aus der Wasser kondensierte. Das Wasser war Grundstoff für den Behälter im Zentrum, der die bereits erwähnte Lichtquelle sowie die Algenkultur selbst enthielt. Die Kultur zirkuliert durch verschiedene Röhren, die einen Austausch von Sauerstoff und Kohlendioxid mit der Atmosphäre erlaubten und auch Wärme abstrahlten. Der dabei entstehende *Chlorella*-Schlamm wurde in ein weiteres Gefäß abgeleitet. Hier konnten entstandene Stärkestoffe teilweise zu malzartigen Stoffen hydrolysiert werden, die dann, leicht gebrannt, den Honig- und Brot-Geschmack hervorriefen. Das getrocknete Material ergab schließlich eine Substanz für zwei Auffang-Behälter. Einer wurde täglich gefüllt, um den Bedarf zu decken. Der andere füllte sich langsam während der Woche, so daß ein Zwei-Tage-Vorrat am Abend des Sabbat zur Verfügung stand. Diese Einteilung wurde gewählt, damit die Maschine gestoppt, auseinandergenommen, gesäubert und wieder in Gang gesetzt werden konnte.

Das Ganze hört sich – wie man meinen könnte – eher nach Science Fiction als nach Überlieferungen aus vorchristlicher Zeit an. Tatsächlich aber wird im *Sohar* exakt dies beschrieben: eine komplexe Maschine, die aus zahlreichen Teilen bestand und deren Endprodukt das biblische Manna war. Im *Sohar* liest sich das wie folgt (KHV 59):

Drei Köpfe sind ausgehöhlt; dieser befindet sich in jenem und dieser über dem anderen. Ein Kopf ist die Weisheit; er ist der verborgenste... diese Weisheit ist verborgen; es ist die oberste aller anderen Weisheiten.

Und in KHV 175:

Es gibt drei obere Köpfe; zwei Köpfe und einen, der sie beinhaltet.

Zunächst erweckt das Ganze zugegebenermaßen den Eindruck von »Kauderwelsch«. Es bekommt jedoch eine durchaus sinnvolle Bedeutung, wenn wir den Begriff »Kopf« (an anderen Stellen auch »Schädel«) durch den Begriff »Kugel« bzw. »Hohlkugel« ersetzen, den Begriff »Weisheit« als oberste von zwei Kugeln im Inneren einer größeren Kugel verstehen. Aus dieser tritt offensichtlich eine Substanz heraus (GHV 56):

Und von diesem Schädel kommt das Weiße heraus und geht in Richtung des Schädels des Kleinen Gesichts... und von diesem geht es in die weiteren Schädel, die darunter liegen und zahllos sind.

Die weiße Substanz durchläuft also – von oben kommend – auf ihrem Weg verschiedene Kugeln und Behälter. Das »Kleine Gesicht« bezieht sich auf den unteren Teil der Maschine, wohingegen der obere Abschnitt als »der Alte« selbst oder »das große Gesicht« bezeichnet wird. Eine weitere Beschreibung dieses Fließvorgangs des »Weißen«, das auch »Heiligkeit« oder »Segen« genannt wird, findet sich in KHV 759:

Und alle (die Heiligkeiten) kommen vom oberen Kopf des Schä-
dels... aus der Richtung der oberen Gehirne... dieser Segen fließt
in sämtliche Gefäße des Körpers, bis er jene erreicht, die »Heere«
genannt werden... Und jener Fluß bleibt dort, nachdem er dort
aufgesammelt wird, und geht dann in jene heilige Gründung. Er ist
ganz weiß und wird deshalb »Gnade« genannt. Und diese Gnade
geht ins Allerheiligste ein, wie geschrieben steht: »Wie der Tau, der
vom Himmel herabfällt auf den Berg Sions. Denn dort verheißt der
Herr den Segen und Leben in Ewigkeit.«

Eine andere Stelle bezieht sich ebenfalls auf diese Flüssigkeit, die die
Maschine von oben nach unten durchläuft und schließlich gesammelt
wird (KHV 436):

Der Tau des weißen Kopfes tropft in den Schädel des Kleinen
Gesichts und wird dort aufbewahrt.

»Tau« ist demnach eine weitere Bezeichnung für das »Weiße«, das
vom oberen »Kopf« nach unten fließt. Über diesen Tau lesen wir in
KHV 437:

Und dieser Tau erscheint in zwei Farben; von ihm wird das Feld der
heiligen Äpfel getränkt. Und von diesem Tau mahlen sie das Manna
der Gerechten für die kommende Welt. Durch es werden die Toten
zum Leben erweckt. Und das Manna scheint von diesem Tau nur zu
einer bestimmten Zeit erzeugt worden zu sein; zu der Zeit, als das
Volk Israel in der Wüste wanderte. Und damals ernährte der
Hochbetagte sie von dieser Stelle aus. Danach aber wurde es nicht
mehr gefunden. Und es wird gesagt: »Siehe, ich will euch Brot vom
Himmel regnen lassen.« Und auch: »Gott gebe dir vom Tau des
Himmels...«

Und in GHV 44:

Und von diesem Schädel kondensiert der Tau, an der Außenseite
des Schädels, und füllt den Kopf jeden Tag auf. Von diesem Tau
steht geschrieben: »Denn mein Haupt ist mit Tau gefüllt.«

Noch einmal wird ausdrücklich betont, daß es sich bei diesem »Tau«
um das biblische Manna gehandelt hat, nämlich in GHV 48:

*Und von jenem Tau werden die oberen Heiligen getragen. Und es
ist das Manna, welches für die Gerechten der kommenden Welt
gemahlen wird. Und dieser Tau ergießt sich auf das »Feld der
Äpfel«.*

Wir wollen uns nun ein wenig näher mit den verschiedenen Teilen des
OThIQ IVMIN beschäftigen. Über den oberen »Schädel« ist folgendes geschrieben (GHV 58):

*In der Höhlung des Schädels befindet sich die Ätherhaut der oberen
Weisheit, die vor allem verborgen ist. Die Haut bildet eine Trenn-
wand, und sie ist nicht zugänglich und kann auch nicht geöffnet
werden. Und diese Haut ist dazu da, das Hirn zu überdecken,
welches die verborgene Weisheit ist. Und weil diese Weisheit von
dieser Haut bedeckt ist, die nicht geöffnet werden kann, wird sie die
verborgene Weisheit genannt ... und diese Haut besitzt eine Öffnung zum Kleinen Gesicht hin, durch welche sich das Gehirn
ausdehnt und auf 32 Wegen herauskommt.*

Wir haben also im obersten Bereich der Maschine ein »Hirn«, das von
einer sogenannten »Ätherhaut« bedeckt war. Wenn wir statt »Äther«
eine durchsichtige Zustandsform der festen Materie annehmen, so
wird sehr schnell deutlich, wie gut dieser Ausdruck hier gewählt ist.
»Ätherhaut« ist dann nichts anderes als eine durchsichtige Verscha-
lung, die nicht geöffnet werden konnte, die aber eine Öffnung nach
unten hin besaß, so daß insgesamt 32 Zuleitungen vom »Gehirn« aus
nach unten verlaufen konnten. Von hier oben, dem »oberen Hirn«
oder der »Weisheit«, floß die aus der Luft durch Kondensation
gewonnene Flüssigkeit in den eigentlichen »Kopf«, der sich unterhalb
des »Gehirns« befand. Dies bestätigt GHV 44:

*Und von diesem Schädel kondensiert der Tau auf der äußeren
Fläche des Schädels und füllt den Kopf jeden Tag.*

Wir können uns den »Schädel« als eine Art Sammelstelle vorstellen, von der aus das Wasser auf die eigentliche Algenkultur weitergeleitet wurde. Wir lesen dazu in KHV 188:

Diese Weisheit wird geöffnet, und es geht ein Strom von ihr aus, der herabrinnt und den Garten bewässert. Und er tritt ein in den Schädel des Kleinen Gesichts ... und von dort wird er weitergeleitet und fließt durch den ganzen Körper und bewässert all die Pflanzen.

In diesem »Schädel« des »Kleinen Gesichts« befand sich also die Algenkultur, die zu ihrer Aufrechterhaltung bzw. Vermehrung im wesentlichen zwei Dinge benötigte: Wasser und Licht. Wasser erhielt sie durch die Tau- bzw. Luftkondensat-Zufuhr aus dem oberen Bereich der Maschine, Licht dagegen offenbar durch eine starke Lampe im Inneren des unteren »Schädels« (KHV 432):

Und der Äther wird dort gesammelt für die glitzernden Dinge, die von der Hauptlampe ausgehen, die in den Eingeweiden der Mutter verborgen ist.

Wir können also bis jetzt feststellen, daß das OThIQ IVMIN zunächst aus zwei Tanks bestand, einem oberen, in dem das aus dem »Gehirn« destillierte Wasser gesammelt wurde, und einem unteren, in der sich eine Algenkultur befand. Dieser untere Tank war mit dem oberen durch Zuleitungen verbunden und besaß eine starke Energiequelle (die »Hauptlampe«).

Ein weiteres, im Sohar ausführlich beschriebenes Merkmal des »Hochbetagten« war sein »Bart«, genauer gesagt, seine zwei »Bärte«. Es wird aber sehr schnell deutlich, daß es sich dabei kaum um natürliche Haare gehandelt haben kann: die oberen »Bärte« wuchsen nämlich aus einem Teil des Kopfes heraus und in den anderen wieder hinein. Zudem floß in ihnen das »Öl der großen Güte«.

All dies läßt darauf schließen, daß es sich bei den »ehrwürdigen Bärten« um ein Zirkulationssystem handelte. Dies wäre auch als vernünftig anzunehmen, denn die Algen mußten, um wachsen und sich vermehren zu können, Stickstoff aufnehmen und Sauerstoff abgeben. Man erreichte dies, indem man sie durch ein Röhrenaustauschsystem fließen ließ. Die Leitungen bestanden aus einem Material, das zwar für Gasmoleküle durchlässig war, nicht aber für die Flüssigkeit, die als »Öl der großen Güte« bezeichnet wird. Es handelt sich dabei um den breiigen Chlorella-Schlamm (GHV 229):

In diesen 13 Teilen des Bartes ergießen sie sich und gehen aus, die 14 Brunnen des Öls der großen Güte. Und sie fließen mit diesem Öl und werden gelabt mit diesem Öl, welches in 13 Teilen ist.

Und in GHV 483:

Und weil dieser dreizehnte Teil alle anderen beinhaltet, sieht man von ihnen nichts. Und von ihnen rinnt das Öl der großen Güte in dreizehn Richtungen zu allen jenen unteren Teilen, die jenes Öl führen . . . . Und die Teile, die sich im Bart befinden, sind geformt und führen in viele Richtungen nach unten. Und es ist nicht sichtbar, wo sie durchführen und wo sie herauskommen. Sie sind vor allen verborgen, vor allen versteckt. Es gibt niemanden, der jene Stelle im Alten kennt, wo sie enden. Alle von ihnen sind eingeschlossen.

Neben diesen Zirkulationsröhren für den Chlorella-Schlamm gab es aber noch eine andere Art von »Haaren«, die schwarz und viel dünner waren. Diese befanden sich am »unteren Gesicht« (GHV 570):

Überlieferung: Im Schädel des Kopfes hängen tausend Tausend, Myriaden und Myriaden, große Mengen von Locken und schwarzen Haaren und sind mit diesem und jenem verflochten und mit diesem und jenem vermischt. Und die Stränge jeder Locke sind nicht zu zählen, auch nicht die von der Locke, die mit ihr verbunden ist. Es gibt saubere und schmutzige.

Es dürfte wohl kaum eine bessere Möglichkeit bestehen, als auf diese Weise eine Vielzahl an Verdrahtungen und Kabeln zu beschreiben. Da wir davon ausgehen können, daß die Maschine zur Aufrechterhaltung ihrer Funktion elektrische Energie benötigte (allein für die starke Lichtquelle muß eine entsprechende Technik vorausgesetzt werden), ist zu vermuten, daß zahlreiche Drähte und Kabel an der Maschine vorhanden waren. Eine solche Verkabelung ist um so mehr anzunehmen, als in den »Hochbetagten« neben dieser Hauptlampe noch andere Lichtquellen vorhanden waren. Auskunft darüber gibt uns GHV 123:

Das erste Weiß scheint und geht nach oben und unten ... Überlieferung: dieses Weiß scheint und flackert und erhellt die drei Lampen ...
Und diese scheinen in Freude und Vollkommenheit. Das zweite Weiß scheint nach oben und unten und flackert und geht zu drei weiteren Lampen ... und auch sie scheinen in Freude und Vollkommenheit. Das dritte Weiß leuchtet auf und leuchtet nach oben und unten und geht aus vom verborgenen Teil des Hirns ... Und ein Weg führt hinaus zum unteren Hirn. Und alle unteren Lampen werden zum Leuchten gebracht.

Man könnte diese Lampen vielleicht als Streulampen ansehen, die innerhalb der Tanks für eine gleichmäßige Bestrahlung sorgten. Von ihnen unterschieden wurden jene Lichtquellen, die sich auf der Außenseite befanden und die man »Augen« nannte (GHV 607):

Die Augen des Kopfes [des Kleinen Gesichts] unterscheiden sich von anderen Augen.

Es sind also keine normalen, menschlichen Augen, die hier beschrieben werden. Wir finden dies bestätigt in GHV 139:

Überlieferung: Es gibt kein Licht in dem unteren Auge; es ist rot oder schwarz, außer wenn es in dem weißen Licht des oberen Auges gesehen wird ... und es ist nicht bekannt, wann dieses obere, heilige Auge leuchten wird.

Sowie in GHV 149:

In seinem unteren Auge gibt es ein linkes Auge und ein rechtes Auge, und diese zwei haben zwei Farben ... Aber in dem oberen Auge gibt es kein linkes Auge, und beide gehen auf demselben Weg nach oben, und das ganze Auge ist rechts ... aber es ist nicht wie dies unten, wo die Augen Rot, Schwarz und Weiß, drei Farben beinhalten. Sie sind nicht immer offen.

Vorläufig scheint die Frage ungeklärt zu sein, woher das OThIQ IVMIN seine Energie – Sassoon und Dale berechneten etwa eine halbe Million Watt – erhielt. Aber auch hier findet sich eine Antwort im *Sohar* (GHV 494):

Rabbi Simon sagte zu seinen Begleitern: »Der Vorhang, den ihr über uns seht, ist also gespalten. Ich sehe, daß alle Teile in seinem Inneren nach unten gehen und in diesen Ort hineinleuchten. Und da gibt es eine Abdeckung über der Lampe des Heiligen – gesegnet sei Er! –, die in vier Richtungen und in vier Träger unterteilt ist. Ein Träger reicht vom Boden bis oben hin, und dort gibt es einen Feuerbehälter in seiner Hand. Und in diesem Feuerbehälter gibt es vier Schlüssel [oder: Öffner], an allen Seiten geschärft [oder: gezahnt]. Und sie verbinden sich mit der Abdeckung und reichen von ihr von oben bis zum Boden hinunter. Und auf die gleiche Weise gilt dies [auch] für den zweiten, dritten und vierten Träger. Und zwischen den Trägern sind achtzehn Trägerfüße verbunden, und sie leuchten in die Lampe, die in dieser Abdeckung ausgehöhlt ist, hinein. Und so ist es in vier Richtungen.

Der »Feuerbehälter« wird sicherlich kein konventioneller, den Israeliten bekannter »Ofen« gewesen sein. Um einerseits eine Energie von 500 000 Watt zu erzeugen, andererseits aber einen relativ kleinen Energieerzeuger zur Verfügung zu haben, bleibt nur die Möglichkeit, daß es sich dabei um einen Mini-Plutoniumreaktor gehandelt hat, wie Sassoon und Dale vermuten. Dies ist durchaus vernünftig, zumal Mini-Reaktoren – etwa in Satelliten – heute ähnliche Aufgaben erfüllen.

Was geschah nun mit dem produzierten und im »unteren Gesicht« durch Vitaminzusätze angereicherten Manna-Schlamm? Der Sohar beschreibt, wie er vom »Kleinen Gesicht« aus weiter nach unten in die »Hoden« fließt, wo er gesammelt und schließlich aus dem »Penis« abgezapft werden konnte. Wir lesen dazu in KHV 740:

Und der Körper erstreckte sich weiter zu zwei Beinen. Und dazwischen hat es zwei Nieren und zwei männliche Hoden. Das gesamte Öl und die Stärke und die männliche Kraft des ganzen Körpers fließen in ihnen zusammen ... Und deshalb werden sie die »Heere«

genannt und mit »Sieg« und »Hoheit« angeredet... Das männliche Geschlechtsteil bildet das Endstück des ganzen Körpers und wird »die Gründung« genannt.

Am unteren Teil der Maschine befanden sich also zwei Vorratsbehälter: einer, um den täglichen Bedarf zu decken, und ein anderer, der sich während einer Woche füllte, um am Vorabend des Sabbat geleert zu werden. Am Sabbat selbst arbeitete die Maschine nicht (hier liegt offensichtlich der eigentliche Grund für das Arbeitsverbot am Sabbat), sondern wurde zu Reinigungszwecken auseinandergenommen und wieder zusammengesetzt. Dies war aufgrund der beständigen Verschmutzung des OThIQ IVMIN notwendig (GHV 1073):

Alle diese Umhüllungen sind nicht in dem Körper enthalten, alle werden entfernt und sind schmutzig. Und sie beschmutzen jeden, der sich ihren Körpern nähert, um Worte von ihnen zu lernen... Und sie fließen weg und sind nicht mit dem Behälter des Körpers verbunden. Und deshalb befinden sie sich außerhalb von allem anderen und sind oben und unten lose. Innen sind sie schmutzig.

Bei einer vierzigjährigen Betriebszeit ist eine innere Verschmutzung nur allzu verständlich. Wüstenstaub, undichte Rohrleitungen und der Rauch aus dem Energieaggregat werden das ihre dazu beigetragen haben. Über diese ständige Wolkensäule heißt es (GHV 661):

Die Nase... da gibt es drei zuckende Flammen aus ihren Röhren. Von dieser Nase gehen drei Farben aus: Rauch, Feuer und Glut. Denn es steht geschrieben: »Rauch stieg auf von seiner Nase.« Der Rauch bläst und kommt heraus. Er ist schwarz, und sie nennen ihn »Zorn«, »Hitze« und »Zerstörung«.

Wir wollen es bei dieser kurzen Beschreibung der Manna-Maschine belassen. Für eine ausführliche Beschäftigung mit dem »Hochbetagten« empfehlen wir das Buch von George Sassoon und Rodney Dale. Die hier wiedergegebenen Zitate sind allerdings nur ein geringer Teil dessen, was sich im Sohar über das OThIQ IVMIN, seinen Aufbau und seine Funktion finden läßt. All dies in einem Kapitel behandeln zu wollen ist nicht möglich und soll auch gar nicht versucht werden.

Unsere Absicht war es, auf die Manna-Maschine selbst hinzuweisen. Wir möchten an diesr Stelle noch einmal kurz zusammenfassen, was wir über sie wissen:

1. Die Beschreibung der Maschine befindet sich nicht in der Bibel. Offenbar galt sie als ein derart streng gehütetes Geheimnis, daß die jüdischen Priester es vorzogen, darüber nur in Wort für Wort auswendig zu lernenden Texten mündlich und nur in den eigenen, sorgfältig ausgewählten und geschulten Kreisen weiterzuberichten, nicht aber, es im »Buch der Bücher« jedermann zugänglich zu machen. Im alten Testament findet sich nur die Angabe über das Manna selbst, nichts dagegen über den Produktionsvorgang. Als »Brot vom Himmel« wurde es vom einfachen Volk akzeptiert, das einen komplizierten Herstellungsprozeß wohl kaum verstanden hätte.

2. Die Maschine kann – aufgrund ihrer ausgereiften Technik – nicht von den Israeliten des Jahres 1200 v. Chr. konstruiert und erbaut worden sein. Dem 2. Buch Mose zufolge erschien das Manna aufgrund einer Anordnung des »Herrn«. Aus anderen Teilen der Bibel, insbesondere aus dem Buch des Propheten Ezechiel, kann abgeleitet werden, daß damit in Wirklichkeit nicht Gott, sondern außerirdische Intelligenzen gekennzeichnet wurden (die in den Augen der Israeliten allerdings göttliche Wesen waren). Die Maschine war folglich außerirdischen Ursprungs. Darüber hinaus kann vermutet werden, daß Geräte wie die Manna-Maschine ursprünglich zur Produktion an Bord von Raumschiffen benutzt wurden und Manna – das »Himmelsbrot« bzw. das »Brot der Engel« – nichts anderes war als die in den Schiffen für die Besatzung hergestellte Nahrung. Dadurch ergibt sich ferner, daß die Maschine vermutlich (aus Gründen der Gewichts- und Größenreduktion) aus leichten Materialien hergestellt und relativ klein gewesen sein wird, d. h. vermutlich nicht größer als ein Mensch. So konnte sie auf der Wüstenwanderung von einer ausgebildeten Mannschaft transportiert werden.

3. Einziger Zweck des zur Erde gebrachten Gerätes war es, während vierzig Jahren (d. h. einer Generation) die Israeliten mit »Manna« zu versorgen, also für sie Nahrung zu produzieren.

Dies alles wird uns im Sohar, einem alten jüdischen, im 13. Jahrhundert erstmals niedergelegten Geheimbuch berichtet. Aus der gleichen Zeit aber gibt es noch andere Texte, die ein solches Gerät beschreiben. Es sind die Texte eines Chrestian de Troyes, eines Robert de Boron und eines Wolfram von Eschenbach. Die von ihnen verfaßten Dichtungen sind alle auf ein zentrales Thema hin ausgerichtet, auf ein »Ding«, das Nahrung spendet: auf den heiligen Gral . . .

Kapitel V

Der kosmische Gral

Nicht soll der mehr verschlossen sein:
Enthüllt den Gral, öffnet den Schrein!

Aus »Parsifal«
Richard Wagner (1813–1883)

Nahrung aus dem Gral –
Nahrung aus der Manna-Maschine

Sind der Gral und die Manna-Maschine identisch? Wäre es denkbar,
daß Chrestian, Wolfram, Robert und die anderen Parzival-Autoren in
Wirklichkeit jenes Gerät beschreiben, das die Israeliten auf ihrer
vierzigjährigen Wanderschaft durch die Wüste Sinai ernährte? Wenn
ja – gibt es dafür Hinweise? Würden sich Verbindungen knüpfen
lassen zwischen den alt-jüdischen Überlieferungen vom OThIQ
IVMIN und den Grallegenden des 12. und 13. Jahrhunderts?
Es waren eine Fülle an Fragen, die sich uns stellten, als wir uns
erstmals mit diesem Problem konfrontiert sahen. Heute, nach dem
vorläufigen Abschluß unserer Studien, sehen wir uns in der Lage, die
oben gestellten Fragen positiv zu beantworten. Das heißt, wir sind der
Meinung, daß die Manna-Maschine des *Sohar* das gleiche ist wie jenes
Gerät, das Wolfram und die Parzival-Autoren des Mittelalters beschreiben. Es gibt zahlreiche Indizien, die darauf hinweisen, und es
lassen sich tatsächlich direkte Verbindungen herstellen zwischen der
Überlieferung von der Manna-Maschine und der des Grals. Darüber
hinaus haben wir im Verlauf unserer Arbeit auch Forschungen hin-

sichtlich des Verbleibs der Maschine angestellt. Uns beschäftigte die Frage, was mit dem Gerät geschehen sein mochte, wohin es gelangte und wo es sich heute vielleicht noch befindet.

Befassen wir uns jetzt mit jenen Punkten, die für unsere Ansicht sprechen, Manna-Maschine und Gral seien miteinander identisch. Am auffälligsten ist zunächst die Parallelität der Funktion. Sowohl die Manna-Maschine als auch der Gral dienen der Produktion von Nahrung. Im Sohar ist dieser Prozeß wie folgt beschrieben (KHV 437):

Und dieser Tau erscheint in zwei Farben; von ihm wird das Feld der heiligen Äpfel getränkt. Und von diesem Tau mahlen sie das Manna der Gerechten für die kommende Welt. Durch es werden die Toten zum Leben erweckt. Und das Manna scheint von diesem Tau nur zu einer bestimmten Zeit erzeugt worden zu sein; zu der Zeit, als das jüdische Volk in der Wüste wanderte. Und damals ernährte der Hochbetagte sie von dieser Stelle aus. Danach aber wurde es nicht mehr gefunden. Und es wird gesagt: »Seht, ich will euch Brot vom Himmel regnen lassen!« Und auch: »Gott gebe dir vom Tau des Himmels...«

Wir wollen noch einmal festhalten, was hier gesagt wird: Die Israeliten verfügten über eine Maschine, die ihre Priester den »Alten der Tage«, den »Hochbetagten« (bzw. »den Transportierbaren mit den Behältern«) nannten und der sie auf ihrer Wüstenwanderung mit Nahrung, d. h. Manna versorgte. Eine sehr ähnliche Aussage trifft Wolfram von Eschenbach hinsichtlich der Funktion des Grals, wenn er in Vers 238, 2–24, schreibt:

> *nu hoert ein ander maere.*
> *hundert knappen man gebôt:*
> *die nân in wîze tweheln brôt*
> *mit zühten vor dem grâle.*
> *die giengen al zemâle*
> *und teilten für die taveln sich.*
> *man sagte mir, diz sag ouch ich*
> *ûf iwer jeslîchen eit,*
> *daz vorem grâle waere bereit*
> *(sol ich das iemen triegen,*

sô müezt ir mit mir liegen)
swâ nâch jener bôt die hant,
daz er al bereite vant
spìse warm, spìse kalt,
spìse niwe unt dar zuo alt,
daz zam und daz wilde.
esn wurde nie kein bilde,
beginnet maneger sprechen.
der wil sich übel rechen:
wan der grâl was der saelden fruht,
der werlde süeze ein sölh genuht,
er wac vil nâch gelìche
als man saget von himelrìche.

* * *

Nun vernehmet eine andere Kunde!
Hundert Knappen wurden aufgeboten,
die nahmen auf weißen Linnen Brot
ehrfürchtig von dem Gral.
Darauf gingen sie
und verteilten sich an die Tische.
Man sagte mir, und ich sage es auch Euch,
auf Euren Eid freilich,
daß vor dem Grale bereit lag
(wenn ich Euch Falsches berichte,
so lügt Ihr nun ebenso wie ich)
wonach ein jeder die Hand ausstreckte,
und daß er vor sich bereitet fand
warme Speise, kalte Speise,
von zahmem und von wildem Getier.
Etwas derartiges hat es nie gegeben,
möchte mancher wohl sprechen.
Aber er irrt:
Denn der Gral war die Frucht der Seligen,
eine solche Fülle irdischer Süßigkeit,
daß er fast all dem glich, was man sagt
vom Himmelreiche.

Die Übereinstimmungen sind verblüffend: Wie die Manna-Maschine ist der Gral dazu in der Lage, »Speise« herzustellen, so »daß vor dem Grale bereit lag, wonach ein jeder die Hand ausstreckte«. So, wie der *Sohar* vom Manna als der Speise für die »Gerechten der kommenden Welt« spricht, wird der Gral bzw. die von ihm produzierte Nahrung als »Frucht der Seligen« bezeichnet. Allerdings: Manna wird immer nur als »Brot« beschrieben, als »Brot vom Himmel«, wohingegen Wolfram eine ganze Fülle verschiedener Speisen aufführt, nämlich »warme Speisen, kalte Speisen, neue Speise, alte Speise, von zahmem und von wildem Getier«.

Dieser scheinbare Widerspruch löst sich jedoch sehr schnell, wenn wir bedenken, daß Wolfram die Manna-Maschine nie gesehen hat, insbesondere nicht während des Produktionsvorganges. Wir müssen an dieser Stelle darauf hinweisen, daß seit den Vorgängen während der Wüstenwanderung zu Wolframs Zeiten bereits 2400 Jahre vergangen waren und daß auch Schriften, auf die er zurückgegriffen haben mag, mit Sicherheit nicht aus der Zeit Moses stammten. Hervorzuheben ist auch, daß Wolfram »das Brot«, das »ehrfürchtig von dem Grale« genommen wird, vor allen anderen Speisen erwähnt und damit selbst den Hinweis auf die Dominanz dieser einen Speise gibt.

Bei Christian verhält es sich etwas anders. Er bringt Nahrung und Gral zunächst nur indirekt miteinander in Verbindung:

Da ging der Gral unterdessen immer wieder an ihnen vorüber. Der Junker fragte nicht, wen man mit dem Gral bediente: Er hielt sich an den Edelmann, der ihn eindringlich gewarnt hatte, zu viel zu sprechen, und dahin ist allezeit sein Herz gewandt, und er erinnert sich daran. Jedoch schweigt er mehr als sich geziemt, denn bei jeder Speise, die man aufträgt, sieht er den Gral ganz unbedeckt an sich vorüberziehen, doch weiß man nicht, wen man damit bedient.

Christian beschreibt also keineswegs die Gerichte, die aufgetragen werden, etwa »eine Hirschkeule mit Fett gebraten und heißem Pfeffer gewürzt«, daneben »klare und leichte Weine« stammten aus dem Gral. Dennoch scheint auch hier der Gral Nahrung zu geben, wenngleich Perceval nicht weiß, »wen man damit bedient«. Das Rätsel löst sich später in der Klause des Einsiedlers:

*So heilig ist der Gral und der König so geistig, daß seinem Leben
nur noch die Hostie nottut, die in dem Grale kommt.*

Es ist also auch hier das Brot (bei Christian in Form einer Hostie), das
vom Gral kommt – keine »warme und kalte Speise« und kein
»zahmes und wildes Getier«. Das bestätigt unsere Ansicht, daß
ursprünglich bekannt war, der Gral sei einzig und allein ein Produzent
von Brot – bzw. dessen, was man dafür hielt – gewesen. All die
anderen Speisen sind erst durch spätere phantasiereiche Ausschmük-
kung hinzugetreten.

Eine bedeutende Frage, die wir uns in diesem Zusammenhang stellen
müssen, ist, ob das »Brot«, von dem Wolfram und Christian sprechen, tatsächlich mit dem biblischen Manna zu vergleichen ist.
Schließlich erwähnen weder Christian noch Wolfram noch ein anderer Autor dieses Wort. Nirgendwo findet sich ein Satz, der etwa lauten
könnte: »Und sie nahmen vom Grale das Brot, das heilige Manna,
und reichten es einem jeden.« Eine solche Einfügung wäre für unsere
Beweisführung sicherlich von großer Bedeutung, leider jedoch existiert sie nicht.

Dennoch können wir wohl mit einiger Berechtigung sagen, daß die
Parallelität Gral-Brot – Manna gegeben ist. Dies insbesondere deshalb, weil eine solche Assoziation auch in der wissenschaftlichen
Literatur selbst vorgetragen wird. Das erscheint uns deswegen von Bedeutung, weil die entsprechenden Autoren ja niemals an eine Verbindung Gral-Mannamaschine gedacht haben und insofern als völlig
unverdächtige Zeugen gelten können. So schreibt beispielsweise Bodo
Mergell (1952): »Für Wolfram ist festzuhalten, daß das Motiv der
Speisung durch den Gral nicht nur durch die Erinnerung an die
biblische Speisung mit Manna, sondern auch durch die Improperien
der Karfreitagsliturgie nahelag.« Eine Parallele zieht auch S. Gelbhaus
in seiner 1980 erschienenen Arbeit. Er schreibt: »Die Eigenschaft des
Grals, allerlei Speisen zu gewähren, erinnert an die Eigenschaft des
Manna, jeden gewünschten Geschmack anzunehmen.«

Noch eindeutiger drückt es Emma Jung (1960) aus, die bei ihrer
Beschäftigung mit der Abwandlung »Gres« zu »Gral« über folgenden
Zusammenhang nachdenkt: »Dem Wort ›Gres‹ nahe stehen ›grele‹ =
Hagelstein und ›gresil‹ = Reif, die als vom Himmel kommende runde
und weiße Steine die Vorstellung von Manna erwecken und zugleich

Mittelalterliche Darstellung der Tafelrunde. Im Zentrum, bzw. vor dem König, befindet

ich der zur Tafelrunde gebrachte Gral. Bibliothèque Nationale, Paris.

an die Oblate erinnern, die jeweils am Karfreitag vom Himmel auf den Gral gebracht wird, um dessen nahrungsspendende Kraft zu erneuern.« All dies macht unsere Vermutung, das »Brot« des Grals und das »Manna« der Bibel bzw. des Sohar seien miteinander identisch, recht wahrscheinlich. Interessant ist auch die bei Wolfram zutag tretende und von E. Jung herausgestellte Vorstellung einer periodischen »Krafterneuerung« (durch die Taube am Karfreitag). Würde es sich beim Prozeß der Nahrungsherstellung tatsächlich »nur« um ein göttliches Wunder handeln, so ist schwer einzusehen, warum dessen Wirkung nach jeweils einem Jahr soweit abgenommen haben soll, daß eine Erneuerung notwendig wird. Handelt es sich beim Gral aber um ein technisches Gerät, so verstehen wir diesen Satz sehr gut: auch die Manna-Maschine mußte wöchentlich gereinigt, also »erneuert« werden, ihre Arbeit war fernerhin vom täglich anfallenden morgendlichen Tau abhängig usw. Insbesondere der Tau oder Reif wird ja als eine sehr wichtige Komponente im Herstellungsprozeß des »Himmelsbrotes« betrachtet – die Herabkunft der weißen Taube erscheint uns als eine durchaus in Erwägung zu ziehende Analogie dazu.

Eine besondere Eigenschaft des Grals-Brotes dürfte sein Einfluß auf die Gesundheit jener Menschen sein, die es zu sich nehmen. Bei Wolfram genügt sogar allein der Blick auf den Gral, um dem Beschauer ewige Jugend zu gewähren (469, 12–28):

> *ouch wart nie ménschén sô wê,*
> *swelhes táges es den stein gesieht,*
> *die wochen mac ez sterben niht,*
> *diu aller schierst darnâch gestêt,*
> *sìn varwe im niemer ouch zergêt,*
> *man muoz im sölher varwe iehen,*
> *dâmite er hât den stein gesehen,*
> *ez sì maget ode man,*
> *al dô sìn bestiu zìt huop an,*
> *saeh ez den stein zwei hundert jâr,*
> *im enwurde denne grâ sìn hâr.*
> *selhe kraft dem menschen tit der stein,*
> *daz im fléisch – únde bein*
> *iugent enpfaeht al sunder twâl.*
> *der stein ist ouch genant der grâl.*

Auch wenn es einem Menschen noch so schlechtgeht,
so wird er, sollte er eines Tages den Gral sehen,
die Woche darauf nicht sterben.
Auch bleibt sein Aussehen dasselbe,
das er hatte, als er den Stein erblickte,
und zwar so, wie er – Mann oder Frau –
in seiner besten Zeit aussah.
Und wenn sie den Stein zweihundert Jahre sähen,
nur das Haar würde ergrauen.
Solche Kraft gibt den Menschen der Stein,
daß Fleisch und Gebein
sofort Jugend empfangen.
Der Stein wird auch der Gral genannt.

Der Gral verleiht folglich jugendliches Aussehen, in gewisser Weise sogar die Unsterblichkeit. Diese Vorstellung geht vermutlich auf das »Brot des ewigen Lebens«, also die Heilige Kommunion des Neuen Testaments zurück. Auch läßt sich in der Bibel nichts von einer lebensverlängernden Kraft des Manna finden. Im Gegenteil: Keiner der Menschen, die aus Ägypten aufgebrochen sind, erreicht das Gelobte Land – nicht einmal Mose, der Führer der Israeliten (5 Mose 32):

48. Und der Herr redete mit Mose am selben Tage und sprach:
49. Geh auf das Gebirge Abarim, auf den Berg Nebo, der da liegt im Land Kanaan, das ich den Kindern Israel zum Eigentum geben werde.
50. Dann stirb auf dem Berge, auf den du hinaufgestiegen bist, und laß dich zu deinem Volk versammeln, wie dein Bruder Aaron starb auf dem Berge Hor und zu seinem Volk versammelt wurde;
51. denn ihr habt euch an mir versündigt unter den Kindern Israel bei den Haderwassern zu Kadesch in der Wüste Zin, weil ihr mich nicht heiligtet inmitten der Kinder Israel.
52. Denn du sollst das Land vor dir sehen, das ich den Kindern Israel gebe, aber du sollst nicht hineinkommen.

Lebensverlängerung bei den Angehörigen des »auserwählten Volkes« scheint also nicht das Ziel gewesen zu sein, das die extraterrestrischen

Leiter des Experiments mit der Herstellung von Manna durch eine den Israeliten zur Verfügung gestellte, Nahrung produzierende Maschine erreichen wollten. Dazu im Widerspruch allerdings steht eine Stelle aus dem Sohar (KHV 437):

Und von diesem Tau mahlen sie das Manna der Gerechten für die kommende Welt. Durch es werden die Toten zum Leben erweckt.

Wie mag es zu einer solchen Vorstellung gekommen sein? Es sollte in diesem Zusammenhang erwähnt werden, daß die (zunächst mündlich überlieferten) Texte des Sohars zu einer Zeit entstanden, als die Wüstenwanderung längst Geschichte war, zu einer Zeit, aus der keinerlei schriftliche Mitteilungen vorlagen und in der nur noch die völlig »tote« Maschine vorhanden war. Man hatte keine Möglichkeit mehr, das »Manna« auf seine wirklichen Eigenschaften hin zu untersuchen, und so ist es gut denkbar, daß sich Legenden von einer »Totenerweckung« oder »Lebensverlängerung« um das Himmelsbrot bildeten.

Diese Legenden dürften vor allem durch Berichte über später lebende Propheten immer wieder erneut aufgefrischt worden sein. So finden wir beispielsweise eine sehr interessante Passage über den Propheten Elias, der während der Herrschaft Ahabs (871–852 v. Chr.) lebte und wirkte (vgl. hierzu auch: P. Krassa, 1974 und J. Fiebag, 1982). Im 1. Buch der Könige 19, 5–8 heißt es:

5. Und er legte sich hin und schlief unter dem Wacholder. Und siehe, ein Engel rührte ihn an und sprach: Steh auf und iß!
6. Und er sah sich um, und siehe, zu seinen Häupten lag ein geröstetes Brot und ein Krug mit Wasser. Und als er gegessen und getrunken hatte, legte er sich wieder schlafen.
7. Und der Engel des Herrn kam zum zweitenmal wieder und rührte ihn an und sprach zu ihm: Steht auf und iß! Denn du hast einen weiten Weg vor dir.
8. Und er stand auf und aß und trank und ging durch die Kraft der Speise vierzig Nächte bis zum Berg Gottes, dem Horeb.

Hier wird eine eindeutige Beziehung zwischen einem vom Himmel gebrachten Brot und der damit verbundenen Leistungssteigerung (vierzigtägige Wanderschaft ohne weitere Nahrungsaufnahme) hergestellt. Zu einem ganz anderen Zweck erhält dagegen der Prophet Ezechiel himmlische Nahrung. Die Insassen des vor ihm gelandeten Raumschiffs reichen ihm eine »Schriftrolle« zu essen, deren Substanz ihn auf seinen bevorstehenden Flug mit dem Raumschiff und seine spätere Mission vorbereiten und beruhigend wirken soll (Ezechiel 2 8–10 und 3, 1–3):

2,8. Aber Du, Menschenkind, höre, was ich dir sage, und widersprich nicht wie das Haus des Widerspruchs. Tu deinen Mund auf und iß, was ich dir geben werde.
9. Und ich sah, und siehe, da war eine Hand gegen mich ausgestreckt, die hielt eine Schriftrolle.
10. Die breitete sie aus vor mir, und sie war außen und innen beschrieben, und darin stand geschrieben Klage, Ach und Weh.
3,1. Und er sprach zu mir: Du, Menschenkind, iß, was du vor dir hast! Iß diese Schriftrolle und geh hin und rede zum Hause Israel!
2. Da tat ich meinen Mund auf, und er gab mir die Rolle zu essen und sprach zu mir: Du, Menschenkind, du mußt diese Schriftrolle, die ich dir gebe, in dich hineinessen und deinen Leib damit füllen. Da aß ich sie, und sie war in meinem Munde so süß wie Honig.

Nicht in der Bibel findet sich das sogenannte »Vierte Buch Esra«. Es gehört zu jenen alttestamentlichen Apokryphen, die als nicht kanonisch, d. h. als nicht echt, betrachtet werden. Meist handelt es sich um im zweiten oder ersten vorchristlichen Jahrhundert entstandene Schriften, die einen der biblischen Propheten oder Patriarchen zur Hauptperson haben. Viele dieser Texte sind vermutlich Legenden, deren abgehandelte Ereignisse sich entweder nie ereigneten oder jedenfalls nicht mit dem jeweiligen Propheten in Zusammenhang stehen. Insofern wurde hier das Urteil »Fälschung« vielleicht nicht ganz zu Unrecht ausgesprochen. Daneben aber gibt es eine ganze Anzahl apokrypher Texte, die vermutlich wegen ihres für die Zensoren völlig absurden Inhalts ebenfalls unter die nicht kanonisierten, also nicht für echt befundenen Schriften fielen. Dennoch finden sich gerade in ihnen, etwa im »Buch Henoch«, zahlreiche interessante Abschnitte, die wir heute – eben unter dem Gesichtspunkt eines Kontakts mit außerirdischen Intelligenzen – als sehr sinnvoll und informativ betrachten können.

Zu dieser Kategorie gehört auch das »Vierte Buch Esra«. Esra – oder auch ein späterer Schreiber, der die Geschichte im nachhinein aufzeichnete – berichtet darin von seinen wiederholten Begegnungen mit den »Sternengöttern« (vgl.: P. Krassa, 1974). Er erlebt »Visionen« ähnlich denen des Ezechiel. Er wird eines Tages von seinen Auftraggebern aufgefordert, sich in die Wüste zu begeben. Den Grund erfahren wir im 14. Kapitel (zum besseren Verständnis des Gesamtzusammenhangs empfehlen wir Josef F. Blumrichs »Da tat sich der Himmel auf«.):

23. Wohlan, so versammle das Volk und sage zu ihnen, sie sollen dich vierzig Tage lang nicht suchen.
24. Du aber mach dir viele Schreibtafeln fertig; nimm zu dir Saraja, Dabria, Selemia, Ethan und Asiel, diese fünf Männer, denn sie verstehen schnell zu schreiben.
25. Und dann komm hierher. So will ich in deinem Herzen die Leuchte der Weisheit entzünden, die nicht erlöschen wird, bis zu Ende ist, was du schreiben sollst.
26. Wenn du aber damit fertig bist, so sollst du das Eine veröffentlichen, das Andere aber den Weisen im Geheimen übergeben. Morgen um diese Zeit sollst du mit dem Schreiben beginnen.

Was mit dem Entzünden der »Leuchte der Weisheit« gemeint ist, erfahren wir wenig später: Esra und die fünf anderen Schreiber erhalten in einem Kelch ein Getränk, das sie befähigt, vierzig Tage und Nächte hintereinander das von ihren Auftraggebern Diktierte niederzuschreiben und zu verstehen. Wir lesen dazu, ebenfalls im 14. Kapitel:

38. Am folgenden Tag aber, horch, da rief mir eine Stimme zu also: Esra, tu den Mund auf und trinke, womit ich dich tränke!
39. Da tat ich den Mund auf, und sieh, ein voller Kelch ward mir gereicht; der war gefüllt wie von Wasser, dessen Farbe aber dem Feuer gleich war.
40. Den nahm ich und trank; und als ich getrunken, entströmte meinem Herzen Einsicht, meine Brust schwoll von Weisheit, meine Seele bewahrte die Erinnerung.

Der Gralsaltar mit dem Gefäß als Kelch, in den himmlischer Tau tropft.
Illustration von Edward Burnes-Jones, London 1898.

Auch wenn in diesen drei Beispielen nicht von Manna die Rede ist und es sich – der Beschreibung nach – auch nicht um solches handelte, mag es durchaus sein, daß derartige Berichte über von »oben« erhaltene Speisen und Getränke später auf das Manna der Wüstenwanderung im Sohar-Text übertragen wurden. Gerade dieser Glaube an eine Wunderkraft des Himmelsbrotes wird aber nicht nur dort, sondern auch in anderen, außerbiblischen Schriften und mündlichen Überlieferungen seinen Niederschlag gefunden haben, selbst bis in unsere Zeit hinein. Hier dürften sie sich dann mit dem Glauben an das »Brot des ewigen Lebens« des Neuen Testaments vermischt und schließlich auch Einfluß auf die Schilderung genommen haben, die uns Wolfram vom Gral gibt.

Wir können also feststellen, daß Chrestian und insbesondere Wolfram bei ihrer Darstellung des vom Gral gespendeten Brotes bewußt oder unbewußt auf die Vorstellung vom Manna der Bibel zurückgegriffen und dieses beschrieben haben: Beides wird als »Brot« bezeichnet, beides steht in dem Ruf, lebensverlängernd zu wirken, beides wird von einem Gerät produziert. Daß wir mit unserer Ansicht nicht falsch liegen, bestätigt S. Gelbhaus (1980), wenn er schreibt: »Das, was vom Gral berichtet wird, ist eine Erzählung und keine Sage. In der Form, wie sie im Parzival auftritt, erscheint sie als ein Konglomerat biblischer Berichte über die zwei Gesetzestafeln, über Urim und Thummin, dem Manna, dem Reiche Salomons...«

Es existieren also Parallelen zwischen dem Gral und jenem Gerät, das die Israeliten vierzig Jahre mühsam durch die Wüste schleppten und das schließlich im Salomonischen Tempel (vgl. Kapitel VII) seinen endgültigen Aufenthaltsort fand. Um weitere Übereinstimmungen festzustellen, müssen wir uns jetzt eben dieser Maschine zuwenden.

Die Manna-Maschine und der Gral – ein Vergleich

Um falschen Vorstellungen entgegenzutreten, sollte eines bedacht werden: Weder Wolfram noch Chrestian, Robert oder ein anderer der Gralsautoren hat den Gral bzw. – wie wir annehmen – die Manna-Maschine je gesehen. Es sind von ihnen also keinerlei exakte Beschreibungen zu erwarten, wie wir sie aus dem *Sohar* oder dem Buch des Ezechiel kennen. Die gegebenen Charakterisierungen sind im Grunde sehr vage und vieldeutig in ihren Details. Sie bedürfen damit einer Interpretation, die im Laufe der Literaturgeschichte immer wieder vorgenommen wurde und zu verschiedenen, sich z. T. widersprechenden und gegenseitig ausschließenden Ergebnissen geführt hat. Auch unsere Deutung ist nur eine *Möglichkeit*, das Thema zu bearbeiten, und wir sind uns ihrer hypothetischen Natur durchaus bewußt.

Bereits im dritten Kapitel haben wir uns mit der »Beschaffenheit des Grals« auseinandergesetzt und wollen jetzt noch einmal darauf zurückgreifen. Wir wollen dabei versuchen, die von den mittelalterlichen Autoren gegebenen Definitionen und Charakterisierungen in einen Bezug zur Manna-Maschine zu setzen. Aufgrund der ungenauen Beschreibung ist dies nicht immer ganz einfach, und für zahlreiche der von uns gegebenen Interpretationen mag es auch andere Erklärungen geben, die sich eines Tages als zutreffender erweisen können. Vorläufig muß es aber darum gehen, eine möglichst große »Materialsammlung« denkbarer Übereinstimmungen zu analysieren, um letztlich jene herauszufiltern, die die größte Wahrscheinlichkeit aufweisen.

Das Wort »Gral« ließ sich, wie wir gesehen haben, mit einer Vielzahl von Bedeutungen verbinden, genauso wie der von Wolfram verwendete Begriff »lapsit exillis«. Eben dies – die Mannigfaltigkeit von Verschiedenartigem – scheint von den Dichtern und insbesondere von Wolfram durchaus gewollt gewesen zu sein, auch darauf hatten wir bereits hingewiesen. Lassen sich nun die etymologisch nachgewiesenen Wort-Abstammungen bzw. -Verwandtschaften in irgendeiner Weise mit der Manna-Maschine in Zusammenhang bringen?

Eine der am meisten genannten Verbindungen bezieht sich auf »gradalis«, also eine breite und tiefe Schüssel. Nun hat die Manna-Maschine durchaus nicht das Erscheinungsbild einer Schüssel, und eine Parallelisierung erscheint auf den ersten Blick absurd. Aber lesen wir noch einmal, was wir im Sohar finden (KHV 59):

Drei Köpfe sind ausgehöhlt: Dieser befindet sich in jenem, und dieser über dem anderen. Ein Kopf ist die Weisheit; er ist der verborgenste ... diese Weisheit ist verborgen; es ist die oberste aller anderen Weisheiten.

Oder folgende Stelle in KHV 709:

Und ein Schädel kommt heraus, der von allen umschlossen ist. Und die Lichtquelle ergießt sich von den zwei darin ausgehöhlten Hirnen. Und sie (die Lichtquelle) ist in Richtung auf den männlichen Teil angebracht...

»Schädel« und »Köpfe«, in denen sich eine Flüssigkeit befindet, »Hirne«, die ausgehöhlt sind – all dies könnte sehr schnell zur Vorstellung von Schüsseln führen, insbesondere dann, wenn die Beschreibung darüber bereits »durch viele Hände gegangen« ist. Fernerhin muß bedacht werden, daß Chrestian in seinem Gedicht mit dem Wort »gradalis« keine gewöhnliche Schüssel meinte, sondern im Gegenteil ein besonders großes und tiefes Gefäß, das zudem aus Metall, »silbern oder aus einem anderen kostbaren Material« (Helinandus) gefertigt war.

Wir wollen uns in diesem Zusammenhang noch einmal Chrestians Beschreibung vom Gral vergegenwärtigen:

Als sie mit dem Grale, den sie trug, eingetreten war, da kam damit ein so großer Glanz herein, daß die Kerzen ihre Helligkeit ebenso verloren wie die Sterne, wenn die Sonne oder der Mond aufgeht... Der Gral, der vorausging, war aus reinem, feinen Golde. Kostbare Steine der verschiedensten Art waren an dem Grale, der reichsten und teuersten und kostbarsten, die es im Meer oder in der Erde gibt: Die Steine am Gral übertrafen ohne Zweifel alle anderen Steine.

Wichtig erscheinen uns hier drei Punkte: 1. der Gral gibt Licht ab, er strahlt; 2. der Gral ist aus »feinem Golde«, also aus hochwertigem Metall; 3. der Gral ist mit kostbaren Steinen verziert.

Über die Tatsache, daß die Manna-Maschine – jedenfalls in Teilen – aus Metall oder einem Kunststoff mit metallähnlichen Eigenschaften war, darauf brauchen wir hier nicht näher einzugehen. Was aber läßt sich in bezug auf die kostbaren Steine und den Lichtglanz des Grals sagen? Lesen wir dazu im *Sohar*, GHV 123:

Das erste Weiß scheint und geht nach oben und unten ...
Überlieferung: Dieses Weiß scheint und flackert und erhellt die drei
Lampen ...
Und diese scheinen in Freude und Vollkommenheit.
Das zweite Weiß scheint nach oben und unten und flackert und
geht zu drei weiteren Lampen ... und auch sie scheinen in Freude
und Vollkommenheit. Das dritte Weiß leuchtet auf und leuchtet
nach oben und unten und geht aus dem verborgenen Teil des
Hirns ... Und ein Weg führt hinaus zum unteren Hirn. Und alle
unteren Lampen werden zum Leuchten gebracht.

Wenn sich die Manna-Maschine in Betrieb befand, muß sie tatsächlich von einem hellen Lichtschein umhüllt gewesen sein; die verschiedensten Lampen haben gefunkelt und gestrahlt. Der »große« Glanz, »der mit dem Gral hereinkam«, ist ebenso wie die »kostbaren Steine«, die »alle anderen Steine übertrafen«, eine durchaus zutreffende Charakterisierung dieser Eigenschaft der Manna-Maschine.

Gestrahlt haben soll nach mittelalterlicher Überlieferung auch der »Stein der Weisen«, ein magisches Objekt der alchimistischen Lehre. Wir hatten darauf hingewiesen, daß sich das Wort »lapsit exillis« auch von »lapis elexier«, also »Stein der Weisen«, bzw. »Stein des Elexiers« ableiten lasse. Die Alchimie meint damit ein Wunderheilmittel, also eine eß- oder trinkbare Substanz, die dazu in der Lage sein sollte, das Leben zu verlängern und Krankheiten zu heilen. Wir sehen sofort die offensichtliche Verbindung zum Manna, dem, wie wir wissen, die gleichen Fähigkeiten zugeschrieben wurden.

Es zeigt sich andererseits aber auch, daß das Wissen um diese wundertätige, gesundheitsfördernde Speise und den »Stein«, der sie hervorbringt, sogar noch in der frühen Kirche des Urchristentums lebendig war. L. E. Iselin (1909) schreibt dazu: »Es existierte in den Kreisen der morgenländischen Christenheit ... die Vorstellung von einem wunderkräftigen Stein, der die Wirkung besaß, Menschen am Leben zu erhalten und wunderbar zu erquicken mit Speise und Trank, durch geheimnisvolle Schrift die Zukunft zu enthüllen und Recht und Wahrheit an den Tag zu bringen ... und der gewissermaßen seine Geschichte hatte durch das ganze Alte Testament hindurch ...«

Eine weitere Ableitung des Wortes »lapsit exillis« war jene, die Joachim Bumke (1970) anführt: »Lapis exilii«, also »Stein des Exils«

oder »der fern der Heimat befindliche Stein«. Diese Definition könnte dann verständlich werden, wenn wir den Gral als ein ursprünglich in der Bundeslade aufgewahrtes Objekt betrachten, das nach der Zerstörung des Tempels – genauso wie das gesamte Volk Israel – ins »Exil« gehen mußte. Möglicherweise spielt hier aber auch die Erinnerung an einen Gegenstand mit hinein, über dessen nicht-irdischen Charakter man sich bewußt war, ein Gegenstand, der sich damit wirklich »fern der Heimat« befand.

Transport der Bundeslade nach einer mittelalterlichen Darstellung.

In diesem »Exil« wurde die Maschine vierzig Jahre lang von den Israeliten durch die Wüste getragen. Insofern ist der Vergleich des Grals mit einem Tragaltar, wie ihn insbesondere Wolfgang Golther (1925) vermutet, durchaus angebracht: Solch ein Tragaltar war im Mittelalter »ein von Holz oder Metall umrandeter Stein, der nur für einen kleinen Kelch oder die Hostie Raum bot. Der Stein war von edler Art (Onyx, Porphyr, Achat), in Gold oder vergoldetes Kupfer gefaßt; auf den reich verzierten Rändern konnten Inschriften angebracht werden. Solche Tragaltäre, die in der Kirche geweiht waren, ersetzten auf Reisen, im Feld oder in der Wildnis ... bei der Messe den

Der Gral und der Gralsschrein, in dem das Heilige Gefäß aufbewahrt und getragen wird. Die Übereinstimmung mit der Bundeslade und der in ihr transportierten Manna-Maschine ist offensichtlich.

festgemauerten eigentlichen Altar.« Die Übereinstimmung ist deutlich: wie die Manna-Maschine ist der Tragaltar »geheiligt«, wie die Manna-Maschine transportiert er »himmlische Nahrung« und wie die Manna-Maschine findet er Verwendung »auf Reisen, im Feld oder in der Wildnis«.

Eng mit diesem Tragen bzw. Getragenwerden des Grals ist auch die Gralsprozession selbst verbunden, d. h. die kultische Handlung, die sich mit dem Hereintragen des Grals vollzieht. Christian schreibt dazu:

Wie sie nun von diesem und jenem sprachen, trat aus einem Zimmer ein Knappe, der eine weiße Lanze trug, die er mittem am Schaft gefaßt hielt. Er schritt vorüber zwischen dem Feuer und jenen, die auf dem Bette Platz genommen hatten. Und alle, die darinnen waren, sahen die blanke Lanze und das blanke Eisen der Lanze an der Spitze, und dieser rote Tropfen floß bis auf die Hand des Knappen. Der Junker, der in dieser Nacht zum ersten Mal dorthin gekommen war, sah dieses Wunder, aber er enthielt sich der Frage, wie dieses geschehen mochte. Denn er dachte an die Warnung dessen, der ihn zum Ritter geschlagen, der ihn gelehrt und

unterwiesen hatte, er solle sich hüten, zu viel zu reden. Er fürchtete
also, wenn er danach fragte, man würde es ihm als Schande
auslegen. Deshalb schwieg er.
Und siehe, darauf kamen zwei andere Knappen herein, die trugen in
ihren Händen Leuchter aus feinem Golde. Die Knappen, die die
Leuchter hereinbrachten, waren überaus schön. Jeder Leuchter
trug an die zehn Kerzen. Eine schöne, edle und geschmückte
Jungfrau, die zusammen mit den Knappen eintrat, hielt einen Gral
zwischen ihren beiden Händen.

Wolfram beschreibt diesen Vorgang ähnlich, wobei bei ihm außer der
Lanze und den Leuchtern auch noch andere Gegenstände, etwa eine
Bank aus Elfenbein, ein sogenannter Granathyazinth (ein kostbarer
Stein), der zu einer Platte gearbeitet war, vier weitere große Kerzen
und zwei silberne Messer hereingetragen werden.

Eine solche Prozession, in der verschiedene wertvolle, z. T. sakrale
Gegenstände getragen werden, erinnert uns an die Wanderung der
Israeliten in der Wüste, wobei neben der Manna-Maschine auch
andere sakrale Gegenstände transportiert wurden, auf die wir später
noch zurückkommen werden. Sogar bei Robert de Boron finden sich
Hinweise in diese Richtung. Eine der tragenden Gestalten seines
Romans ist die Figur des Hebron, des Schwagers von Josef von
Arimathea. Konrad Burdach (1974) schreibt dazu: »Der Name He-
bron [...] hat nichts zu tun mit dem keltischen *Bron the blessed*, dem
gesegneten Besitzer des Zauberkessels, in dem man das Gralsgefäß
sehr mit Unrecht hat erkennen wollen. Vielmehr stammt er... aus
dem Alten Testament. Hebron heißt dort einer der Söhne des Caath,
jenes Sohnes Levi, dessen Nachkommen die Hut der Bundeslade, des
Tisches, des Leuchters, der Altäre, der heiligen Geräte und des
Vorhangs anvertraut war nach der Verordnung, die Gott Moses in der
Wüste am Sinai erteilt hatte.« Burdach weist darauf hin, daß diese
Caathiten es waren, die während der Wüstenwanderung das Heiligtum trugen: »Diese Wüstenwanderung gab... das Vorbild für den Zug
Josephs und seiner Genossen in weite Fernen, den Roberts Gedicht
erzählt... Die Speise spendende, Leben erhaltende Kraft des Grals
rückt also in Roberts Vorstellung neben das alt-jüdische Manna.«

Außerdem scheint es zahlreiche Gemeinsamkeiten zwischen der von
Wolfram beschriebenen Gralszene und dem Heiligen Zelt zu geben,

wie Bodo Mergell (1952) schreibt: »Im Gemeinsamen wie im Unterschiedlichen läßt sich Wolframs Gralszene mit der Stiftshüttensymbolik des Alten Bundes vergleichen, wo im Heiligen und Allerheiligsten *mit bezeichenlicher wárheit, himil und erde und alliu geschaft* dargestellt sind [...]. Dieser Vergleich liegt um so näher, als eine *tafel steinen* [...], die Gesetzestafeln des Alten Bundes, auch im Mittelpunkt der Stiftshüttensymbolik stehen. Wolframs Gralszene steigert und erfüllt den alttestamentlichen Zusammenhang von *himil und erde* ebenso wie Chrestians vordergründige Formel *ciel et terre* durch Hereinnahme der Begriffe *pardis* und *werlt* auf gleichsam doppelte Weise: in ebensowohl horizontaler wie vertikaler, raumzeitlicher und transzendaler Erstreckung.« Mergell weist auch auf das alljährliche Opfer des Hohenpriesters im Allerheiligsten hin, das bei Wolfram der alljährlich am Karfreitag erscheinenden Taube gleiche.

In der christlichen Theologie ist der Begriff »Gnade« als eine innere, unverdiente, übernatürliche Gabe definiert, die Gott um der Verdienste Christi willen den Menschen zum Heil der Seelen gibt. Andererseits war Gnade auch schon im Alten Testament bekannt, und zwar unter dem hebräischen Begriff *Chesed.* Das aber heißt – richtig übersetzt – »Freigebigkeit im Sinne einer kostenlosen Gabe« oder auch »Weiß«. Rodney Dale und George Sassoon weisen in ihrem Buch darauf hin, daß dieser Begriff *Chesed* = »Gnade« im *Sohar* und sogar im Alten Testament eine andere Bezeichnung für Manna zu sein scheint. Im *Sohar* lesen wir dazu (GHV 398):

> *Es gibt innere und äußere Gnade. Die innere Gnade ist, wie sie jenes vom Hochbetagten nennen, und ist in jenem Teil des Bartes verborgen, der »Die Ecke des Bartes« genannt wird. Und wegen dieser inneren Gnade des Hochbetagten sollte kein Mann seinen Bart verunstalten... [Warum? Um die Pfade der Gnade des Hochbetagten nicht zu zerstören...*] Die Überlieferung im Buch des Mysteriums besagt, daß die Gnade vermehrt oder aufgebaut werden muß und nicht ausgehen oder der Welt vorenthalten werden sollte... Und die ist die Gnade des Hochbetagten.*

---

* Dies ist für orthodoxe Juden möglicherweise noch heute der Grund für das Verbot, den Bart zu rasieren oder zu beschneiden – ein *Cargo*-Kult, wie man ihn sich ausgeprägter kaum vorstellen kann.

Oder in KHV 761:

Und der gesamte Strom, der aus dem ganzen Körper fließt, wird dort gesammelt, in jenen, die die Heere genannt werden... und dieser Strom verbleibt da, wo er sich gesammelt hat, um dann zur heiligen Gründung zu gehen. Er ist vollkommen weiß, weswegen er stets Gnade genannt wird. Und diese Gnade tritt ins Allerheiligste ein.

Mit Recht weisen die beiden Autoren der »Manna-Maschine« darauf hin, daß »Gnade« hier ganz offensichtlich wie eine »greifbare Substanz« beschrieben wird. Gnade ist »in jenem Teil des Bartes verborgen«, Gnade bewegt sich auf »Pfaden« vorwärts usw. Wenn Gnade tatsächlich im Ursprung »Manna« bedeutete, so lassen sich damit auch Teile des Alten Testamentes besser verstehen. Manna erschien, wie wir wissen, immer mit dem morgendlichen Tau, also am frühen Tag. Genau das gleiche aber wird auch von der Gnade berichtet (Psalm 90/14):

Fülle uns frühe mit deiner Gnade, so wollen wir rühmen und fröhlich sein unser Leben lang.

Als die Psalmen geschrieben wurden, lag die Wüstenwanderung schon viele Jahrhunderte zurück, die Manna-Maschine war längst außer Betrieb, »Himmelsbrot« gab es nicht mehr. Insofern verständlich sind die Fragen, die die Psalmendichter in ihren Gebeten stellten (Psalm 89/50):

Herr, wo ist deine Gnade von einst, die du David geschworen hast in deiner Treue?

Oder auch Psalm 77/8:

Wird denn der Herr auf ewig verstoßen und keine Gnade mehr erweisen?

Cheseo steht aber auch für »Weiß«, ein Begriff, der in der Beschreibung der Manna-Maschine mehrfach auftaucht. In KHV 651 ist er ein Synonym für das Wort »Äther«:

... die Mutter ist herausgezogen und im reinen Äther beherbergt. Dieses Weiß hält die Mutter ... und der Funke geht hinaus, und dieses ist jenem verbunden, und dann entsteht ein einziger Teil. Und wenn es nötig ist, geht es hinauf, jenes oberhalb des anderen, und die Einheit wird dann geschaffen, um das andere vorne zu verdecken.

Wir beschäftigen uns hier mit dem Begriff »Gnade« im Zusammenhang mit der Manna-Maschine deshalb so ausführlich, weil eine Ableitung des Wortes Gral, die schon Helinandus anführt, von dem Wort »gratia« herkommt, das u. a. »Gnade« bedeutet.
Robert de Boron beschreibt es in seiner »Geschichte des Heiligen Grals«, die in Jerusalem spielt und die Vorgänge um Josef von Arimathea behandelt, noch eindrucksvoller: der Gral ist ein Gefäß, *aus dem die Menschen Gnade erhalten.* Wir lesen dazu:

Als der Dienst sich zu Ende geneigt hatte, erhob sich ein jeder von der Tafel, und sie mischten sich unter die anderen. Joseph aber befahl ihnen, sie sollten jeden Tag ohne Verzug zu dieser Gnade wiederkehren. Auf diese Weise nahm Joseph die Sünder wahr und erkannte sie; dies geschah durch den Befehl Gottes, des allmächtigen Königs, und auf diese Art ward das Gefäß geliebt und zum ersten Mal erprobt.
Also empfingen die Menschen dort die Gnade, und lange Zeit hielt sie bei ihnen an. Die anderen jedoch, die draußen geblieben waren, fragten oft die von drinnen: »Was dünkt Euch von dieser Gnade? Was spürt Ihr, das sie Euch tut? Und wer hat Euch diese Gabe verliehen und wer Euch darin unterwiesen?« Diese antworteten ihnen: »Kein Herz könnte ausdenken, kein Herz würde hineinreichen, die große Wonne auszusprechen, die wir haben, noch die große Freude, in der wir leben, so daß es uns vergönnt ist, bis zum Morgen zu bleiben und zu verweilen.« — »Woher kann die große Gnade kommen, die so das Herz des Mannes oder der Frau ganz erfüllt und die Seele mit dem Guten erbaut?« Da entgegnete ihnen Petrus: »Das kommt von dem gesegneten Jesus, der Joseph im Gefängnis rettete, wohin er ohne jegliche Schuld gesetzt wurde.« — »Dies Gefäß, das wir eben gesehen haben, war uns nie vorher gezeigt worden; wir wissen nicht, was das sein kann, so sehr wir uns

auch darum bemühen mögen.« Die Begnadeten entgegneten ihnen:
»Durch dieses Gefäß sind wir von Euch unterschieden; denn es hat
mit keinem Sünder Verkehr in Liebe und in Gemeinschaft. Das
könnt ihr wohl genau sehen.«

Die Zusammenhänge sind deutlich, auch wenn die handelnden Personen solche des Neuen Testaments und die Ereignisse in christliche Zeiten verlegt sind: »Gnade« wird »jeden Tag ohne Verzug« empfangen – genau wie das Manna der Israeliten. Diese »Gnade« kommt aus einem Gefäß, das »zum ersten Mal erprobt« wird – wie eine Maschine. Die »Gnade« als auch das Gefäß sind göttlichen Ursprungs (hier, unter christlichem Einfluß, Jesus zugeschrieben) – Manna und die es erzeugende Anlage waren es ebenfalls. Die von dem Gral gespendete »Gnade« ist nur für »die Begnadeten«, also eine ausgewählte Gruppe, bestimmt – mit dem Manna verhielt es sich nicht anders, nur das »auserwählte Volk« kam in seinen Genuß. Die Begriffsgleichsetzung Manna = Gnade, wie sie Sassoon und Dale beschreiben, ist also durchaus angebracht und wird durch die Tatsache, daß auch der Gral »Gnade« spendete, erneut dokumentiert.
Eine weitere Eigenschaft des Grals ist die Schrift auf seiner Oberfläche. Wolfram schreibt darüber, als er Kundrie zum zweiten Mal vor der versammelten Tafelrunde erscheinen läßt (781, 11–16):

> *Zuo Parzivâle sprach sie dô*
> *»nu wis kiusche und dâbì vrô.*
> *wol dich es hôhen teiles,*
> *du krône menschen heiles!*
> *daz epitafjum ist gelesen,*
> *du solt des grâles hêrre wesen.«*

* * *

> *Da sprach sie zu Parzival:*
> *»Nun halte an Dich in Deiner Freude!*
> *Wohl Dir, der Du großer Ehre teilhaftig*
> *   geworden bist.*
> *Du Krone des Heiles der Menschen!*
> *Das Epitaphium wurde gelesen!*
> *Du sollst der Herr des Grales sein.«*

Was es mit diesem seltsamen Epitaphium, dieser Inschrift, auf sich hat, beschreibt Wolfram anläßlich des Gesprächs Parzivals mit dem Einsiedler (470, 31–40):

> *Di aber zem grâle sint benant,*
> *hoert, wie die wérdént bekant.*
> *zénde án des steines drum*
> *von karácten éin epìtafum*
> *sagt sìnen namen und sìnen art,*
> *swer dár tuon sol die saelden vart.*
> *ez si von megeden ode von knaben,*
> *die schrift darf niemen danne schaben;*
> *sô man den namen gelesen hàt,*
> *vor ir ougen si zergât.*

* * *

> *Die aber zum Grale berufen sind,*
> *hört, wie diese benannt werden!*
> *Rings um den Stein herum erscheint am Rande*
> *aus Buchstaben ein Epitaphium.*
> *Es sagt den Namen und das Geschlecht dessen,*
> *der die Glücksfahrt antreten soll,*
> *sei es ein Mädchen oder ein Knabe.*
> *Die Schrift braucht niemand abzuschaben,*
> *denn so man den Namen gelesen hat,*
> *zergeht er vor ihren Augen.*

Bei der Inschrift handelt es sich um die Bekanntgabe einer göttlichen Anordnung, eines göttlichen Ratschlusses, der auf diese Weise den versammelten Gralsrittern kundgetan wird. Von hier erfahren sie, wer als nächstes in den Kreis der ihren aufgenommen werden soll. Dies hat es bei der Manna-Maschine – soweit wir wissen – nicht gegeben. Weder leuchtete an ihr eine Schrift auf, noch wurde durch sie jemand in den Kreis der Priester berufen, die für die Bedienung und Wartung des Gerätes verantwortlich waren. Aber: An der Manna-Maschine befand sich eine Gegensprechanlage, über die Mose und die Hohen Priester tatsächlich Kontakt mit den Sternengöttern aufnehmen konnten, um diese in Krisenzeiten um Rat zu fragen. Das wird uns zum einen in der Bibel selbst bestätigt: Mose zieht sich in die Stiftshütte (in der sich die Maschine befand) zurück und spricht von dort mit Gott, wie im 4. Buch Mose, Kapitel 20:

> 6. *Da gingen Mose und Aaron von der Gemeinde hinweg zur Tür der Stiftshütte und fielen auf ihr Angesicht, und die Herrlichkeit des Herrn erschien ihnen.*
>
> 7. *Und der Herr redete mit Mose und sprach.*

Dieser Dialog vollzieht sich über die bereits erwähnte Gegensprechanlage der Manna-Maschine. Wie bei heutigen Funkgeräten mußten auch damals die Worte klar und deutlich formuliert vorgetragen werden. Das bestätigt KHV 595:

> *Und deshalb muß jeder Wunsch und jedes Gebet, welches ein Mensch erfüllt sehen möchte, vor den Heiligen – gesegnet sei Er! – kommen und mit Worten von seinen Lippen gesprochen werden. Denn wenn sie nicht herauskommen [aus dem Mund], sind seine Gebete nicht gebetet und seine Wünsche nicht gewünscht. Und sobald die Worte herauskommen [aus dem Mund], brechen sie durch zum Äther, steigen auf und fliegen und werden in die Stimme umgewandelt. Und sie werden von jenen empfangen, die sie zu empfangen haben.*

Wäre mit »dem Heiligen« hier tatsächlich Gott gemeint, wäre es unsinnig, von deutlich ausgesprochenen Worten zu reden, da Gott ja ein spirituelles Wesen und nach theologischer Definition dazu in der Lage ist, »bis in des Menschen Herz« zu schauen. Daß die »Gebete« vor der Manna-Maschine dagegen in Wirklichkeit sehr konkrete Gespräche waren, die mit einem real existierenden, materiellen Wesen im All geführt wurden, erfahren wir in KHV 592:

> *Und jene Sprache, die hinausgeht, durchbricht den Äther [oder: Raum] und ergießt sich und steigt auf und fliegt in das All. Und die »Stimme« wird daraus gemacht. Und die Herren der Fittiche empfangen diese Stimme und tragen sie zum König, und sie geht in seine Ohren.*

Interessant ist hier die Beschreibung einer erfolgenden Umwandlung von »Sprache« zu »Stimme«, was sich auf die Umwandlung der akustischen Signale in elektromagnetische Wellen und zurück in akustische Laute beziehen könnte. Die Kontaktaufnahme mit den wirklichen Führern des israelischen Volkes spielte sich also über die Manna-Maschine ab, nicht visuell, sondern akustisch. Dennoch dürfte es diese einstige Übermittlung »göttlichen Willens« über das Gerät gewesen sein, die beim Gral zur Überlieferung des ebenfalls eine »göttliche« Botschaft zum Ausdruck bringenden Epitaphiums führte.

Zum Schluß dieses Abschnitts wollen wir noch einmal die nordische Fassung der Parzival-Legende erwähnen. Dort wird der Gral als »Gerät« bezeichnet, das *gangandi greida* genannt wird, also »umherwandelnde Wegzehrung«. – Gibt es einen besseren Namen für die Manna-Maschine der Israeliten?

Die Herkunft des Grals

Übereinstimmungen und Parallelen wie die oben genannten hätten dann wenig Aussagekraft, wenn sich durch die Texte der Parzivalliteratur belegen ließe, der Gral sei ein irdisches »Ding« gewesen, d. h. aus den Werkstätten eines Goldschmiedes oder eines Steinmetzes hervorgegangen. Das Gegenteil ist jedoch der Fall. Dies zeigt sich bereits in der Herleitung der Worte »lapsit exillis«, was viele mit »lapsis ex coelis« (»Stein des Himmels«) oder sogar »lapis lapsus est illis stellis« (»Stein, der von jenen Sternen herabgekommen ist«) in Verbindung bringen. »Stein, der von jenen Sternen herabgekommen ist« wäre eine sehr zutreffende Beschreibung für die Manna-Maschine, wenn wir bedenken, daß Wolfram sich vermutlich tatsächlich etwas Materielles, vom Himmel Herabgekommenes vorstellte.

Indes – er selbst gibt uns noch einen weitaus eindrucksvolleren Hinweis. Er ist – im Hinblick auf unsere Vorstellung einer Identität von Manna-Maschine und Gral – derart aussagekräftig und bedeutungsvoll, daß wir ihn erst an dieser Stelle und in diesem Zusammenhang anführen wollen. Er schreibt (454, 24–31):

»ein schar in ûf der erden liez,
diu fúor ûf über die sternen hôch.
op die ir únschult wider zôch,
sìt muoz sin pflegen getouftiu fruht
mit álsô kiuschli cher zuht;
diu mennischeit ist iemer wert,
der zuo dem grâle wirt gegert.«

✳ ✳ ✳

Ihn ließ auf Erden eine Schar,
die führ auf hoch über die Sterne,[1]
weil ihre Unschuld sie zurückzog.
Seither pflegt ihn getaufte Frucht
mit Keuschheit und in reiner Zucht.[2]
Die Menschen sind es immer wert,[3]
die sich der Gral zum Dienst begehrt.

Von Interesse sind hier die ersten beiden Zeilen: »Ihn ließ auf Erden eine Schar, die fuhr auf hoch über die Sterne« (bzw.: »... die wieder zu den hohen Sternen flog«). Damit schließt Wolfram selbst jede andere Deutungsmöglichkeit aus: Es waren Wesen – deren sogar eine ganze Schar –, die den Gral einst zur Erde brachten, bevor sie wieder zu den Sternen zurückkehrten.

Wesen, die zu den Sternen zurückkehrten oder über ihnen geflogen sind, können, das wissen wir heute, nur Intelligenzen eines anderen Planeten gewesen sein, Raumfahrer aus den Tiefen des Alls. Sie waren es, die die Manna-Maschine oder den Gral zur Erde brachten, damit sie mit ihrer Hilfe ihr Projekt durchführen konnten, und die sie zurückließen, als die Aufgabe erfüllt war.

In der Bibel war es »Gott« – bzw. jene Person, die die Israeliten für Gott hielten –, der seinem auserwählten Volk die Manna-Maschine übergab. Wolfram beschreibt es dagegen differenzierter. Er erwähnt die sogenannten »neutralen Engel«, und zwar in Vers 471, 15–22:

---

[1] Die Übersetzung könnte auch lauten: »*die wieder zu den hohen Sternen flog*« oder »*die über die Sterne hoch emporflog*«.

[2] Auch zu übersetzen mit: *von ebenso züchtiger Art* [wie die Engel]«.

[3] Oder als »*die Menschen sind immer angesehen*« zu deuten.

di newéderhalb gestounden,
dô stritén begunden
Lucifer unt Trinitas,
swaz der selben engel was,
die edelen unt die werden
muosen úf di erden
zuo dem selben steine.
der stein ist iemer reine.

* * *

Diejenigen, die außerhalb gestanden,
als Luzifer und die Trinität
miteinander stritten,
diese selben edlen und werten Engel
mußten auf die Erde
zu diesem Stein.
Der Stein ist immer rein.

Das Ganze bezieht sich auf den biblischen Kampf zwischen Gott und Satan, wie er uns in der »Offenbarung des Johannes« beschrieben wird:

12,7. Und es erhob sich ein Streit am Himmel: Michael und seine Engel stritten wider den Drachen. Und der Drache stritt und seine Engel.
8. Und siegten nicht, auch ward ihre Stätte nicht mehr gefunden im Himmel.
9. Und es ward gestürzt der große Drache, die alte Schlange, die da heißt Teufel und Satan, der die ganze Welt verführt. Er ward geworfen auf die Erde, und seine Engel wurden mit ihm dahin geworfen.

Derartige Schilderungen über einen »Krieg im Himmel« kennt nicht nur die jüdische Überlieferung. Ähnliche Berichte vom Kampf der »Götter« untereinander finden wir in nahezu allen Mythen der verschiedensten Völker. Die nordische Sage kennt ihn unter dem Begriff des »letzten Kampfes«:

Im Riesenzorn rast die Schlange. Sie schlägt Wellen ... Surt kommt von Süden mit sengender Glut. Von der Götter Schwert gleißt die Sonne ... Felsen brechen; zur Hel ziehen Männer. Der Himmel birst ... Der Lande Gürtel gähnt zum Himmel; Gluten sprüht er, und Gift speit er. Entgegen geht der Gott dem Wurm [auch: *der Schlange, dem Drachen*]. *Der Erde Schirmer* [Thor] *schlägt ihn voll Zorn. Die Sonne erlischt, das Land sinkt ins Meer. Vom Himmel stürzen die heiteren Sterne. Glutwirbel umwühlen den allnähren-den Weltbau. Die heiße Lohe bedeckt den Himmel* (Völuspa, Der Seherin Weissagung, Ältere Edda).

Besonders detailliert wird dieser Krieg der Götter gegen die Dämonen in der altindischen Literatur beschrieben. Die *Veden* berichten, Götter und Dämonen *(Asutras)* hätten einst im Himmel in vollkommener Harmonie gelebt. Eines Tages aber seien die Asutras über die Götter hergefallen, hätten Krieg gegen sie geführt und sie aus dem Himmel vertrieben. Dileep Kumar Kanjilal (1979), einer der führenden indi-schen Sanskrit-Forscher und der Paläo-SETI-Hypothese gegenüber sehr aufgeschlossen, faßt zusammen, was der Überlieferung zufolge geschah:

»Angeführt von Agni, dem Gott des Feuers, kamen die ursprüngli-chen 33 Götter durch die Luft auf die Erde. Zuerst erreichten sie einen Ort, der unfruchtbar und öd war, bis sie dann die Meere überquerten und an die Ufer des Flusses Asmavati in Indien gelangten. Die majestätische, aber sonnenverbrannte Erscheinung der Götter ebenso wie ihre seltsame Gewandung und die ungewöhnliche Art ihrer Ankunft setzten die Sterblichen auf der Erde in Erstaunen; aber trotzdem empfingen sie die Götter freundlich. An dieser Stelle möchte ich betonen, daß *Sayanŷcâryya*, der berühmte Veden-Kommentar aus dem 14. Jahrhundert, in seinen Ausführungen bereits erwähnte, daß die Götter von hoch aus dem Himmel herab auf die Erde gekommen waren und daß Writra, der Anführer der Asutras, mit Indra, dem Herrn des Himmels, in den Lüften gekämpft hat. Der bittere Kampf zwischen Göttern und dämonischen Mächten dauerte weiter an, und die Dämonen mußten nicht selten in unterirdischen Meereshöhlen Zuflucht suchen. Wenn die Götter zurückgeschlagen wurden, so übten sie strenge Buße, um den Segen der allerhöchsten Schöpferseele zu erbitten, den sie letzten Endes auch erhielten. Im *Rigveda* sind

Erzählungen enthalten, die von der Niederlage und Demütigung der Götter berichten. Einige Götter wurden in tiefe Brunnenschächte geworfen, andere eingekerkert. Im langen und erbitterten Kampf zwischen den Göttern und den Dämonen wurden die Asutras schließlich doch zurückgeschlagen und gezwungen, in *Patala* (= das »untere Land«) Schutz zu suchen. Die Sterblichen halfen den Göttern oftmals im Kampf gegen die Asutras, und so begann sich eine Freundschaft zwischen den beiden zu entwickeln.«

Was in der Bibel in nur wenigen Sätzen abgehandelt wird, findet sich in der altindischen Literatur in geradezu epischer Breite. Dennoch handelt es sich ganz offensichtlich um den gleichen Vorgang: ein Streit »im Himmel« zwischen »Göttern« und »Dämonen«, der auch unsere Welt mit einschloß. Die Kämpfe verlagerten sich auf die Erde, aber schließlich siegten die Götter, und die Dämonen mußten sich ins »untere Land« zurückziehen. Im Gegensatz zur Bibel berichtet die indische Überlieferung auch von zeitweisen Niederlagen der Götter und ihrer Verbündung mit den Menschen – ein Vorgang, der für die Schriftsteller des Alten und Neuen Testaments völlig undenkbar gewesen wäre, genauso wie die eingangs erwähnte Erzählung, wonach es zunächst die Götter selbst waren, die sich zur Erde zurückziehen mußten. Die Kämpfe, die damals getobt haben (wann dies der Fall war, läßt sich aus den Schriften nicht einwandfrei bestimmen, es dürfte jedoch schon etliche Jahrtausende zurückliegen), müssen mit modernsten Waffen geführt worden sein, was uns nicht verwundert, waren doch sowohl die »Götter« als auch die »Dämonen« Angehörige einer technologisch fortgeschrittenen Kultur. Im *Mahabharata*-Epos beispielsweise lesen wir dazu:

Cukra schleuderte den Donner von allen Seiten auf die dreifache Stadt. Er schleuderte sein Geschoß, das die Energie des Weltalls in sich barg, auf die drei Teile der Stadt. Diese fing an zu brennen. Qualm, gleich zehntausend Sonnen, loderte grell in die Höhe.
Heftige Stürme fingen an zu toben; es regnete in Strömen. Donnergrollen wurde hörbar, obwohl der Himmel völlig wolkenlos war. Die Erde bebte. Die Gewässer schwollen mächtig an. Berggipfel teilten sich. Finsternis setzte ein.

Nicht viel anders die folgende, ebenfalls im *Mahabharata* zu findende Beschreibung:

> *Es war, als seien die Elemente losgelassen. Die Sonne drehte sich im Kreise. Von der Glut der Waffe versengt, taumelte die Welt im Fieber. Elefanten rannten wild hin und her, um Schutz vor der entsetzlichen Hitze zu suchen. Das Wasser wurde heiß, die Tiere starben, der Feind wurde niedergemäht, und das Toben des Feuers ließ die Bäume wie bei einem Waldbrand reihenweise stürzen. Die Elefanten brüllten entsetzlich und sanken in weitem Umkreis tot zu Boden. Die Pferde und Streitwagen verbrannten. Tausende von Wagen wurden vernichtet, dann senkte sich tiefe Stille über das Meer. Die Winde begannen zu wehen, und die Erde hellte sich auf. Es bot sich ein schauerlicher Anblick. Die Leichen der Gefallenen waren von der fürchterlichen Hitze verstümmelt, daß sie nicht wie Menschen aussahen. Niemals zuvor haben wir von einer solchen Waffe gehört, und niemals zuvor haben wir eine so grauenhafte Waffe gesehen.*

Seit dem Abwurf der Atombomben auf Hiroshima und Nagasaki wissen wir sehr wohl, wohin eine entartete Militärtechnologie führen kann und welch grauenhafte Wirkungen sie hervorzurufen vermag. Daß es sich tatsächlich um nukleare Waffen handelte, zeigt uns ebenfalls das *Mahabharata*. Im fünften Buch, dem *Mausola Parva*, finden wir folgende Stelle:

> *Es war eine unbekannte Waffe, ein eherner Blitzstrahl, ein gigantischer Todesbote, der alle Angehörigen der Rassen Vrishnis und Andhakas in Asche auflöste. Die verbrannten Leichen waren unkenntlich, Haare und Nägel fielen aus, das Geschirr zerbrach ohne offensichtlichen Grund, die Vögel wurden weiß. Im Verlauf einer Stunde wurden alle Speisen ungenießbar.*

Worum es in diesem Krieg der »Götter« gegen die »Dämonen« wirklich ging, darüber gibt es keine zuverlässigen Informationen. Dennoch – von diesem Kampf wissen zahlreiche Völker rund um den Erdball in zum Teil erstaunlicher Übereinstimmung. Nichts bekannt ist dagegen von in diesem Krieg neutral gebliebenen Parteien, weder in der Bibel noch in einer anderen Überlieferung. Sie stellen also offensichtlich eine »Erfindung« des Mittelalters dar. Dies ist keineswegs verwunderlich, zumal in dieser Zeit zahlreiche Spekulationen über die Engel angestellt wurden. Man machte sich Gedanken über die Hierarchie des Himmels, über das Aussehen der verschiedenen Engelordnungen, ja, man stritt sogar darüber, wieviel Engel auf einer Nadelspitze Platz finden könnten. Angesichts derartiger Überlegungen ist die Erfindung sogenannter »neutraler Engel«, die weder Gott noch Teufel beistanden, durchaus verständlich.

Was wir zum Abschluß dieses Kapitels sagen können, ist – kurz zusammengefaßt – folgendes:

1. Manna-Maschine und Gral produzierten die gleiche Nahrung.
2. Manna-Maschine und Gral wurden – unabhängig voneinander – mit gleichen Attributen charakterisiert.
3. Manna-Maschine und Gral sind künstlichen, außerirdischen Ursprungs.

Aus all dem läßt sich letztendlich nur eines folgern: Manna-Maschine und Gral waren mit einem hohen Grad an Wahrscheinlichkeit miteinander identisch, es handelt sich lediglich um verschiedene Namen für das selbe Objekt. Nachdem wir diese Feststellung getroffen haben, können wir nun daran gehen, die Geschichte der im Mittelalter zum Heiligen Gral gewordenen Manna-Maschine zu rekonstruieren – von den allerersten Anfängen bis hinein in unsere heutige Zeit.

Teil 3

Die Geschichte

Kapitel VI

Bundeslade und Manna-Maschine

In der Stunde, da Mose zur Höhe aufstieg, sagten die Dienstengel vor dem Heiligen, gelobt sei Er: Herr der Welt, was soll ein Weibgeborener unter uns? Er sprach zu ihnen: Die Weisung zu empfangen ist er gekommen. Sie aber sagten vor ihm: Die verborgene Kostbarkeit, die Du für Dich verborgen hast, neunhundertvierundsiebzig Geschlechter lang, ehe die Welt geschaffen ward, die willst du an Fleisch und Blut geben?

Schabbat 88 b
Jüdischer Talmud

Das Manna-Wunder in der Wüste

Als die fünf Bücher Mose erstmals schriftlich niedergelegt wurden, lagen die Ereignisse, die sich in ihnen abspielten, schon etliche Jahrhunderte zurück. Wir wissen heute, daß es nicht Mose selbst war, der all die Geschehnisse, die vom Auszug aus Ägypten und der Wanderschaft der Israeliten durch die Wüste berichten, aufgezeichnet hat. Und ebenso können wir wohl annehmen, daß es auch keine der ihn begleitenden Personen war. Wenn überhaupt irgendwelche aktuellen Niederschriften in dieser frühen Zeit entstanden sind, dann allenfalls Fragmente, die von den späteren Schreibern des *Pentateuchs*, dem oder den »Elohisten« und dem oder den »Jahwisten«, zur Grundlage ihrer Ausführungen gemacht wurden. Die weitaus größte Fülle der diesen wichtigen Teil der Bibel ausmachenden Ereignisse, Vorschriften und Erklärungen ist mündlich überliefert worden. Dennoch sind wir heute dazu in der Lage, den Auszug der Israeliten und die damit verbundenen Ereignisse, zumindest in groben Zügen, zu rekonstruieren.

Wir wollen das Geschehen von jenem Zeitpunkt an betrachten, als das israelitische Volk das Rote Meer überschritten hatte. Bereits am »fünfzehnten Tage des zweiten Monats, nachdem sie von Ägypten ausgezogen waren«, sind die mitgenommenen Vorräte offenbar verbraucht, die Nahrungsreserven zur Neige gegangen. Es kommt, wir erwähnten es bereits, zu lebhaften Diskussionen. Darüber berichtet das 2. Buch Mose, Kapitel 16:

> 2. *Und es murrte die ganze Gemeinde der Kinder Israel wider Mose und Aaron in der Wüste.*
> 3. *Und sie sprachen: Wollte Gott, wir wären in Ägypten gestorben durch des Herrn Hand, als wir bei den Fleischtöpfen saßen und hatten Brot die Fülle zu essen. Denn ihr habt uns dazu herausgeführt in diese Wüste, daß ihr diese ganze Gemeinde an Hunger sterben laßt.*

Die Textstelle macht deutlich, daß es den in Ägypten als Fronarbeiter lebenden Israeliten weniger schlecht ging, als heute allgemein geglaubt wird. Andernfalls hätten sie sich kaum an die »Fleischtöpfe« und das Brot erinnert, das sie in »Fülle zu essen« hatten. Aber diejenigen, die das Volk aus dem Nilland herausgeführt hatten, verfolgten damit ganz offensichtlich einen genau kalkulierten Plan. Mose hatte ihn bei seiner mysteriösen Begegnung mit »dem Herrn« im »brennenden Dornbusch« als erster erfahren (2. Buch Mose, Kap. 3):

> 7. *Und der Herr sprach: Ich habe das Elend meines Volkes in Ägypten gesehen und ihr Geschrei über ihre Bedränger gehört; ich habe ihre Leiden erkannt.*
> 8. *Und ich bin herniedergefahren, daß ich sie errette aus der Ägypter Hand und sie herausführe aus dem Lande in ein gutes und weites Land, in ein Land, darin Milch und Honig fließt, in das Gebiet der Kanaaniter, Hethiter, Amoriter, Perisiter, Hewiter und Jebusiter.*

150

Es muß hier darauf hingewiesen werden, daß es zu diesem Zeitpunkt kein »Volk Israel« im eigentlichen Sinne gab. Die in Ägypten lebenden Juden waren in das dortige Staatswesen völlig integriert. Von einer Nation konnte ebensowenig die Rede sein wie von einer Religion. Die Mehrheit betete die gleichen Götter an wie die Ägypter selbst, vom monotheistischen Gedankengut war nicht viel zu spüren. Nur wenige – etwa Mose – fühlten sich noch dem »Glauben der Väter« verpflichtet.

Der Plan der »Sternengötter« indes stand fest: sie wollten aus diesen zerstreuten Sippen eine neue Nation schaffen, ein Volk, das dazu »auserwählt« worden war, den Samen einer höheren Kultur in sich zu entwickeln und auszubreiten. Die alten Reiche – Ägypten und Babylon – waren dafür offensichtlich zu »verbraucht«. Hier einschneidende Veränderungen vorzunehmen hätte zu keinem Ziel geführt.

So wählte »man« das Volk Israel aus, befreite es aus der ägyptischen Abhängigkeit, bestimmte ein fruchtbares Land als zukünftige Heimat und schickte es unter dem zuvor ausgewählten Führer Mose auf die Reise – 40 Jahre lang. Eine derartig lange Irrfahrt ist auf den ersten Blick unverständlich, denn vom Roten Meer bis Jerusalem sind es ganze 300 km, eine Strecke, die in einigen Wochen, allenfalls einigen Monaten bequem zurückzulegen ist. Das aber war ganz offensichtlich nicht die Absicht derjenigen, die den Plan in Angriff genommen hatten. Wir wiesen bereits darauf hin: Niemand, der aus Ägypten aufgebrochen war – selbst Mose nicht –, erreichte das gelobte Land. Sie alle starben unterwegs, erst ihre Kinder und Enkel betraten schließlich das künftige Land Israel. Der Grund ist eindeutig: es sollte ein völlig neues Volk geschaffen werden, mit neuen Gesetzen, neuen Vorschriften, einer neuen Religion und mit möglichst wenig Erinnerungen an die Zeit vorher. Deshalb diese vierzigjährige Irrfahrt, diese sich ständig im Kreise drehende Wanderschaft durch die verhältnismäßig kleine Wüste Sinai.

Verständlich, daß man für eine solch lange Zeit keine Vorräte mitnehmen kann, verständlich auch, daß die Israeliten, als eben diese Vorräte zur Neige gingen, sich Mose widersetzten. Aber die Außerirdischen hatten vorgesorgt (2 Mose 16):

4. Da sprach der Herr zu Mose: Siehe, ich will euch Brot vom Himmel regnen lassen, und das Volk soll hinausgehen und täglich sammeln, was es für den Tag bedarf, daß ich's prüfe, ob es in meinem Gesetz wandle oder nicht.

5. Am sechsten Tage aber wird's geschehen, wenn sie zubereiten, was sie einbringen, daß es doppelt so viel sein wird, wie sie sonst täglich sammeln.

9. Und Mose sprach zu Aaron: Sage der ganzen Gemeinde der Kinder Israel: Kommt herbei vor den Herrn, denn er hat euer Murren gehört. Und als Aaron noch redete zu der ganzen Gemeinde der Kinder Israel, wandten sie sich zur Wüste hin und siehe, die Herrlichkeit des Herrn erschien in der Wolke. Und der Herr sprach zu Mose: Ich habe das Murren der Kinder Israel gehört. Sage ihnen: Gegen Abend sollt ihr Fleisch zu essen haben und am Morgen von Brot satt werden und sollt innewerden, daß ich, der Herr, euer Gott bin.

Hier geht nun etwas ganz Entscheidendes vor: Das Volk beginnt sich gegen Mose zu erheben. Der Hunger treibt es dazu. Die »Sternengötter« beobachten all dies und wenden sich an ihren Mittelsmann: Das Volk wird das, wonach es verlangt, bekommen. Der »Herr« verspricht Fleisch und Brot. Und während der Bruder des Mose, Aaron, noch das Volk beruhigt, senkt sich »Gott« in seiner Feuersäule draußen in der Wüste hernieder. Dort wird er bereits von Mose erwartet.

Was bei diesem Zusammentreffen geschah, wird erst jetzt verständlich. Denn am nächsten Morgen finden die Israeliten das, wonach sie gerufen hatten: Brot, Brot vom Himmel, Manna. Hier, bei diesem Zusammentreffen in der »Wüste Sin, die zwischen Elim und Sinai« liegt, überstellten die Außerirdischen die Manna-Maschine an Mose. Die Manna-Maschine selbst, das ist wichtig für den späteren Ablauf der Ereignisse.

Das Volk wandert weiter, geführt von Mose, gespeist von dem Gerät einer außerirdischen Intelligenz. Schließlich erreicht man das eigentliche Sinai-Massiv, jenes Gebiet, von dem aus die Sternengötter die ganze Operation zu leiten schienen. Hier war Mose das erste Mal mit ihnen zusammengetroffen, hier steigt er auch jetzt wieder zu ihnen empor (2 Mose 19):

1. Am ersten Tag des dritten Monats nach dem Auszug der Kinder Israel aus Ägyptenland, genau auf den Tag, kamen sie in die Wüste Sinai.

2. Denn sie waren ausgezogen aus Raphidim und kamen in die Wüste Sinai und lagerten sich dort in der Wüste gegenüber dem Berge.

3. Und Mose stieg hinauf zu Gott.

Dort oben, in jenen Bereichen, wo die Götter lebten, erfährt Mose von den Plänen seines »Herrn« für die allernächste Zukunft. Eine Art Machtdemonstration ist geplant, die das Volk erneut einstimmen soll auf den »einen, großen Gott« Israel (2 Mose 19):

10. Und der Herr sprach zu Mose: Geh hin zum Volk und heilige sie heute und morgen, daß sie ihre Kleider waschen

11. und bereit seien für den dritten Tag; denn am dritten Tag wird der Herr vor allem Volk herabfahren auf den Berg Sinai.

Drei Tage vergehen, dann ist es soweit: inmitten der Wüste, auf dem Berg Sinai, steigen die Götter vom Himmel zur Erde herab. Für die Menschen des zweiten vorchristlichen Jahrtausends ist all das fraglos sehr beeindruckend gewesen. Uns hingegen, die wir an jene Erscheinungen gewöhnt sind, die mit Raketen und ihrer Inbetriebnahme in Zusammenhang stehen, sind die in der Bibel beschriebenen Vorgänge bestens bekannt (2 Mose 19):

16. Als nun der dritte Tag kam und es Morgen ward, da erhob sich ein Donnern und Blitzen und eine dichte Wolke auf dem Berg und der Ton einer sehr starken Posaune. Das ganze Volk aber, das im Lager war, erschrak.

17. Und Mose führte das Volk aus dem Lager Gott entgegen, und es trat unten an den Berg.

18. Der ganze Berg Sinai aber rauchte, weil der Herr auf den Berg herabfuhr im Feuer; und der Rauch stieg auf wie der Rauch von einem Schmelzofen, und der ganze Berg bebte sehr.

19. Und der Posaunen Ton ward immer stärker.

Nach der vollzogenen Landung wird Mose erneut auf den Berg gerufen. Entscheidendes bahnt sich an (2 Mose 19):

> 20. *Als nun der Herr herniedergekommen war auf den Berg Siani, oben auf seinen Gipfel, berief er Mose hinauf, auf den Gipfel des Berges, und Mose stieg hinauf.*

Dort oben schließlich empfängt Mose die zehn Gebote, jene Weisungen, die noch heute, dreieinhalb Jahrtausende später, Bestand haben und das Verhalten der Menschen gegenüber Gott regeln sollen. Nach dieser Gesetzgebung wird Mose wieder hinabgeschickt. Aber er bleibt nicht lange. Schon bald kehrt er zum Berg zurück, diesmal allerdings nicht allein (2 Mose 24):

> 9. *Da stiegen Mose und Aaron, Nadab und Abihu und siebzig von den Ältesten Isreals hinauf*
> 10. *und sahen den Gott Israels. Unter seinen Füßen war es wie eine Fläche von Saphir und wie der Himmel, wenn er klar ist.*
> 11. *Und er reckte seine Hand nicht aus wider die Edlen Israels. Und als sie Gott geschaut hatten, aßen und tranken sie.*

Nach dieser Begegnung mit dem offensichtlich sehr »menschlichen« Gott Israels (er steht auf einer »Fläche von Saphir«, diese glänzt »wie der Himmel, wenn er klar ist« – vielleicht die Umschreibung einer künstlichen Landeplattform auf dem zerklüfteten Sinai-Gipfel?) machen sich die Ältesten wieder auf den Rückweg. Nicht aber Mose (2 Mose 24):

> 15. *Als nun Mose auf den Berg kam, bedeckte die Wolke den Berg,*
> 16. *und die Herrlichkeit des Herrn ließ sich nieder auf dem Berge Sinai, und die Wolke bedeckte ihn sechs Tage; und am siebten Tage erging der Ruf des Herrn an Mose aus der Wolke.*
> 17. *Und die Herrlichkeit des Herrn war anzusehen wie ein verzehrendes Feuer auf dem Gipfel des Berges vor den Kindern Israel.*
> 18. *Und Mose ging mitten in die Wolke hinein und stieg auf den Berg und blieb auf dem Berge vierzig Tage und vierzig Nächte.*

Die Konstruktion der Bundeslade

Nun wird es für uns sehr interessant. Dort oben, während dieser vierzig Tage in der unmittelbaren Umgebung der Außerirdischen, erhält Mose genaue Anweisungen zum Bau eines ganzen Sammelsuriums verschiedenster Gegenstände. »Gottes« Anweisung für ihren Bau ist sehr präzise (2 Mose 25):

8. Und sie sollen mir ein Heiligtum machen, daß ich unter ihnen wohne. Genau nach dem Bild, das ich dir von der Wohnung und ihrem ganzen Gerät zeige, sollt ihr's machen.

Die Befehle sind deutlich: Mose wird auf dem Sinai ein Modell gezeigt, ein »Bild«, ein Konstruktionsplan für den Bau der Bundeslade (2 Mose 25):

10. Macht eine Lade aus Akazienholz; zwei und eine halbe Elle soll die Länge sein, anderthalb Ellen die Breite und anderthalb Ellen die Höhe.

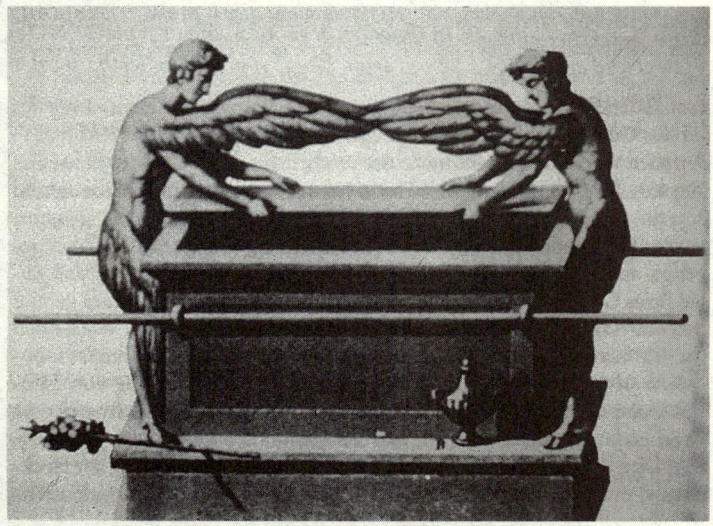

Rekonstruktionsversuch der Bundeslade. Stahlstich A. Firmin, Mailand 1833.

11. *Du sollst sie mit feinem Gold überziehen innen und außen und einen goldenen Kranz an ihr ringsherum machen.*

12. *Und gieß vier goldene Ringe und tu sie an ihre vier Ecken, so daß zwei Ringe auf der einen Seite und zwei auf der anderen seien.*

13. *Und mache Stangen aus Akazienholz und überziehe sie mit Gold*

14. *und stecke sie in die Ringe an den Seiten der Lade, daß man sie damit trage.*

15. *Sie sollen in den Ringen bleiben und nicht heraus getan werden.*

16. *Und du sollst in die Lade das Gesetz legen, das ich dir geben werde.*

Die Lade ist also im Grunde eine Kiste aus Holz: zweieinhalb Ellen lang, anderthalb Ellen breit und ebenso hoch, innen und außen mit Gold überzogen, mit vier Ringen an den Seiten und zwei Stangen, die zum Transport dienten. All dies scheint nichts Außergewöhnliches zu sein. Aber die Konstruktion ist noch nicht fertig. Etwas Entscheidendes kommt hinzu: ein sogenannter »Gnadenthron« mit »Cherubim« (2 Mose 25):

17. *Du sollst auch einen Gnadenthron machen aus feinem Golde; zwei und eine halbe Elle soll seine Länge sein und anderthalb Ellen seine Breite.*

18. *Und du sollst zwei Cherubim machen aus getriebenem Golde an beiden Enden des Gnadenthrones,*

19. *so daß ein Cherub sei an diesem Ende, der andere an jenem, daß also zwei Cherubim seien an den Enden des Gnadenthrones.*

20. *Und die Cherubim sollen ihre Flügel nach oben ausbreiten, daß sie mit ihren Flügeln den Gnadenthron bedecken und eines jeden Antlitz soll zum Gnadenthron gerichtet sein.*

Das Ganze erweckt – ebenso wie die Beschreibung des OThIQ IVMIN – weniger den Eindruck einer religiösen Weisung als vielmehr einer sehr konkreten technischen Bauanleitung. Aber wozu das alles? Lesen wir weiter im 2 Buch Mose 25:

21. Und du sollst den Gnadenthron oben auf die Lade tun und in die Lade das Gesetz legen, das ich dir geben werde.

22. Dort will ich dir begegnen, und vom Gnadenthron aus, der auf der Lade mit dem Gesetz ist, zwischen den beiden Cherubim, will ich mit dir alles reden, was ich dir gebieten will für die Kinder Israels.

Wir haben bereits bei der Beschreibung der Manna-Maschine auf die von Sassoon und Dale rekonstruierte Gegensprechanlage hingewiesen. Wir wissen nicht, was der sogenannte »Gnadenthron« wirklich war und ob mit »dem Gesetz« wirklich nur eine von »Gott« an Mose übergebene Schriftrolle bzw. Schrifttafel gemeint war. Neuere Forschungen zeigen, daß wir es hier offensichtlich mit einer komplizierten technischen Apparatur zu tun haben, die neben der Kommunikation auch andere Aufgaben erfüllte. Rostislav Furduj (Universität Kiew) hat auf der Weltkonferenz der *Ancient Astronaut Society* 1987 interessante Vorschläge dazu unterbreitet. Wir geben seinen Vortrag, der eine Zusammenfassung der von ihm und seinen Kollegen durchgeführten Untersuchungen darstellt, im Anhang wieder.

Aus den Analysen Furdujs ergibt sich, daß Bundeslade, Heiliges Zelt u. a. der Kommunikation zwischen Mose und »Gott« dienten. Aber die Lade hatte offensichtlich nicht nur diesen Zweck: In ihr befand sich »das Gesetz« sowie noch weitere Dinge, über die wir u. a. aus dem neutestamentlichen Brief des Paulus an die Hebräer erfahren:

9.3. Hinter dem zweiten Vorhang aber war die Hütte, die da heißt das Allerheiligste; die hatte das goldene Räuchergefäß und die Lade des Bundes allenthalben mit Gold überzogen, in welcher war der goldene Krug mit dem Himmelsbrot und der Stab Aarons, der gegrünet hatte, und die Tafeln des Bundes.

In der Lade wurden also mehrere Dinge befördert: die »Tafeln des Bundes«, der »Stab Aarons« – und der goldene Krug mit dem Himmelsbrot!

War dieser »Krug« mit der Manna-Maschine identisch? Es gibt im zweiten Buch Mose eine Stelle, die sich auf einen solchen Krug bezieht. Wir finden sie im 16. Kapitel. Dort heißt es:

33. Und Mose sprach zu Aaron: Nimm ein Gefäß und tu Manna hinein, den zehnten Teil eines Scheffels, und stelle es hin vor den Herrn, daß es aufbewahrt werde für eure Nachkommen. Wie der Herr es Mose geboten hatte, so stellte Aaron das Gefäß vor die Lade mit dem Gesetz, damit es aufbewahrt werde.

Diese Stelle ist reichlich rätselhaft, und zwar deshalb, weil zu dem Zeitpunkt, an dem sich die Begebenheit abspielt, noch gar keine Lade und keine Gesetzestafeln existierten: Das Ganze soll bald nach dem erstmaligen Auftreten des Manna, also noch in der »Wüste Sin«, geschehen sein. Das Zusammentreffen Moses' mit »Gott« und dessen Anweisung zum Bau der Lade erfolgten aber erst zwei Wochen später. Uns erscheint diese Passage nachträglich eingefügt. Es ist auch widersinnig, Manna für die Nachkommen aufzubewahren, wenn dieses jeden Tag aufs neue und in reichlicher Menge vorhanden ist. Wozu sollte man vierzig Jahre lang einen Krug mit sich schleppen, dessen Inhalt ebenso banal und – im wahrsten Sinne des Wortes – alltäglich war wie der Sand, auf dem die Israeliten liefen, oder die Luft, die sie atmeten? Sinnvoll wäre diese Anweisung vielleicht zum Abschluß der Wüstenwanderung gewesen, aber davon ist nichts bekannt.

Die Bundeslade war also sowohl Teil der Funksprechanlage zu den Außerirdischen, vor allem aber Transportbehälter für den »Krug mit dem Himmelsbrot«, von dem wir annehmen können, daß es sich dabei um nichts anderes handelte als um die Manna-Maschine. Daneben beförderte sie noch »das Gesetz« und den »Stab Aarons«, um was immer es sich dabei letztlich gehandelt haben mag.

In ihrem Buch beschreiben Rodney Dale und George Sassoon Bundeslade und Manna-Maschine als ein und dasselbe Gerät. Uns scheint das nicht der Fall zu sein. Die Bundeslade war offensichtlich jener Behälter, in dem sich die – zerlegte – Manna-Maschine während des Transports befand. Ein solcher Behälter wäre auch durchaus als wünschenswert anzusehen gewesen, um das Gerät vor den Einflüssen des Wüstenklimas, insbesondere vor Staub und Sand zu schützen. Wir müssen dabei bedenken, daß die Maschine ursprünglich zur Nahrungsproduktion an Bord eines Raumschiffs diente und nicht für einen beschwerlichen, mehrere Jahrzehnte andauernden Transport durch die Wildnis gedacht war. Der Beschluß, den Israeliten ein solches Gerät zur Verfügung zu stellen, scheint daher eher eine rasch gefällte Notlösung gewesen zu sein, die sich aufgrund der beginnenden Unruhen ergab, als eine von vornherein geplante und durchdachte Aktion. Es mag sein, daß die Maschine für ihre neue Aufgabe modifiziert wurde, um den extremen Bedingungen überhaupt gehorchen zu können. Daß dies nicht vollständig gelang, zeigen die wöchentlich anfallenden Reinigungsarbeiten, bei denen das Gerät vollständig auseinandergenommen, gesäubert und wieder zusammengesetzt werden mußte. Schließlich macht auch der Bau der Bundeslade – wenn man so will eines Schutz-Containers – deutlich, daß die Außerirdischen nach wie vor um die Funktionstüchtigkeit ihres Gerätes besorgt waren und zusätzlich – nämlich erst zwei Wochen nach der erstmaligen Manna-Produktion – den Bau dieses Transportbehälters befahlen.

Die Maschine selbst wurde den Israeliten in der »Wüste Sin« übergeben, die Bundeslade dagegen erst nach der Begegnung am Berg Sinai gebaut. Sie wurde auch nicht von »Gott« hergestellt, sondern von den Israeliten selbst »nach dem Bilde, das ich dir von der Wohnung und ihrem ganzen Gerät gezeigt habe«.

Neben der Bundeslade mußten noch andere Gerätschaften angefertigt werden, nämlich ein Tisch, mit Gold überzogen, Kannen, Becher, Schalen. Besonderer Wert wird auf einen siebenarmigen Leuchter gelegt (2 Mose 25):

39. *Aus einem Zentner feinen Goldes sollst du den Leuchter machen mit allen diesen Geräten.*

Und noch einmal wird Moses eindringlichst davor gewarnt, bei der Herstellung dieser »Geräte« Fehler zu machen (2 Mose 25):

40. *Und sieh zu, daß du alles machest nach dem Bilde, das dir auf dem Berge gezeigt ist.*

Die Anweisungen gehen weiter: Mose wird beauftragt, ein »heiliges Zelt« zu bauen, die »Stiftshütte«, in der die Lade und mit ihr die Manna-Maschine untergebracht werden sollten. Auch diese Stiftshütte wird Mose minutiös beschrieben, auch hier legt man Wert darauf, daß die Baumeister der Israeliten genau nach Plan handeln. Das Zelt verbarg das Allerheiligste, in dem sich die Lade befand, abgeschirmt vom Volk, unsichtbar für jeden außer Mose, Aaron und den Priestern, die die Maschine bedienten. Aus diesem Grund und wegen der Gefährlichkeit des Gerätes wurde das Zelt außerhalb des Lagers aufgeschlagen (2 Mose 33):

7. Mose aber nahm das Zelt und schlug es draußen auf, fern von dem Lager, und nannte es Stiftshütte. Und wer den Herrn befragen wollte, mußte hinausgehen zur Stiftshütte vor das Lager.

8. Und wenn Mose hinausging zur Stiftshütte, so stand alles Volk auf, und jeder trat in seines Zeltes Tür und sah ihm nach, bis er zur Stiftshütte kam.

9. Und wenn Mose zur Stiftshütte kam, so kam die Wolkensäule hernieder und stand in der Tür der Stiftshütte, und der Herr redete mit Mose.

10. Und alles Volk sah die Wolkensäule in der Tür der Stiftshütte stehen, und sie standen auf und neigten sich, ein jeder in seines Zeltes Tür.

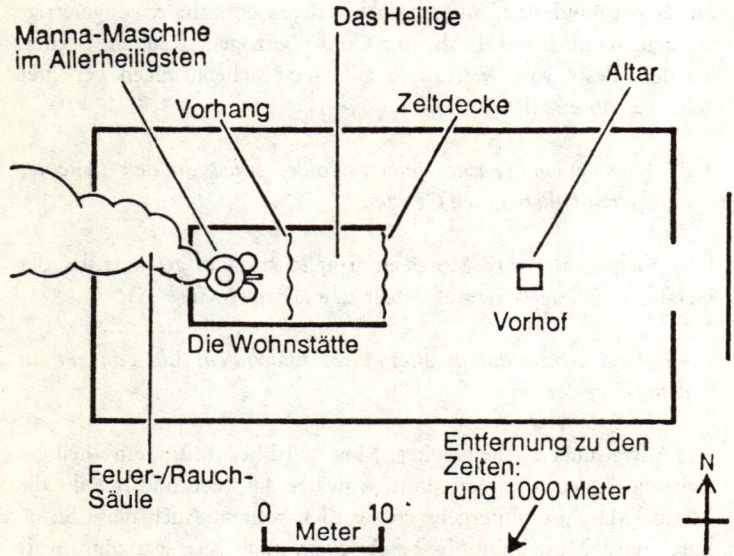

Rekonstruktion des Heiligen Zeltes mit der darin befindlichen Manna-Maschine, Aufsicht. Zeichnung: Martin Riches/Moewig-Verlag, Rastatt.

*11. Der Herr aber redete mit Mose von Angesicht zu Angesicht,
wie ein Mann mit seinem Freund redete. Dann kehrte er zum Lager
zurück; aber sein Diener und Jünger Josua, der Sohn Nuns, wich
nicht aus der Stiftshütte.*

Diese Wolke, von der hier die Rede ist, dürfte mit jener identisch sein,
von der auch der Sohar schreibt und die von der Manna-Maschine
während des Produktionsvorganges ausgestoßen wurde. Im Sohar
lesen wir dazu (GHV 661):

*Die Nase . . . da gibt es drei zuckende Flammen aus ihren Röhren.
Von dieser Nase gehen drei Farben aus: Rauch, Feuer und Glut.
Denn es steht geschrieben: »Rauch stieg auf von seiner Nase.« Der
Rauch bläst und kommt heraus. Er ist schwarz, und sie nennen ihn
»Zorn«, »Hitze« und »Zerstörung«.*

Wir wollen an dieser Stelle noch einmal darauf hinweisen, daß diese
Wolke *nicht* – wie von theologischer Seite häufig vertreten – mit der
Anwesenheit Gottes identisch ist bzw. diese symbolisiert. Der »Gott«
der Israeliten weigert sich im Gegensatz dazu sogar, die vierzigjährige
Odyssee mitzumachen (2 Mose 33):

*2. Ich will vor dir hersenden einen Engel und ausstoßen die
Kanaaniter, Amoriter, Hethiter, Perisiter, Hewiter und Jebusiter.
3. Und ich will dich bringen in das Land, darin Milch und Honig
fließen. Ich selbst will nicht mit dir hinaufziehen, denn du bist ein
halsstarriges Volk; ich würde dich unterwegs vertilgen.*

»Gott« selbst ist also nicht zugegen, während Mose und die Israeliten
durch die Wüste ziehen. Aus eben diesem Grund hat er ihnen zum
einen die Manna-Maschine gegeben, die sie mit Nahrung versorgt,
zum anderen eine Kommunikationseinheit, mit deren Hilfe sie jederzeit mit ihm in Kontakt treten können. Wenn also trotzdem von einer
Wolkensäule die Rede ist, *kann* damit nur jene gemeint sein, die von
der in Betrieb befindlichen Maschine ausgestoßen wird. Dies würde
dadurch bestätigt werden, wenn sich in der Bibel eine Stelle fände, die
beschriebe, daß diese Wolke nur in jener Zeit sichtbar war, in der das
Zelt aufgeschlagen war, d. h. die Maschine sich im Produktionspro-

Stiftszelt im Lager der Israeliten mit der darüber sichtbaren Wolke. Bisher hielt man sie für ei
Maschine gehandelt haben.

mbol der Anwesenheit Gottes, tatsächlich aber dürfte es sich um die Ausstoßwolke der Manna-

zeß befand. Eine solche Passage gibt es in der Tat. Sie findet sich im 4. Buch Mose, Kapitel 9:

15. Und an dem Tage, da die Wohnung aufgerichtet wurde, bedeckte eine Wolke die Wohnung, die Hütte des Gesetzes, und vom Abend bis zum Morgen stand sie über der Wohnung wie ein feuriger Schein.

16. So geschah es die ganze Zeit, daß die Wolke sie bedeckte und bei Nacht ein feuriger Schein.

17. Sooft sich aber die Wolke von dem Zelt erhob, brachen die Kinder Israels auf; und wo die Wolke sich niederließ, da lagerten sich die Kinder Israels.

18. Nach dem Wort des Herrn brachen sie auf, und nach seinem Wort lagerten sie sich. Solange die Wolke auf der Wohnung blieb, so lange lagerten sie.

19. Und wenn die Wolke viele Tage stehenblieb über der Wohnung, so beachteten die Kinder Israels die Weisung des Herrn und zogen nicht weiter.

20. Und wenn die Wolke auf der Wohnung nur wenige Tage blieb, so lagerten sie sich nach dem Wort des Herrn und brachen auf nach dem Wort des Herrn.

21. Wenn die Wolke da war vom Abend bis zum Morgen und sich dann erhob, so zogen sie weiter; oder wenn sie sich bei Tage oder bei Nacht erhob, so brachen sie auch auf.

22. Wenn sie aber zwei Tage oder einen Monat oder noch länger auf der Wohnung blieb, so lagerten die Kinder Israels und zogen nicht weiter; und wenn sie sich dann erhob, so brachen sie auf.

23. Denn nach den Herrn Befehl lagerten sie sich, und nach des Herrn Befehl brachen sie auf und beachteten so die Weisung des Herrn, wie er sie durch Mose geboten hatte.

Dies bestätigt unsere Ansicht: Die Wolke war tatsächlich nur während des Produktionsprozesses sichtbar, auch wenn in den Versen 17, 21 und 22 die Abfolge von Ursache und Wirkung umgekehrt wurde: Die Wolke erhob sich (d. h. verschwand) nicht von der Wohnung, *damit* das Volk Israel weiterziehe, sondern sobald die Anweisung »von oben« kam weiterzuziehen, wurde die Manna-Maschine abgestellt, was für die abseits lagernden jüdischen Familien das Zeichen zum Aufbruch war. Von dieser Kausalität freilich konnten die viel später lebenden Autoren des Pentateuchs nicht wissen.

In diesem Zusammenhang sollte vielleicht auch einmal auf den Rhythmus aufmerksam gemacht werden, in dem sich die Wanderung vollzog. Die Anordnungen zum Weiterziehen und Lagern wurden von den Außerirdischen gegeben. Es ist unwahrscheinlich, daß dies völlig planlos geschah. Warum aber sind dann beispielsweise Aufbrüche mitten in der Nacht notwendig (4 Mose 9, 21)? Warum waren zeitweilige Zwischenstopps von etlichen Wochen oder sogar Monaten einzulegen, dann wieder nur von wenigen Tagen? Dieses Problem ist unseres Wissens in der theologischen Literatur bislang nicht oder kaum beachtet worden. Die vierzigjährige Isolation des Volkes Israel in der Wüste hätte auch durch ein stationäres Lager erreicht werden können, wenn dies der *einzige* Zweck des Unternehmens gewesen wäre. Statt dessen ließ man eine beschwerliche Wanderung durchführen, gab beständig neue Ziele, neue Routen, neue Zwischenaufenthalte und neue Ruhezeiten bekannt. Was hat man damit erreichen wollen? Welch wirkliches Ziel steckte dahinter? *Und* – und wir sind uns hier mit Rostislav Furduj (siehe Anhang) einig – erinnert das Ganze an ein raum-zeitlich exakt durchgeplantes Experiment, bei dem auf einem definierten Gelände (Wüste Sinai) in einer ebenso definierten Zeit bestimmte Punkte zu erreichen, zu verlassen und erneut anzusteuern waren. Fraglos spielte der Gesamtkomplex von Manna-Maschine, Bundeslade, Heiligem Gerät und Stiftszelt dabei eine bedeutende Rolle, da diese Gegenstände in einer vorgegebenen Anordnung zueinander und zum lagernden Volk aufzustellen waren.

Stromschläge und Radioaktivität

Die Wanderschaft beginnt. Das Volk zieht, geführt von Moses, durch die Wüste. Und immer dort, wo es sich niederläßt, wird auch die Stiftshütte aufgeschlagen, wird die Manna-Maschine in Betrieb gesetzt. Dazu waren nur die Priester in der Lage, die obersten Führer, diejenigen, die wußten, was sich im Allerheiligsten, in der Bundeslade, wirklich verbarg. Josua ist ein solcher Mann, und genau wie die anderen muß auch er eine ganz spezielle Kleidung tragen, wenn er an der Maschine arbeitet. Lesen wir dazu das 2. Buch Mose 28:

39. Du sollst auch das Untergewand kunstreich wirken aus feiner Leinwand und ein Kopfbund aus feiner Leinwand machen und einen buntgewirkten Gürtel.

40. Und den Söhnen Aarons sollst du Untergewänder, Gürtel und hohe Mützen machen, die herrlich und schön seien, und sollst sie deinem Bruder Aaron samt seinen Söhnen anlegen und sollst sie salben und ihre Hände füllen und sie weihen, daß sie meine Priester seien.

42. Und du sollst ihnen leinene Beinkleider machen, um ihre Blöße zu bedecken, von den Hüften bis an die Schenkel.

43. Und Aaron und seine Söhne sollen sie anhaben, wenn sie in die Stiftshütte gehen oder hinzutreten zum Altar, um im Heiligtum zu dienen, damit sie keine Schuld auf sich laden und sterben müssen. Das soll für ihn und sein Geschlecht nach ihm eine ewige Ordnung sein.

Moses im Stiftszelt. Über die Bundeslade spricht der Führer der Israeliten mit jenen Wesen aus dem All, die die Hebräer zwangsläufig für himmlische Gestalten und Gott selbst halten mußten.

Die oben wiedergegebenen Verse sind nur ein kleiner Ausschnitt des 28. Kapitels, das in dieser Form eine ganze Fülle verschiedenster von den Priestern zu tragender Kleidungen und Gegenstände beschreibt. Das Ganze mutet weniger wie eine religiöse Zeremonie als vielmehr wie die Beschreibung sehr konkret und praktischer Kleidungsvorschriften an: die Priester trugen feste Stoffe, die ihren ganzen Körper bedeckten. Hände und Gesicht, die freiblieben, mußten mit Öl bedeckt werden. Und das alles, damit »sie keine Schuld auf sich laden und sterben«. Sobald der »Gottesdienst« im Allerheiligsten beendet war, mußte eine weitere strenge Vorschrift eingehalten werden: (3 Mose 16):

23. Und Aaron soll in die Stiftshütte gehen und die leinenen Kleider ausziehen, die er anzog, als er in das Heiligtum ging, und sie dort lassen,
24. und er soll sich mit Wasser abwaschen an heiliger Stätte und seine eigenen Kleider anziehen und wieder hinausgehen und sein Brandopfer und des Volkes Brandopfer darbringen und sich und das Volk entsühnen.

Unverständlich bleiben derartige Anordnungen, wenn man sie nur unter rein religiösen Gesichtspunkten betrachtet. Wir wissen aber, daß die Manna-Maschine ein für die Israeliten sehr gefährliches Gerät war: Sie wurde mit einem Plutonium-Reaktor betrieben. Nach der Arbeit an der Maschine mußte das als Schutz dienende dicke »Gewand« abgelegt werden und der Priester sich einer gründlichen Reinigung unterziehen. Nuklear-Experten unserer Tage gehen nach exakt der gleichen Anordnung vor. Rostislav Furduj (s. Anhang) weist darauf hin, daß die eingewirkten Metallfäden als Faradayscher Käfig gewirkt haben könnten und so Schutz vor unkontrolliert austretenden elektrischen Strömen zu bieten vermochten. Immerhin handelte es sich um eine elektrische Apparatur, deren Aggregate eine Spannung von ethlichen hundert Volt gehabt haben müssen. Genaueste Anweisungen zur Handhabung waren daher unerläßlich. Wurden diese nicht befolgt, kam es zu tödlichen Unfällen (3 Mose 10):

1. Und Aarons Söhne Nadab und Abihu nahmen ein jeder seine Pfanne und taten Feuer hinein und legten Räucherwerk darauf und

brachten so ein fremdes Feuer vor den Herrn, das er ihnen nicht
geboten hatte.
2. Da fuhr ein Feuer aus von dem Herrn und verzehrte sie, daß sie
starben vor dem Herrn.

Die Vorschriften für die Priester waren ohne jede Nachsicht. Auch
Kranke durften nicht zum Dienst im Allerheiligsten herangezogen
werden. Eine interessante Passage, die uns auch bestätigt, daß von
dort, also aus dem Allerheiligsten, tatsächlich die »Speise Gottes«, das
Manna, kam, findet sich im 3. Buch Mose, Kapitel 21:

21. Wer nun unter Aarons, des Priesters, Nachkommen einen
Fehler an sich hat, der soll nicht herzutreten, zu opfern die Feueropf-
fer des Herrn; denn er hat einen Fehler. Darum soll er sich nicht
nahen, um die Speise seines Gottes zu opfern.
22. Doch essen darf er die Speise seines Gottes, vom Heiligen und
Hochheiligen. Aber zum Vorhang soll er nicht kommen noch zum
Altar nahen, weil ein Fehler an ihm ist, damit er nicht entheilige
mein Heiligtum; denn ich bin der Herr, der sie heiligt.

Moraltheologisch ist das Ganze ein eindeutiger Widerspruch zur
späteren christlichen Lehre, in der gerade die Kranken, die »Mühseli-
gen und Beladenen«, zu Gott gerufen werden. Ein weiterer Hinweis
darauf, daß es hier um eine ganz andere Person, um einen ganz
anderen Vorgang ging. Und ein Hinweis darauf, daß das Manna
tatsächlich aus dem »Hochheiligen«, dem innersten Bezirk der Stiftshütte kam. Denn dort befand sich die Manna-Maschine, die die
Israeliten auf ihrer Wanderschaft mit der notwendigen Nahrung
versorgte.
Als die gesetzte Frist vorüber war, als all jene, die aufgebrochen,
gestorben und als auch Mose als letzter gegangen war, machten die
»Götter« ihr Versprechen wahr und geleiteten die jetzt zu einem Volk
»zusammengeschweißten« Israeliten unter der Führung Josuas über
den Jordan ins Gelobte Land. Die Bibel beschönigt dieses Ereignis
freilich, denn es kann sich dabei um nichts anderes als den Einfall
israelitischer Stämme in bereits bewohntes und kultiviertes Gebiet
gehandelt haben. Allerdings war der Bereich dafür bereits vorbereitet
worden, d.h. einer »himmlischen Säuberungsaktion« zum Opfer

gefallen, die die Ureinwohner vertrieb. Lesen wir dazu noch einmal im 2. Buch Mose 33:

> *2. Ich will vor dir hersenden einen Engel und ausstoßen die Kanaaniter, Amoriter, Hethiter, Perisiter, Hewiter und Jebusiter.*
> *3. Und will dich bringen in das Land, darin Mich und Honig fließen. Ich selbst will nicht mit dir hinaufziehen, denn du bist ein halsstarriges Volk; ich würde dich unterwegs vertilgen.*

Nachdem die Israeliten also das neue, zuvor von einem »Engel des Herrn« entvölkerte Land in Besitz genommen haben, stellt auch die Manna-Maschine ihre Produktion ein. Wir lesen dazu im Buch Josua, Kapitel 5:

> *10. Und als die Kinder Israels in Gilgal das Lager aufgeschlagen hatten, hielten sie Passah am vierzehnten Tag des Monats am Abend im Jordantal von Jericho*
> *11. und aßen vom Getreide des Landes am Tag nach dem Passah, nämlich ungesäuertes Brot und geröstete Körner. An eben diesem Tage*
> *12. hörte das Manna auf, weil sie jetzt vom Getreide des Landes aßen, so daß Israel vom nächsten Tag an kein Manna mehr hatte. Sie aßen schon von der Ernte des Landes Kanaan in diesem Jahr.*

Das Ziel ist erreicht, eine weitere Produktion von Manna nicht mehr nötig, man bedient sich aus den Kornkammern der vertriebenen Völker. Die Maschine hat ihre Aufgabe erfüllt und wird – vielleicht durch einen entsprechenden Codebefehl – für immer abgeschaltet. Man schafft sie in die Stadt Silo, wie sie etwa 200 Jahre lang bis zur Zeit Samuels bleibt.

Diese Zeit Samuels wird von den Kämpfen gegen die Philister beherrscht, einem vermutlich indogermanischen Volksstamm in Südpalästina, der erst unter David besiegt wurde. Zu Beginn aber hatten augenscheinlich die Philister die Oberhand (1 Samuel 4):

> *1. Die Philister aber hatten sich gelagert bei Aphek*
> *2. und stellten sich Israel gegenüber. Und der Kampf breitete sich aus und Israel wurde von den Philistern geschlagen. Sie erschlugen in der Feldschlacht etwa viertausend Mann.*

Angesichts ihrer Niederlage entsannen sich die Israeliten wieder der Lade ihres Gottes Jahwe (1 Samuel 4):

3. Und als das Volk ins Lager kam, sprachen die Ältesten Israels: Warum hat uns der Herr heute vor den Philistern geschlagen? Laßt uns die Lade des Bundes des Herrn zu uns holen von Silo und laßt sie mit uns ziehen, damit er uns errette aus der Hand unserer Feinde.
4. Da sandte das Volk nach Silo und ließ von dort holen die Lade des Bundes des Herrn Zebaoth, der über den Cherubim thront.

Als die Lade bei den bedrängten Juden eintrifft, wandelt sich die Stimmung – die Israeliten fühlen sich siegessicher: Jetzt, wo die Bundeslade nach zweihundert Jahren wieder unter ihnen ist, werden sie erneut siegen, wie damals, als sie das Gelobte Land eroberten. Doch auch die Philister vernehmen das Jubelgeschrei (1 Samuel 4):

6. Als aber die Philister das Jauchzen hörten, sprachen sie: Was ist das für ein gewaltiges Jauchzen im Lager der Hebräer? Und als sie erfuhren, daß die Lade des Herrn ins Lager gekommen sei,
7. fürchteten sie sich und sprachen: Gott ist ins Lager gekommen und riefen: Wehe uns, denn solches ist bisher noch nicht geschehen!

Dennoch lassen sich die Philister schließlich nicht abschrecken: Sie blasen zum Angriff (1 Samuel 4):

10. Da zogen die Philister in den Kampf, und Israel wurde geschlagen, und ein jeder floh in sein Zelt. Und die Niederlage war sehr groß, und es fielen aus Israel dreißigtausend Mann Fußvolk.
11. Und die Lade Gottes wurde weggenommen, und die beiden Söhne, Elis, Hophni und Pinhas, kamen um.

»Gott« bewohnte die Lade ganz offensichtlich nicht mehr, sprach nicht mehr von dem »Gnadenthron« aus zu seinem Volk, griff nicht mehr in das Kriegsgeschehen ein. Das Gerät war abgeschaltet, tot, ein lediglich sakraler Gegenstand, fast ohne jede Wirkung. Aber eben auch nur *fast*. Denn als die Philister ihr wertvolles Beutestück schließlich in ihre Stadt Asdod gebracht hatten, ereigneten sich seltsame Dinge (1 Sam. 5):

6. Aber die Hand des Herrn lag schwer auf den Leuten von Asdod, und er brachte Verderben über sie und schlug sie mit bösen Beulen, Asdod und sein Gebiet.

Was war geschehen? Die Frage ist nicht schwer zu beantworten, wenn wir uns daran erinnern, daß die Manna-Maschine ein nuklear angetriebenes Gerät war, das sorgfältig von einer speziell dazu ausgebildeten Priestermannschaft bedient werden mußte. Die Maschine selbst funktionierte nicht mehr, das Energieaggregat aber strahlte noch immer. Die beschriebenen Symptome sind typisch für eine radioaktive Verstrahlung. Auch die Philister bemerkten sehr schnell, daß die Lade Israels ihnen offensichtlich kein Glück brachte:

7. Als aber die Leute von Asdod sahen, daß es so zuging, sprachen sie: Laßt die Lade des Gottes Israels nicht bei uns bleiben; denn seine Hand liegt zu hart auf uns und unserem Gott Dagon.
8. Und sie sandten hin und versammelten alle Fürsten der Philister zu sich und sprachen: Was sollen wir mit der Lade des Gottes Israels machen? Da antworteten sie: Laßt die Lade des Gottes Israels nach Gath tragen. Und sie trugen die Lade des Gottes Israels dorthin.

Aber in Gath eingetroffen, ereigneten sich die gleichen schrecklichen Geschehnisse wie schon in Asdod (1 Sam. 5):

9. Als sie aber die Lade dahin getragen hatten, entstand in der Stadt ein sehr großer Schrecken durch die Hand des Herrn; denn er schlug die Leute in der Stadt, klein und groß, so daß an ihnen Beulen ausbrachen.
10. Da sandten sie die Lade Gottes nach Ekron. Als aber die Lade Gottes nach Ekron kam, schrien die Leute von Ekron: Sie haben die Lade des Gottes Israels hergetragen zu mir, damit sie mich töte und mein Volk.

Daraufhin entschließen sich die Philister, das ungeliebte Gerät wieder nach Israel zurückzubringen. Bei Beth-Schemesch schicken sie es auf einem von Kühen gezogenen Karren über die Grenze. Die Dorfbewohner, die auf den Feldern arbeiten, führen Freudentänze auf. Sie springen um die Lade, berühren sie (1 Sam. 6):

19. Aber die Söhne Jechonjas freuten sich nicht mit den Leuten von Beth-Schemesch, daß sie die Lade des Herrn sahen. Und der Herr schlug unter ihnen siebzig Mann. Da trug das Volk Leid, daß er das Volk so hart geschlagen hatte.

Nicht der Ärger der »Söhne Jechonjas«, die vermutlich von den Vorgängen in den Philistersiedlungen gehört hatten, dürfte der Grund für den Tod der siebzig Israeliten gewesen sein, sondern die völlig unsachgemäße Behandlung der Maschine. Die Lade strahlte noch immer radioaktiv, und der Tod, den sie verbreitete, traf Philister wie Juden.

Kapitel VII

Der Tempel

Es steht geschrieben: Brot;
ferner steht geschrieben: Fladen;
ferner steht geschrieben; sie mahlten.
Wie ist das zu erklären?

Joma 75 a
Jüdischer Talmud

Hiram von Tyrus – der Tempelbauer

Die Bundeslade und die sich in ihr befindliche Manna-Maschine stellten zweifellos das größte Heiligtum der Israeliten dar. Aber das war nicht immer so. Nachdem der ganze Komplex aus dem Land der Philister zurückgekehrt war, geriet er erneut in Vergessenheit. Erst König David erinnerte sich wieder daran. Und weil er glaubte, mit der Lade Gottes seine Macht als Herrscher über Israel festigen zu können, machte er sich mit seinem gesamten Heer auf den Weg nach Baala in Juda, wo das Gerät untergebracht war. Während des Transportes zurück nach Jerusalem ereignete sich allerdings erneut ein tödlicher Zwischenfall (2 Samuel 6):

6.   Und als sie zur Tenne Nachons kamen, griff Usa zu und hielt die Lade Gottes fest, denn die Rinder glitten aus.
7.   Dann entbrannte des Herrn Zorn über Usa, und Gott schlug ihn dort, weil er seine Hand nach der Lade ausgestreckt hatte, so daß er dort starb bei der Lade Gottes.

Der salomonische Tempel. Er diente primär als Aufbewahrungsort der Bundeslade und de

...arin befindlichen Manna-Maschine. Stich, 18. Jh., Privatsammlung.

Noch immer flossen elektrische Ströme durch die Lade, die stark genug waren, einen Menschen zu töten. Denn es ist wohl kaum anzunehmen, daß Gott strafend eingreift, wenn sein Heiligtum vor dem Sturz bewahrt werden soll. Soweit wir wissen, ist dies aber der letzte tödliche Zwischenfall, der sich im Zusammenhang mit der Manna-Maschine bzw. der Bundeslade ereignete. Der gesamte Komplex gelangte wohlbehalten in die Hauptstadt (2 Sam. 6):

> 7. Als sie die Lade des Herrn hineinbrachten, stellten sie sie an ihren Platz mitten in dem Zelt, das David für sie aufgeschlagen hatte. Und David opferte Brandopfer und Dankopfer vor dem Herrn.

Noch unter David begannen die Vorbereitungen zum Bau des Tempels von Jerusalem, in dem die Lade ihren festen Platz erhalten sollte. Man nimmt heute an, daß der König dafür das Gelände eines ehemaligen jebusitischen Heiligtums wählte und zumindest die Vorarbeiten ausführen ließ, also das Einebnen der Grundfläche. Erst unter Salomo wurde das Bauwerk schließlich weitergeführt und vollendet.

Salomo, dem Sohn Davids, kam dabei zugute, daß die kriegerischen Auseinandersetzungen mit den benachbarten Stämmen zu einem Ende gebracht worden waren, das Land sich in einer Friedensphase befand und Handelsbeziehungen, insbesondere in den phönizischen Norden, bestanden. Dort regierte König Hiram I., und an ihn wandte sich Salomo, um mit seiner Hilfe den Bau des Heiligtums voranzutreiben und abzuschließen. Die seßhaft gewordenen Hebräer waren ein Volk von Bauern, die zwar kleinere handwerkliche Arbeiten ausführen konnten, nicht aber dazu in der Lade gewesen sein dürften, Paläste und Tempel zu errichten. Dafür fehlten ihnen die entsprechenden Kenntnisse, es gab keine Tradition, auf die man hätte zurückblicken können. Und obwohl die Israeliten während ihres Aufenthalts in Ägypten zu Bauarbeiten herangezogen worden sind, so doch nur als einfache Handwerker, die in die eigentlichen architektonischen Pläne und Arbeiten keinen oder nur wenig Einblick hatten.

Salomo mußte sich also, wollte er das Werk, das David begonnen hatte, zu einem glanzvollen Ende bringen, an die Völker wenden, die eine solche Tradition besaßen, die zudem in der Lage waren, Baumaterial zur Verfügung zu stellen und Männer, die das Projekt eines

Tempelbaus planen und ausführen konnten. Zu den Phöniziern bestanden bereits seit David gut Beziehungen, und so sandte Salomo einen Brief an König Hiram von Tyrus (1. Buch der Könige 5):

16. Und Salomo sandte zu Hiram und ließ ihm sagen:

17. Du weißt, daß mein Vater David nicht ein Haus bauen konnte dem Namen des Herrn, seines Gottes, um des Krieges willen, der um ihn her war, bis der Herr seine Feinde unter seine Füße gab.

18. Nun aber hat der Herr, mein Gott, Ruhe gegeben ringsum, so daß weder ein Widersacher noch ein böses Hindernis mehr da ist.

19. Siehe, so habe ich gedacht, dem Namen des Herrn, meines Gottes, ein Haus zu bauen, wie der Herr zu meinem Vater David gesagt hat: Dein Sohn, den ich an deiner Statt auf deinen Thron setzen werde, der soll meinem Namen ein Haus bauen.

20. So befiehl nun, daß man mir Zedern im Libanon fällt, und meine Leute sollen mit deinen Leuten sein. Und den Lohn deiner Leute will ich dir geben, alles, wie du es sagst. Denn du weißt, daß bei uns niemand ist, der Holz zu hauen versteht wie die Sidonier.

König Hiram, über diesen Großauftrag sichtlich erfreut, schickt – natürlich gegen entsprechende Leistungen, insbesondere riesige Mengen an Weizen, Korn, Mehl und Olivenöl – Baumaterial und Fachleute nach Jerusalem. Und er schickt seinen eigenen Baumeister und Berater, Hiram-Abi (2. Buch der Chroniken 2):

12. So sende ich nun einen tüchtigen und verständigen Mann, Hiram, meinen Berater;

13. er ist der Sohn einer Frau von den Töchtern Dans, und sein Vater ist ein Tyrer gewesen. Der versteht zu arbeiten mit Gold, Silber, Kupfer, Eisen, Steinen, Holz, rotem und blauem Purpur, feiner Leinwand und Scharlach und Bildwerk zu schnitzen und alles, was man ihm aufgibt, kunstreich zu machen, mit deinen Meistern und mit den Meistern meines Herrn, des Königs David, deines Vaters.

Auch im 1. Buch der Könige finden wir eine Notiz über diesen Hiram-Abi von Tyrus, der mütterlicherseits Hebräer, väterlicherseits Phönizier war (1 Könige 7):

13. Und der König Salomo sandte hin und ließ holen Hiram von Tyrus

14. – den Sohn einer Witwe aus dem Stamm Naphtali, sein Vater aber war aus Tyrus gewesen –; der war ein Kupferschmied, voll Weisheit, Verstand und Kunst in allerlei Kupferarbeit. Der kam zum König Salomo und macht ihm alle seine Werke.

Nicht Salomo war der eigentliche Baumeister, sondern der aus Phönizien stammende Hiram-Abi. Salomo selbst hat lediglich die Verhandlungen geführt, hat sich um die Unterkunft der phönizischen Facharbeiter gesorgt; am Tempelbau selbst – auch die Pläne stammten ja bereits von seinem Vater David – hatte er nur wenig Anteil.

Das Bauwerk bestand aus drei Räumen. Man betrat es über eine zwölfstufige Treppe, denn der Tempel befand sich auf einem Sockel von etwa drei Meter Höhe. Dieser Eingang besaß keine Torflügel. Er war nach Osten ausgerichtet, so daß jeden Morgen das Licht der aufgehenden Sonne in den Innenraum fallen konnte. Links und rechts des Eingangs erhoben sich zwei Bronzesäulen, knapp über zehn Meter hoch, mit einem Durchmesser von 1,90 m (oder auch 95 Zentimeter, wie neuere Forschungsergebnisse anzudeuten scheinen). Diese Säulen trugen die Namen *Boas* (für die rechte) und *Jachin* (für die linke), Begriffe, über deren Bedeutung man sich noch nicht einig werden konnte. Einige meinen, diese Namen ständen für »Fest« und »Stärke«, andere für »Gott macht stark« und »Gott gibt Kraft«, viele möchten darin auch mystische Orakelsprüche sehen usw. Wir wollen uns diesem Streit hier nicht anschließen.

Der Raum, den man als ersten betrat, war die äußere Vorhalle. Sie maß 9 mal 4,50 Meter und wurde *Ulam* oder auch *Elam* genannt, was vermutlich vom akkadischen »ellamu« kommt und »Vorderfront« bedeutet. An der gegenüberliegenden Seite befand sich eine fünf Meter durchmessende Doppeltür, die mit feinstem Blattgold ausgelegt und mit Schnitzereien von Palmen, Cheruben und Blumen verziert war. Dahinter schloß sich der Hauptraum des Tempels, das Heiligtum (*Hekal*, aus dem akkadischen *ekallu* bzw. dem sumerischen *é-gal*, also »Gottes Haus« oder »Großes Haus«), an. Dieses Heiligtum hatte eine Länge von 20 Metern, eine Breite von 10 Metern und eine Höhe von 15 Metern. Aus mehreren Fenstern, die in einer Reihe unterhalb der Decke eingelassen waren, fiel Licht in den mit

Zedernholz getäfelten und mit Blattgold ausgekleideten Saal, dessen Fußboden mit Zypressenholz belegt war. Auch hier fanden sich reichlich verziert Wände mit geflügelten Wesen, Blumen und Palmengewächsen. Ähnliche Motive entdeckte man auf syrisch-phönizischen Elfenbeintafeln, die bei Ausgrabungen in Nimrud, Samaria und Megiddo ans Tageslicht kamen. Hier zeigt sich ganz offensichtlich der Einfluß der phönizischen Bauleute.

An der Rückwand der Halle gelangte man über eine weitere Treppe von fünf Stufen durch eine wie ein Pentagram geformte, vier Meter hohe Tür in das Allerheiligste des Tempels, ins *Debir*. Der Raum maß zehn mal zehn mal zehn Meter, war fensterlos (Licht kam nur durch die geöffnete Tür herein) und mit Blattgold ausgelegt. Dieser *Debir* diente als Standort der Bundeslade und ihres Inhalts.

Als das Bauwerk nach sieben Jahren unter der Leitung von Hiram-Abi vollendet war, wurde die Bundeslade und mit ihr die Manna-Maschine aus dem Zelt, in dem sie unter David ihren vorläufigen Platz gefunden hatte, ins neue Heiligtum von Jerusalem überführt (1 Könige 8):

1. Da versammelte der König Salomo zu sich die Ältesten in Israel, alle Häupter der Stämme und Obersten der Sippen in Israel nach Jerusalem, um die Lade des Bundes des Herrn herauszubringen aus der Stadt Davids, das ist Zion.
2. Und es versammelten sich beim König Salomo alle Männer in Israel am Fest im Monat Ehanim, das ist der siebente Monat.
3. Und als alle Ältesten Israels kamen, hoben die Priester die Lade des Herrn auf
4. und brachten sie hinauf, dazu die Stiftshütte und alles Gerät des Heiligtums, das in der Stiftshütte war. Das taten die Priester und Leviten.

Salomo, stolz, das von seinem Vater David begonnene und mit phönizischer Hilfe gebaute Werk vollendet zu haben, feierte ein rauschendes Fest und opferte als Dank eine Vielzahl von Tieren (1 Könige 8):

5. Und der König Salomo und die ganze Gemeinde Israels, die sich bei ihm versammelt hatte, ging mit ihm vor der Lade her und

opferte Schafe und Rinder, so viel, daß man sie nicht zählen noch
berechnen konnte.
6. So brachten die Priester die Lade des Bundes des Herrn an ihren
Platz in den Chorraum des Hauses, in das Allerheiligste unter die
Flügel der Cherubim.
7. Denn die Cherubim breiteten die Flügel aus an dem Ort, wo die
Lade stand, und bedeckten die Lade und ihre Stangen von oben her.

Damit hatte die Bundeslade einen würdigen und ihrer Bedeutung gemäßen Platz gefunden, mitten im Herzen Israels, im Zentrum Jerusalems. In ihr aber befand sich noch immer jene Maschine, die die jüdischen Stämme einst auf ihrer Wanderschaft durch die Wüste begleitet und ihnen die Nahrung geliefert hatte. Davon freilich wußten die wenigsten. Weder das Volk noch die phönizischen Arbeiter. Salomo und die Priester kannten das wahre Geheimnis der »Lade des Herrn« – und vermutlich auch der Baumeister des Tempels, Hiram-Abi. Er war »voll Weisheit« und daher klug genug, während seines siebenjährigen Aufenthaltes in Jerusalem entsprechende Erkundigungen darüber einzuziehen, für was er da eigentlich arbeitete. Einen Tempel für einen leeren Kasten – das wird ihn, den Berater des Königs von Tyrus, den Angehörigen eines Seefahrervolkes, das die Meere beherrschte und weltoffen war, wohl kaum befriedigt haben. Die jüdische Legende erzählt, Hiram-Abi sei nach dem Abschluß der Arbeiten von unbekannter Hand ermordet worden. Das bestätigt unsere Vermutung. Der Phönizier wußte zu viel, mehr als Salomo und den Priestern recht sein konnte. Ein Mord, möglicherweise als Unfall getarnt, löste im Laufe der Geschichte für die Herrschenden schon manche derartigen Probleme.

Der Tempel aber war nicht das einzige Bauprojekt Salomos. Er ließ sich auch einen Palast errichten, vielleicht noch gewaltiger und reicher ausgestattet als der Tempel selber. Verständlich, daß ihm mit der Zeit das Geld ausging. Aber auch hier half ihm die Freundschaft zu Hiram I. von Tyrus weiter. Zusammen mit ihm rüstete er eine Schiffsexpedition (1. Buch der Könige 9) aus:

26. Und Salomo baute auch Schiffe in Ezjon-Geber, das bei Elath
liegt am Ufer des Schilfmeeres im Lande der Edomiter.
27. Und Hiram sandte auf die Schiffe seine Leute, die gute Schiffs-

leute und auf dem Meer erfahren waren, zusammen mit den Leuten
Salomos.
28. Und sie kamen nach Ophir und holten dort vierhundertzwan-
zig Zentner Gold und brachten es dem König Salomo.

Es blieb nicht bei dieser einen Reise. Einmal in drei Jahren stach eine
gemischte israelitisch-phönizische Expedition in See, um Gold aus
Ophir zu holen. Dieses Land Ophir ist bis heute eines der großen
Rätsel der Bibelforschung geblieben. Der jüdische Geschichtsschrei-
ber Flavius Josephus (37 bis 100 nach Chr.) mutmaßte, Ophir habe in
Indien gelegen und die ungeheuren Goldmengen seien von dort
herangebracht worden. Das ist aber sehr unwahrscheinlich, denn es
finden sich in der Bibel keinerlei Hinweise auf einen Handel, der mit
dem Land Ophir getrieben wurde. Es wird lediglich gesagt, »sie
kamen nach Ophir und holten dort... Gold«. Die Inder hätten es den
für sie Fremden wohl kaum gestattet, sich frei in ihrem Land zu
bedienen. Und selbst für einen Handel gab es kaum Güter, über die
Indien nicht verfügt hätte.
Man hat Ophir nach Arabien verlegen wollen, hat es gleichgesetzt mit
dem Land *Punt*, aus dem die Ägypter Spezereien und Weihrauch
holten (dieses befand sich wahrscheinlich im heutigen Sudan, und
man konnte es nur über den Landweg, nicht aber mit einer Flotte
erreichen), mit der rätselhaften Ruinenstadt Simbabwe (die aber
jünger ist), mit Spanien usw. All diese Hypothesen sind vertreten und
wieder fallengelassen worden, weil mehr gegen sie als dafür spricht.
Dennoch muß es dieses Land Ophir gegeben haben. Wir wissen, daß
die Phönizier ein Seefahrervolk waren, das – und darauf weist einiges
hin – vermutlich schon lange vor Columbus die Gestade Amerikas
erreichte. Wenn Ophir sich dort befunden hätte, wäre es verständlich,
woher die Goldvorräte Salomos kamen: aus den sagenhaften Gold-
schätzen der mittel- oder südamerikanischen Indianerkulturen. Aber
die Diskussion hierüber ist noch nicht beendet und hat für unser
Thema auch keine große Bedeutung.

Die Sache mit Äthiopien

Als der Tempel und der Palast fertiggestellt waren, meldete sich hoher Besuch bei Salomo an. Aus dem Süden näherte sich eine große Karawane, und an ihrer Spitze die legendäre Königin von Saba. Über diesen Besuch der Herrscherin aus den südlich von Palästina gelegenen Ländern ranken sich noch bis heute Unmengen märchenhafter Überlieferungen. In der Bibel lesen wir dazu im 1. Buch der Könige, Kapitel 10:

1. Und als die Königin von Saba die Kunde von Salomo vernahm, kam sie, um Salomo mit Rätselfragen zu prüfen.
2. Und sie kam nach Jerusalem mit einem sehr großen Gefolge, mit Kamelen, die Spezereien trugen und viel Gold und Edelsteine. Und als sie zum König Salomo kam, redete sie mit ihm alles, was sie sich vorgenommen hatte.
3. Und Salomo gab ihr Antwort auf alles, und es war dem König nichts verborgen, was er ihr nicht hätte sagen können.

Natürlich ist es nicht bei diesem Gespräch geblieben. Der Empfang für die Königin und ihr Gefolge muß, folgen wir der Bibel, unbeschreiblich gewesen sein, die Geschenke, die ausgetauscht wurden, müssen riesige Summen betragen haben. Auch wenn das Alte Testament hier wohl übertreibt, bleibt doch festzuhalten, daß Salomo durch diesen Besuch seine Handelsbeziehungen in den Süden ausbauen und weiter an der Verfolgung seiner wirtschaftspolitischen Ideen arbeiten konnte.
Damals liefen zwei wichtige Handelsstraßen durch Palästina. Die eine führte von Mekka über Medina bis nach Ägypten, also an der Westküste entlang, die andere, von Israel aus, über Palmyra und Damaskus nach Mesopotamien. Durch den Besuch der Königin von Saba erschlossen sich für Israel neue Möglichkeiten, auch nach Süden wirtschaftlich aktiv zu werden.
Dort existierten um diese Zeit das Minäische und das Hadramitische Reich. Das eigentliche Königreich Saba entstand erst um 850 v. Chr., also etwa 100 Jahre nach Salomo. Die »Königin von Saba« kann somit nur entweder dem Minäischen oder dem Hadramitischen Reich als Herrscherin vorgestanden haben. Wir wissen leider nur sehr wenig

über diese beiden arabischen Machtzentren. Es gibt keine schriftlichen Zeugnisse aus der Zeit vor 800 v. Chr. und auch keine Dokumente, die auf eine »Königin von Saba« hinweisen. Flavius Josephus nannte sie »Makada«, die Jemeniten hingegen behaupten, sie habe Bilquis geheißen. Genauso wie der Streit um ihren Namen hält heute noch der Streit darüber an, wie groß das Reich dieser »Königin von Saba« gewesen sein mag. Ob es sich nur auf die arabische Halbinsel im Bereich des heutigen Jemen begrenzen läßt, ist zumindest zweifelhaft. Wahrscheinlich gehörten auch Teile Äthiopiens dazu.

Diese Vermutung stützt sich u. a. auf das sogenannte *Kebra Nagest* (zu deutsch etwa: »Die Herrlichkeit der Könige«). Wann dieses Buch zum ersten Mal schriftlich niedergelegt wurde, wissen wir nicht. Die erste Übersetzung erfolgte im Jahre 409 n. Chr., als zwei Äthiopier die Schrift vom Abessinischen ins Arabische übertrugen. Allerdings konnten sie dabei offensichtlich nicht umhin, einen großen Anteil christlicher und damit erst später entstandener Komponenten und märchenhafte Geschichten in das Epos einzuflechten. Diese sind aber leicht zu erkennen und daher weitgehend ohne Belang.

Im *Kebra Nagest* finden wir nun die Legende, daß einst der hebräische Stamm der *Beni-Joseph* während des Auszugs aus Ägypten nicht Mose nachfolgte, sondern sich einen anderen Weg entlang des Nils nach Süden, also nach Äthiopien, suchte. Als Vorbild den ägyptischen Isis-Kult, huldigten die dort seßhaft gewordenen Einwanderer einer jungfräulichen Königin. Die Überlieferung berichtet, daß eine dieser Herrscherinnen, Königin Makada (namensgleich mit der Saba-Königin des Flavius Josephus), eines Tages von Salomo und seiner Pracht hörte und sich aufmachte, den König zu besuchen. In Jerusalem zeugte sie mit ihm einen Sohn, der nach der Rückreise zur Welt kam und den Namen Baisa-Lekhem erhielt. Als Baisa-Lekhem erwachsen war, begab auch er sich nach Jerusalem, um dort seinen Vater zu besuchen. Vom Jerusalemer Hof mit aller Pracht empfangen, wurde er vom Hohenpriester Zadok zum »König von Äthiopien« gekrönt. Er kehrte daraufhin in seine Heimat zurück. Baisa-Lekhem gilt als der erste jener langen Reihe von Herrschern, auf die sich das erst vor wenigen Jahren gestürzte abessinische Kaiserhaus berief, das als seinen Wahlspruch bis in unser Jahrhundert hinein den Satz »Der Löwe von Salomons Geschlecht und von Judas Stamm hat gesiegt« überliefert hatte.

Das *Kebra Nagest*, und damit kommen wir zum eigentlichen Thema zurück, enthält nun einige sehr interessante Passagen über die Lade des Bundes die Erich von Däniken (1979) dazu veranlaßten, einen Transport der Manna-Maschine nach Äthiopien zu postulieren. Wir wollen uns kurz mit dieser Möglichkeit beschäftigen.

Im *Kebra Nagest* findet sich ein aufschlußreicher Vers über den Inhalt der Bundeslade, wie wir ihn aus der Bibel nicht kennen. Das Epos beschreibt, in der Lade habe sich etwas »Himmlisches« befunden, etwas, das »nicht von der Hand eines menschlichen Künstlers« geschaffen worden war. Dieses Etwas sei »von wunderbarer Farbe und Arbeit, ähnlich dem Jaspis, dem Glanzerz, dem Topas, dem Edelstein, dem Kristall und dem Licht« gewesen, etwas, das »die Augen entzückt« und die »Sinne verwirrt« habe. Eine solche Beschreibung paßt sehr gut zur Manna-Maschine bzw. zum Gral, der mit den gleichen Attributen und Merkmalen versehen wurde.

Wichtig ist ferner eine Passage, die sich über jene Geschenke ausläßt, die Salomo Makada bei ihrem Besuch überließ, nämlich

> *»... alle wünschenswerten Herrlichkeiten und Reichtümer, augenfesselnde schöne Kleider und alle dem Lande Äthiopien erwünschte Herrlichkeiten, Kamele und Wagen an die 6000, die mit kostbaren, wünschenswerten Geräten beladen waren, Gefährte, in denen man auf dem Lande fuhr, und einen Wagen, der durch die Lüfte fuhr, den er gemäß der ihm von Gott verliehenen Weisheit angefertigt hatte«. (Kap. 30)*

Man könnte das Ganze als Legende abtun, als orientalisches Märchen, gewissermaßen als einen »fliegenden Teppich« des König Salomo. Aber das wäre letztlich zu einfach, zumal auch jüdische Sagen von einem solchen Fluggerät berichten und es sowohl in der Türkei als auch in Indien Berge gibt, auf denen – der Sage zufolge – Salomo einst mit seinem Luftschiff gelandet und Tempel errichtet haben soll (vgl. hierzu auch E. v. Däniken, 1987).

Wie dem auch sei, grundsätzlich wichtig ist dieses Detail für den weiteren Ablauf der Geschehnisse nicht. Als der Sohn Salomos nach etlichen Jahren seinen Vater besucht (mit eben diesem Fluggerät), wird er zwar fürstlich empfangen, hat aber einen Herzenswunsch, von dem nur Salomo erfahren darf: Er möchte als Geschenk die Bundeslade mitnehmen, zurück nach Äthiopien.

Wir wissen nicht, welchen Einfluß Baisa-Lekhem auf seinen Vater hatte, jedenfalls sagte Salomo nach einigem Bedenken zu. Er machte allerdings zur Bedingung, daß der Abtransport der Bundeslade in aller Stille zu erfolgen hatte und er selber offiziell nichts davon wußte.

Baisa-Lekhem willigt ein. Er und drei seiner Halbbrüder bereiten das Unternehmen vor: Sie lassen in der Stadt Jerusalem von mehreren Handwerkern Teile der Bundeslade nachbauen. Baisa-Lekhem, der als Königssohn überall Zutritt hat, verschafft daraufhin eines Nachts seinen Brüdern heimlich Eintritt in das Allerheiligste. Dort setzen sie die vorgefertigten Teile der Attrappen-Lade zusammen, nehmen die echte Lade und verlassen heimlich den Tempel. Bei der Abreise wenige Tage später verbergen sie das Gerät unter anderen Geschenken, verstauen es auf dem Flugwagen und ziehen davon.

Erst Tage später kommt der ganze Schwindel heraus: König Salomo, der sich gemäß der Abmachung mit seinem Sohn nichts anmerken lassen darf, setzt eine Suchmannschaft ein, aber die Äthiopier haben einen solchen Vorsprung, daß er von ihnen nicht mehr einzuholen ist. Zu Hause angekommen, werden die Heimkehrer jubelnd begrüßt, Makada tritt die Herrschaft an ihren Sohn ab, der sich fortan Menelik I. nennt, und »man ließ die heilige Lade auf der Festung von Makada-Burg wohnen«. Seither ist die Bundeslade in Äthiopien, und zwar möglicherweise in Auxum, dem Zentrum des koptischen Christentums. Dort soll sie sich noch heute in der Obhut der Priester der Marien-Kathedrale befinden. Die Bundeslade – nicht aber die Manna-Maschine, wie E. v. Däniken (1979) vermutete. Aus mehreren Gründen ist dies unwahrscheinlich:

Der wichtigste Einwand gegen eine solche Vermutung ist die Person Salomos selbst. Entsprechend dem *Kebra Nagest* »erschrak« der König lediglich, als sein Sohn ihm den Wunsch offenbarte. E. v. Däniken nahm daher an, daß »sie [die Lade], so wie sie dastand, keinen besondern Nutzen mehr hatte oder daß er [Salomo], eingedenk hübscher Schäferstündchen, der fernen Makada Sicherheit vermitteln wollte durch die Abstellung des Gerätes in ihrem Palast«.

Ein solcher Denkprozeß Salomos widerspricht aber allem, was wir über diesen sehr nüchternen und geschäftstüchtigen Mann wissen. Man überlege nur, welches Vermögen und welche Arbeit Salomo in den Bau des Tempels investierte, der dazu dienen sollte, der Lade und der Manna-Maschine einen würdigen Aufenthaltsort zu bereiten.

Man vergegenwärtige sich die im Alten Testament beschriebenen Freudenfeste, als das Bauwerk vollendet und die Lade Einzug in das Gotteshaus gehalten hatte. Keine Erinnerung an die schöne Makada, kein noch so betörendes Bitten seines Sohnes werden Salomo dazu bewogen haben, dieses größte Wunder seines Volkes für immer aus den Händen zu geben.

Es ist zudem sehr unwahrscheinlich, daß Baisa-Lekhem überhaupt über Informationen der Manna-Maschine im Inneren der Lade verfügte. Woher auch? Die einzigen, die darüber Bescheid wußten, waren Salomo und die Priester. Stillschweigen zum Thema Manna-Maschine war oberstes Gebot. Niemand durfte davon erfahren.

Wenn also Salomo zugestimmt hat, dann nur in einer Weise, die seiner Intelligenz und Weitsicht entsprochen hat. Baisa-Lekhem nahm die Lade mit nach Äthiopien – aber diese Lade war leer! Es befand sich nichts darin, weder der Stab des Aaron noch die Gesetzesschriften, noch die Manna-Maschine. Daß die Lade wirklich leer war, bestätigt uns auch der *Kebra Nagest* im 62. Kapitel. Beschrieben wird jener Moment, in dem Salomo den Verlust der Lade beklagt.

> *Da hob Salomo wiederum an und sprach zu ihnen: »Höret nun auf, damit sich nicht die unbeschnittenen Völker vor uns brüsten und zu uns sagen: Ihr Ruhm ist vernichtet worden, und der Herr hat sie verlassen. Entdecket hiervon nie mehr etwas den anderen Völkern. Jene Bretter aber, die hierher gelehnt und zusammengefügt sind, laßt uns aufstellen, mit Gold überziehen und schmücken gleich wie unsere Herrin Zion (die Lade). Und auch die Schrift des Gesetzes laßt uns hineinlegen!«*

Die Gesetzestafeln befanden sich also außerhalb der Lade. Und mit dem Stab des Aaron und der Manna-Maschine wird es sich nicht anders verhalten haben. Baisa-Lekhem hatte Israel hereinlegen wollen, in Wirklichkeit aber war es genau umgekehrt: Der König ließ seinen Sohn mit der Bundeslade ziehen, in der Gewißheit, die Manna-Maschine, das eigentliche Heiligtum, bewahrt zu haben. Salomo wäre nicht als »der Weise« in die Geschichte Israels eingegangen, hätte er in dieser Situation anders gehandelt.

Schließlich sei in diesem Zusammenhang noch darauf verwiesen, daß selbst Wolfram von Eschenbach beim Niederlegen seiner Gralsgeschichte Verbindungen mit Äthiopien nicht ganz unbekannt waren. Joachim Bumke (1970) schreibt dazu: »Ferner läßt sich Wolframs Gralstein mit dem abessinischen ›Tabot‹ in Zusammenhang bringen, einer Holz- (oder Stein-)Platte, die als Altartisch diente und als Abbildung der Gesetzestafeln angesehen wurde. Außerdem geht die Erzählung von Belakane und Feirefiz vielleicht auf die äthiopische Legende von der Königin von Saba und der Bundeslade zurück.«

Wo blieb die Manna-Maschine?

Die Manna-Maschine, dieser »Transportierbare mit den Behältern«, befand sich nach der Abreise Baisa-Lekhems noch immer in Jerusalem, in einer neuen Lade zwar, aber das war augenscheinlich nur von sekundärer Bedeutung. Das Allerheiligste durfte ohnehin nur der Hohepriester betreten, und der wußte nur zu gut, worum es in Wirklichkeit ging. Daran änderte sich jahrhundertelang nichts, bis zu jenem Tag, an dem Babylon zum Vernichtungsschlag gegen Jerusalem ausholte.

Im Jahre 597 v. Chr. überrannten die babylonischen Heere die Hauptstadt des Reiches Juda (Israel war um 926 in zwei Teile zerfallen: in ein Nordreich, das den Namen beibehielt, und ein Südreich mit Namen Juda, dessen Hauptstadt Jerusalem blieb), plünderten sie und deportierten die Angehörigen der Führungsschicht nach Mesopotamien. Aber noch immer regte sich Widerstand, und so wurde Jerusalem um 587 v. Chr. erneut angegriffen und dem Erdboden gleichgemacht. Von der Stadt und dem Tempel blieb nichts mehr übrig.

Schon früher hatten Ägypter und Assyrer Jerusalem belagert, ausgeplündert und dabei einen Großteil der Tempel- und Palastschätze gestohlen. Natürlich gibt es keine Unterlagen darüber, ob unter diesen Schätzen auch die neue Lade und die Manna-Maschine waren, aber dies ist sehr unwahrscheinlich, denn die Priester dürften diesen wertvollen Gegenstand vorher sicher versteckt haben.

Und beim Angriff der Baylonier? Es gibt drei Versionen, die uns weiterhelfen könnten. Die eine besagt, die Lade sei – zusammen mit anderen Schätzen – nach Babylon gelangt. Eine zweite meint, sie sei unter dem Boden des zweiten, späteren Tempels versteckt gewesen, ohne uns einen Hinweis darauf zu geben, wo sie sich in der Zwischenzeit befand. Und schließlich gibt es eine Passage im 2. Buch der Makkabäer, Kapitel 2:

> *4. So stand das auch in derselben Schrift, daß der Prophet [Jeremias] nach göttlichem Befehl sie geheißen habe, daß sie die Hütte des Zeugnisses und die Lade sollten mitnehnen. Als sie nun an den Berg kamen, darauf Mose gewesen war und des Herrn Erbland gesehen hatte, fand Jeremias eine Höhle; darin versteckte er die Hütte und die Lade und den Altar des Räucheropfers und verschloß das Loch. Aber etliche, die auch mitgingen, wollten sich das Loch merken und zeihnen; sie konnten es aber nicht finden. Da das Jeremias erfuhr, strafte er sie und sprach: Diese Stätte darf kein Mensch finden noch wissen, bis der Herr sein Volk wieder zuhauf bringen und gnädig sein wird. Dann wird es ihnen der Herr wohl offenbaren, und man wird dann die Herrlichkeit sehen in einer Wolke, wie er zu Moses Zeiten erschien.*

Mit dem Berg, »darauf Mose gewesen war«, ist der Berg *Nebo* gemeint, auf dem der Führer der Israeliten das »Gelobte Land« von »Gott« gezeigt bekam. Der *Nebo* (heute *Daschabal an-Naba*) ist die höchste Erhebung des *Abaraim*-Gebirges und etwa 50 km von Jerusalem entfernt. Es ist also durchaus vorstellbar, daß Jeremias und einige Helfer Lade und Manna-Maschine samt anderem Tempelgerät rechtzeitig in dem zerklüfteten und von Höhlensystemen durchzogenen Gebirge in Sicherheit gebracht haben.

Dies ist der letzte Hinweis auf die Manna-Maschine, den wir alttestamentlichen, apokryphen oder anderen vorchristlichen außerbiblischen Quellen entnehmen können. Es gibt keine uns bekannte weitere Überlieferung, die einen Hinweis auf den Verbleib der (nachgebauten) Kiste mit ihrem wertvollen Inhalt unter dem Namen »Bundeslade« geben könnte. Lediglich der Kult um sie wird aufrechterhalten, spiegelt sich auch heute noch in vielen religiösen Gebräuchen des Juden-, z. T. auch des Christentums wider, wenngleich die Ausführung bereits zu salomonischer Zeit völlig sinnlos geworden war. Insbesondere die zeremoniellen Handlungen am Jom-Kipur-Tag, aber auch so scheinbar banale und in ihrer ursprünglichen Bedeutung kaum mehr bekannte Sitten wie

● das Bartschneideverbot der orthodoxen Juden (zurückgehend auf die Vorsicht beim Umgang mit »Bärten« des OTHIQ IVMIN),

● das Gebot, in der Synagoge eine Mütze oder eine Kappe zu tragen (zurückgehend auf die Anweisung, im Allerheiligsten beim Umgang mit der Maschine die Haare abzudecken),

● die Salbung mit Öl (ursprünglich nichts anderes als die Ölung beweglicher Teile der Maschine, später die vollständige Ölung des Hohenpriesters beim jährlichen Eintritt in das Allerheiligste),

● das Ruhegebot am Sabbat (an diesem Tag »ruhte« auch die Maschine) sowie

● das damit zusammenhängende Verbot *unwesentlicher* Arbeit (die Arbeitskraft der Priester mußte für die Reinigung der Maschine zur Verfügung stehen),

● der Brauch der Beschneidung (geboren aus der Angst, das Abflußrohr der Maschine könne sich verstopfen und das lebensnotwendige Manna ausbleiben),

● der Brauch, nur ungesäuertes (d. h. hefeloses) Brot zu essen (die Verwendung von Hefe hätte in der Wüste zu einer Nahrungskatastrophe führen können; nur ein einziger Hefekeim hätte genügt, Zucker und Stärke in der Algenkultur in kürzester Frist in Alkohol umzuwandeln: die Maschine wäre – wie Sassoon und Dale schreiben – zwar noch »als Brauerei funktionsfähig gewesen«, und die Israeliten hätten »für eine gewaltige Sause ein Faß aufmachen« können, danach aber hätte die gesamte Kultur vernichtet, die Maschine gründlichst gereinigt und eine neue Kultur angesetzt werden müssen; eine mehrtägige Hungersnot wäre die Folge gewesen),

● oder die auch in die christlichen Liturgien übernommenen Wechselgebete zwischen Priestern und Gläubigen (was vermutlich auf das Verlesen und Bestätigen von auf Checklisten angegebenen Handgriffen beim Auseinandernehmen, Reinigen und Wiederzusammensetzen der Maschine zurückgeht).

All das hat sich bis heute erhalten, wird im wahrsten Sinne des Wortes »nachgebetet«, ohne daß sich jemand bewußt ist, auf was sich diese Formeln, Rituale und Gebräuche im Ursprung gründen (vgl. hierzu auch die Untersuchungen Sassoons und Dales, 1979).

Die Manna-Maschine selbst aber blieb bisher – scheinbar – verschollen, war nur noch ein Mythos aus längst vergangenen Tagen. Und trotzdem gab es auch weiterhin »Erinnerungen« an sie, etwa im *Talmud*, wo uns der seltsame Begriff der *Schechina* begegnet.

Der *Talmud* ist ein in der frühen nachbiblischen Zeit (bis etwa 200 n. Chr.) entstandenes Werk der jüdischen Lehre. Hervorgegangen aus der *Mischna* des Rabbi Jehuda, bildet der *Talmud* neben der Bibel (Altes Testament) das wichtigste Buch des Judentums. Er wurde im Laufe der Zeit durch Kommentare erweitert und enthält Erzählgut in Form von Legenden, Gleichnissen, Sprüchen, Vorträgen und Gebeten.

Der Begriff *Schechina*, wie er im *Talmud* oder im *Midrasch* (einer weiteren Kommentierung des AT) besteht, bedeutet wörtlich: »Sich-niederlassen«, »Ruhen« oder »Wohnen«. Es ist ein schwieriger Begriff, dessen Inhalt sich im Laufe der Zeit wandelte, der aber ursprünglich nichts anderes bedeutete als »Gottes Anwesenheit unter den Menschen«, namentlich seine körperliche Anwesenheit. A. Hauck schreibt in seiner »Realencyclopädie für protestantische Theologie und Kirche« dazu: »Somit haben wir in Schechina einen Decknamen oder eine Nebenbenennung Gottes, die für Gott selbst steht, ihn aber nach einer bstimmten Wesensseite, nämlich nach seiner realen Gegenwart in der Welt, dem menschlichen Bewußtsein nahebringt.« Diese reale Gegenwart äußert sich im AT nach Ansicht der jüdischen Theologie in der Form der Feuer- und Flammensäule, aber damit ist, so »Wetzer und Welters Kirchenlexikon« (1899), »bloß die über dem Gnadenthron oder beim Sühndeckel der Bundeslade thronende Wolke, durch welche Gott der Herr seine Gegenwart kundgab«, gemeint.

Hier ergibt sich eine Beziehung zu unserem Thema. Der Begriff *Schechina* steht offensichtlich in sehr engem Kontext zur Bundeslade. In der Tat glauben wir Hinweise dafür zu haben, daß *Schechina* nichts anderes ist als ein weiteres Synonym der Manna-Maschine.

Im 2. Buch Mose, Kapitel 34, finden wir die folgende Passage:

14. Er [Gott] *sprach: Mein Angesicht soll vorangehen; ich will dich zur Ruhe geleiten.*
15. *Mose aber sprach zu ihm: Wenn nicht dein Angesicht vorangeht, so führe uns nicht von hier herauf.*

Der Terminus »Angesicht« ist hier nur eine ungenaue Übersetzung, denn nach A. Hauck (1899) müßte es eigentlich heißen: » Meine

Schechina soll vorangehen« bzw. »Wenn deine Schechina nicht mit uns geht, ziehen wir nicht von dannen«. Ähnlich verhält es sich auch im gleichen Buch, 34. Kapitel:

8. *Und Mose neigte sich eilends zur Erde und betete an*
9. *und sprach: Hab ich, Herr, Gnade gefunden vor deinen Augen,*
so gehe der Herr in unserer Mitte, denn es ist ein halsstarrig Volk.

Auch hier sollte es richtigerweise heißen: »...so gehe deine Schechina in unserer Mitte«. *Schechina* und Gott waren also nicht identisch miteinander. Gershom Scholem (1952) schreibt dazu: »Der mittelalterlichen Philosophie des Judentums war die Schechina als eine Manifestation Gottes durchaus gegenwärtig, und zwar gerade als etwas von Gott selbst Unterschiedenes.« Dies wäre auch – vorausgesetzt, mit *Schechina* und Manna-Maschine ist das gleiche gemeint – als vernünftig anzunehmen, denn nach A. Hauck (1899) »begleitete die Schechina das Volk Israel auf seinem Wüstenzuge«, und auch »nach der Eroberung des Landes Kanaan wanderte die Schechina überall dahin, wo das Stiftszelt aufgeschlagen wurde bis sie endlich in dem von David und Salomo errichteten Tempel auf längere Zeit eine Ruhestätte fand. Im Tempel ruhte die Schechina an der Abendseite [also im Westen, wie Bundeslade und Manna-Maschine, Anmerk. d. Verf.]. Mit der Auflösung des ersten Staatslebens zog sie nach der Ansicht einiger Lehrautoritäten mit dem Volke ins Exil, und wenn es erlöst wird, wird sie mit ihm erlöst, nach der Ansicht anderer dagegen zog sie sich wieder in den Himmel zurück.« Dies alles trifft exakt auf die Manna-Maschine zu, ja, die Übereinstimmung ist noch frappierender. A. Hauck (1899) schreibt: »Somit fehlte im zweiten Tempel [dem Herodanischen, Anmerk d. Verf.] die Schechina, wie auch die Bundeslade mit dem Sühnedeckel, die Cherubim, das die Opfer verzehrende himmlische Feuer, der heilige Geist und die Urim und Thummin [vgl. dazu Sassoon/Dale, Seite 322, Anmerk. d. Verf.] fehlten.« Die *Schechina* war also etwas von der Bundeslade Unabhängiges, das dem zweiten, wiederaufgebauten Tempel genauso fehlte wie die anderen heiligen Geräte.
Einer Legende nach soll die *Schechina* bereits im Paradies anwesend gewesen und erst durch die Sünde Adam und Evas wieder zum Himmel entrückt worden sein. Sieben frommen Menschen aber sei es

zu verdanken, daß die *Schechina* schließlich zur Erde zurückkehrte. Diese Reihe fängt bei Abraham an und endet bei... Mose. »Letzterer brachte sie von den Oberen ganz zu den Unteren« (A. Hauck, 1899), d. h. durch ihn wurde die *Schechina* zur Erde gebracht.

Schechina wird, wir vermerkten es bereits, auf das »Wohnen« Gottes inmitten seines Volkes bezogen. Dieses Wohnen wiederum bezieht sich auf das Innere der Bundeslade, wie wir beispielsweise dem 2. Buch Mose, Kapitel 25, entnehmen können.

8. *Und sie sollen mir ein Heiligtum machen, daß ich unter ihnen wohne.*

Der allmächtige Gott, in der Bundeslade eingesperrt – das ist eine wahrhaft lächerliche Vorstellung. Aber bei dem, was sich in der Lade befand, handelt es sich eben nicht um den Schöpfer des Alls, sondern um etwas sehr Materielles. A. Hauck (1899) schreibt dazu: »Als Aaron sich in die Gewänder des Hohenpriesters hüllte und zum erstenmal den Tempeldienst verrichtete, ruhte die Schechina auf seinen Händen. Nach einer Legende sah Simeon der Gerechte bei seinem alljährlichen Eintritt in das Allerheiligste die Schechina mit eigenen Augen.« Die *Schechina* war also keineswegs Gott, sondern lediglich etwas von »Gott« Geschaffenes, denn »alle Philosophen, von Saadja über Juda Halevi zu Maimonides, erklären übereinstimmend, daß die Schechina... eine freie Schöpfung Gottes sei...« (G. Scholem, 1952).

Interessanterweise, und auch das bestätigt unsere Vermutung einer Identität von *Schechina* und Manna-Maschine, ist häufig vom »Angesicht« der *Schechina* die Rede, was uns an »das Kleine Gesicht« des Gerätes erinnert. Dies bestätigt wiederum A. Hauck, wenn er schreibt: »Zuweilen heißt die Schechina selbst Bild. Endlich weisen noch die Redensarten, das Angesicht der Schechina empfangen und sich am Glanze der Schechina laben, auf sinnliche Vorstellungen der Schechina hin. Wer das Angesicht der Schechina empfängt, hat schon hier auf Erden einen Vorgeschmack der Seligkeit.«

Und schließlich faßt Gershom Scholem zusammen: »So war denn die Schechina in ihren Tagen in suspenso [wörtlich: hing in der Luft, Anmerk. d. Verf.] und fand keine Ruhestätte für ihre Füße auf Erden, wie am Anfang der Schöpfung. Da kamen Moses und ganz Israel und bauten die Wohnung [das Stiftszelt und die Lade, Anmerk. d. Verf.]

und seine Geräte und besserten die in Verfall geratenen Kanäle aus, ordneten die Deiche und bereiteten die Teiche zu, pumpten lebendiges Wasser aus dem Pumphaus hinein und führten die Schechina zu ihrer Wohnung bei den Unteren zurück, freilich nur ins Zelt, nicht auf den Boden, so daß die Schechina wie ein Gast mit Israel von Ort zu Ort zog, bis David und Salomo ihr dann einen ›festen Boden unter den Füßen‹ im Tempel in Zion schafften.« – Eine Beschreibung, die mit ihren technisch anmutenden Vorgängen (es sei hier auf die Schlauchsysteme und Kultivierungsbehälter hingewiesen, die einmal wöchentlich gereinigt werden mußten) interessante Parallelen aufzeigt.

Zusammenfassend können wir über die *Schechina* damit Folgendes sagen: 1. Sie kommt zur Zeit Moses' auf die Erde; 2. sie ist nicht identisch mit Gott, genauso wie im OThIQ IVMIN zwar Gott verehrt, dieser aber nicht mit ihm identifiziert wurde; 3. die *Schechina* befindet sich in der Bundeslade; 4. die *Schechina* ist etwas Materielles, etwas, das man sehen und anfassen kann; 5. sie begleitet das Volk Israel durch die Wüste, befindet sich mit dem anderen Gerät im Salomonischen Tempel und ist wie dieses nach der Zerstörung des Gotteshauses verschwunden; 6. mit der *Schechina* ist eine Tätigkeit verbunden gewesen, die sich auf das »Ausbessern« von »Kanälen«, »Pumpen« usw. bezog und zur Zeit der Wüstenwanderung durchgeführt wurde, 7. die *Schechina* besitzt ein »Angesicht«; 8. man kann die *Schechina* »empfangen« und sich an ihr »laben«.

All diese Charakterisierungen aber treffen nach unserem Wissen nur auf einen einzigen Gegenstand der jüdischen Geschichte zu: auf die Manna-Maschine. Nur sie vereinigt in sich all diese Eigenschaften und Charakterisierungen, nur sie kann mit »Schechina« tatsächlich gemeint sein.
Gibt es nun eine Beziehung zum Heiligen Gral? In seinem Buch »Zur Entwicklung der kabbalistischen Konzeption der Schechina« (1952) schreibt G. Scholem über das im 12. Jahrhundert entstandene jüdische Buch »Bahir«: »Die Schechina ist nicht nur das ›vas pretiosum‹, das ›schöne Gefäß‹, sie ist an mehreren Stellen des Bahir selber der Edelstein oder die Perle … Jüdische Legende verzeichnet schließlich noch, der Glanz der Schechina mache alle, auf die er falle, frei von Krankheit, und weder Insekten noch Dämonen können ihm näher

kommen, um ihm Schaden zu tun.« Scholem weist darüber hinaus auf die mit der *Schechina* verbundenen Vorstellungen von einem *Stein* hin und macht eine weitere Kennzeichnung deutlich, indem er von der *Schechina* als einem sich im »Exil« befindlichen »Etwas« spricht. Und genau als »Stein des Exils« hatte unter anderem Joachim Bumke (1970) Wolframs *lapsit exillis* gedeutet. Herbert Kolb (1956) bestätigt diese Ansicht: »Diese Benennung (lapsit exillis) würde auf die Schechina, symbolisiert in einem heiligen Stein, genau zutreffen, die mit der Zerstörung des jüdischen Tempels in Jerusalem und mit der Zerstreuung des Volkes Israel in das Exil gegangen ist.«

Damit ist die Verbindung hergestellt. Die Manna-Maschine, in der jüdischen Geheimüberlieferung der Kabbalah als OThIQ IVMIN (»Alter der Tage« bzw. »Der Transportierbare mit den Behältern«) bezeichnet, wird in der offiziellen hebräischen Literatur des *Talmud* zur *Schechina* und diese wiederum zum heiligen Gral des Hochmittelalters. Wir finden dies bestätigt durch H. Goetz (1967). Er schreibt: »In Wolframs einigermaßen wirrer Schilderung des Grals mischt sich mit dem Gleichnis des Lapis exillis der Alchimie und des lapis exulis der verkörperten Schechina der Kabbalah noch ein weiteres Vorbild...«

Auch H. Kolb (1956) ist dieser Meinung: »...weil sie [die *Schechina*, Anmerk. d. Verf.] nur einem Propheten oder einer wohlgefälligen Menge an einem bestimmten Ort sichtbar ist. Hier wird die Vorstellung einer hypostasierten [verdinglichten, vergegenständlichten, Anmerk. d. Verf.] Schechina als einer von Gott selbst unterschiedenen Substanz sehr deutlich; nach Yehuda ha-Levi ist sie nur dem reinen und gläubigen Auserwählten sichtbar, und ihr Anschauen an dem für sie bestimmten Ort nach ›Herz und Seele nur ein lauter‹ (Al Kuzari)... Und hier dürfte eine sonst kaum auffindbare Gemeinsamkeit mit dem Gral Kyot-Wolframscher Auffassung liegen: Die Schechina war mit Gott schon da; sie existierte, bevor Gott die Welt erschuf, wie der Gral schon existierte, bevor Gottes Schöpfungswerk vollendet wurde. Denn der Streit zwischen Gott und Luzifer... ging der materiellen Weltschöpfung voraus.«

Und schließlich schreibt der gleiche Autor (1963): »Der Name ›gral‹ scheint ein Geheimname für die hebräische Schechina zu sein.« Sowie an anderer Stelle: »Wenn es zuträfe, daß der Gralstein eine bestimmte Gestalt der verdinglichten Schechinah darstellte und das Wort *grál* einen geheimen Sondernamen der Schechinah in wahrscheinlich arabischer Sprache bedeutete, so müßte der Gral in seinem Innersten ein Symbolgegenstand sein, in welchem sich das ›Wohnen‹ Gottes ausdrückt, eine Verdinglichung seiner ständigen unsichtbaren Gegenwart unter auserwälten Menschen an einem bestimmten Ort. Daß es so sein könnte, dafür gibt es bei Wolfram sehr deutliche Anzeichen.« Doch es existiert noch eine weitere Spur, die uns das Geheimnis der Überlieferung vom Gral aufhellen läßt. Wir waren im zweiten Kapitel auf die verschiedenen Ursprünge eingegangen, die zur Parzivallegende des 12. und 13. Jahrhunderts geführt haben. Eine sehr bedeutende Quelle haben wir dabei jedoch noch nicht behandelt. Nun ist es an der Zeit, daß wir uns ihr zuwenden.

Kapitel VIII

Kyot

Einst, nach überlanger Weile,
werde ich verstanden sein.

Christian Morgenstern
(1871–1914)

Streit um Kyot

Kehren wir zurück zur Literatur des Mittelalters, zur Parzivallegende von Robert de Boron, Chrestian de Troyes und Wolfram von Eschenbach. Im zweiten Kapitel war aufgezeigt worden, daß es verschiedene – christliche wie außerchristliche – Motive sind, die sich um das zentrale Thema der Gralssage anordnen. Die mittelalterlichen Dichter geben uns Hinweise auf den Ursprung der im Mittelpunkt stehenden Überlieferung. Robert de Boron bezog seine Quellen, wie er schreibt, aus einem »großen Buch«, in dem »die erhabenen Mysterien beschrieben sind, die nach dem gral benannt sind«. An anderer Stelle geht er nochmals auf dieses Buch ein, es wird aber nicht ganz deutlich, ob er es selbst in seinem Besitz hatte oder lediglich über andere Quellen daraus zitiert: »...ich tue allen denen zu wissen, die dieses Buch haben wollen, daß, wenn Gott mir Gesundheit und Leben gibt, ich wohl den Willen habe, diese Teile zu vereinigen, falls ich sie in einem Buch [d. h. in einer Handschrift dieses Buches, Anmerk. d. Verf.] finden kann.« Immerhin dürfte auch Chrestian aus einem solchen Buch geschöpft haben. In seiner Einführung zum »Conte Saint Graal«, das er dem Grafen Philipp von Flandern widmete, bemerkt er:

*So wird also Chrestian seine Mühe nicht umsonst gehabt haben,
wenn er auf Geheiß des Grafen sich mühet und strebt, die beste
Geschichte zu dichten, die jemals an einem Königshofe erzählt
wurde. Das ist die Erzählung vom Gral, zu der der Graf ihm das
Buch übergab.*

Am ausführlichsten geht Wolfram von Eschenbach auf dieses Buch
ein. Er schreibt über seinen Inhalt, seine Entdeckung und seinen
Finder. Über letzteren weiß er zu berichten (453, 1–22):

> *Kyôt der meister wol bekant
> ze Dôlét verworfen ligen vant
> in heidenischer schrifte
> dirre âventiure gestifte
> dér karácter âbc
> muoser hân gelernet ê.
> ân den lìst von nìgromânzi.
> ez half, daz ime der tôuf was bì;
> anders wáe dis máere och unvernumen.
> kein heidensch list möht uns gefrumen
> ze künden umbes grâles art,
> wi man siner tougen innen wart.*

* * *

> *Kyot, der wohlbekannte Meister,
> fand zu Toledo verworfen
> in heidnischer Schrift
> die Urfassung der Aventüre.
> Den Sinn des Abc
> mußte er zuerst lernen,* *
> Und außerdem die Schwarze Kunst.
> Es half ihm, daß er getauft war.
> Andernfalls wäre diese Märe noch heute unvernommen.
> Keine heidnische List würde uns dazu verhelfen,
> von des Grales Art zu künden,
> wie man seiner Geheimnisse inneward.*

---

* Nach P. Piper (1899): Die Buchstaben des Werkes mußte er zuerst lernen.

Dieser Kyot, der »wohlbekannte Meister«, er stellt – obwohl Wolfram sich mehrmals auf ihn bezieht – das wohl größte Problem der Parzival-Forschung dar. Denn obwohl er nach Wolfram »wohlbekannt« gewesen sein soll, findet sich doch nirgendwo in der Literaturgeschichte eine Spur von ihm. Zweifel an seiner Existenz wurden erstmals im vergangenen Jahrhundert von dem Philologen Karl Simrock geäußert und haben bisher immer wieder Anhänger gefunden. Simrock zielte mit seinen Arbeiten insbesondere darauf zu beweisen, daß Wolfram für seinen Parzival keinen »Kyot nötig« gehabt hatte, daß er selbständig dazu in der Lage gewesen sei, die von Chrestian abweichenden Passagen des »Parzival niederzulegen. Kyot wäre somit nur eine Fiktion, eine erfundene Quelle, um die Beweiskraft der eigenen Dichtung zu untermauern.

An dieser Stelle ist es notwendig darauf hinzuweisen, daß Simrock Germanist war und Wolfram gewissermaßen sein »Favorit«. Und so verwundert es nicht, wenn Simrock ironisch-resümierend feststellt: »Glücklicherweise wird aber dieser Kyot, den die provenzalische Literatur so wenig kennt als auch die französische, aus der deutschen gestrichen werden müssen.«

War Kyot – nach Wolfram ein Mann aus der Provence – nur eine erdachte, eine fiktive Person? Wendelin Foerster, ein Romanist und seinerseits Chrestian-Anhänger, kam von einer ganz anderen Position zu dem gleichen Ergebnis. Auch für ihn war Kyot ein »Stein des Anstoßes, und zwar ein scheinbar recht wuchtiger und klobiger« (Foerster, 1914). Auch er meint: »Wolfram beruht also, was den Gralstoff betrifft, ganz allein auf Kristian – alles, was diesem fehlte, also die Vor- und Nachgeschichte, ist ebenso wie Kyot seine Erfindung.« Jeder, der einen anderen Standpunkt einnehme, sei ein »Sonderling« oder, wie Foerster schreibt ein »Kyotling« und seine Position ein »trauriges Zeichen der Zeit«.

Beide, sowohl Simrock als auch Foerster, haben bis heute ihre Anhänger behalten. Dabei ist es doch, wie H. Kolb (1963) in einem Rückblick auf die Geschichte dieses Kyot-Streites schreibt, »sonderbar zu sehen, wie Foerster und Simrock, obwohl ihre Beweggründe völlig verschieden, zumeist einander geradezu entgegengesetzt sind, sich im Zweifel an Kyot zusammenfinden«. Ihre Entscheidung sei von vornherein bestimmt durch die Anhänglichkeit an Chrestian bzw. Wolfram. Kolb: »Der Leidtragende in beiden Fällen ist Kyot; gegen die

Bezeugungen Wolframs wird die bloße Möglichkeit seiner Existenz bestritten, bevor das Für und Wider sachgerecht abgewogen ist.«

In der Tat nimmt sich der ganze Streit um den »Provenzalen Kyot« zuweilen eher wie ein Glaubensstreit und eine Posse als eine wissenschaftliche Diskussion aus. Man spricht Wolfram von vornherein ab, die Wahrheit zu sagen, im Grunde auf das wenig aussagekräftige Ergebnis der bisherigen Forschung hin, einen Kyot im Zeitalter Wolframs oder davor nicht entdecken zu können. Dabei nennt Wolfram Kyot als eigentlichen Urheber »seiner« Grals-Geschichte nicht nur an der bereits angeführten Stelle, sondern nochmals deutlich im Epilog des Parzival (827, 1–13):

> Ob von Tróys méister Chrìstjân
> diesem máere hât unréht getân,
> daz mac wol zürnen Kŷôt,
> der uns diu rehten maere enbôt.
> éndehaft giht der Provenzâl,
> wie Herzeloyden kint den grâl
> erwarp, als im daz geordent was,
> dô in verwórhte Anfortas.
> von Provenz in tiuschiu lant
> diu rehten maere uns sint gesant,
> und dirre âventiur éndes zil.
> niht mêr dâvon nu sprechen wil
> ich Wolfram von Eschenbach,
> wan als dort der meister sprach.

∗ ∗ ∗

> Wenn der Meister Chrestian von Troyes
> dieser Geschichte unrecht getan hat,
> so darf das Kyot wohl erzürnen,
> der uns die rechte Geschichte überliefert hat.
> Wahrhaftig erzählte der Provenzale,
> wie Herzeloydes Kind den Gral
> erwarb, wo, wie es ihm bestimmt war.
> als Anfortas ihn verwirkt hatte.
> Von der Provence ins deutsche Land,
> wurde die rechte Geschichte uns gesandt.

Und diese Aventüre ist nun beendet.
Ich will jetzt nicht mehr davon erzählen,
ich, Wolfram von Eschenbach,
als es dort der Meister tat.

Zweifellos mag eine solche Stelle die Gemüter der Chrestian-Anhänger wie das des deutschen Dichters erregt haben, sagt Wolfram doch nichts anderes, als daß Chrestian, so, wie er den »Perceval« niederlegte, von der eigentlichen »Ur«-Fassung Kyots abwich, der »die rechte Märe« überliefert hat.

Aber das zeigt eben auch das Mithineinspielen von Emotionen in diesen Streit, bei dem es eigentlich schon längst nicht mehr darum geht, ob Kyot nun wirklich existiert hat oder nicht, sondern wie man die jeweilige Gegenseite mit immer neuen Argumenten (oder auch Pseudoargumenten) angreifen kann.

Im Grunde genommen aber ist ein solcher Streit müßig, führt man sich vor Augen, mit welcher Ernsthaftigkeit Wolfram gerade im oben zitierten Epilog von Chrestian einerseits und Kyot andererseits spricht. Und so schreibt denn auch H. Kolb (1963): »Man wird dem Epilog in seiner Gesamtheit Glauben schenken müssen, oder man dürfte ihm kein einziges Wort glauben; gegen diese letzte Möglichkeit aber stehen die Tatsachen. Hat man sich hingegen durch Überlegungen und Gründe für die erste Möglichkeit bestimmen lassen, so wird man der Konsequenz nicht ausweichen können, auch die übrigen Kyotberufungen Wolframs als glaubwürdig anzuerkennen.«

Neben den eindeutig auf Chrestian zurückzuführenden Passagen ist es vor allem das Verwenden arabischer Elemente (etwa das Nennen der sieben damals bekannten Planeten mit arabischen Namen, die arabischen Bezeichnungen zahlreicher Edelsteine, die Wolfram angibt, usw.), die auf eine solche Quelle neben Chrestian schließen lassen. Ebenso verhält es sich mit verschiedenen Details französischer Herkunft. W. Mohr (1979) spricht gerade dieses Thema an und betont nicht zu Unrecht: »Wie man jedoch ohne ›Kyot‹ mit den vielen Einzelfakten und Motiven fertig werden will, die Wolfram nicht aus Chrestians Roman entwickelt und kombiniert haben will, und die ihm aus irgendwelchen Quellen, vielfach nachweislich französischen, zugeflossen sein müssen, das ist ein Problem, das sich die Gegner einer Kyot-Hypothese nicht zu leicht machen dürfen.«

Vielleicht wird manchem Leser die Erörterung dieses Kyot-Problems in unserem Zusammenhang überflüssig erscheinen. Wir hielten es jedoch für richtig und wichtig, auch auf diese Diskussion kurz einzugehen, da sie einen nicht unwesentlichen Anteil der gesamten Sekundär-Literatur zum Thema »Parzival« ausmacht bzw. ausmachte. Denn die neuere Forschung wendet sich allgemein gesehen doch wieder der Anerkennung einer Kyot-Existenz in dieser oder jener Form zu, und so können wir abschließend mit vollem Recht mit F. Schröder (1959) sprechen, daß wir um die Existenz eines Parzival-Romans von Kyot »nicht herumkommen«.

Wer war nun dieser »Provenzale Kyot«? Wir haben bereits darauf verwiesen, daß bisher in der Literaturgeschichte aber auch in der eigentlichen historischen Forschung zu dieser Frage keine konkrete Antwort geliefert werden konnte. Die Geschichte kennt keinen »Provenzalen Kyot«, und deshalb ist auch bei jenen, die in ihm keine Fiktion sehen, noch immer nicht geklärt, wen Wolfram damit gemeint haben könnte. Interessanterweise tritt nämlich in seinem Epos eine handelnde Person auf, ein »Kyot von Katelangen«, der zu gewissen Unsicherheiten in der Diskussion geführt hat. Indessen dürfte aber klar sein, daß dieser »Kyot« nicht mit jenem identisch ist, dem Wolfram seine eigentlichen Grals-Quellen verdankt.

Die wohl am häufigsten geäußerte Vermutung bezieht sich (der Namensähnlichkeit wegen) auf einen gewissen Guit de Provence, einen Dichter, den Wolfram durchaus gekannt haben könnte. Problematisch bei dieser Annahme ist jedoch, daß Guit kein Epiker war wie Chrestian oder Wolfram, sondern Satiriker. Ihm einen »Ur-Parzival« zuzugestehen bereitet Schwierigkeiten. Es wurde auch versucht, »Kyot« oder »Gui« von »Guillem« (also »Wilhelm«) herzuleiten und dies auf einen gewissen Wilhelm von Tudela zu beziehen, der zwischen 1210 und 1213 den ersten Teil der »Chanson de la croisade albigeoise« schrieb. Diese Möglichkeit, in den letzten Jahren von den beiden Amerikanern Henry und Renée Kahane in die Diskussion gebracht, mag einige Vorteile aufweisen, ist aber insofern doch abzulehnen, als die Arbeit Wolframs bereits weitgehend abgeschlossen war, als Wilhelm mit der seinen begann.

Es gibt noch etliche andere Vermutungen, die hier aber nicht weiter berücksichtigt werden sollen. Es sollte lediglich gezeigt werden, daß es bis heute keine einheitliche Meinung hinsichtlich einer Identität Kyots mit einer anderen geschichtlichen Person gibt. Vermutlich handelt es sich um den Decknamen, das Pseudonym für einen Mann, der es aus bestimmten, uns unbekannten Gründen vorzog, seine wahre Identität nicht preiszugeben. Wir wollen aber – der Einfachheit halber – auch weiterhin beim Namen »Kyot« bleiben.

Das Buch »Flegetanis«

Kehren wir zum Wolfram-Text zurück. Der Dichter schreibt: »Kyot, der wohlbekannte Meister, fand, zu Toledo verworfen, in heidnischer Schrift, die Urfassung der Aventüre.« Toledo in Zentral-Spanien wird somit Angelpunkt unserer weiteren Erkundigungen. Dort nämlich fand der Gewährsmann Wolframs die Urfassung der Gralssage, und zwar, und das ist zunächst erstaunlich, »in heidnischer Schrift«.
Werfen wir einen Blick auf das Spanien des 12. Jahrhunderts. Etwa 500 Jahre zuvor, nämlich zwischen 711 und 715, war es (bis auf den Nord-Westen) unter Walid I. von den *Omaijaden* eingenommen worden. Der islamische Siegeszug durch Spanien hatte mit dem Überschreiten der Meerenge von Gibraltar durch Tarik und der Vernichtung des Westgotenheeres unter Roderich im Jahr 711 begonnen und konnte erst durch die Schlacht bei Tours und Poitiers (Frankreich) im Jahre 732 gestoppt werden. In Spanien selbst gründete 756 der dem Blutbad am Zab (einem Nebenfluß des Tigris, an dem die Moslem unter Merwan II. vernichtend geschlagen worden waren) entkommene Abd-Ar-Rahman das »Emirat der Omaijaden von Córdoba«. Cordoba und Toledo wurden Zentren des Islam in Spanien. Bedeutendster Herrscher war Abd-Ar-Rahman III. Im Jahre 1031 setzte die *Reconquista*, die Rückeroberung Spaniens, ein. 1118 fiel Zaragossa, 1235 eroberte Ferdinand III. Cordoba, aber erst 1492 wurde Granada, der letzte islamische Staat auf europäischem Boden, angegriffen und zurückgewonnen. Toledo selbst war bis 1058 in moslemischem Besitz. Aus dem Wolfram-Text geht leider nicht hervor, ob Kyot sich vor oder nach diesem Datum in der Stadt aufhielt. Bisher wurde fast ausschließlich die zweite Möglichkeit in Betracht gezogen, da man Kyot für einen direkten Zeitgenossen des Frankendichters hält. Wolfram indes nennt keine Lebensdaten Kyots, und so spricht im Grunde nichts dagegen, daß dieser auch schon vor 1058 in Toledo weilte.

Da er zuerst – also nach der Auffindung der Texte – »den Sinn des Abc lernen mußte«, ist wohl anzunehmen, daß er noch nicht Kenntnisse des Arabischen oder jedenfalls der die Urschrift ausmachenden »heidnischen« Sprache besaß. Interessant auch der Hinweis, er habe sich der Schwarzkunst (d. h. der »Magie«) zugewandt, ein Zeichen dafür, daß der Text nicht für jedermann zugänglich war und offenbar nur in bestimmten Zirkeln gelesen und verstanden wurde, d. h. eine Geheimschrift darstellte.

Die folgenden Verse behandeln Inhalt und Verfasser des Buches, das Kyot in Toledo entdeckte und das als Urquelle der Gralsüberlieferung gelten muß. Diese Verse sind für uns von entscheidender Bedeutung. Wolfram schreibt (453, 23–30 und 454, 1–30):

> *Ein heiden Flegetânis,*
> *beiagete an künste hôhen pris.*
> *der sélbe fisiôn*
> *was geborn von Sálmôn,*
> *ûz israhêlscher sippe erzilt*
> *von alter her, unz unser schilt*
> *der tóuf wárt fürz hellenfiur.*
> *der schreip vons grâles âventiur.*
> *er war ein heiden vaterhalp,*
> *Flégetânis, der an ein kalp*
> *bette, als ob es waere sin got.*
> *wie mac der tievel selhen spot*
> *gefüegen an sô wiser diet,*
> *daz si niht scheidet ode schiet*
> *dâvon, der treit die hoechsten hant*
> *unt dem élliu wunder sint bekant?*
> *Flégetânis der heiden*
> *kunde uns wol bescheiden.*
> *iesliches sternen hìnganc*
> *unt siner künfte widerwanc,*
> *wie lánge ieslicher umbe gêt,*
> *ê er wider an sin zil gestêt.*
> *mit der Sternen umbreise vart*
> *ist geprüevet aller menschlich art.*
> *Flégetânis der heiden sach*

dâvón er blûwecliche sprach,
im Gestirne mit sinen ourgen
vertrolenbaeriv tougen.
er iach, ez hieze ein dinc der grâl;
des namen las er sunder twâl
inme gestìrne, wie der hiez.
»ein schar in ûf der erden liez,
diu fúor ûf über die sternen hôch.
op dìe ir únschult wider zoch,
sit muoz sìn pflegen getouftiu fruht
mit álsô kìuschlicher zuht;
diu mennischeit ist iemer wert,
der zuo dem grâle wirt gegert.«

* * *

Ein Heide, Flegetanis,
einst hochberühmt durch seine Künste,
dieser Kenner der Natur [fision-Physiker]
war mütterlicherseits geboren von Salomo
[bzw. aus dem Geschlecht Salomons]
aus israelitischer Sippe
von alters her, bis unser Schild
die Taufe wurde gegen das Höllenfeuer.
Der schrieb von der Aventüre des Grals.
Väterlicherseits war er ein Heide,
Flegetanis, der ein Kalb
anbetete, als wäre es sein Gott.
Wie mag der Teufel seinen Spott
einem so weisen Volk zufügen,
daß es nicht unterscheidet [von einem Kalb]
von dem, der der Höchste ist
und dem alle Wunder bekannt sind.
Flegetanis, der Heide,
konnte uns wohl erklären,
wie jeglicher Stern untergeht
und wieder aufgeht,
wie lange er [am Himmel] entlangzieht,
ehe er wieder an seiner Stätte steht.

Mit dem Umlauf der Sterne
wird auch geprüft [oder: erkannt, bestimmt]
aller menschlichen Art.
Flegetanis, der Heide, sah,
– davon sprach er nur mit Scheu –
in den Sternen mit seinen Augen
geheimnisvoll Verborgenes.
Er sagte, es hieße ein Ding »der Gral«,
dessen Namen er deutlich gelesen hatte
[in den Sternen]:
»Eine Schar ihn auf der Erde ließ,
die fuhr auf hoch über die Sterne,
weil ihre Unschuld sie zurückzog.
Seither pflegt ihn getaufte Frucht,
mit Keuschheit und in reiner Zucht.
Die Menschen sind es immer wert,
die sich der Gral zum Dienst begehrt.«

Die besondere Bedeutung dieses Abschnittes wird dem Leser nicht entgangen sein. Unsere Aufmerksamkeit muß sich zwangsläufig auf diesen ominösen »Flegetanis« richten. Er wird von Wolfram als der eigentliche Autor des von Kyot entdeckten Buches bezeichnet. Folgen wir dem Parzival-Text, so war Flegetanis ein Weiser, ein Mann, der die Astronomie und – im Altertum damit immer verbunden – die Astrologie beherrschte, ein Naturforscher. Und schließlich (und das ist für uns von außerordentlicher Bedeutung): er stammte mütterlicherseits von Juden, väterlicherseits von Heiden ab. Wolfram konkretisiert diese Aussage sogar noch, indem er zum einen einen zeitlichen Hinweis (Salomo) gibt, zum anderen betont, Flegetanis habe »ein Kalb« angebetet. Auf einen Moslem kann eine solche Beschreibung schlecht zutreffen, und so ist gerade diese Stelle bis heute Ansatzpunkt eines »literarischen Rätselratens« geblieben. H. Kolb (1963) beispielsweise schreibt: »Der Widerspruch, der darin besteht, daß Flegetanis einmal jüdische Abstammung und jüdischer Glaube nachgesagt werden, daß er das andere Mal aber als Heide bezeichnet ist, scheint unauflösbar.«
Unauflösbar in der Tat, wenn man – wie bisher in der Literaturforschung geschehen – Flegetanis nur in jener Zeit sucht, die der Wolf-

rams entspricht, in der die arabischen Wissenschaften blühten, als arabische Astronomen – »Heiden« für das christliche Europa – den Forschern unserer Breiten in vielem voraus waren. Nichts aber bei Wolfram weist auf diese Zeitepoche hin, wenn er über Flegetanis und sein Buch schreibt. Im Gegenteil: Er nennt Salomo, und er nennt Flegetanis einen »Heiden, der ein Kalb anbetete«.

Es gibt zuweilen seltsame Zufälle, aber hier können wir nicht an einen solchen glauben. Denn wir kennen bereits einen Mann der salomonischen Zeit, auf den die Beschreibung Wolframs exakt zutrifft: Seine Mutter war Jüdin aus dem Stamm Naphtali, sein Vater ein Phönizier, der im »Goldenen Kalb« seinen Hauptgott Baal verehrte. Er war der Berater des Königs von Tyrus und somit Astrologe. Er war »voll Weisheit, Verstand und Kunst«. Es war niemand anderes als Hiram-Abi von Tyrus, der Baumeister des salomonischen Tempels!

Hiram-Abi – als Konstrukteur insbesondere des Allerheiligsten im Gotteshaus – war der einzige Außenstehende, der wissen *mußte*, um was es wirklich ging. Er hatte dieses Wissen schließlich mit dem Leben zu bezahlen. Und doch scheint er uns das Geheimnis hinterlassen zu haben. *Er* ist der wahre »Künder des Grals«!

Der eigentliche Sinn der Flegetanis-Passage Wolframs kann uns somit erst jetzt wirklich verständlich werden. Erst heute, da wir wissen, daß sich im Tempel von Jerusalem eine einstmals Nahrung produzierende Maschine befunden hat, da wir dazu in der Lage sind, Vergleiche anzustellen zwischen diesem »Transportierbaren mit den Behältern« und dem »Heiligen Gral«, wird die Bedeutung dessen sichtbar, was Hiram-Abi uns hinterlassen hat. Keine Generation vor uns war dazu in der Lage. Alle Parzival-Forscher *mußten* zwangsläufig an diesem Punkt scheitern, weil sie die entsprechenden Zusammenhänge noch nicht erkennen *konnten*. Dies ist erst jetzt nach der Rekonstruktion der Manna-Maschine und der Entdeckung der Parallelen zwischen dieser und dem Gral möglich. Dabei hatte Herbert Kolb (1952) bereits geschrieben: »Wenn Wolfram behauptet, die toledanische Quelle seines Vorgängers Kyot *schreip von des gráles áventiure* und bildete die Grundlage des Kyotischen Gralsromans, so würde dies, in hispanojüdische Vorstellungswelt zurückübersetzt, bedeuten: Das Flegetanisbuch handelte von der wechselhaften Geschichte der Schechina. Im Hinblick auf die Aspirationen des spanischen Judentums vor allem in der ersten Hälfte des 12. Jahrhunderts und mit Rücksicht auf Wolframs eigene Erzählung dürfte es begründet sein, in Flegetanis eine legendarisch ausgestaltete Geschichte der Schechina zu vermuten...«

Exakt dies ist der Fall gewesen – wenn auch die Hintergründe andere waren, als Kolb vermutet. Dabei wird Hiram die Berichte über die Schechina freilich nicht »in den Sternen« gelesen, sondern durch seine Erkundigungen in Jerusalem zusammengetragen haben. Man muß bedenken, daß seit dem Bericht Hiram-Abis – den er, wie wir vermuten können, zu seinem König nach Tyrus sandte – und dem Auffinden dieses Textes in Toledo immerhin über 2000 Jahre vergangen waren, eine Zeit, die ausreichte, die ursprünglichen Aussagen zu verwischen, sie auszuschmücken, sie zum Teil vielleicht zu verändern. Als allerjüngste Einschiebungen in den Text, die vermutlich auf Kyot selbst zurückgehen, sind die Worte zu deuten, nur »getaufte Frucht« sei dazu befähigt, den Gral zu hüten.

Interessant erscheint uns auch, daß Hiram und somit auch seine Informanten (sprich: die Priester Jerusalems) offenbar sehr gut darüber Bescheid wußten, woher die Manna-Maschine wirklich kam, nämlich von einer »Schar«, deren Heimat die Sterne waren. Das zeigt deutlich, wie ausgezeichnet die religiösen Führer des Volkes noch zu salomonischer Zeit darüber informiert waren, mit wem sie es einstmals zu tun hatten. Und in der Tat ist es auch nur schwer vorstellbar, daß Mose (wie wir ihn kennen, ein sehr intelligenter Mann) bei seinen wiederholten, oft wochenlangen Kontakten mit den Außerirdischen nicht Zweifel an der »Göttlichkeit« seiner Gesprächspartner gekommen sein sollten.

Auch wenn die Übereinstimmung des Wolfram-Textes mit denen der Bibel und des *Sohar* bereits eine sehr klare Aussage hinsichtlich der wahren Herkunft der Gralslegende bietet – es gibt noch eine weitere Schrift, die uns die Richtigkeit unserer Annahme bestätigt. Laut Wolfram ist die Kunde des Grals von einem Heiden aufgeschrieben und dann nach Spanien gebracht worden. Wichtig wäre es nun, wenn wir durch eine andere, von Wolfram möglichst unabhängige Schrift, eine Bestätigung dafür fänden, daß es sich bei dem Urheber der Gralslegende tatsächlich um einen Phönizier, d. h. einen Mann aus Tyrus, gehandelt hat. Und in der Tat gibt es eine solche Schrift. Es ist das Buch *Ortnit*, ein in der Zeit vor 1250 entstandenes Sagen-Epos, das – wie Wolfram – auf das Buch des Hiram eingeht, ohne ihn oder

Flegetanis beim Namen zu nennen (ein Zeichen dafür, daß das *Ortnit* und der »Parzival« Wolframs unabhängig voneinander entstanden sind). Wir lesen in der Eingangserklärung:

> *ez wart ein buoch funden*
> *daz het schrift wunder,*
> *ze Suders in der stat,*
> *dar an lac manic blat.*

***

> *Es ist ein Buch gefunden worden,*
> *in dem über Wunder geschrieben stand*
> *zu Suders in der Stadt.*
> *Dort lagen viele Blätter.*

Die Bedeutung dieses Textes wird dann ersichtlich, wenn man weiß, daß *Suders* der mittelalterliche Name für Tyrus war und der Verfasser des *Ortnit* also »eine vielblättrige arabische Handschrift, die zu Tyrus aufgefunden wurde« (W. Golther, 1925), meinte. Aber die Parallelität zum Wolfram-Text zeigt sich auch in den folgenden, anschließenden Zeilen:

> *die heiden durch ir erge*
> *die heten daz begraben*

***

> *Die Heiden, in ihrer Arglist,*
> *die haben das vergraben.*

Nichts anderes sagt auch Wolfram, wenn er schreibt, Kyot habe das Flegetanis-Manuskript in Toledo »verworfen«, also versteckt oder vergraben, aufgefunden.

Die Frage nach der Quelle

Aus all dem können wir schließen, daß der Autor des eigentlichen Graltextes tatsächlich Hiram-Abi von Tyrus war, daß er, der Baumeister des Salomonischen Tempels, einen Bericht an seinen König sandte und daß dieser Bericht schließlich in die Hände Kyots gelangte.

Die Frage, die sich uns in diesem Zusammenhang stellt, ist, ob dieser Ablauf der Geschehnisse überhaupt möglich gewesen sein kann. Immerhin liegen zwischen Hiram-Abi und Kyot 2100 Jahre, eine lange Zeit, wenn man bedenkt, daß sie einen größeren Zeitraum umfaßt als von Christi Geburt bis heute. In diesen 2000 Jahren sind Riesenreiche entstanden und wieder zerfallen, haben sich in den Mittelmeerländern und in Europa völlig neue Religionen und Kulturen entwickelt. Die Welt des Jahres 1200 nach der Zeitwende war eine völlig andere als die des Jahres 900 vor Christi Geburt.

Andererseits muß man bedenken, daß wir aus eben dieser Zeit auch die Überlieferungen der Bibel haben, daß der *Sohar* und mit ihm die Beschreibung der Manna-Maschine dieses ehrwürdige Alter aufweisen – warum also sollte nicht auch der Text eines Hiram-Abi überdauert haben?

Wie wir wissen, waren die Phönizier die Erfinder unseres Alphabets. Es war im Jahre 1904, als der Ägyptologe Flinders Petrie in der Nähe von Sarabit el Khadam im Sinai-Gebiet Steintafeln mit Zeichen einer bis zu diesem Zeitpunkt völlig unbekannten Schrift entdeckte. Aber erst zehn Jahre später gelang es Sir Alan Gardiner, diese Schrift zu entziffern. Es war insbesondere ein wie ein Hirtenstab gebildetes Zeichen, das ihm die richtige Spur wies. Offensichtlich handelte es sich dabei nicht – wie man es beispielsweise aus Ägypten oder Sumer gewohnt war – um ein Silben- oder gar Wortsymbol, sondern um ein Lautzeichen.

Das war der Schlüssel, den Gardiner benötigte, um den Sinn des Textes erkennen zu können. Das erste eigentliche Wort, das er auf diese Weise dechiffrierte, war der Begriff »Baalat«, der Name der Hauptgöttin der Stadt Byblos. Die Schrift konnte später auf das Jahr 1500 vor Christi datiert werden und stellt noch heute die älteste bekannte Lautschrift der Welt dar. Ihren Ursprung verdankt sie Kanaanäern, also Vorfahren der späteren Phönizier.

Etwa 300 Jahre jünger ist ein »Buchstabierheft«, das Archäologen bei den Ausgrabungen von Ugarit an der syrischen Mittelmeerküste gefunden haben. Auch Ugarit war eine Stadt der Kanaanäer, die gegen 1200 v. Chr. von den Seevölkern (Völkerschaften aus den nördlichen Mittelmeerbereichen) zerstört wurde. Dieses »Buchstabierheft«, das man neben anderen Wirtschafts- und Verwaltungsdokumenten auf Tontafeln fand, enthält bereits ein komplettes Alphabet von 23 Buchstaben.

Um 1000 v. Chr. war die Entwicklung noch weiter fortgeschritten. Alle Konsonanten zwischen b und w waren entwickelt, die Vokale ergaben sich aus dem Sinnzusammenhang. Zugleich waren Bezeichnungen für diese Buchstaben erfunden worden, etwa *aleph* (Ochsenkopf), *beth* (Haus), *daleth* (Tür), das spätere Alpha, Beta und Delta der Griechen. Die Phönizier benötigten eine solche Schrift – die man im Gegensatz zu den Hieroglyphen der Ägypter und Sumerer durchaus als »Kurzschrift« bezeichnen könnte –, denn sie waren Kaufleute und Seefahrer, die mit nahezu allen Teilen der damals bekannten Welt im Handel standen. Ohne Notizen, ohne Rechnungen, ohne eine solche Schrift hätten sie ihr See- und Wirtschaftsimperium nicht aufrechterhalten können. Solche Texte sind in dieser Zeit – die in etwa die Zeit Hirams war – aber nicht mehr nur auf Stein- oder Tontafeln geschrieben worden, sondern auch auf Pergament. Leider sind solche Unterlagen bei Ausgrabungen noch nicht entdeckt worden; wir wissen von ihrer Existenz nur durch Hinweise auf den die Zeit besser überdauernden Tontafeln.

Dennoch besteht natürlich die Möglichkeit, daß ein solcher Text Hirams von den Phöniziern – die mit ihren Niederlassungen in Mainake und Hereoskopeion Kolonien auf der iberischen Halbinsel hatten – in den Bereich des späteren Spaniens gebracht worden ist und dort zurückgelassen wurde. Kyot hätte ihn dann dort aufgefunden, übersetzt (er mußte zuerst »den Sinn des Abc« erlernen), mit christlichen Elementen vermischt und als erste Parzival-Legende neu niedergelegt. Allerdings darf man die Schwierigkeiten nicht übersehen, die sich bei einem solchen Ablauf der Geschehnisse ergeben hätten. Phönizisch war im 12. Jahrhundert eine absolut tote Sprache, und auch wenn die Zeichen unseren Buchstaben in etwa entsprechen, würde es für Kyot doch sehr schwer gewesen sein, mit einem solchen Text zurechtzukommen. Andererseits wird uns von Wolfram berichtet (wir kommen gleich darauf zurück), Kyot habe Latein beherrscht, und da er offensichtlich, im Gegensatz zu Wolfram, klerikal gebildet war, mag er auch Griechisch, vielleicht sogar Hebräisch gesprochen haben. Die Erarbeitung einer fremden Sprache muß ihm also möglich gewesen sein.

Wir müssen in diesem Zusammenhang auch an die Entzifferung der sumerischen Keilschrift durch Georg Friedrich Grotefend erinnern. Dem Göttinger Lehrer, keineswegs ein Spezialist auf dem Gebiet altorientalischer Sprachen war es zu Beginn des letzten Jahrhunderts als erstem gelungen, die Schrift dieses uralten Volkes aus Mesopotamien zu entschlüsseln. Dabei ging er keineswegs philologisch, sondern lediglich rein logisch vor, indem er mehrfach auftauchende Symbolgruppen ordnete und mit geschichtlichen Namen in Verbindung brachte. Ähnlich könnte auch Kyot vorgegangen sein.

Man wird berechtigterweise einwenden können, daß uns in diesem Fall doch mehr Übersetzungen alter Schriften während der Zeit des Mittelalters bekannt sein müßten. Man sollte aber bedenken, daß die Wissenschaft der damaligen Zeit nur wenig Interesse an »heidnischer Literatur« hatte und Kyot gewissermaßen ein Einzelgänger war.

Wahrscheinlicher aber ist eine andere Möglichkeit, die Überlieferung des Hiram-Textes zu rekonstruieren. Dafür ist das Wort *Flegetanis* von entscheidender Bedeutung. Nach übereinstimmender Ansicht fast aller mit dem Problem konfrontierter Philologen kommt *Flegetanis* nämlich in Wirklichkeit von dem arabischen *felek thani*, was dem lateinischen *spaera altera* entspricht (etwa: die zweite Sphäre) und der Titel eines »kosmographisch-astronomischen Buches« gewesen ist. Als Verfasser dieses Werkes gilt ein damals berühmter Mann: Thaben ben Quorrah, ein Astrologe und Mystiker. Einige vermuten, daß er der »Erfinder« des Grals war, aber das ist eine irrige Annahme, denn weder stammte der allgemeine Thebit genannte Schriftsteller von Salomo oder, wie man auch vermutete, von irgendeinem später lebenden Mann namens Salomo ab (sein vollständiger Name lautete Thabit ben Quorrah ben Merwan ben Thabit ben Karajaben Ibrahin ben Karaja ben Marimus ben Malagirius Abu-'l'-Hasan el-Harrani), noch betete er als Moslem ein Kalb an.

Viel wahrscheinlicher ist es dagegen anzunehmen, Thebit habe – und als schriftstellerisch tätiger Astrologe und Mystiker ist dies sogar zu erwarten – ältere Manuskripte bearbeitet und in seinem Buch *felek thani* veröffentlicht. Dieses ist dann (Thebit lebte von 826 bis 901 n. Chr.) während oder nach der Einnahme Spaniens durch die Araber in das dortige Zentrum der Wissenschaften, nach Toledo, gelangt und später von Kyot aufgefunden worden. Ein solcher Ablauf der Geschehnisse ist logisch und annehmbar, wobei auch Thebit nicht auf phönizische Texte (die er vermutlich ebensowenig hat lesen können wie Kyot), sondern auf jüngere Schriften zurückgegriffen haben dürfte. Leider werden wir von all dem vermutlich nichts mehr finden, denn unschätzbare arabische Schriften sind während der Kreuzzugswirren verlorengegangen. Auch das *felek thani* liegt nicht mehr vor, wir wissen von seiner Existenz nur aufgrund von Hinweisen in anderen Texten. So ist es mehr oder weniger einem glücklichen Zufall zu verdanken, daß Kyot in Toledo ein Exemplar des *felek thani* entdeckt und den für uns überaus wichtigen Inhalt weitergegeben hat. Herbert Kolb (1952) schreibt zu diesem Problem: »Man wird sich nicht allzu viel Hoffnung machen können, eine Schrift aufzufinden, die schon Kyot an wenig zugänglichem Ort abgelegt entdeckt hatte *(verworfen vant)*.«

Kyots Leistungen beschränkten sich jedoch nicht nur auf das Übersetzen des Textes. Er selber, offenbar ahnend, auf was für ein Geheimnis er gestoßen war, begann, weitere Nachforschungen anzustellen. Wolfram schreibt dazu (455, 1–22):

> *Sus schreip dervôn Flégetânis.*
> *Kŷôt der meister wìs*
> *diz maere begunde suochen*
> *in latìnschen buochen,*
> *wâ gewesen waere*
> *ein volc dâzuo gebaere,*
> *dáz ez des grâles pflaege*
> *unt der kìusche sich bewaege.*
> *er las der lande chrônicâ*
> *ze Britâne unt anderswâ,*
> *ze Francrìche unt in Irlánt.*
> *ze Anschouwe er diu maere vant.*
> *ér lás von Mázadân*
> *mit wârheite sunder wân,*
> *umb alles sìn geslehte*

stuont dâ geschriben rehte,
unt anderhalp, wie Tyturel
unt dés sún Frimutel
den gràl bráent ûf Anfortas,
des swester Herzeloyde was,
bì der Gahmuret ein kint
gewan, des disiu maere sint.

* * *

So schrieb davon Flegetanis.
Kyot, der weise Meister,
begann nach dieser Überlieferung zu suchen,
in lateinischen Büchern,
wo gewesen wäre,
ein dazu geborenes Volk,
daß es sich annähme des Grales Pflege
und redlich genug dazu sei.
Er las in den Chroniken der Länder,
zu Britannien und anderswo,
in Frankreich und in Irland.
Zu Anschouwe fand er die Überlieferung.
Er las von Mazadan
die volle Wahrheit.
Über sein ganzes Geschlecht
stand da das Rechte geschrieben,
und außerdem, wie Titurel
und dessen Sohn Frimutel
den Gral auf Anfortas vererbten,
dessen Schwester Herzeloyde war,
von der Gahmuret ein Kind
bekam, von dem diese Geschichte handelt.

Kyot muß ein Forscher im besten Sinne gewesen sein. Niemand wird ihm seine für die damaligen Zeiten beschwerlichen Reisen finanziert haben. Und dennoch brach er auf, um in Britannien, in Frankreich, in Irland »und anderswo« nach weiteren Hinweisen auf den Gral zu suchen. Und schließlich fand er eine neue Spur: in Anjou (Anschouwe), einer französischen Landschaft am Unterlauf der Loire.

Wo genau er seine Funde gemacht hat, wissen wir nicht. Aber es ist auffällig, daß sich in nächster Nähe das berühmte Benediktinerkloster Cluny befand, das um 910 gegründet und im 10. und 11. Jahrhundert Ausgangspunkt einer weitgreifenden Kirchenreform war. Die Benediktiner, die sich von allen Mönchsorden damals am intensivsten den Wissenschaften verschieben hatten, könnten durchaus über die von Kyot gesuchten Dokumente verfügt haben. Daß er dort allerdings auch die Geschichte von Titurel, Frimutel, Anfortas, Herzeloyde, Gahmuret und letztlich Parzival gefunden hat, ist eher zweifelhaft. Wolfram selber macht ja auch einen deutlichen Unterschied, wenn er schreibt, Kyot habe »außerdem« die Geschichte von Parzival gefunden. Es handelt sich also um zwei verschiedene Dinge: zum einen um die mit dem Gral in Verbindung stehende »volle Wahrheit über Mazadan«, zum anderen um die Genealogie Parzivals. Dies bestätigt auch Herbert Kolb (1963): »Kyot, nachdem er die Flegetanisschrift gefunden und entziffert hatte, tat also nichts anderes, als was die christlichen Theologen des Mittelalters auf ihrem Gebiet zu tun pflegten: Er übertrug ein Stück (legendärer) Heilsgeschichte von jüdischen auf christliche Träger.«

Wonach aber suchte Kyot eigentlich? Was fand er? Eines ist sicher: Wenn Kyot über die Aufzeichnungen Hirams verfügte, stand ihm damit ein Wissen zur Verfügung, das ausgereicht hätte, ihn die volle Wahrheit erkennen zu lassen – allerdings unter Berücksichtigung des mittelalterlichen Denk- und Vorstellungsgebäudes. Seine ausgedehnten Reisen und Forschungen geben dieser Vermutung recht. Sein ganzes Streben zielte darauf ab, zum einen bessere Informationen hinsichtlich des Verbleibs der Manna-Maschine (die er unter dem Geheimnamen »Gral« kannte) bzw. der Bundeslade zu erhalten, zum anderen an dieses wertvolle Gerät zu gelangen, vielleicht sogar, es nach Europa zu holen. Das können wir dem Text Wolframs entnehmen.

Ist ihm dieses Vorhaben gelungen? Wolfram schreibt darüber nichts. Aber es ist kaum anzunehmen, daß Kyot, einmal auf dem richtigen Weg, von seinem Ziel abgelassen hat...

Kapitel IX

Templer und Tempeleisen

Ich sinne über die Tage der Vorzeit nach,
urlängst vergangener Jahre gedenke ich.

Psalm 77, 6

Wolframs Tempeleisen

Wir haben uns im Verlauf unserer bisherigen Untersuchungen lediglich dem Gral selbst und seinem Entdecker Kyot gewidmet, nicht aber jenen, die ihn – entsprechend der Erzählung Wolframs – hüteten, bewahrten und schützten. Der Frankendichter nannte sie »Templeise«, die Gralsritter. Es sind jene, nach denen Kyot suchte, deretwegen er ganz Europa durchreiste, um »ein dazu geborenes Volk« zu finden, »daß es sich annähme des Grals Pflege und redlich genug dazu sei«.

Wolfram geht wiederholt auf diese Gemeinschaft der Gralsritter ein, etwa in Vers 468, 23–469, 1:

> *Der wirt sprach »mir ist wohl bekannt,*
> *ez wonet manc wérlichiu hant*
> *ze Munsalvaesche bime grâl.*
> *durch âventiur di alle mâl*
> *ritet manege reise;*
> *die selben témpléise;*
> *swa si kúmber ode prìs beiagent,*
> *für ir sünde si daz tragent.*
> *dâ wont ein wérlichiu schar.*

Der Wirt [der Einsiedler] *sprach:*
Es ist mir wohl bekannt,
daß manch wehrhafte Hand [wehrhafter Ritter]
wohnt
zu Munsalvaesche bei dem Gral.
Auf Abenteuer geht es oft [immerdar],
wenn sie – und das häufig – ausreiten;
Die selben Templeisen,
wo immer sie Niederlage oder Sieg erjagen,
tun [tragen] *sie es für ihre Sünden.*
Da wohnt eine wehrhafte Schar.

So, wie Wolfram die Gralsritter hier und an anderer Stelle charakterisiert, erinnern sie an den Orden der Templer, der 1128 gegründet und 1312 aufgelöst wurde. Zwar gibt es einige Autoren, die diese Verbindung bezweifeln, im allgemeinen wird sie jedoch als gegeben angesehen. Hauptkritikpunkt der Gegner ist die Unstimmigkeit des Namens, also »Templer« einerseits und »Templeisen« andererseits. Aber Wolfgang Mohr (1979) schreibt hierzu: »Der Name ›templeise‹ statt des französischen *Templier*, lat. *templarii*, macht m. E. keine Schwierigkeit. Gerade wenn Wolfram nicht Identität, sondern Analogie meint, pflegt er Namen und Termini durchsichtig zu ›verfremden‹. Somit ist *templeise* der genau zutreffende Name für einen idealen Ritterorden, dessen – von Wolfram her gesehen – ›heutige, zeitlich-gebrechliche‹ geschichtliche Verwirklichung der Tempelherrenorden um 1200 ist.« Fast alle Kapazitäten der Parzival- und Gralsforschung stimmen in diesem Punkt überein. Für Ernst Martin (1880) beispielsweise »hatte Wolfram bei seinem Gralorden die Templer vor Augen«. A. Birch-Hirschfeld (1923) ist ebenfalls sicher: »Diese Gralsbruderschaft ist dem Templerorden nachgebildet.« Gleicher Ansicht ist auch Wolfgang Golther (1925): »Die Ritterschaft des Grals wird bei Wolfram nach dem Vorbilde des Templerordens geschildert.« W. Snellmann (1941) stellt fest, daß die Gralsritterschaft »nicht nur den Namen, sondern auch manches andere Kennzeichen von den Tempelrittern herübergenommen« hat und daß »aus diesen Templerzügen der Gralsritter deutlich hervorgeht, daß Wolfram nicht nur den Namen ›templeis‹ eingeführt, sondern sehr bewußt seine Ritter von Munsalvaesche mit den geistlich-militärischen Eigenschaften des Templerordens ausgestattet hat«. Auch für F. R. Schröder (1928) steht »außer Frage, daß damit der Orden der Tempelherren gemeint ist«.

Wir wollen es bei dieser kleinen Auswahl belassen. Sie zeigt, daß die Verbindung Templeise-Templer ganz offensichtlich gegeben ist, daß also Wolfram, wenn er seine Gralsritter beschreibt, in Wirklichkeit die Tempelherren meinte.

Die Gemeinschaft der Templer

Der Orden wurde im Jahr 1128 auf der Synode von Troyes gegründet (auf die besonderen und für uns wichtigen Ereignisse, die sich im Vorfeld dieser »offiziellen« Gründung abspielten, kommen wir noch zurück). Maßgeblich daran beteiligt waren der Benediktinermönch Bernhard von Clairvaux (der als der »Heilige Bernhard« in die Kirchengeschichte eingegangen ist) und Hugo von Payens, der erste Großmeister des Ordens. Bernhard wurde auf dieser Synode beauftragt, die Redaktion der neuen Statuten zu übernehmen, die ein gewisser Johannes Michaelensis aufzeichnete.

Der Orden der Templer oder Tempelherren war der erste Mönchsritterorden, d. h. eine Gemeinschaft, die, obwohl geistlicher Natur, zum Kriegführen bestimmt war. Bernhard schrieb über sie:

Sie wissen sicher, daß man keinesfalls seine Kräfte überschätzen darf, aber sie hoffen, daß die Hilfe des Gottes der Heerscharen ihnen den Sieg bringt, machten sie doch häufig, man könnte sagen immer, die Erfahrung, daß einer von ihnen tausend Feinde in die Flucht schlägt und zwei zehntausend. So sind durch eine seltsame Verbindung diese Männer sanfter als Schafe und schrecklicher als Löwen. Ich weiß nicht, ob man sie Mönche oder Ritter nennen sollte. Ich halte es für richtig, ihnen beide Namen zu geben, denn es fehlt ihnen weder die Milde des Mönchs noch die Tapferkeit des Soldaten . . .

Es war die Zeit der Kreuzzüge, und nach der Ordensgründung im Jahr 1128 beteiligten sich die Templer an den Kämpfen im Heiligen Land, wobei ihnen die besondere Aufgabe zufiel, die Pilgerwege von Sarazenen-Überfällen freizuhalten. Ihre Regeln waren streng. Ihre Nahrung war einfach, sie aßen zusammen, und der zehnte Teil des Mahls war für die Armen bestimmt. Ihre Kleidung war einfarbig: Die eigentlichen Ritter trugen einen weißen Mantel (an den in späterer Zeit auf die Schulter ein rotes Kreuz geheftet wurde), die Diener dagegen ein schwarzes Gewand. Die Kopfhaare waren vollkommen geschoren, wohingegen ein Bart erlaubt war. Wegen der vorgeschriebenen Armut durfte ein Ritter sich höchstens drei Pferde und einen Diener halten, den zu schlagen ihm verboten war. Jeglicher Verkehr mit Frauen war zu meiden. Ein Verstoß gegen die Ordensregel wurde mit z. T. schweren Strafen gesühnt.

Schon 1129, also nur ein Jahr nach seiner Gründung, hatte der Orden 300 Mitglieder aus den edelsten Familien, dazu zahlreiche Waffenknechte zu Pferde oder zu Fuß. Bedingt durch das rasante Wachstum ging man rasch dazu über, nicht nur die Pilgerwege in Palästina zu schützen, sondern auch an den Kämpfen selbst teilzunehmen. Der Orden stellte darum seine Streitkräfte bei allen Unternehmungen gegen die Sarazenen zur Verfügung. An Unterstützung mangelte es ihm nicht, denn er hatte sich zum Ziel gesetzt, was das gesamte christliche Abendland dieser Zeit für die wichtigste politische Aufgabe hielt: das heilige Land für die Christenheit zu bewahren.

Der junge Orden konnte sich des Schutzes der Kirche sicher sein. Papst Innozenz II. (Pontifikat 1130–1134) setzte sich in außergewöhnlicher Weise für die Templer ein und sicherte ihnen eine jährliche finanzielle Beihilfe durch die kirchlichen Vorsteher zu. Eugen III. (1135–1145) verfügte, daß allen, die dem Tempel Almosen zukommen ließen oder ihm beitraten, der siebte Teil der Kirchenbuße (heute: Kirchensteuer) erlassen wurde. Er gab den Templern auch das rote Kreuz auf den Schulterteil ihres Mantels. Eine Verfügung von Papst Hadrian IV. (1154–1159) erließ dem Orden die »Abgabe des Zehnten«, sämtliche Zölle und weitere Aufwendungen. Sein Nachfolger, Alexander II. (1159–1181), ging noch weiter: Von nun an sollten sich alle Güter des Ordens unter dem immerwährenden Schutz des Heiligen Stuhls befinden, niemand sollte von Templern Lehenstreue fordern können, der Orden sollte berechtigt sein, auf seinen Gütern eigene Geistliche zu halten und diese durch jeden beliebigen Bischof weihen zu lassen. Innozenz III. (1198–1216) verbot den Bischöfen, Templer zu exkommunizieren oder das Interdikt (Verbot aller kirchlichen Amtshandlungen als Strafe für einen Ort oder Bezirk) über sie zu verhängen. Innozenz IV. (1243–1254) schließlich entband den Orden von der Pflicht, wegen einer gegen ihn oder einzelne Mitglieder erhobenen Anklage vor den Bischöfen der jeweiligen Diözesen Rechenschaft ablegen zu müssen. Die Templer unterstanden lediglich dem Großmeister und dieser nur dem Papst.

Es ist verständlich, daß derartige Freiheiten nicht ohne Folge bleiben konnten. Der Orden wuchs rasch, und zwar sowohl an Mitgliedern als auch an Besitzungen, insbesondere in Frankreich und England. Das bedingte eine Untergliederung in verschiedene Provinzen, die aber heute nicht mehr alle feststellbar sind. Vermutlich waren es in Palästina fünf (Jerusalem, Tripolis, Antiochien, Zypern und Morea) und in Europa zwölf (Sizilien-Apulien, die Lombardei, Portugal-Kastilien, Aragonien-Katalonien, Oberdeutschland, Niederdeutschland, Böhmen-Mähren-Österreich, England, Schottland, Irland, Francien, die Normandie, Aquitanien und die Provence). Dabei nannten sich die größeren Besitzungen oder Tempelhöfe Priorate bzw. Präzeptorate, die kleineren Komtureien. Die Größe des Ordens selbst, d. h. die Anzahl seiner Mitglieder und Finanzen, beruht nur auf Schätzungen. Sie schwanken für die letzten Jahre des Bestehens zwischen 3000 und mehr als 20 000 Rittern (zusätzlich zu zahlreichen Dienern, Knechten und Kaplänen) bzw. einem jährlichen Einkommen von zwischen 40 und 54 Millionen Franken.

Der zunehmende Reichtum des Ordens gründete sich auf die Ordensregel, nach der sämtliche Geschenke nur der Gemeinschaft zufließen durften, sowie auf die zahlreichen Schenkungen selbst: Häuser, Ländereien, z. T. große Gebiete, gingen in den Besitz der Templer über. Später, als der Reichtum groß genug war, wurde auch Land gekauft. Und das mit Bedacht.

Es wurden im Regelfalle Gebiete gekauft oder gegen andere eingetauscht, die entlang der großen Verbindungsstraßen von Komturei zu Komturei lagen. Mit der Zeit gewann man auf diese Weise geradezu vorbildlich gesicherte Handels- und Verkehrsverbindungen. Denn das Reisen in der Zeit des Mittelalters war nicht zu vergleichen mit einer Reise auf den Straßen unserer Zeit. Reisen damals war, insbesondere für Händler und Geschäftsleute, eine Angelegenheit auf Leben und Tod. Strauchdiebe und Wegelagerer, wilde Tiere, schlechte Straßenverhältnisse, all das schreckte ab, ließ den Handel stagnieren.

Insbesondere in Frankreich änderte sich das durch die Templer. Viele ihrer Komtureien waren als Wegsicherungsposten konzipiert, wurden an Brücken, Furten, Wegkreuzungen angelegt. Um den Handel weiter fördern zu können, lagerten die Templer in diesen Komtureien Waren ein, was wiederum Einnahmen für den Orden erbrachte. So entstand im Heimatland des Ordens ein perfektes und gesichertes Handels- und Straßennetz.

Aber die Templer taten noch mehr: Sie revolutionierten das Bankwesen. Papiergeld gab es damals noch nicht. Wenn größere Geldtransporte ins Haus standen, mußte ein Kaufmann mit einem schweren Sack voller Münzen auf die Reise gehen, immer der Gefahr ausgesetzt, überfallen, beraubt, ermordet zu werden. Deshalb führten die Templer auf ihren Gebieten das System des »Wechselbriefes« ein, d. h. ein Kaufmann hinterließ in einer Komturei sein Geld, erhielt dafür einen Wechselbrief, reiste mit diesem zu seiner Zielstadt und ließ sich von der dortigen Komturei das Geld in bar auszahlen. Um Betrügereien auszuschließen, trugen die Wechselbriefe Geheimzeichen.

Aufgrund dieser für Frankreich völlig neuen Sicherheitsbedingungen ließen ganze Besitztümer ihr Vermögen bei den Templern hinterlegen, und sogar der Schatz des Königs von Frankreich wurde dem Tempel von Paris anvertraut. Die Verwaltung des Landes übertrug es dem Orden, Steuern einzutreiben. Da die Gemeinschaft auf diese Weise über entsprechende finanzielle Mittel verfügte, konnte sie auch Darlehen vergeben: an den König, an die Kirche, an Privatleute. Die Zinsen kassierte der Orden, er vermehrte seinen Reichtum. Dafür wurden Ländereien gekauft, Häuser, Schiffe, Städte, Häfen und die Aufrechterhaltung und Vergrößerung der Gemeinschaft finanziert. Zwei Millionen Hektar Land waren allein in Frankreich in ihrem Besitz, Land, das von jeglicher Steuer entbunden war.

Aber Geld floß auch noch in eine andere Richtung. Zeitlich mit der Gründung des Templerordens verbunden ist der Beginn der Gotik: plötzlich und bis heute unerklärlich, weil ohne jeden sichtbaren Übergang, entstanden die großen Kathedralen. Wer bezahlte sie? Wer stellte die Mittel zur Verfügung? Wer streckte das Geld vor, das nötig war, um Baumaterial und die Unmengen an Arbeitern, Steinmetzen, Bildhauern, Glasern zu bezahlen? Bischöfe, Adlige, der König – sie spendeten nur Kleinigkeiten: ein Fenster, ein Gemälde, einen Altar, Figuren. Die Gemeinden kamen ebenfalls nicht in Frage, denn sie waren arm und konnten entsprechend hohe Summen kaum aufbringen.

Die einzigen, die dazu in der Lage waren, waren die Templer. Ihre Geldmittel waren groß genug, sie verfügten über jene Summen, die benötigt wurden, um die Wunder der Gotik finanzieren zu können. Ihnen verdanken wir die Kathedralen von Paris und Chartres, von Straßburg und Metz, von Reims und Toulouse. Gemeinhin wird der Zisterzienserorden als Urheber der Gotik bezeichnet. Er war es, was die Ausführung betrifft. Aber die Finanzierung besorgten die Templer, die das weiße Gewand der Zisterzienser trugen und deren Gründung auch auf die Mithilfe dieses Ordens zurückzuführen ist.

Das hohe Ziel all dieser Vorbereitungen, sei es auf wirtschaftlichem oder religiös-gesellschaftlichem Gebiet, war, wie Louis Charpentier (1978) schreibt, die Begründung einer neuen Ordnung in Europa. Man bedenke: der Gemeinschaft der Templer gehörten zuletzt Mitglieder aus allen Adelshäusern an, die Templer, deren Ländereien sich zusehends vergrößerten, waren – außer dem Papst – nichts und niemandem etwas schuldig, sie zahlten keine Steuern, sie hatten sich vor niemandem zu verantworten. Sie betrieben den eigentlichen Handel, sie machten europäische Politik, sie hatten eine Armee, deren Stützpunkte sich nicht nur in einem Land, sondern im ganzen christlichen Europa finden ließen. Hätten sie ihr Ziel erreicht, das Abendland zu einer neuen Form sozialen Zusammenlebens zu führen, die Welt sähe heute anders aus.

Aber es kam nicht dazu. Denn im Jahre 1312 wurde der Orden der Templer vernichtet.

Die Auflösung des Ordens

Die Zerschlagung der Gemeinschaft der Tempelherren ist eines der dunkelsten Kapitel in der Geschichte Europas. Es zeigt, wozu Machtgier und Intrige fähig sind, wenn sie sich in einer Person wie Philipp IV., dem Schönen, paaren. Er, der die Aussteuer seiner Tochter noch von den Templern vorfinanzieren ließ, zerstörte schließlich im Verbund mit dem politisch schwachen und von ihm offensichtlich abhängigen Papst Clemens V. (Pontifikat 1305–1314) den Orden. Aber wir wollen der Reihe nach vorgehen.

Philipp der Schöne von Frankreich – und das ist heute unbestritten – war insbesondere am eigentlichen Templerschatz interessiert. Schon vor seinen Angriffen hatte er versucht, mit den Templern »ins Geschäft zu kommen«, aber die wahren Vorstellungen des französischen Königs waren dort schnell durchschaut worden, was ihn schließlich zu einer anderen Taktik getrieben hatte.

Der Anfang vom Ende des Templerordens war der 14. November 1305, jener Tag, an dem Papst Clemens V. in Lyon gekrönt wurde. Der Einfluß des Königs auf ihn (die Päpste befanden sich damals im französischen Exil) war von Anfang an sehr stark. Kurz nach seiner Amtseinführung setzte sich Philipp mit Clemens in Verbindung und klagte die Templer verschiedenster Verbrechen an. Damals schenkte der Papst den Vorwürfen noch keinen Glauben, und so verstrich fast ein halbes Jahr, bevor erste Maßnahmen ergriffen wurden.

Am 6. Juni 1306 erfolgte eine Einladung an die Großmeister der Johanniter und der Templer, offiziell wegen der Besprechung eines neuen Kreuzzuges. Aber nur Jacques de Molay, der Großmeister des Tempelherrenordens, folgte dieser Einladung. Er begab sich von Zypern, das seit 1291, dem Fall von Accon, Hauptsitz der Templer war, nach Frankreich. Dort traf er im Spätherbst 1306 ein, aber seine Zusammenkunft mit dem Papst scheint erst im Frühjahr des folgenden Jahres stattgefunden zu haben. Clemens hatte vor, den Orden der Templer mit dem der Johanniter zu verschmelzen, doch Jacques de Molay lehnte dies entschieden ab. Beide, der Papst und der Großmeister, sprachen sehr offen über die von Philipp erhobenen Vorwürfe gegen den Orden und über die angeblichen Mißbräuche. Molay gestand, daß es solche Mißbräuche im Templerorden gebe, daß diese aber nicht größer und schwerwiegender seien als in anderen Mönchsgemeinschaften auch. Es gelang ihm, den Papst von der Grundlosigkeit der gegen ihn und gegen die Gemeinschaft erhobenen Vorwürfe zu überzeugen.

Aber nur kurze Zeit später wandte sich das Blatt endgültig gegen die Templer. Philipp, vom Gespräch Molays mit dem Papst unterrichtet, eilte zum Sitz des Kirchenoberhauptes. Er erhob neue Anklagen gegen den Orden (u. a. den der Gotteslästerung). Und obwohl die Mehrzahl der Kardinäle noch immer gegen eine Untersuchung war, sicherte der Papst dem König jetzt in einem Schreiben vom 4. August eine solche zu. Philipp aber dauerte das zu lange. Er wollte eine päpstliche

Untersuchung nicht mehr abwarten, und so wurden am 14. September die Verhaftung aller Templer in Frankreich und die Beschlagnahme ihrer Güter beschlossen. Die königlichen Beamten erhielten eine entsprechende Instruktion, in der den Mitgliedern des Ordens die Verleugnung Jesu, das Anspeien des Kreuzes und unsittliche Handlungen zu Last gelegt wurden. Besonderen Wert legte Philipp in diesem Schriftstück darauf, daß er, der er »kraft seines königlichen Amtes zum Verteidiger des Glaubens berufen« sei, den unerhörten Anschuldigungen zunächst selber nicht geglaubt, sich aber schließlich doch davon überzeugt und Anweisung gegeben habe, »dem Inquisitor auf sein Verlangen zur pflichtgemäßen Verfolgung der Angelegenheit den weltlichen Arm zu leihen.«

Mit diesem Schreiben beginnt der Reigen der Widersprüche. Philipp beruft sich darin nämlich im wesentlichen auf die Aussage eines ehemaligen Templers, der in einem Gefängnis eingesessen und einem Mitgefangenen von den »ungeheuerlichen Vorgängen« im Orden berichtet habe. Das mag zutreffen, aber wenn diese Vorgänge tatsächlich derart »ungeheuerlich« gewesen sein sollten, so ist doch wohl anzunehmen, daß sie auch früher schon bekannt gewesen sein müßten, daß sie auch an anderen Stellen an die Öffentlichkeit durchgesickert waren. Bei einem so großen Orden, wie die Templer ihn damals darstellten, wäre das bei allen angeblichen Schweigegeboten unweigerlich der Fall gewesen.

In der Nacht vom 12. auf den 13. Oktober 1307 wurden sämtliche Templer in Frankreich verhaftet. Am 15. des gleichen Monats fanden die ersten Verhöre des Großmeisters und anderer hoher Ordensmitglieder statt, die laut Protokoll einige der ihnen zugeschriebenen Handlungen gestanden. Daraufhin richtete Philipp am 16. Oktober Schreiben an alle Königs- und Fürstenhäuser Europas, seinem Beispiel zu folgen.

In der Zeit vom 19. Oktober bis zum 24. November wurden 138 Templer vernommen. Papst Clemens, der sich durch die Aktion von Philipp übergangen fühlte, erhob zwar Protest gegen die Verhöre, erzielte beim König damit aber nur wenig Eindruck. Auch sein Verlangen nach Auslieferung der Gefangenen und des Vermögens der eingezogenen Ordensgüter verhallte ungehört.

Daraufhin entschloß sich Clemens offenbar, zusammen mit dem König »an einem Strang zu ziehen«. In seiner Bulle *Pastoralis prae-*

Jacques de Molay, der letzte Großmeister des Tempelordens. Um seine Person ranken sich noch heute Legenden. Quelle: Sammlung Ecitions Tchou.

224

eminentiae vom 22. November 1307 befahl er allen Fürsten, dem Beispiel Philipps zu folgen, die Templer gefangenzusetzen und ihren Besitz einzuziehen. Damit war das Schicksal des Ordens besiegelt. Clemens, der einzige, der das Steuer in diesem Moment noch hätte herumreißen können, versagte, war zu schwach, um Philipp entgegenzutreten zu können. So ist er mitschuldig geworden am Untergang des Ordens der Templer. Zwar versuchte Clemens im Januar und Februar 1308 noch einmal zaghaft, etwas zu ändern, indem er die Vollmachten der Inquisitatoren, also der dazu eingesetzten Dominikanermönche und Bischöfe, suspendierte. Aber er machte diese Anordnung insofern bald wieder ungültig, als Philipp zwar offiziell die Templer dem Papst übergab, die Überwachung aber dem König überlassen blieb.

Im Juni und Juli 1308 wurden in Poitiers, dem Sitz des Papstes, weitere Verhöre durchgeführt, die die Anschuldigungen zum Teil zu bestätigen schienen. Aber die Aussagen gelten heute als sehr zweifelhaft, denn erstens stammten sie nur von den Mitgliedern der unteren Ränge, und zweitens hatte Philipp die zum Verhör durch den Papst bzw. seiner Kardinäle bestimmten Templer zuvor selbst ausgewählt und nach Poitiers geschickt. Es stand also von vornherein fest, welche Aussagen die Gefangenen – unter Androhung von Folter und Tod – vor dem Papst machen würden.

Die Würdenträger des Ordens dagegen wurden nie vor den Papst geführt. Angeblich, so beteuerte Philipp in einem Brief, seien einige von ihnen krank geworden, und er könne daher die beschwerliche Reise nicht verantworten. Dieses zynische Verhalten ist typisch für das zwiespältige Spiel, das der König trieb. Denn auch wenn tatsächlich nicht alle Großwürdenträger der Templer zum Papst reisen konnten, einige wären fraglos dazu in der Lage gewesen. Und die Krankheit der anderen dürfte nur das Resultat der Folter gewesen sein, die Philipps Inquisitatoren rücksichtslos anwandten, um zu den ihnen genehmen Aussagen zu kommen. Es ist ein trauriges Kapitel der Ordensgeschichte, daß sich dabei (ähnlich wie in anderen Prozessen auch) vor allem Dominikanermönche hervorgetan haben.

Das Verhör der Großwürdenträger fand vom 17.–20. August 1308 statt und wurde von den Kardinälen Berengar, Stephan und Landulf geleitet. Vorgeführt wurden die vier Großpräzeptoren des Ordens und Jacques de Molay selbst sowie, auf sein Verlangen hin, ein zu seinem Hause gehörender Diener. Aber das Ergebnis dieses Verhörs – die Aussagen wurden unter der Folter erpreßt – stand von vornherein fest. Das Urteil über den Orden war bereits gesprochen.

Als Molay die Aussagen am 26. November vorgelegt wurden, protestierte er mit aller Entschiedenheit dagegen, was auf die Inquisitatoren freilich keinen großen Eindruck machte. Ebenso ging es Ponsard de Gisi, dem Präzeptor von Payens. Beide beteuerten ihre Unschuld und ihren rechten Glauben und verlangten, vor den Papst geführt zu werden, da nur dieser über sie urteilen dürfe.

Allein in Paris waren bis zu diesem Zeitpunkt 36 Templer durch die Folter umgekommen, 35 weitere im Erzbistum Gent. Die Gefangenen wurden sehr schlecht behandelt, man enthielt ihnen die Sterbesakramente vor und begrub ihre Leichen, ohne sie auf einem Friedhof, also in geweihter Erde, beisetzen zu lassen. Dennoch beharrten die Ritter jetzt fast einheitlich auf der Unschuld des Ordens und seiner Reinheit, und die meisten waren bereit, dafür bis zum Letzten zu gehen. Am 12. Mai 1310 wurden 54 Templer, die sich zur Verteidigung ihres Ordens bereit erklärt hatten, als »Rückfällige« öffentlich verbrannt.

Die Aussagen der Templer, die bis zum 26. Mai 1311, dem Ende der Verhandlung, eingegangen waren, sind unterschiedlicher Natur. Auffällig ist, daß die meisten Aussagen gegen den Orden aus jenen Ländern stammen, in denen Philipp regierte oder zu deren Königshäusern er verwandtschaftliche Beziehungen hatte und wo die von ihm befohlene Folter angewandt wurde. Ganz anders dagegen beispielsweise in Deutschland, wo alle verhafteten Templer wieder freigelassen, oder in Spanien oder Portugal, wo die Tempelherren in den Christusorden (der quasi dem Templerorden entsprach und nur einen anderen Namen erhielt) überführt wurden.

Trotz der von Philipp angewandten Taktik und wegen dieses offensichtlichen Widerspruchs war die vom Papst eingesetzte Untersuchungskommmission schließlich zu dem Ergebnis gekommen, daß die Schuld des Ordens nicht erwiesen sei und man ihm das Recht der Verteidigung einräumen müsse. Aber Clemens, ängstlich und schwach, konnte nicht mehr zurück. Philipp drängte auf eine Auflösung des Ordens und eine Verteilung der Güter. Am 22. März 1312 fiel die endgültige Entscheidung. In der päpstlichen Bulle *Vox in excelso* wurde der Orden *per mondun provisionis seu ordinationis apostolica*, also »aus fürsorglicher Rücksichtnahme auf das allgemeine Wohl und mittels päpstlicher Verordnung«, aufgelöst.

Ein Großteil der Güter ging auf den Johanniterorden über, vieles fiel Philipp in die Hände (wenn auch nicht in dem Maße, wie er es sich vielleicht ausgerechnet hatte), manches bekamen andere Fürsten und Herrscher. Das Urteil über den Großmeister, Jacques de Molay, und den Großpräzeptor der Normandie, Gottfried von Charney, behielt sich der Papst zunächst selbst vor, überließ es aber auf Drängen Philipps einer Kommission, die sich aus drei Kardinälen zusammensetzte. Am 11. März 1314 wurden Jacques und Gottfried aufgrund ihrer in den ersten Verhören erfolgten Geständnisse vor dem Portal der Kirche Notre Dame in Paris öffentlich zu lebenslanger Haft verurteilt. Damit schien die Sache abgeschlossen zu sein. Doch unmittelbar nach der Urteilsverkündung erhob sich Jacques de Molay, bat um Ruhe und erklärte alle Anschuldigungen, die gegen ihn und den Orden erhoben worden seien, für falsch. Die ihnen vorgeworfenen Häresien und Sünden seien nie begangen worden, der Orden sei rein, heilig und gerecht gewesen. Er selber verdiene den Tod, weil er sich unter der Androhung der Folter zu falschen Aussagen habe verleiten lassen. Ihm stimmte daraufhin der Großpräzeptor der Normandie mit ähnlichen Worten zu.

Auf Betreiben Philipps wurden beide noch am gleichen Abend auf dem Scheiterhaufen verbrannt. Selbst in den Flammen beteuerten sie die Unschuld des Ordens, und der Legende nach verfluchte Jacques de Molay Papst und König. In der Tat konnten sich beide ihres Triumphes über die Templer nicht lange erfreuen. Sie starben, wie Jacques de Molay es prohezeit hatte, noch vor Ablauf des gleichen Jahres.

Damit war der Orden der Templer endgültig zerstört. Es gab im Laufe der Geschichte immer wieder Versuche, neue Templerorden zu gründen, aber es handelte sich dabei um nichts anderes als um mystische Zirkel oder Sekten, die mit dem eigentlichen Orden nicht viel gemein hatten. Manche glaubten auch an eine geheime Weiterexistenz der Gemeinschaft, doch auch darüber liegen leider keine gesicherten Informationen vor. Mit dem Tod Molays war das Ende besiegelt. Es gab keine Auferstehung.

Die Geschichtsforschung ist sich – und das nicht erst seit heute – einig, daß die den Templern zur Last gelegten Anschuldigungen unwahr gewesen sind und zum größten Teil auf den Intrigen von Philipp dem

Schönen, dem Motor der ganzen Aktion, beruhten. In der »Illustrierten Geschichte der Päpste« (1980) lesen wir dazu: »Die Motive des französischen Königs sind nie ganz klargeworden. Aber da er schon die lombardischen Bankleute und die Juden ausgeplündert hatte, ist die wahrscheinlichste Erklärung, daß er hinter den Reichtümern der Templer her war.«

Bereits in dem 1899 erschienen »Wetzer und Welters Kirchenlexikon«, unter der Redaktion von Joseph Cardinal Hergenröther und Franz Raulen, dem damaligen Hasprälaten des Papstes und Professor für Theologie an der Universität zu Bonn, wird die Unschuld der Templer herausgestellt: »Die weitaus größere Mehrzahl der Historiker erklärte die Anklagen überhaupt für unbegründet, und diese Auffassung ist zweifellos die richtige.« Und über das Verfahren selbst: »Es war eine schwere Verletzung der Wahrheit und Gerechtigkeit und brachte Hunderten von Personen einen qualvollen Tod, einer noch größeren Zahl Gewissensnöte und peinliches Dasein.«

In diesem Zusammenhang kann man dem Urteil der beiden Historiker Johannes Halle und Georg Schwaiger nur zustimmen, die in der Ausrottung der Templer den größten Justizmord sehen, den die Geschichte kennt: begangen vom französischen Staat und seinem König, anfangs nicht behindert, dann geduldet und zuletzt vom Papst gefördert.

Die Auflösung des Ordens erfolgte im Jahre 1312. Hundert Jahre zuvor, als Wolfram von Eschenbach sein Gralsepos niederlegte, befand sich der Orden auf dem Höhepunkt seiner Macht. Welche Gründe mögen Wolfram damals dazu bewogen haben, die Templer als Vorbild für seine Gralsritter zu nehmen?

Auch hier gibt es einen »Schuldigen«, den wir bereits kennen: Kyot. Er, der Entdecker der Flegetanis-Schrift, stand ganz offensichtlich in engem Kontakt zu den Templern oder war ein Mitglied dieser Organisation, ja vielleicht nicht nur das. Marion Melville (1951) geht in ihrer Analyse des Wolfram-Textes auch auf Kyot, Wolframs Anjou-Motive, die Schwanrittersage und die Gralsauffassung ein und betont deren »intimité avec les Templiers«, also ihre nahe Verbundenheit mit den Templern. Auch René Louis (1959) bestätigt, daß neben Chrestian die zweite Quelle (also Kyot) aus dem »geistigen Umfeld des Templerordens inspiriert ist, deren Verfasser Zugang zu islamischen Geheimquellen hatte«.

Erinnern wir uns: Kyot, der das Flegetanis-Buch in Spanien entdeckte und die Wahrheit über den Gral als erster erkannte, er war auf der Suche nach »einem Volk«, das die Pflege, die Aufsicht über den Gral übernehmen sollte. Im Parzival-Roman, also in der fiktiven Erzählung Wolframs, sind die Tempeleisen, die Ritter auf Munsalvaesche, die Hüter des Grals. Tempeleise aber ist nichts anderes als Wolframs Name für die Templer...

Damit stellt sich uns die letzte große Frage: Waren die Templer im Besitz der Manna-Maschine? Waren sie die Hüter des Grals?

Kapitel X

Die Gralshüter

Wie wunderbar sind diese Wesen,
Die, was nicht deutbar, dennoch deuten,
Was nie geschrieben wurde, lesen,
Verworrenes beherrschend binden
Und Wege noch im Ewig-Dunkeln finden.

Hugo von Hofmannsthal
(1874–1929)

Die Entdeckung des Grals

Wir wollen uns gedanklich noch einmal vergegenwärtigen, was wir über Kyot wissen:

1. Der Name »Kyot« muß nicht sein wirklicher Name gewesen sein. Die Tatsache, daß sich weder zur Zeit Wolframs noch davor eine Person dieses Namens entdecken läßt, deutet darauf hin. Infolgedessen kann auch – in der Sekundärliteratur keineswegs bestritten – der Zusatz »de Provence« nur eine weitere Ergänzung dieses Pseudonyms sein.
2. Kyot ist gelehrt und verfügt offenbar über nicht unerhebliche finanzielle Mittel, andernfalls hätte er seine ausgedehnten Reisen nicht unternehmen können.
3. Er entdeckt (ob zufällig oder nach einer gezielten Suche) in Toledo eine vermutlich arabische Schrift, in der umfassende Informationen über den Gral, also die Manna-Maschine, niedergelegt sind.

4. Kyot macht sich daraufhin auf die Suche: Zum einem will er weiteres Material über den Gral auftreiben, zum anderen trägt er sich mit dem Gedanken, diesen Gral nach Europa zu bringen und hier »ein Volk« zu finden, das ihn in seine Obhut nehmen kann. Herbert Kolb (1963) schreibt dazu: »An mehreren Orten seiner westeuropäischen Heimat suchte Kyot, um die Grundlinie seiner toledanischen Auserwählungsgeschichte samt ihren Hauptmotiven mit abendländischer Überlieferung in Konkordanz zu bringen.«

5. Kyot hatte Kontakt zu den Templern oder war Mitglied des Ordens. Pierre Ponsoye (1957) beispielsweise sieht in Kyot »l'autorité spirituelle du Temple«, also die spirituelle/geistige Autorität des Tempels bzw. der Templer, vertreten.

6. Über seine Arbeiten und Bemühungen hat er – vermutlich in späterer Zeit – Aufzeichnungen gemacht und so den ersten Gralsroman geschaffen, der Wolfram als zweiter Quelle neben der Fassung Chrestians diente.

Die Fragen, die sich erheben, lauten also: Ist es Kyot gelungen, mit Hilfe der Templer den Gral aus Palästina nach Europa zu holen, und – war der Orden der Tempelherren in der Folgezeit der Hüter dieses Gerätes?

Wir glauben, diese Fragen positiv beantworten zu können. Allerdings werden wir dazu Kyot ein Jahrhundert früher »datieren« müssen, als dies bisher in der Literatur der Fall gewesen ist. Wir wissen, daß wir uns mit diesem Schritt den Unmut der Fachgelehrten zuziehen werden, aber wir möchten darauf hinweisen, daß Wolfram seinerseits in bezug auf Kyot keinerlei Daten beibringt, somit auch die Vermutung, Kyot sei Zeitgenosse Wolframs gewesen, nur eine willkürliche Annahme bildet und daß andererseits unsere Hypothese in sich widerspruchsfrei ist und alle bekannten Fakten berücksichtigt.

Versetzen wir uns also aus dem Zeitalter Wolframs um ein weiteres Jahrhundert zurück. Wir hatten schon im letzten Kapitel auf die für uns interessante Vorgeschichte der Ordensgründung der Templer hingewiesen. Ihr wollen wir uns jetzt zuwenden.

Im Jahre 1080 wird Hugo de Payens, der spätere Begründer des Templerordens, geboren. Über seine Kindheit wissen wir wenig, aber schon mit sechzehn Jahren nimmt er am ersten Kreuzzug unter

Gottfried de Boillon teil. Er ist dabei, als Jerusalem am 14. Juli 1099 fällt. Daraufhin kehrt er nach Frankreich zurück und begibt sich in den Dienst des Grafen Hugo de Champagne, dessen Offizier er wird.

Es vergehen fünf Jahre. Dann treten beide, Hugo de Champagne und Hugo de Payens, erneut eine Reise ins Heilige Land an. Aber sie bleiben nicht lange und kehren bald wieder zurück. Kaum sind beide wieder in Frankreich, nimmt Hugo de Champagne Kontakt zu Etienne Harding, dem Abt der sieben Jahre zuvor gegründeten Zisterzienser, auf. Die Folge: Der junge Orden beginnt mit genauesten Studien verschiedenster hebräischer Texte, ja, es werden sogar Rabbiner aus dem Hochburgund zur Hilfe herangezogen, um ihnen bei den schwierigen Übersetzungen zur Seite zu stehen – ein für damalige Zeiten geradezu sensationeller Vorgang. In Troyes befand sich seinerzeit die berühmte Kabbalaschule des großen Rabbiners Rashi. Dieser starb zwar 1105, die Arbeit wurde jedoch von seinen Schwiegersöhnen fortgesetzt. Nach jüdischen Überlieferungen wurde Rashi häufig von Hugo de Champagne besucht, und es scheint, als bahnten sich entscheidende Dinge an.

Im Jahre 1114 reist Hugo de Champagne erneut ins Heilige Land, um sich nach der Rückkehr sofort mit Etienne Harding und den Zisterziensern in Verbindung zu setzen. Aber nicht nur das: Zum allgemeinen Erstaunen schenkt er dem Orden den Wald von Bar-sur-Aube und veranlaßt dort die Gründung der Abtei von Clairvaux. Der junge Bernhard de Fontaine (also der spätere »Heilige Bernhard«) nimmt dieses Projekt in Angriff. Und noch etwas: Hugo äußert den seltsamen Wunsch, dem Orden der Johanniter von Jerusalem beizutreten. Nur weil er verheiratet ist, wird ihm dieser Wunsch abgeschlagen.

Die ganze Sache ist sehr merkwürdig. Wenn Hugo tatsächlich nichts anderes im Sinn gehabt hätte, als mildtätige Werke zu tun, er hätte sicherlich andere Aufgaben gefunden. Aber hier ging es augenscheinlich um etwas ganz anderes.

Dann, im Jahr 1119, treibt die ganze mysteriöse Angelegenheit ihrem Höhepunkt zu. Hugo de Payens, also der Offizier Hugos de Champagne, zieht zusammen mit Gottfried von St. Omer, André von Montbard (einen Onkel Bernhards), Payens von Montdidier, Archembald von St. Amand, Gottfried Bisol und zwei Zisterzienser-Mönchen, von denen wir nur die Vornamen kennen, Konrak und Gundemar, nach Jerusalem. Dort angekommen, legen sie in die

Hände des Partriarchen von Jerusalem das Gelübde der Keuschheit, des Gehorsams und der Armut ab und sind von diesem Tag an in einer Laienbruderschaft zusammengeschlossen. Sie verpflichten sich auch, die Pilgerstraßen zu schützen. Und abermals geschieht etwas sehr Seltsames: Balduin II., König von Jerusalem, räumt diesem kleinen Häufchen einen großen Teil seines Palastes ein. Dieser Palast steht genau über dem ehemaligen Tempel Salomons!

Dieser Umstand ist für die Männer, die schon bald »Arme Ritterschaft vom Salomonischen Tempel« oder vereinfacht »Templer« genannt werden, offenbar von extremer Wichtigkeit. Auch wenn keine schriftlichen Unterlagen darüber existieren, zeigt die Parallelisierung, die Wolfram von Eschenbach mit seiner Gralsburg zum Tempel von Jerusalem anstrebt, indirekt doch die Bedeutung dieser Wohnstätten an. Herbert Kolb (1963) schreibt dazu: »Diese Weise der Bezeichnung [daß die Tempeleisen auf Munsalvaesche nahe dem Gral wohnen, Anm. d. Verf.] steht wiederum in genauer Analogie zu dem Wohnsitz des Templerordens in Jerusalem... Auch die *milites Christi* oder *milites templi* [die Templer, Anmerk. d. Verf.] wohnten beim Tempel, dem Tempel in Jerusalem. Die von David geweihte, von Salomon zum Reichsheiligtum erhobene, von den Christen zum *templum Domini* umbenannte Kultstätte war ein Rundbau, ein Haus daneben, Palast der Könige von Jerusalem und in Teilen Wohnsitz der Tempelritter, ein viereckiges Gebäude. Die These der präfigurativen Gestaltung kann also auch für die architektonische Anlage von Munsalvaesche angewandt und hieran verifiziert werden: Bau und Anordnung von *palas* und *tempel* [in »Parzival«, Anm. d. Verf.] entsprechen in ihren Grundzügen den baulichen Verhältnissen des Tempelritterhauses, das zugleich Königspalast ist, und des Tempels in Jerusalem.« Joachim Bumke (1970) führt diesen Punkt noch weiter aus: »In Wolframs Beschreibung von Munsalvaesche sind die Jerusalem-Motive besonders deutlich: die Anlage des Festsaales und seine Fensterlosigkeit, das Bett in der Mitte und die 24 Gralsjungfrauen erinnern an die Beschreibung der Himmlischen Stadt in der ›Johannesapokalypse‹...«

Acht Jahre lang bleiben die Templer in Jerusalem. Im Jahre 1125 folgt ihnen Hugo von Champagne nach. Offensichtlich erscheint ihm die Angelegenheit nun dermaßen bedeutend, daß er Frau und Kind verstößt, um sich der kleinen Gruppe in Jerusalem anschließen zu können.

In diesen ganzen acht Jahren beteiligen sich die Templer nicht an einem einzigen Kampf. Balduin II. führt unterdessen Feldzüge gegen El-Ghazi in Antiochien (1119 und 1120) und gegen Nord-Syrien (1121 und 1122). Er wird im Jahr 1123 gefangengenommen, von Armeniern befreit, erneut eingekerkert und gegen Lösegeld freigelassen. Er belagert Aleppo und nimmt es 1124 zusammen mit den verbündeten Beduinen ein. Zu kämpfen gab es also mehr als genug, aber genau das taten die neun Templer nicht.

Statt dessen sieht man sie entweder im Bereich des Tempels (dort legen sie seltsamerweise die alten Pferdeställe frei, nehmen Ausgrabungen vor, erkunden uralte Ruinen) oder überhaupt nicht. Dann sind sie ausgeritten, und niemand weiß, wohin.

Schließlich, im Jahre 1127, ist die Entscheidung gefallen. Vom Heiligen Land aus machen sich André von Montbard und Gundemar zurück auf den Weg nach Frankreich. Ihr Ziel ist Clairvaux. Dort treffen sie mit Bernhard von Clairvaux zusammen, der sie offensichtlich schon sehnlichst erwartet. Bernhard setzt drei Schreiben auf: eines an den König von Frankreich, eines an den Papst und eines an die wartenden Ritter in Palästina. Als der Brief dort eintrifft, machen sich alle – bis auf einen, der zurückbleibt – gemeinsam auf den Weg. In Troyes wird daraufhin ein Konzil einberufen und der Orden der Tempelherren offiziell gegründet. Bernhard verfaßt die Statuten, Hugo de Payens wird der erste Großmeister, der Papast erteilt seinen Segen ...

In der Präambel der Ordensregel läßt Bernhard schreiben: »Mit Gottes und mit unserer und mit unseres Retters Jesu Christi Hilfe ist das Werk vollendet worden, der seine Freunde aus der Heiligen Stadt Jerusalem in die Marche und Bourgogne zurückbeorderte. Es sind Freunde, die für unser Wohlwollen und für die Verbreitung des rechten Glaubens ohne Unterlaß ihre Seele Gott anbieten, welch edle Aufopferung ...«

Der Orden war erst neu gegründet, aber Bernhard schreibt: »... ist das Werk vollendet worden ...« Was ist hier eigentlich geschehen, was ist vorgegangen im Jerusalem und Frankreich der Jahre zwischen 1105 und 1128? Nach allem, was wir wissen, nach allem, wie sich uns der Ablauf der Geschehnisse heute darstellt, gibt es nur einen einzigen Schluß. Louis Charpentier (1978) faßt ihn so zusammen: »Es gibt nur eine Erklärung für dieses Verhalten: Die neun Ritter sind nicht nur gekommen, um die Pilger zu schützen, sondern auch um etwas besonders Wichtiges zu finden, zu schützen und mitzunehmen, etwas besonders Heiliges, das sich im Tempel Salomos befindet: die Bundeslade ...«

In der Tat: Nur unter diesem Gesichtspunkt läßt sich erklären, was die neun ersten Templer in Jerusalem tatsächlich machten, wonach sie suchten und was sie schließlich fanden. Die Vorbereitung für diese Suche begann früh. Vermutlich ist Hugo de Payens schon bei seinem ersten Aufenthalt im Heiligen Land während des Kreuzzuges von 1096 bis 1099 auf eine Spur gestoßen. Weitere Nachforschungen, zusammen mit Hugo de Champagne, scheinen die Richtigkeit dieser ersten Spur bestätigt zu haben, denn gleich darauf beginnt das intensive Studium der hebräischen Texte, die offensichtlich auf weitere Hinweise »durchforstet« wurden. Erneut reist Hugo de Champagne ins Heilige Land, und man kann annehmen, daß diese zweite Reise dazu diente, das dem Textstudium Entnommene zu überprüfen. Er kehrte, so können wir folgern, mit einem positiven Ergebnis zurück, denn die Studien gehen weiter, und es beginnt der Bau der Abtei von Clairvaux, der Bernhard, der sowohl Hugo de Champagne als auch Hugo de Payens bestens kennt (letzteren nennt er »meinen vielgeliebten Hugo«), vorsteht und die zum Zentrum der weiteren Forschung wird. Und dann, im Jahre 1119, bricht Hugo de Payens auf, gefolgt vom Onkel Bernhards und sechs weiteren Männern, einer verschworenen Gemeinschaft, der sich schließlich noch Hugo de Champagne anschließt.

Gemeinsam arbeiten sie in Jersualem, bilden nach außen die Laienbruderschaft der Templer und arbeiten in geheimen am Tempel oder in anderen Teilen des Landes. Schließlich, im Jahre 1127, haben sie gefunden, wonach sie suchten: die Manna-Maschine und die (nachgebaute) Bundeslade sind in ihren Händen! Sie informieren Bernhard, und dieser gibt »grünes Licht« für den Transport. Die Manna-Maschine verläßt Jerusalem, verläßt das Heilige Land und kommt nach Europa.

Der genaue Weg ist nicht mehr rekonstruierbar. Möglich, daß sie zunächst nach Clairvaux gebracht wurde, um von den dortigen Mönchen untersucht zu werden. Sicherlich aber wird sie später direkt in die Hände der Templer übergegangen sein. Auch dafür gibt es Hinweise (s. »Das Idol«).

Noch im Jahr der Ordensgründung, also 1128, reist Hugo de Payens nach England und Schottland, um Mitglieder für seinen neuen Orden zu rekrutieren. Ein Jahr später, 1129, hält er sich in Anjou auf, um im dortigen Fürstenhaus ein uns nicht näher bekanntes Geschenk in Augenschein zu nehmen. Seine Reise führt ihn weiter nach Spanien, um 1130 kehrt er mit einer durchorganisierten Armee ins Heilige Land zurück – zur selben Zeit wie Foulques von Anjou mit seinem Kriegsheer, der nur ein Jahr später König von Jerusalem wird.

Und Kyot? Die Parallelen zu Hugo de Payens oder Hugo de Champagne sind zu auffällig, als daß sie nur reiner Zufall sein könnten. Wir halten es für denkbar, daß einer dieser beiden jener Kyot war, von dem Wolfram schreibt und der in Spanien das *felek-thani*-Manuskript gefunden hat. Vielleicht sind unter diesem Pseudonym »Kyot« auch beide, Hugo de Payens und Hugo de Champagne, zusammengefaßt, zwei Personen, die in einem literarischen Stück zu einer verschmolzen. Denn wie die beiden Templergründer durchreiste Kyot ganz Europa, wie sie forschte er in alten Schriften, wie sie fand er schließlich »das Volk für des Grales Pflege«, wie sie hatte er enge Beziehungen zum Hause Anjou, ja, genauso wie im Roman Wolframs wird schließlich ein Herrscher aus Anjou König des Tempels von Jerusalem. Vielleicht ist *Kyot* auch nichts anderes als eine Verballhornung des Wortes *Hugo*. Beide haben im Französischen eine sehr ähnliche Aussprache. Zugegebenermaßen ist dies eine Spekulation. Aber die Parallelen sind doch sehr auffällig, und man sollte sie bei künftigen Studien einer genaueren Analyse unterziehen.

Masada – Nebo – Salomons Tempel

In seinem Gralsepos schreibt Wolfram, Kyot habe in der Flegetanis-Schrift »die Wahrheit über Mazadan« gefunden. In der Parzival-Sekundärliteratur wird »Mazadan« im Regelfall mit einem mythischen Sohn Adams (vgl. H. Kolb, 1963 und P. Piper, 1899) gleichgesetzt, was bedeuten würde, daß die Weitervererbung des Grals bereits auf diesen Mazadan zurückgeht. Wir halten diese Annahme nicht unbedingt für zutreffend, zumal nirgendwo von einer »Übergabe« des Grals von den neutralen Engeln an Menschen in einer solch frühen

Zeit (wir müssen bedenken, daß man im Mittelalter fest an die Genealogie der Bibel glaubte) die Rede ist. Hier könnte es sich also auch um ein Mißverständnis handeln, das entstehen *mußte*, weil die Forscher bisher noch nicht die Möglichkeit hatten, in dieser Beziehung auch in eine ganz andere Richtung zu denken.

Uns erinnert dieses Wort »Mazadan« an *Masada*: Im Jahr 35 v. Chr. ließ König Herodes der Große auf einem Tafelberg drei Kilometer westlich des Toten Meeres eine Festung für sich bauen – zum einen aus Angst vor seinen eigenen Leuten, zum anderen aus Angst vor den Römern. 37 Wachtürme umschlossen ein etwa neun Hektar großes Plateau, auf dem Herodes einen unvergleichlichen Palast, zahlreiche Vorratsräume und große Zisternen anlegen ließ.

Im Jahre 66 n. Chr., also zu Beginn des Aufstandes gegen die Römer, wurde Masada von den jüdischen Zeloten besetzt. Nach einer Eroberung Jerusalems durch die Truppen Roms flüchteten zahlreiche Überlebende nach Masada. Von hier aus wurde unter der Führung von Eleazar ben Yair der bereits zu diesem Zeitpunkt gescheiterte Aufstand organisiert.

Dann, im Jahr 73 n. Chr., rückten Flavius Silva und die zehnte römische Legion heran, um Masada zu belagern. Es dauerte Monate, bevor Entscheidendes geschah. Flavius, der sofort erkannte, daß der Berg im Sturm nicht zu nehmen war, ließ um den gesamten Komplex eine Mauer bauen, die es Flüchtlingen verwehren sollte, in einem günstigen Moment zu entkommen. Und er ließ eine riesige Rampe aus Erdreich aufschütten, über die man den Angriff vortragen wollte.

Die Verteidiger Masadas haben all das mit ansehen müssen, ohne etwas dagegen unternehmen zu können. Am Abend vor dem entscheidenden Angriff der Römer faßten sie ihren schicksalsschweren Entschluß. Wir verdanken den Bericht darüber dem jüdischen Historiker Flavius Josephus, der ihn eigenen Angaben zufolge von zwei Frauen und fünf Kindern erhalten hatte. Diese waren durch Flucht in eine Kaverne als einzige gerettet worden. Der Anführer der Zeloten, Eleazar ben Yair, hatte in der Nacht vor dem Angriff seine Untergebenen beschworen:

Laßt unsere Frauen sterben, bevor sie geschändet werden, und unsere Kinder, bevor sie die Sklaverei ertragen müssen; und nachdem wir sie alle umgebracht haben, laßt uns diese ruhmreiche

Wohltat uns gegenseitig erweisen, um uns selbst die Freiheit zu erhalten als ein ausgezeichnetes Grabdenkmal für uns alle. Aber vorher laßt uns unser Geld zerstören und die Festung durch Feuer niederbrennen; denn ich bin mir sicher, daß es für die Römer eine große Enttäuschung sein wird, nicht auf unseren Körpern triumphieren zu können und unseren Reichtum nicht zu erbeuten. Und laßt uns nichts vergessen dabei außer unseren Vorräten. Sie sollen nach unserem Tode Zeugnis dafür ablegen, daß wir nicht an Nahrungsmangel zugrunde gegangen sind, sondern gemäß unserem eigenen Entschluß, den Tod der Sklaverei vorgezogen haben.

Und so kam es zur Ausführung dieser Tat: Die Männer erstachen zunächst alle Frauen und Kinder, dann losten sie unter sich selbst zehn aus, die sie enthaupten sollten, diese zehn wiederum einen, der, bevor er sich selbst umbrachte, die vorher zusammengeworfenen Gegenstände, die den Römern nicht in die Hände fallen sollten, anzündete und kontrollierte, ob auch wirklich alle Verteidiger tot waren. Dann stieß er sich selbst das Schwert durch den Leib.

Als die Römer am nächsten Morgen die Festung einnahmen, bot sich ihnen ein grauenvolles Bild: verbrannte Häuser, getötete Männer, Frauen und Kinder. Und obwohl sie Feinde waren, empfanden sie Ehrfurcht vor dem Mut dieser Menschen.

Masada scheint erstmals im Jahr 1838 von dem amerikanischen Forscher Edward Robinson entdeckt worden zu sein, aber er betrachtete die Ruinen lediglich von einer Anhöhe aus und beschrieb es als »anscheinend unmöglich«, das Felsplateau zu erklimmen. 1842 aber gelang genau das, als der amerikanische Missionar S. W. Walcott die ehemalige römische Rampe emporkletterte und alles so vorfand, wie Flavius Josephus es beschrieben hatte. Später kamen viele Reisende nach Masada, haben es besucht und ihre Aufzeichnungen darüber niedergelegt. Aber erst im Jahre 1963 begannen unter Yigeal Yadin die eigentlichen Ausgrabungen. Sie förderten zutage, was man bis dahin nur für eine Legende gehalten hatte: daß sie tatsächlich alles so abgespielt hatte, wie Josephus es in seinen »Geschichten der Juden« dargestellt hatte.

Masada war die letzte Festung des jüdischen Volkes. Hier fanden sich in der Grabungskampagne der Jahre 1963 bis 1965 verschiedene alte Texte (u. a. des Alten Testaments, auch Schriften, die wir bis dahin nicht kannten, so das »Buch der Freudenfeste« und die »Weisheit des Ben Sira«, daneben auch Texte der Essener-Bruderschaft usw.), Münzen, Geräte, ect.

Kyot, der Entdecker des Gralsbuches, hatte im Flegetanis-Text »die Wahrheit über Mazadan« gelesen. In Frankreich begannen die Zisterzienser nach der Rückkehr von Hugo de Champagne mit dem genauesten Studium alter hebräischer Aufzeichnungen, und es ist wohl kaum anzunehmen, daß es sich bei diesen Texten um Schriften der Bibel handelte; die waren bekannt.

Nach Abschluß dieses Studiums begann die Suche der ersten Templer im Heiligen Land. Hatten sie Hinweise auf Masada gefunden, auf die Festung des Herodes, auf den Berg, in den sich die letzten freien Juden zurückgezogen hatten? Im Buch der Makkabäer (vgl. Kapitel VII) finden wir den Hinweis, Jeremias habe die Bundeslade am Berg Nebo vergraben. Zwar liegt der Nebo am nördlichen Rand des Toten Meeres, die Festung Masada dagegen am westlichen, aber es ist denkbar, daß die Lade samt Inhalt irgendwann zwischen dem Zeitpunkt des Versteckens und der Zerstörung Jerusalems durch die Römer gefunden und – unter strengster Geheimhaltung – nach Masada gebracht wurde. Möglich aber auch, daß die Templer unter Hugo de Payens dort nur nach weiteren Hinweisen suchten, nach Schriften, die sie zum wirklichen Versteck führen sollten. In Betracht gezogen werden muß auch, daß sich die Lade tatsächlich wieder im Tempel befand, denn nicht umsonst haben Hugo de Payens und seine Freunde dort Ausgrabungen vorgenommen. Unterhalb Jerusalems wurden in den vergangenen Jahren mehrere Tunnels und künstliche Hohlräume entdeckt, etwa der sogenannte Hesekiel-Tunnel (Hershel Shanks, 1975). Es ist nicht auszuschließen, daß das OThIQ IVMIN in ihnen untergebracht war.

Masada – Nebo – der Tempel von Jerusalem. Hier irgendwo müssen sich Lade und Manna-Maschine befunden haben, hier irgendwo wurden sie von den Templern entdeckt, geborgen und schließlich nach Europa gebracht.

Das Idol

Unsere Annahme, daß sich der Gral, also die Manna-Maschine, im Besitz des Templerordens befand, beruht zum einen auf dem Wolfram-Text (*Templeisen* als Hüter des Grals), zum anderen auf den seltsamen Vorgängen, die sich um die Gründung der Tempelherrengesellschaft abspielten. Dies aber würde – eingestandenermaßen – nicht ausreichen, um unserer Behauptung eine angemessene Wahrscheinlichkeit zu verleihen.

Aber: Es gibt noch einen dritten Hinweis, der diese Vermutung bestätigt. Durch ihn werden wir in die Lage versetzt, nicht nur glaubhaft zu machen, daß die Templer im Besitz des Grals waren, sondern auch, daß es sich bei diesem Gral tatsächlich um die Manna-Maschine gehandelt hat.

In der Anklageschrift gegen den Templerorden finden wir in Artikel 46 folgende Passage:

> *Daß sie* [die Templer] *in allen Provinzen Götterbilder besaßen, daß heißt Köpfe, die zum Teil drei, zum Teil ein einziges Gesicht hatten, und daß manche davon Menschenschädel waren.*

Und in Artikel 47:

> *Daß sie in den Versammlungen, vor allem in den großen Kapiteln, das Bild wie einen Gott, wie ihren Erlöser verehrten und behaupteten, dieser Kopf könne sie erretten, er gewähre dem Orden alle Reichtümer, bringe die Bäume zum Blühen und die Pflanzen der Erde zum Sprießen.*

Bei den Durchsuchungen der Komtureien ist nicht ein einziges dieser Götzenbilder aufgetaucht, und die in den Prozessen von den Mitgliedern unterer Ränge stammenden Aussagen waren z. T. sehr widersprüchlich: Da ist von Totenschädeln die Rede, von schwarzen Katzen, vom abgeschlagenen Haupt einer Jungfrau usw. Was hier – im Angesicht der Folter – gestanden wurde, das waren nichts anderes als Gerüchte, Phantasien und Mutmaßungen, die unter den Templern im Umlauf waren.

Darstellung Baphomets, des Idols der Templer. Bereits anhand dieser Abbildung wird deutlich, wie wenig Außenstehende über die wahre Beschaffenheit ›Baphomets‹ wußten. Bibliothèque Nationale, Estampes.

Bei den Würdenträgern des Ordens sah es etwas anders aus. Sie schwiegen zu diesem Thema nicht, antworteten aber nur sehr vage, wichen aus, verschanzten sich hinter Allgemeinplätzen. Daß sie bei ihren Aussagen dennoch nicht logen, können wir erst jetzt mit vollem Recht bestätigen. Im Haus des Tempels von Paris fand sich ein kleines Kästchen mit der Aufschrift »CAPUT LVIII« (Kopf LVIII), aber es ist das einzige dieser Art, obwohl es damals, auch außerhalb des Ordens, eine ganze Menge gab. Es waren Reliquien, aber niemals kam einer der Obersten auf die Idee, das »Götzenbild« als Relique zu bezeichnen.

Da sich von diesen »Idolen« keines finden ließ, ist anzunehmen, daß, wenn es existierte (und darauf deuten die Angaben der Ordensführer hin), es sich nur um ein einziges Idol handelte. Wo es untergebracht war, wissen wir nicht, aber was es war, das kann jetzt entschlüsselt werden: Dieses Idol der Templer, das *Baphomet* genannt wurde, das geheim war und das offensichtlich nur die obersten Ränge des Ordens oder ein »innerer Kreis« zu Gesicht bekamen, war jener Gegenstand, der einst von Hugo de Payens und seinen Freunden aus Palästina geholt worden war – die Manna-Maschine!

Bereits die Anklageschrift weist in dieser Hinsicht auf die Beschreibung des *Sohar* hin. Noch deutlicher sagt es Emma Jung (1960), die zunächst auf den »Stein der Weisen« (den man mit dem Gral gleichsetzte) eingeht und darüber ausführt, daß dieser »Lapis der Alchimie« eine »hell-dunkle Einheit der göttlichen Gegensätze« darstellte, ein »Gottesbild«, das weiblich und männlich zugleich gewesen sei. Und schließlich: »Die Baphomet-Figur, welche die Templer angebetet haben sollen, scheint ebenfalls ein solch hell-dunkles einheitliches Gottesbild dargestellt zu haben. Es soll ein doppelgesichtiges androgynes [d. h. männliche und weibliche Merkmale vereinendes, Anm. d. Verf.] Wesen gewesen sein mit einem langen silbergrauen Bart oder einem Kopf aus Kupfer, welcher in Orakelform Fragen beantwortete.«

Diese Beschreibung deckt sich in außergewöhnlicher Weise mit jener, die der Sohar von der Manna-Maschine gibt. Auch sie wird als »männlich« und »weiblich« beschrieben, vereint also in sich das oben angeführte Dual-Prinzip; auch die Manna-Maschine ist »doppelgesichtig«, auch die Manna-Maschine hat einen »Bart«, auch die Manna-Maschine ist aus Metall (»Kopf aus Kupfer«), auch die

Manna-Maschine hat – über die eingebaute Fernsprechanlage zu den Außerirdischen – Fragen beantwortet.

In einer weiteren Anklageschrift erfahren wir Zusätzliches über die »Augen« und den »Bart« des Idols, das unsere Ansicht bestätigt.

> ... *und dasselbe* [das Idol] *hatte in den Augenhöhlen Karfunkelaugen, die leuchteten wie die Helle des Himmels, und wie man sah, ruhte ihr Glaube darauf und war es ihr oberster Gott, und jeder vertraute darauf, und zwar guten Herzens. Und diese Haut hatte einen halben Bart im Gesicht und die andere Hälfte am Hintern, was ein widersinnig Ding war; und gewiß ist, daß der neue Templer ihm huldigen mußte wie Gott, und das alles geschah zum Hohn unseres Heilands und Erlösers Jesu Christi.*

Was die »wie die Helle des Himmels« leuchtenden Augen betrifft, darauf brauchen wir hier nicht mehr einzugehen. Aber es lohnt sich, noch einmal einen Blick auf die »Barthaare« zu werfen, die sich sowohl »im Gesicht« als auch »am Hintern« befanden, was für Philipp verständlicherweise »ein widersinnig Ding« sein mußte. Sassoon und Dale (1979) schreiben in ihrer Einführung des Kapitels »Die ehrwürdigen Bärte« dagegen eine Passage, die uns diese Ausführung verständlich werden läßt: »Daß es sich bei den Barthaaren nicht um Barthaare im gewöhnlichen Sinne handelt, wird schon von Anfang an deutlich; einige Teile wachsen an einem Teil des Gesichts heraus und an einem anderen wieder hinein; andere führen direkt ins Körperinnere ...«

Es lohnt sich, das Wort *Baphomet* einer etwas genaueren Analyse zu unterziehen – George Sassoon wies uns darauf hin: Hugh Schonfield (1984) konnte aufzeigen, daß *Baphomet* wahrscheinlich eine hebräische *Athbash*-Chiffre ist, das heißt, einer der geläufigsten jüdisch-kabbalistischen Geheimschriften entstammt. Das hebräische Alphabet setzt sich aus 22 Buchstaben zusammen, die in *Athbash* wie folgt chiffriert werden: Die ersten elf Buchstaben werden der Reihe nach aufgeschrieben, die zweiten elf Buchstaben in umgekehrter Reihenfolge (d. h. der letzte Buchstabe zuerst) daruntergesetzt also:

A	B	G	D	H	V	Z	Ch	T	I	K
Th	Sh	R	Q	Tz	P	O	S	N	M	L

Dadurch entstehende Buchstabenpaare, die zum Chiffrieren nun einfach ausgetauscht werden, aus G beispielsweise wird R, P wird durch V ersetzt usw.

Das Wort *Baphomet* wird auf Hebräisch BPVMth geschrieben. In *Athbash* entsteht somit aus

B   P   V   M   Th

Sh   V   P   I   A,

also ShVPIA. Dieses Wort heißt *Sophia*, was auf Griechisch nichts anderes als »Weisheit« bedeutet. Das ist insofern von großem Interesse, als »Weisheit« auch in der Beschreibung des Sohar über die Manna-Maschine eine dominierende Stellung einnimmt, etwa in GHV 58:

Und diese Haut ist dazu da, das Hirn zu überdecken, welches die verborgene Weisheit ist. Und weil diese Weisheit von dieser Haut bedeckt ist, die nicht geöffnet werden kann, wird sie die verborgene Weisheit genannt...

Oder in KHV 188:

Diese Weisheit wird geöffnet, und es geht ein Strom von ihr aus, der herabrinnt und den Garten bewässert.

Sassoon und Dale (1979) schreiben dazu: »Den Mystikern zufolge handelt es sich bei der ›verborgenen Weisheit‹ um ein esoterisches Wissen, welches die Menschen niemals erwerben können. Warum wird es aber auf diese Art beschrieben, wenn dem wirklich so wäre? Liest man es dagegen als einfache technische Beschreibung, dann ist die ›verborgene Weisheit‹ nichts weiter als ein ›Schädel‹ oder ein Tank, in den nicht hineinzukommen ist, weil er von einer ›Ätherhaut‹, die sich nicht öffen läßt, überzogen ist.«

Die Aussagen der höheren Mitglieder des Ordens, also jener, die nicht nur Gerüchte gehört hatten und infolgedessen von »schwarzen Katzen«, »kalbsgesichtigen Tieren« usw. fabulierten, sind erstaunlich. Auch sie scheinen sich zu widersprechen, aber eben nur, solange man nicht die Möglichkeit in Betracht zieht, hier werde nichts anderes beschrieben als die Manna-Maschine. Die meisten betonten den »Bart« der »Figur«, viele hoben hervor, das Idol sei »glattköpfig« gewesen. Ein Templer namens Guillaume de Herblay sagte aus, *Baphomet* habe »geglänzt wie vergoldetes Silber«, André Armadi beschrieb es mit drei, Guillaume d'Arteblay mit nur zwei Gesichtern. Das mag auf den ersten Blick verwundern, aber im Sohar lesen wir über das OThIQ IVMIM (KHV 59):

Drei Köpfe sind ausgehöhlt; dieser befindet sich in jenem und dieser über dem anderen. Ein Kopf ist die Weisheit; er ist der verborgendste...

Und in KHV 175:

Es gibt drei obere Köpfe; zwei Köpfe und einen, der sie beinhaltet...

Gemeinsam ist den Aussagen über das Idol zumindest eines: Das unbeschreibliche Entsetzen vor diesem »Ding«. Raoul de Gizy beispielsweise gab zu Protokoll: »Immer wenn ich die Augen darauf richtete, wurde ich von solchem Entsetzen gepackt, daß ich kaum hinsehen konnte; dieser Kopf wurde in den Kapiteln verehrt.« – Es ist kaum anzunehmen, daß die Tempelritter, die als Soldaten ausgebildet waren, im Kampfe trainiert und gefestigt, die die Schrecken des Todes kannten, mit ihnen auf du und du standen, daß diese Männer vor einem simplen Menschenschädel, einer irgendwie beleuchteten Holzfigur oder einer Mumie zurückschreckten. Nur die Konfrontation mit dem für sie völlig Unbegreiflichen, mit dem absolut Unbekannten kann diese Reaktion hervorrufen. Julius Evola (1955) schreibt dazu: »Eine solche Wirkung [die des Entsetzens, Anm. d. Verf.] erinnert in kaum veränderter Form an die bei einigen Gralsproben festgestellte, wobei die ›Haare weiß werden‹ und in dem, der in der Prüfung versagt, ein tiefer Abscheu vor allen irdischen Dingen und ein tiefes und unheilbares Gefühl des Unglücks erweckt werden.«
Die Manna-Maschine war also im Besitz der Templer. Sie wurde von den Gründungsmitgliedern aus Palästina nach Frankreich gebracht, dort aufbewahrt und als »göttlich« verehrt. Es mag die Frage auftre-

ten, warum eigentlich diese ganze »Operation Heiliger Gral« gestartet wurde, welches Interesse Hugo de Payens, Hugo de Champagne und all die anderen an der Manna-Maschine hatten. Wir haben bereits früher darauf hingewiesen, daß Manna in dem Ruf stand, lebensverlängernd, wenn nicht sogar unsterblichmachend zu wirken. Das »ewige Leben« zu erwerben ist im Laufe der Geschichte bereits Grund für ganz andere »Abenteuer« gewesen. Daß die Maschine kein Manna mehr produzierte, konnten die Templer der Gründungszeit nicht wissen – und wenn es ihnen aus der Flegatanisschrift und anderen Texten bekannt war, so hofften sie vielleicht, das Gerät wieder in Gang setzen zu können. Gelungen ist es ihnen augenscheinlich nicht.

Zugang zu der Maschine hatten im Laufe der zweihundertjährigen Templer-Geschichte nur die Ordensobersten oder – was wahrscheinlicher ist – ein »innerer Kreis«, die eigentlichen »Gralsritter«. Die Mitglieder dieses Kreises müssen nicht zwangsläufig *nur* die Ordensobersten gewesen sein. Auch in den unteren Rängen kursierten die Gerüchte über ein Idol, aus dem in der Anklageschrift zahlreiche Götzenbilder geworden waren. Dadurch kam es zur Rede von »Menschenschädeln«, »Schwarzen Katzen« usw. Als die Schergen Philipps zuschlugen, fanden sie nichts von alldem. Weder in den Komtureien noch in den Prioraten. Hier hing als einziges verehrungswürdiges Zeichen das Kreuz. Die Manna-Maschine entdeckten sie nicht.

Natürlich kann die Möglichkeit nicht ganz ausgeschlossen werden, daß das Gerät aufgefunden worden und entweder in die geheimen Kammern Philipps gewandert oder in die Hand des Papstes und damit – später – in die Geheimarchive des Vatikans gekommen ist. Aber es liegen keinerlei Aufzeichnungen oder Berichte über den Fund oder einen solchen Transport vor, was bei der Entdeckung der Maschine sicherlich, zumindest auf »Umwegen«, der Fall gewesen wäre.

Nein, die Templer hatten vorgesorgt. Die Manna-Maschine wurde nicht gefunden. Als Philipp zuschlug, war das bedeutendste Requisit des Ordens längst in Sicherheit gebracht...

Kapitel XI

Das Versteck

Dies ist der Bericht von den Dingen, die sich zutrugen und die sie taten. Alles ist schon geschehen. Sie sprechen mit ihren eigenen Worten, und deshalb wird der Sinn von vielen manchmal nicht verstanden. Aber genauso, wie es geschah, so steht es geschrieben. Später einmal wird alles genau erklärt, und das wird wohl nicht von Übel sein.

Buch des Chilam Balam von Chumayel
(Hl. Überlieferung der Yukatan-Maya)

Am 14. September 1307 beschloß der König von Frankreich, Philipp der Schöne, den Orden der Templer endgültig zu vernichten. Mit gleichem Datum gingen darauf abzielende Schreiben in alle Teile des Landes. In der Nacht vom 12. auf den 13. Oktober schlugen Philipps Soldaten zu. Zwischen dem 14. September und dem 12. Oktober lag ein ganzer Monat. Diese Frist mußte gewählt werden, damit die Verhaftung überall gleichzeitig erfolgen konnte.

Selbstverständlich waren die Briefe, in denen Philipp seinen Befehl übersenden ließ, versiegelt. Aber es ist kaum anzunehmen, daß nicht zumindest Gerüchte über die bevorstehende Aktion zum Orden durchgesickert sind. Die Templer, deren Mitglieder zu den angesehensten Häusern Frankreichs zählten, verfügten über entsprechende Verbindungen. Bereits im Juli 1307 hatte sich eine Fraktion von Kardinälen ohne Wissen des Papstes mit Philipp zusammengefunden, um die Vernichtung des Ordens zu besprechen. Am 24. August hatten die Templer selbst von Clemens eine Untersuchung wegen Verleumdung verlangt. Clemens forderte Philipp daraufhin auf, ihm Beweise vorzulegen, die aber nicht beigebracht werden konnten. Am 23. September legte schließlich der Groß-Siegelbewahrer, Gille Aiscelin, Erzbischof von Narbonne, sein Amt nieder, da er die Anordnungen, die Philipp am 14. September gegeben hatte, nicht mittragen wollte. Die Templer wußten also, was auf sie zukam.

Erstaunen mag auf den ersten Blick die Gleichmütigkeit, mit der sie sich gefangennehmen ließen. Aber den Mönchsrittern war es verboten, das Schwert gegen einen anderen Christen zu erheben. Ferner ist zu vermuten, daß sie ihr Vertrauen ganz auf den Papst richteten, in dem Glauben, die Kirche werde ihre Unschuld erkennen und sie der Hand Philipps wieder entreißen. Wie sehr sie sich darin täuschten, wissen wir.

Aber die führenden Männer des Ordens – der *innere Kreis*, die eigentlichen Gralsritter – werden voraussehend genug gewesen sein, ihre Hoffnungen nicht nur auf diese Vermutung zu bauen. Sie konnten annehmen, daß Philipp eine Durchsuchung veranlassen würde, und so werden sie dafür gesorgt haben, daß ihr wertvollster Besitz in Sicherheit gebracht wurde, in ein Versteck, das weder für Philipp noch für die Kirche erreichbar war. Gibt es Hinweise auf ein solches Versteck? Existiert eine Spur, die uns vielleicht zum derzeitigen Aufenthaltsort der Manna-Maschine führen könnte?

Wir möchten, um falschen Hoffnungen entgegenzutreten, betonen, daß wir ein solches Versteck der Manna-Maschine trotz intensiven Forschens in den vergangenen sechs Jahren *nicht* haben lokalisieren können. Es existiert keine Stelle, von der wir mit Sicherheit behaupten könnten, hier oder da sei das Gerät von den Templern vergraben, versteckt oder sonstwie der Öffentlichkeit unzugänglich gemacht worden. Aber es gibt einige Hinweise.

Um ihren vorläufigen Charakter deutlich zu machen, möchten wir diese Hinweise in Form von Hypothesen über den aktuellen Aufenthaltsort der Maschine darstellen. Jede dieser Hypothesen besitzt eine gewisse Wahrscheinlichkeit, und es wäre vielleicht lohnend, sie im Rahmen eines größeren Forschungsprojektes zu überprüfen. Lediglich Hypothese 1 scheidet unserer Auffassung nach von vornherein als möglicher Aufenthaltsort der Maschine aus. Wenn wir Montségur hier dennoch ausführlich behandeln, so, weil die verworrene Geschichte dieses Ortes Ansatzpunkte für weiterführende Forschungen liefern könnte und durch die nicht minder verworrene Interpretation der drei britischen Journalisten H. Lincoln, M. Baigent und R. Leigh im Laufe der letzten Jahre ins Zentrum der Gralsforschung gerückt ist.

Hypothese 1: Montségur

Man schreibt den 3. Januar 1917. Kalt weht der Wind über das unwirtliche Hochplateau inmitten der Pyrenäen. Unterhalb eines kleinen, aus hellen Steinen errichteten Turmes spielt sich eine makabre Szene ab: In einem hohen Lehnsessel sitzt steif der verstorbene Pfarrer des Dorfes. Seine Leiche ist in ein rotes Gewand gehüllt. Auf der Terrasse vor ihm ziehen die Menschen mit ernsten Gesichtern vorbei. Viele von ihnen stammen nicht aus der kleinen Bergsiedlung; sie sind von weit her angereist. Diese Fremden sind es auch, die kleine Troddeln von der Robe des leichenstarren *Abbé* abreißen. Aus welchem Grund, haben die Bewohner des Ortes nie erfahren. Ein seltsames Mysterium lastet auf dem Ort, ruht auf dem Toten – ein jahrhundertealtes und für viele beunruhigendes Geheimnis. Rund sechzig Jahre später brachen wir zusammen mit unserem Freund Armin Schrick auf, längst vergangenen Ereignissen nachzuspüren.

»Leuchtende Farben, die an nordisches Zwielicht gewöhnte Augen verletzen, sind untrennbar von den Gefilden der Provence und des Languedoc, in denen Sonne und immer blauer Himmel zu Hause sind. Blauer Himmel, noch blaueres Meer, purpurne Küstenfelsen, gelbe Mimosen, schwarze Kiefern, grüner Lorbeer und Berge, von deren Zinnen der Schnee nicht weggeht.« Mit diesen Worten beginnt der Schriftsteller Otto Rahn sein 1933 geschriebenes Buch »Kreuzzug gegen den Gral«. Seither hat sich in diesem Landstrich nicht viel verändert. Die Städte sind moderner geworden, die Technik hat Einzug gehalten. Aber dennoch ist vieles erhalten geblieben von dem, was Rahn beschrieb. Insbesondere in den kleinen, abgelegenen Orten der Pyrenäen, die nicht vom Massentourismus berührt wurden, kann der Reisende noch jener Ursprünglichkeit begegnen, die diese Gegend und seine Bewohner auszeichnet.

Durch kräftiggelb blühende Sonnenblumenfelder waren wir von Carcassonne kommend in die von Rahn beschriebene Welt hineingefahren. Eine wildzerklüftete Berglandschaft rückte nun näher heran, und steile Serpentinen führten uns höher hinauf. Unser Ziel war die letzte Felsenfestung der Katharer, einer »Ketzer«-Bewegung des Mittelalters.

»Inmitten der Einöde des Tabor«, schreibt Rahn, »erhebt sich ein unbeschreiblich wilder Felsen, so hoch, daß sein Gipfel bisweilen in das goldene Wolkenmeer ragt. Senkrecht recken sich seine Wände hinauf zu den Mauern einer Burg, die Montségur heißt. Als ich einmal auf der Straße der Cathari zum Gipfel des Tabor hinaufstieg, traf ich einen alten Schafhirten. Der erzählte mir folgende Legende: *Als Montségurs Mauern noch standen, hüteten in ihnen die Cathari, die Reinen, den heiligen Gral. Montségur aber war in Gefahr. Luzifers Heerscharen lagen vor seinen Mauern. Den Gral wollten sie haben.«*

Sollte Montségur identisch sein mit dem Munsalvatsch bzw. Munsalvaesche in den Texten Wolframs von Eschenbach? Wer waren die Cathari? Welche Heerscharen hatten vor der geheimnisvollen Bergfestung gelegen? Vor allem aber: Befand sich der Gral einst hier, in der zerklüfteten Welt der Pyrenäen?

Versetzen wir uns zurück in die Zeit des 12. und 13. Jahrhunderts. Im Süden des heutigen Frankreich, in der Provence und dem Languedoc, war damals eine neue religiöse Bewegung entstanden, die große Teile des Landes ergriffen hatte und auch nach Italien, Katalonien und in Deutschland insbesondere im Rheinland und bis Goslar vorgestoßen war. Die Katharer oder Albigenser (d. h. »die Reinen«, »die Vollkommenen«) stellten eine große Erneuerungsbewegung dar. Grundgedanke ihrer Lehre war, daß Gott Geist und die absolute Liebe, vollkommen, unveränderlich, gerecht und ewig sei. Böses und Schlechtes könne damit niemals von ihm kommen. Die logische Schlußfolgerung daraus war, daß somit auch die Werke Gottes nur vollkommen, unveränderlich, gerecht und gut sein können wie die Quelle, der sie entstammten.

Unsere Welt hingegen hatte sich als vergänglich, als ungerecht und unvollkommen erwiesen. Das Prinzip des Todes wirkte immer und überall und war dem Stoff der Welt gewissermaßen immanent. Daraus ergab sich für die Katharer die Unvereinbarkeit des Vollkommenen mit dem Unvollkommenen. Etwas Unvollkommenes könne daher niemals von etwas Vollkommenem verursacht worden sein. Die irdische Welt, so ließ sich damit in letzter Konsequenz ableiten, war folglich keine Schöpfung Gottes, sondern eine des Teufels. Nur das Unsichtbare – etwa die menschliche Seele – sei göttlichen Ursprungs.

Somit war auch alle weltliche und kirchliche Herrschaft Teufelswerk. Und Rom lieferte tagtäglich neue Beweise für diese Auffassung. Eine zuvor nicht gekannte Entsittlichung hatte um sich gegriffen. Der Papst, der sich als Stellvertreter Christi auf Erden bezeichnete, glich mit seinem ausschweifenden Leben, seinen Intrigen und Mordspielen eher dem Stellvertreter des Teufels als dem Statthalter von Gottes Sohn, und der Klerus stand seinem Oberhaupt in nichts nach. In den romanischen Ländern kam es zu einer »Los-von-Rom-Bewegung«.

Der Vatikan sah sich herausgefordert. Papst Innozenz III. rief zu einem Kreuzzug auf: Christen sollten gegen Christen kämpfen – unbarmherzig, blutig, grausam.

Im Jahr 1209 ist es soweit. Ein gewaltiges Heer aus Kreuzfahrern zieht dem Languedoc entgegen. Aus Burgund und Lothringen, dem Rheinland, aus Österreich und Ungarn. Slowenien und Friesland haben sie sich zusammengerottet. Einem Heer aus Raubrittern und Bauern, aus Gesindel wie den *ribautz* (»Hurenknechten«) und *truands* (»Leichenfledderern«) schreitet ein fanatischer Priester, der Erzabt Arnold von Cîteaux, in wehender Mönchskutte voran. Erzbischöfe, Äbte und Mönche folgen ihm – ganz zum Schluß ziehen die Dirnen.

Die mächtige Stadt Béziers fällt der brandschatzenden Horde als erste zum Opfer. Ihr Fanatismus kennt keine Grenzen, und durch ihre Mordtaten hoffen sie, den Ablaß ihrer Sünden zu erreichen. Mit dem Ruf: »Tötet sie alle, Gott wird die Seinen schon herausfinden!« läßt Bischof Reginald von Monpeyroux gläubige Katholiken ebenso wie katharische Ketzer, Frauen, Kinder und Greise, sogar die eigenen, in der Stadt verbliebenen Priester hinrichten. Béziers geht in Flammen auf, und dunkler Rauch steigt als unheilvolles Orakel in den blauen Himmel der Provence und des Languedoc.

Das einst von den Goten erbaute Carcassonne ist das nächste Ziel der wütenden Schar unter dem blutigen Kreuz. Der König von Aragon im heutigen Spanien, ein Schwager von Ramon-Rogers, der die Stadt gegen das heranrückende Heer verteidigt, obwohl er selbst nicht zu den Ketzern gehört, ist über die Pyrenäen gekommen, um das

Schlimmste zu verhindern. Aber auch er kann gegen die fanatischen Kreuzzügler nichts ausrichten.

Durch Verrat wird Ramon-Roger in eine Falle gelockt. Die Stadt, durch die lange Belagerung von Hunger, Durst und Epidemien gezeichnet, scheint für die Einnahme bereit. Die Katharer sind ihres militärischen Führers beraubt und scheinbar schon besiegt.

Am Morgen nach dem Verrat erwartet man die Übergabe. Aber nichts regt sich in der befestigten Stadt. Keine Wachen sind zu sehen, unheimliche Stille liegt über den Mauern. Das Osttor wird gerammt und aufgebrochen: Stille, Leere. Stadt und Burg erscheinen wie ausgestorben. Dumpf schallen die Schritte der Eroberer von den Hauswänden der engen Gassen wider, Totenruhe liegt selbst über der inneren Burgfestung. Erzabt Arnold und seine Begleiter sind ratlos: Wie war es möglich, daß die Bevölkerung einer ganzen Stadt über Nacht verschwinden konnte?

Schließlich wird das Geheimnis entdeckt. Nahezu sämtliche Einwohner hatten sich durch unterirdische Stollen und Gänge aus der belagerten Stadt retten können. Nur etwa fünfhundert alte Männer und Frauen waren zurückgeblieben. Sie hatten sich in den Kellern versteckt und werden jetzt auf dem Platz vor der Kathedrale zusammengetrieben. Etliche von ihnen schwören der Ketzerei ab. Die anderen werden auf einem riesigen Scheiterhaufen verbrannt, während Arnold von Cîteaux eine Messe zum Heiligen Geist zelebriert und das *Te deum* anstimmt.

Carcassonne ist nicht erst seit damals mit Mythen und Sagen verbunden. Schon recht früh tauchte die Vermutung auf, die Westgoten hätten unter König Alarich 410 n. Chr. und nach dem Fall Roms Teile des Schatzes aus dem Tempel Salamons nach Carcassonne geschafft. Unter anderem soll sich darunter auch der Siebenarmige Leuchter befunden haben, wie er auf dem Triumphbogen des Kaisers Titus in Rom dargestellt ist. Waren die Katharer im Besitz eines Teils der Schätze aus Jerusalem?

Seit langem schon träumen Abenteurer vom Schatz der Katharer. Die Suche konzentriert sich dabei auf jene zerklüftete Gegend der Pyrenäen, in der einst die Hochburg der Ketzergemeinschaft lag. »Als ich erstmals hinaufstieg zu dem Felsen Montségur«, schreibt Otto Rahn (1933), »brodelten Wolken in den Schluchten, heulte der Sturm in den Tannen. Ich kam hinauf zum abbès, von wo allein man auf Schwindel erregendem Pfad zu den Trümmern der Ketzerfestung gelangen kann, da teilte sich mit einemmal das Gewölk und von der Sonne vergoldet ragte vor mir eine ungeheure, graue und kahle Felspyramide in die Höhe, wie ich sie wilder und unnahbarer nie gesehen hatte.«

Das war 1933. Als wir nun ein halbes Jahrhundert später den Felsen hinaufstiegen, hatten wir fast den Eindruck, als habe Rahn diese Zeilen erst vor wenigen Stunden hier niedergeschrieben. Wie ein langgestrecktes, gestrandetes Schiff lag die letzte Burg der Katharer auf dem zuckerhutförmigen Kalksteinfelsen vor uns. Dreißig Jahre hatten ihre Mauern die Albigenser beschützt – dreißig Jahre lang auch ihren rätselhaften Schatz geborgen?

Im Jahr 1244 begann die Belagerung Montségurs. Die päpstliche Armee umzingelte den Berg. Friedrich II., der deutsche Kaiser, so lauteten die Gerüchte, wolle den Eingeschlossenen zu Hilfe eilen. Doch er wäre zu spät gekommen. In der ersten Märznacht des Jahres 1244 gelangten die Belagerer – erneut durch Verrat – bis zum Gipfel hinauf. Die Wache wurde überwältigt und getötet. Den Katharern wurde eine vierzehntägige Bedenkzeit für die Übergabe zugebilligt, dann sollten sie ihrem Ketzerglauben entweder abschwören oder öffentlich verbrannt werden. Pierre Roger von Mirepoix, der militärische Oberbefehlshaber und Verteidiger der Burg, durfte mit allem Gold und Silber unbehelligt abziehen.

In der Nacht vor der Übergabe aber ereigneten sich seltsame Dinge: Vier Katharer kletterten, in Wolltücher gehüllt, an Seilen den steilen Gipfel herab. Sie waren sich bewußt, daß eine Entdeckung ihrer Flucht die sofortige Ermordung sämtlicher Geiseln zur Folge gehabt hätte. Die Legende von Montségur erzählt, sie hätten in jener Nacht den Schatz der Katharer in Sicherheit gebracht.

Als der Waffenstillstand abgelaufen war, schlugen die Katharer die Bedingungen für einen freien Abzug aus. Die Burg wurde daraufhin genommen, zweihundert Ketzer zum Fuß des Berges getrieben und verbrannt. Im Jahr 1960 wurde dort, wo heute der Fußweg hinauf zur Burg beginnt, auf dem *Camp des Crémats*, dem »Feld der Verbrannten«, den »Märtyrern der reinen christlichen Liebe« ein Gedenkstein errichtet.

Mit der Ausrottung der Katharer, einer der größten außerkirchlichen Strömungen des Mittelalters, verschwand auch ihr Glaube aus dem Bewußtsein des Abendlandes. Erst viel später entsann man sich ihrer als Vorläufer des Protestantismus. Die Aufklärer der folgenden Jahrhunderte sahen im Kreuzzug gegen die Katharer eines der schrecklichen Beispiele kirchlichen Fanatismus. Nicht ausgelöscht aber wurde bis heute der Mythos vom geheimnisvollen Schatz dieser Menschen. Ein Schatz aus Gold, Edelsteinen, Juwelen? Wohl kaum. Denn Wertgegenstände wie diese durfte der Graf von Mirepoix bei seinem Abzug mitnehmen. Was also wurde damals auf der Burg versteckt – mit Wissen oder doch stillschweigendem Einverständnis der Eingeschlossenen?

»Als Montségurs Mauern noch standen, hüteten in ihnen die Reinen den Heiligen Gral. Die Burg war in Gefahr. Luzifers Heerscharen lagen vor ihren Mauern. Den Gral wollten sie haben.«
Diese Geschichte erzählte Anfang der dreißiger Jahre ein Hirte Otto Rahn. Und auch heute noch – Jahrzehnte danach – möchten viele daran glauben, möchten den Gral im Katharerschatz sehen, Montségur als Munsalvaesche betrachten und den Gral selbst im Berg versteckt wissen.

Waren die Katharer die wirklichen Gralshüter, wie Otto Rahn vermutete und wie erst vor wenigen Jahren das Autorenteam H. Lincoln, M. Baigent und R. Leigh in ihrem Bestseller »Der Heilige Gral und seine Erben« (1984) vermuteten? Hatten Wolfram und die anderen mittelalterlichen Autoren in Wirklichkeit die Geschichte der Katharer erzählt, die Geschichte von Montségur?

So reizvoll diese Auffassung für manche auch klingen mag, die Katharer besaßen den Gral nicht. Die Legende, die der Hirte Otto Rahn erzählte, stammt nachweislich aus viel späterer Zeit. Und die Namensähnlichkeit ist eben nur eine Ähnlichkeit und keine Identität, die sich etymologisch irgendwie belegen ließe. Namensähnlichkeiten existieren auch mit anderen Burgen. Eines der bekanntesten Beispiele ist das spanische Montserrat. Aber auch dieses Kloster auf einem zerklüfteten Bergmassiv im Nordosten von Barcelona hat erst *aufgrund* der Gralsliteratur diesen Anspruch für sich geltend gemacht.

Daß uns unser Weg dennoch in die Pyrenäen führte, hatte seinen Grund. Von Montségur aus ging unser Blick hinunter zu den Burgen. Dort irgendwo lag ein kleiner abgeschiedener Ort: Rennes-le-Château. Während des Mittelalters hieß dieser Ort noch Redae und war kurzzeitig sogar die letzte Hauptstadt des Westgoten-Reiches. Wir fuhren, engen Straßen folgend, durch die bergige Landschaft nach Rennes-le-Château und hielten auf einem schlecht befestigten Platz. Rechts von uns erhob sich ein Turm. Er ist längst nicht so alt wie der Ort. Seit er vor knapp hundert Jahren errichtet wurde, ranken sich geheimnisvolle Erzählungen um seine Existenz.

Unterhalb dieses Turmes hatte 1912 die eigenartige Zeremonie um den verstorbenen Pfarrer des Ortes, Berenger Saunière, stattgefunden. Dieser hatte als neuer *Curé* sein Amt am 1. Juni 1883 angetreten. Nach allem, was man über ihn weiß, muß er ein sehr intelligenter und weitsichtiger Mann gewesen sein, der in diesem abgeschiedenen Bergdorf im Grunde fehl am Platz war.

Um 1891 begann Saunière mit viel Energie und persönlichem Einsatz die Restaurierung der alten Kirche des Ortes. Im Verlauf der Arbeiten nahm er auch die alte Altarplatte herunter, die auf einem Altar mit westgotischem Fundament ruhte. Zu seiner Überraschung entdeckte er, daß einer der Träger hohl war und vier versiegelte Holzröhren darin eingebettet lagen. Was sie genau bewahrten, wissen wir nicht. Es soll sich jedenfalls um wichtige Pergamenttexte aus den Jahren 1244, 1644 und 1780 gehandelt haben, letzteres von einem Vorgänger Saunières, dem Abbé Antoine Bigou.

Dieses Dokument mit einem Geheimcode fand Curé Saunière in einer hohlen Trägersäule des Altars seiner Kirche. Führte ihn die Inschrift zum Schatz? Foto: Fiebag.

Die Dokumente von 1780 waren mit lateinischen Texten versehen, Passagen aus dem Neuen Testament ohne Wortzwischenräume abgeschrieben. Hinzu kamen Buchstaben ohne erkennbaren Sinn. Ein zweites Pergamentschriftstück aus der gleichen Zeit war ebenfalls beigefügt. Die Zeilen erschienen abgehackt, die Buchstaben in unterschiedlicher Größe geschrieben. Der Text lautete: BERGERE PAS DE TENTATION QUE POUSSIN TENIERS GARDENT LA CLEF PAX DCLXXXI PAR LA CROIX ET CE CHEVAL DE DIEU J'ACHEVE CE DAEMON DE GARDIEN A MIDI POMMES BLEUES. Auf Deutsch bedeutet dies: *Schäferin, keine Versuchung. Daß Poissin, Teniers den Schlüssel besitzen; Friede 681. Beim Kreuz und diesem Pferd Gottes beende (zerstöre) ich diesen Dämon von Wächter zu Mittag. Blaue Äpfel.*

Die britische Fernsehgesellschaft BBC strahlte diese Zeilen im Rahmen einer Sendung über Montségur vor einigen Jahren aus und erhielt von einem anonymen Zuschauer folgende Dechiffrierung aufgrund herausgehobener Buchstaben: A DAGOBERT II ROI ET A SION EST CE TRESOR ET IL EST LA MORT. – *Dieser Schatz gehört König Dagobert dem Zweiten und Zion, und dort liegt er tot.*

Diese Entschlüsselung muß wohl auch Abbé Saunière gelungen sein. In Paris nahm er Kontakt mit hohen Würdenträgern auf. Nach seiner Rückkehr entdeckte er eine alte Steinplatte aus dem siebten oder achten Jahrhundert, die weitere Geheimzeichen trug. Auf dem Kirchenhof fand sich auf einem Grabstein darüber hinaus ein Anagramm, eine zusätzliche Botschaft mit gleichem Inahlt. Der Pfarrer – nicht darüber informiert, daß andere den Text bereits aufgezeichnet hatten – zerstörte sie. Und er nahm Briefkontakt zu zahlreichen, im Ausland lebenden einflußreichen Persönlichkeiten auf und verfügte plötzlich über nicht unbeträchtliche Geldmittel. Ein Teil des Geldes verwendete er für die Modernisierung des Dorfes, mit dem anderen Teil errichtete er sich den Turm und ließ die Kirche auf recht eigentümliche Weise restaurieren.

An jenem Spätsommermorgen gingen wir zwischen uns bis in Schulterhöhe reichenden Mauern auf die Kirche von Rennes-le-Château zu. Zwei alte Männer saßen am Wegrand, ihr Kinn auf einen Stock gestützt. Unser Freund Armin, der uns begleitete und sich seit Jahren mit der Geschichte der Goten und Katharer beschäftigt hatte, war schnell mit ihnen in ein Gespräch gekommen. Wir unterhielten uns über die vergangene Zeit, über die mysteriöse Geschichte von Rennes-le-Château. Manche der Ortsbewohner, so erzählten sie uns, hielten noch heute den verstorbenen *Curé* für einen Verrückten, andere hingegen seien der Ansicht, er sei einem großen Geheimnis auf der Spur gewesen.

Nur ein paar Schritte entfernt befand sich der Eingang zum Kirchenschiff. Die hölzerne Tür stand halb offen. Über ihr befand sich eine für ein Gotteshaus sehr eigenartige Inschrift: TERRIBLE EST LOCUS SITE – *Dieser Ort ist schrecklich.*

Über dem Eingang zur Dorfkirche ließ der Pfarrer die Inschrift: »Dieser Ort ist schrecklich« einmeißeln. Welches Geheimnis liegt hier? Foto: Fiebag.

Halbdunkel umfing uns. Das Licht, das durch die geöffnete Tür hereinfiel, traf genau auf eine fratzengesichtige Dämonengestalt: Asmodi, der Hüter der Geheimnisse, der Hüter der verborgenen Schätze, soll nach einer jüdischen Legende am Bau des Jerusalemer Tempels mitgewirkt haben. Saunière selbst hat die Figur hier aufstellen lassen.

Die Kirche ist recht farbig gestaltet, »kitschig«, wie manche sagen würden. Unter einem violetten Sternenbaldachin steht der Altar in der Apsis. Hier fand Saunière die Dokumente mit der Geheimschrift. Im unteren Bereich des Altars kann man ein Bild ausmachen, das Lincoln, Baigent und Leigh (1984) zu abenteuerlichen Schlüssen und zur Konstruktion einer ziemlich verworrenen Geschichte bewog. Sie versuchen in ihrem Buch nachzuweisen, Jesus sei nicht am Kreuz gestorben, sondern habe die auf dem Bild dargestellte Maria von Magdala geheiratet und mit ihr eine neue Königsdynastie gegründet, deren Nachkommen auch heute noch unter uns lebten. Dies sei das Geheimnis, dem auch Saunière auf der Spur gewesen sei. Auch könnte der Begriff »Heiliger Gral« in diesem Zusammenhang von *Sang Real*, also »königliches Blut«, abgeleitet werden und stelle somit »gleichermaßen ein Symbol für Jesus' königliches Blut wie für Maria Magdalenas Schoß [dar], aus dem die Nachkommenschaft hervorging«.

Wir können den drei Briten an dieser Stelle den Vorwurf nicht ersparen, weder in Rennes-le-Château gründlich recherchiert noch sich intensiv genug mit der etymologischen Herleitung des Begriffs »Gral« auseinandergesetzt zu haben. Wie wir in Kapitel III dargelegt haben, ist eine Ableitung wie diese sprachwissenschaftlich nicht im geringsten nachzuvollziehen und entbehrt jeglicher Grundlage.

Was immer aber das von Curé Saunière entdeckte Geheimnis war, hier in dieser Kirche mit ihren seltsamen Darstellungen – etwa ihren eigenartigen Kreuzwegstationen – laufen die Fäden zusammen. Saunière scheint sein Geheimnis mit in den Tod genommen zu haben. Ob er diesen Tod bereits ahnte, wissen wir nicht. Er erlitt am 17. Januar 1917 einen Schlaganfall, doch schon am 12. Januar, als er sich noch bester Gesundheit erfreute, bestellte seine Haushälterin den Sarg für ihn. Als Saunière im Sterben lag, wurde der Priester der Nachbargemeinde gerufen. Dieser soll erschüttert aus dem Haus gekommen und seinem Amtsbruder die Sterbesakramente verweigert haben. Ohne die *Letzte Ölung* starb Saunière am 22. Januar.

War ihm dieses Sakrament verweigert worden, weil er Selbstmord begangen hatte? Oder welches Geheimnis umgab diesen Mann? War er, wie einige vermuteten, den Lehren der Katharer verfallen? Was hatte er entdeckt?

Die Vermutung liegt nahe, in Rennes-le-Château seien der alte Gotenschatz, der Schatz des Merowinger-Königs Dagobert II., vielleicht auch der Siebenarmige Leuchter versteckt gewesen. Aber ist das das ganze Geheimnis?

Die Bewohner des Dorfes erzählten uns, sie zweifelten daran, daß ihr Pfarrer damals den Schatz gefunden habe. Nachweislich aber erhielt er finanzielle Mittel in nicht unbeträchtlichem Umfang, u. a. vom Vetter des österreichischen Kaisers Franz Joseph, Johann Salvator von Habsburg.

Der Literat Peter Bamm schrieb (1978): »Landschaften haben Gesichter, die Gesichter haben Schicksale. Es gibt Landschaften, denen bestimmt ist, der Rahmen großer Geschichten zu werden, und es gibt Landschaften, in welchen das erste größere Ereignis der Jüngste Tag sein wird.« Das Gebiet um Rennes-le-Château gehört zu den geschichtsträchtigen Landschaften unserer Erde. Was immer sich dort einst abspielte, es hat die Geschichte beeinflußt und beeinflußt sie vielleicht noch immer.

Nur wenige Kilometer von Rennes-le-Château entfernt steht das Stammhaus der Blanchefort. Ihm entstammte auch Bertrand de Blanchefort, der im Jahre 1153 vierter Großmeister der Templer und damit zu einem der bedeutendsten Führer des Ordens wurde. Auf diese Weise waren auch Landbesitzungen um Rennes-le-Château in den Besitz der Templer gekommen. Im Jahr 1156 begann Bertrand seltsame Aktivitäten zu entwickeln: Er warb deutsche Bergleute an, die einer strengen Disziplin unterworfen wurden und denen es verboten war, mit den Einheimischen zu sprechen. Schnell gerieten Gerüchte über ihre Arbeit in Umlauf, und man glaubte zu wissen, sie beuteten geheimgehaltene Goldminen aus. Nach dem Abschluß der Arbeiten geriet das Ereignis bald in Vergessenheit, entrückte ins Sagenhafte. Erst im siebzehnten Jahrhundert suchten Ingenieure erneut nach nutzbaren Lagerstätten im Gebiet unterhalb von Montségur. Dabei stießen sie auch auf die Spuren der von den Templern angeheuerten deutschen Bergleute. Ingeniuer César d'Arcons kam 1667 in einem abschließenden Bericht zu der Auffassung, die Arbeiter hätten nicht abgebaut, nichts weise auf umfassendere bergbauliche Aktivität hin.

Zu welchem Zweck hatte der Großmeister des Ordens die Deutschen dann geholt? Was schien ihm so wichtig, so geheim, daß er, die Sprachbarriere nutzend, jeden Kontakt nach außen unterband? Ließ er Verstecke anlegen? Suchte er nach irgend etwas?

Die Berge in der Gegend um Montségur sind von riesigen Höhlensystemen durchzogen. In ihnen hatten sich die letzten Katharer auch noch lange Zeit nach dem Fall Montségurs aufgehalten. Bis heute sind die Grotten und Gänge nicht bis ins letzte erforscht. Man stößt immer wieder auf neue Höhlen und unterirdische Räume.

Wir selbst unternahmen zwei beschwerliche Bergwanderungen zu Höhlen in diesem Gebiet, von denen uns die Bewohner von Rennes-le-Château berichtet hatten. Zu uns war zwischenzeitlich eine junge ortskundige Französin, Marie-Dominique Villar, gestoßen, die uns hilfreich zur Seite stand. Trotzdem mußten wir den ersten Aufstieg abbrechen, weil unvermutet dichter Nebel auftrat und wir trotz Kompaß die Orientierung zu verlieren begannen.

Am folgenden Tag stiegen die Temperaturen dagegen auf 40 Grad an. Es war so heiß, daß der Teer der nach Montségur führenden Straße flüssig wurde und wir mit unseren Schuhen im Straßenbelag fast kleben blieben. Trotzdem stiegen wir zur Höhle auf. Die umfangreiche Fotoausrüstung machte die Kletterei nicht gerade einfacher. Meßinstrumente und Grabungsgeräte dürfen hier dagegen ebensowenig mitgeführt werden wie Geigerzähler und geophysikalische Geräte. Der Präfekt des Gebietes hat »unbefugtes Graben« bei Strafe verboten. Bleibt die Frage, wer hier befugt ist oder befugt zu sein vorgibt und wem die Grabungsrechte erteilt werden.

Die Höhlen, die uns genannt worden waren, enthielten nichts außer Staub, Schmutz und Vogelmist. Wir hatten keine Möglichkeit, tiefer zu graben oder geophysikalische Messungen vorzunehmen. Wenn dort tatsächlich etwas liegt oder lag, so ist es gut geschützt – durch den Schmutz und durch die Bestimmungen des Präfektorats.

Aufgrund der Quellenlage scheint uns aber deutlich zu sein, daß hier irgendwo irgend etwas Geheimnisvolles verborgen ist oder bis vor kurzem war. Sicherlich kein Gold, keine Edelsteine, keine Juwelen. Aber vielleicht etwas viel Wichtigeres: Dokumente, Teile der sakralen Gerätschaften aus dem Salomonischen Tempel. Weist Asmodi, der Hüter der verborgenen Schätze, am Eingang der Dorfkirche von Rennes-le-Château den Weg?

Pfarrer Saunière hatte einst das Poussin-Gemälde »Die Hirten von Arkadien« erstanden. Es zeigt u. a. einen Sarkophag, den man zehn Kilometer von Rennes-le-Château und fünf Kilometer von Blanchefort entfernt gefunden hatte. Auf dem abgebildeten Grabstein findet sich fast unleserlich die Inschrift ET IN ARCADIA EGO – *Auch ich in Arcadien.* Das Verb fehlt. Lincoln, Baigent und Leigh (1984) bieten

eine verblüffende Lösung für dieses Anagramm an: I TEGO AR-
CANA DEI – *Scher dich hinweg! Ich halte die Geheimnisse Gottes
verborgen.*

Die Geheimnisse Gottes? Nach Aussagen der Bewohner von Rennes-
le-Château soll zuletzt der französische Geheimdienst in den sechziger
Jahren danach geforscht haben. Seltsam, wenn es sich nur um Gold-
und Silberschätze handeln sollte.

Suchten sie das, wonach auch Otto Rahn im nicht allzu fernen
Montségur gesucht hatte? Spricht man die sonst so aufgeschlossenen
Dorfbewohner auf diesen Mann an, so hüllen sie sich in ein eigentüm-
liches Schweigen. »Ja, gekannt haben wir ihn«, murmeln die Älteren,
und ein Mann weist hinüber auf den Platz vor dem Gasthaus. »Dort
drüben hat er gesessen. Freundlich und nett ist er gewesen.«

Mehr kommt nicht über ihre Lippen. Auch Rahn ist hier schon zur
Legende geworden. Die Umstände seines Todes waren seltsam genug.
Kurz vor der Veröffentlichung seines dritten Buches starb er am
13. März 1939 im Alter von 35 Jahren. Die Gerüchte spannen sich
von einem Selbstmord Rahns bis hin zu einem »unnatürlichen Tod
durch fremde Hand«. Seine Leiche wurde am 10. Mai 1939 einge-
schneit in den Bergen bei Kufstein gefunden. Einen Tag zuvor hatte er
noch mit seinem Verleger, Otto Vogelsang, telefoniert und war
»gelöst, zukunftsfreudig und heiter«. Rahn wollte wenige Tage später
heiraten. Zu seiner Hochzeit hatten sich unter anderem der Reichs-
führer der SS, Heinrich Himmler, und SS-Brigadeführer Karl Maria
Weisthor angesagt.

Himmler hatte bekanntermaßen einen ausgeprägten Hang zur Mystik. Das Forschungsamt *Ahnenerbe SS* schickte Expeditionen in den
Himalaja und nach Südamerika, um uralte Geheimnisse aufzuspüren.
Andere Gruppierungen widmeten sich der Magie, wollten sogar eine
neue Religion gründen. Himmler selbst experimentierte mit Fernsug-
gestion durch Gedankenübertragung und empfand sich als Reinkar-
nation von Kaiser Heinrich I., in dessen Gruft er jährlich in der
Silvesternacht hinabstieg. Die gesamte Geschichte der SS zeigt deutliche Parallelen zu Mönchs- und Ritterorden auf: Struktur und Disziplin waren ähnlich, nur die Ziele waren völlig anders gesteckt.
Jacques Bergier und Louis Pauwels (1962) bezeichnen die Totenkopf-
SS zu Recht als »kämpfende Mönche eines schwarzen Ordens«, die
ihre Weihe in Burgen erhielten.

Konturenhaft wird dabei ein anderer Aspekt sichtbar: Himmlers Suche nach dem Gral. Wie eine Gralsburg wollte er, auf Vorschlag Weisthors (dem man angebliche PSI-Kräfte nachsagte und der sich selbst als einem uralten Königsgeschlecht zugehörig empfand), eine Festung in Westfalen herrichten. Himmler hatte dafür die Wewelsburg ausersehen, deren Anfänge im 12. Jahrhundert liegen (vgl. R. J. Mund, 1985).

Walter Schellenberg (1979) schreibt in seinen Memoiren: »Sie war sozusagen das große SS-Kloster, wohin der Ordensgeneral einmal jährlich das Geheimkonsistorium einberief. Hier sollten alle, die zur obersten Ordensführung zählten, geistige Exerzitien und Konzentrationsübungen abhalten. In dem großen Versammlungssaal besaß ein jedes Mitglied einen bestimmten Sessel mit einem Silberplättchen, auf dem sein Name eingraviert war.« Was mit diesen »Exerzitien« gemeint war und was innerhalb dieses kleinen Kreises der »Auserwählten« wirklich geschah, ist unbekannt.

Unter dem nördlichen Turm der Burg befand sich ein großes Kellergewölbe aus Naturstein, in dessen Mitte eine brunnenartige Vertiefung angelegt war. Hier errichtete Himmler seinen »Mittelpunkt der Welt«. Eine steinerne Schale bildete das Zentrum, umgeben von zwölf steinernen Sockeln an den Wänden. Angeblich wurden in dieser Schale die Wappen toter SS-Führer verbrannt und die Urnen mit der Wappenasche auf den steinernen Sockeln postiert. Hier versammelte Himmler seine eigene Tafelrunde, hier lebte er sein eigenes Gralsmysterium. Zwölf SS-»Ritter«, der innere Kader, wurden von ihm hier zur Konklave geladen. Ihr oberster »Priester« war Adolf Hitler, der sich 1936 auf einem Gemälde sogar als Gralsritter darstellen ließ. Vermutlich hätte er dabei einen seiner berüchtigten Anfälle bekommen, hätte er geahnt, daß 50 Jahre später sein »Gralsschwert« von zwei wohlhabenden Texanern ersteigert wurde. Es war bei Kriegsende einem US-Soldaten in Berchtesgaden in die Hände gefallen.

Soweit man die okkulte Geschichte des nationalsozialistischen Deutschland überhaupt nachvollziehen kann, wurzelt sie u. a. in dem Wiener Neutempler-Orden und der Thule-Gesellschaft. Leider weiß man über all diese Dinge noch viel zu wenig, da diese Seite, die Wurzel des »Tausendjährigen Reiches«, bislang nur sehr lückenhaft erforscht und rekonstruiert ist. Daß die Sage vom heiligen Gral dabei eine nicht unwichtige Rolle gespielt hat, scheint sich abzuzeichnen.

Der amerikanische Erfolgsregisseur Steven Spielberg läßt in seinem Film »Jäger des verlorenen Schatzes« die Bundeslade von der SS suchen. Tatsächlich kam es von seiten deutscher Einheiten zu Grabungsaktivitäten in der Templerfestung Gisor (s. Hypothese 3), und ein Stab Himmlers erwog noch in den letzten Kriegstagen eine Expedition, um den Gral zu finden. Einsatzleiter sollte Otto Skorzeny sein, jener Mann, der zuvor in einem gewagten Einsatz den italienischen Duce Benito Mussolini befreit hatte. Einsatzgebiet: die Pyrenäen (Pauwels und Bergier, 1962). Warum gerade dort? Welche Spur hatte die SS entdeckt? Wollte man nach Rennes-le-Château, nach Montségur, in die Höhlensysteme der Pyrenäen?

Silbrige Wolkenbänke hüllen Montségur ein, als wir ein letztes Mal am Kalkfelsen vorbeifahren. Ein Sonnenstrahl durchbricht die Wolken und legt sich auf das Tal und die kleinen steinernen Häuser des Ortes, in denen schon Rahn mit den Bewohnern gesprochen und einem Geheimnis nachgeforscht hatte. Auch wir haben mit den Menschen geredet und interessante Bekanntschaften gemacht. Etwa die von Monsieur Resnikov, dessen Buchladen den Namen *au coin de temps* (»An der Ecke der Zeit«) trägt. Einige Menschen hier scheinen etwas mehr zu wissen oder zu ahnen, als sie erzählen. Aber der Montségur und die Festung auf seiner Spitze sind für sie alle noch immer ein verwunschener Ort, den sie nicht betreten.

Am Tag unserer Abreise trägt uns zum Abschied einer der letzten großen occitanischen Dichter, André Maynard, in der alten Sprache des Languedoc das Lied von Montségur vor, ein Lied von Liebe und Haß, Schönheit und Schrecken einer vergangenen Zeit. Ein Rätsel lastet auf dieser Landschaft. Wir haben es nicht lösen können. Vielleicht wird es niemals gelöst werden.

Nebel liegt wieder über der Burg, als der Berg hinter uns verschwindet; Wolkenschleier, die ihre Mauern genauso bedecken wie ihr uraltes Mysterium. Was immer das Geheimnis dieses Ortes sein mag – es wurde bewahrt; jahrhundertelang, bis auf den heutigen Tag.

Hypothese 2: Wald des Orients

Philipp, durch Gottes Gnaden König der Franzosen, an Bonifaz, angeblich Papst, wenig oder gar keinen Gruß! Möge Euer allerhöchster Wahnsinn wissen, daß wir im Zeitlichen niemandem unterworfen sind!

So begann ein dreister Brief, den Philipp der Schöne an Papst Bonifaz VIII., den Vorgänger von Clemens, richtete. Weil Bonifaz den wiederholten Aufforderungen Philipps nicht nachkam und sogar eine Exkommunizierung gegen den König aussprach, ließ dieser den greisen Papst schließlich entführen und einkerkern. Bonifaz überlebte seine Befreiung nur um wenige Tage.

Philipps Haß gegenüber dem Papst war so groß gewesen, daß er sich zu dessen Lebzeiten nicht nur mit den Templern gegen ihn verbünden wollte (was die Templer jedoch ablehnten), sondern auch von Clemens nach dessen Inthronisierung verlangte, die Gebeine des Verstorbenen herauszugeben und ihn nachträglich zu exkommunizieren. Clemens weigerte sich jedoch erfolgreich. Philipp hatte zweifellos ein gestörtes Verhältnis zur Kirche, doch trotz seiner wiederholten Angriffe hat er Clemens mehrmals aufgefordert, ihn nach seinem Tode heiligzusprechen.

Philipp war ein starker Herrscher. Die Templer wußten dies spätestens seit seinem Machtantritt. Er enteignete Juden und Kaufleute, um auf diese Weise an Geld zu kommen. Daß es den Templern ebenso ergehen könnte, hatte man dem Großmeister Jacques de Molay ebenso zugetragen wie dem Großmeister des Johanniterordens. Philipp plante mit ihnen Ähnliches wie mit den Templern. Seit diesem Zeitpunkt werden die Ordensführer Verstecke vorbereitet und über Fluchtwege nachgedacht haben.

Die ersten Besitzungen der Templer waren jene, die Graf Hugo de Champagne und Hugo de Payens dem Orden überschrieben. Es war ein Gebiet nahe Troyes zwischen Seine und Aube, nicht weit von Payens im Nordwesten und Clairvaux im Südosten. Hier vermutet Louis Charpentier (1978) das Versteck des Templerschatzes.

La forêt d' Orient – »Wald des Orients« heißt dieses zwanzigtausend Hektar große Gebiet. Als wir im Sommer 1988 von Troyes, der

Hauptstadt der Champagne kommend, an dem großen *Lac de la Foret d' Orient*, dem »See des Orients«, vorbeifuhren, gingen unsere Gedanken zurück in die Zeiten, als hier das Stammland der Templer war. Wo sich heute ein großes Erholungsgebiet, Vogel- und Wildreservate erstrecken, befand sich vor hundert Jahren noch ein riesiges Sumpfgebiet, ein unpassierbares Dickicht, ein Urwald im wahrsten Sinne des Wortes.

Und dennoch – gerade hier, um und in diesem Wald, konzentrierten sich die Komtureien und Häuser der Templer. Hier legten sie regelrechte Befestigungsringe an, die aus Stützpunkten ihrer Niederlassungen bestanden. Niemand konnte in diesen Wald hinein oder hinaus, ohne die Erlaubnis des Ordens zu haben.

Im Inneren des Geländes gibt es ein viele Quadratkilometer großes Gebiet, das bis auf den heutigen Tag den Namen »Wald der Templer« trägt. Man hat es weitgehend unberührt gelassen. Nur eine schmale Teerstraße führt einspurig durch den Wald. Wir folgten den wenigen ausgetretenen Pfaden und befanden uns schon bald in einem verwilderten Gelände, das sich die Märchendichter der Romantik oder die Fantasy-Autoren unserer Tage als »verwunschen Wald« nicht anschaulicher hätten zum Vorbild nehmen können. Dorniges Gestrüpp machte ein Vorwärtskommen immer wieder nahezu unmöglich. Der feste, helle und dichte Ton, der flach auf einer Kreidekalkschicht lagert, läßt zahlreiche Rinnsale und sumpfige Pfützen entstehen. Früher gab es, wie wir den alten Karten des Gebietes entnehmen konnten, zahlreiche natürliche Wasserläufe und kleine Teiche, die den Wald zu einem nahezu undurchdringlichen Gelände machten.

Anscheinend allen vernünftigen Überlegungen zum Trotz ließen die Templer gerade hier weitere Teichsysteme anlegen, die sie nach Belieben füllen oder ablassen konnten. Fischteiche? Das ist höchst unwahrscheinlich, denn in der ganzen Gegend gab es ohnehin genügend Weiher, die zu diesem Zweck völlig ausreichten. Dazu brauchte man sich nicht die Mühe im unwegsamen Gelände dieses Waldes zu machen.

Es muß eine andere Absicht dahintergestanden haben. Wir wissen, daß die Baumeister der Templer aus bestimmten Tonmischungen ein zementähnliches Material herzustellen verstanden. Legten sie vielleicht hier, im »Wald des Orients«, im »Wald der Templer«, eine unterirdische Anlage an, geschützt durch den Urwald darüber, gesichert durch die Bewachungsringe der Komtureien? Louis Charpentier (1978) schreibt dazu: »Kann man ein besseres Versteck finden als unter dem Wasser eines Weihers? Speziell eines künstlichen Weihers, den man nach eigenem Gutdünken füllt, wenn das ›Versteck‹ angelegt ist, das dann durch das Wasser zugedeckt wird? Ein ›Versteck‹, das jeder Nachforschung trotzt?«

Es war auch ein unwegsamer, verwilderter Wald, durch den Parzival in der Gralslegende von Wolfram von Eschenbach zur Burg Munsalvaesche gelangte. Vielleicht gibt es diesen Wald wirklich, mitten in Frankreich, in der Champagne. Vielleicht ließen die Templer hier, im *Forêt d'Orient*, schon recht früh ein Versteck für ihr Heiligtum, die Manna-Maschine, anlegen, jenes Gerät, das sie einst im Orient erfunden hatten. Wußte vielleicht Chrestian, der aus dem nur wenige Kilometer entfernten Troyes stammte, deshalb so viel über den Gral? Tat er vielleicht auch deshalb der *maere unrecht*, wie Wolfram schreibt, weil er die Spur nicht *zu* deutlich hat werden lassen wollen? Der Gral wird am Ende der Erzählungen Wolframs in den »Orient entrückt«. War damit möglicherweise gar nicht das Morgenland gemeint, sondern jenes Gebiet mitten in Frankreich, das den Namen des Orients genauso trägt wie den Namen der Templer?

Wenn sich die Manna-Maschine tatsächlich dort befindet, sollte es möglich sein, sie zu entdecken. Wir wissen, daß das Gerät mit einem Plutonium-Reaktor angetrieben wurde, daß es radioaktiv strahlte. Noch heute müßte eine Reststrahlung oder eine erhöhte Wärmequelle vorhanden sein, Hohlräume könnten mit geophysikalischen Meßmethoden lokalisierbar sein. Natürlich ist eine solche Suche sehr aufwendig: Man müßte zunächst über eine *airborne*-Untersuchung, das heißt vom Flugzeug aus, mögliche Hohlräume auffinden und lokalisieren. In Frage kommende Gebiete sollten dann mit Hilfe radiometrischer, magnetometrischer und geoelektrischer Messungen untersucht und abgegrenzt werden. Erfolgversprechende Punkte mit abnormem geomagnetischem oder radioaktivem Verhalten könnten dann durch Grabungen oder Flachbohrungen erkundet werden. Das Ganze setzt aber ein geophysikalisch geschultes Forschungsteam mit modernstem Gerät und nicht unbeträchtlichen finanziellen Grundlagen voraus. Andererseits sollte man bedenken, wie viele Mittel heutzutage in technologische und andere Großprojekte fließen, deren Nutzen zumindest zweifelhaft ist.

Eine nähere Untersuchung wert wäre auch eine auf den ersten Blick mehr als kuriose Geschichte. Sie steht und fällt mit einer dubiosen Person – Pierre Plantard –, deren Aussagen es im wesentlichen sind, die die beiden Bücher von Lincoln, Baigent und Leigh (1984, 1987) füllen. Plantard will nach eigenen Aussagen lange Zeit einem Geheimorden angehört haben, einer gewissen »Prieuré de Sion«, dem er vorgestanden hat. Die geheime Gesellschaft huldigt angeblich einem europäischen Königtum, dessen »dynastische Ansprüche sie aus der leiblichen Herkunft von Jesus Christus herleiten« (Lincoln, Baigent und Leigh, 1984). Die Unterlagen, die Plantard den drei britischen Fernsehjournalisten anbot, sind jedoch mehr als fragwürdig und z. T. nachweislich Fälschungen – was die drei freilich nicht davon abhielt, zwei Bestseller daraus zu konstruieren.

Wenn wir Pierre Plantard hier trotzdem zitieren, so, weil eine seiner Aussagen bereits 1962 (im Nachwort zu Gérard de Sèdes Buch »Die Templer sind unter uns«) vorliegt, als er weder von Sassoons und Dales Buch »Die Manna-Maschine« noch von unseren Arbeiten etwas ahnen konnte. Plantard schrieb damals: »Bei Dreux gibt es die Ruinen der Burg La Roberlière (oder La Robardière). Sie wurde von Robert I. erbaut. Pierre de Dreux habe sie als Zufluchtsstätte vorgesehen. Dreimal im Jahr, nämlich am 25. April, am 25. August und am 25. Dezember, begibt sich im Wald von Dreux, der früher Wald von Crothais (Croth, keltisch = Grotte) hieß, jeweils einer der ›Dreizehn‹ an eine bestimmte Stelle, legt ein Gewand aus Leinen und eine Mönchskappe an, ›bewacht den Schatz und teilt das Manna mit den Unsichtbaren ...‹ Daraus ist die Legende vom Weißen Mann entstanden. Diese Wallfahrt ist nicht abgeschafft.«

Ein Kommentar erübrigt sich.

In Frankreich gibt es noch immer Hinweise auf die letzten Zufluchtsstätten der Templer: fast verblichen, versteckt, verschlüsselt, verstreut über das Land. Die Suche nach ihnen ist mühselig, oft enttäuschend und manchmal überraschend.

Wir fuhren die Loire flußaufwärts, vorbei an alten Burgen und Wasserschlössern, sanften Bergen, rauschenden Wäldern und blühenden Wiesen. Unser Ziel war die Stadt Chinon.

Steinzeitmenschen und Gallier, Römer und Westgoten haben hier gelagert, die Grafen von Anjou errichteten schließlich eine Burg, deren Mauern sich noch heute in den Wassern der Vienne spiegeln.

Während seiner Gefangenschaft in Chinon ritzte der Großmeister des Temp-
lerordens eine geheime Botschaft in den Stein seines Kerkers. Bis heute
konnten die Zeichen nicht entschlüsselt werden. Fotos: Fiebag.

Mehrmals wechselte die Festung ihren Besitzer. Den Grafen von Anjou folgten die Plantagenets, und die Burg kam in britischen Besitz, als einer der ihren 1154 König von England wurde: Heinrich II. Sein Sohn, Richard Löwenherz, sei – so berichtet die Sage von Chinon – Jahrzehnte später hier gestorben. König Philipp August nahm die Burg 1205 erneut in französischen Besitz. Einen Höhepunkt in ihrer Geschichte erlebte die Festung, als in ihren Mauern Johanna von Orleans König Karl VII. erkannte und ihn zur Rückeroberung des Reiches aufrief. Zuvor aber hatte die Burg auch dunkle Stunden gesehen. Jacques de Molay, der letzte Großmeister der Templer, Hugo de Pairaud, der Generalvisitator des Ordens in Frankreich, und andere Templer waren von Philipp im 25 m hohen Bergfried *du Coudray* eingekerkert worden. Heute kann der Turm von jedermann betreten werden. An der 3,25 Meter dicken Eingangsmauer erkennt der Besucher seltsame Ritzungen. Während ihrer Gefangenschaft hinterließen die Templer diese seltsamen Zeichen, die bis heute nicht entschlüsselt werden konnten. Dennoch müssen sie wichtige Informationen für die Nachwelt enthalten, denn sonst hätten sich die Gefangenen kaum die Mühe gemacht, sie in den Stein zu kratzen. Welches Vermächtnis mag hier verschlüsselt vor uns liegen? Welche Hinweise wollten die Templer geben, welche Informationen hinterlassen? Wir wissen es nicht, aber die Zeichen von Chinon existieren, und die stumme, jahrhundertealte Inschrift wartet noch immer darauf, gelesen zu werden.

Hypothese 3: Burg Gisor

Hinweise auf die Ereignisse um die Templerburg Gisor haben wir bereits im »Auftakt« gegeben. Die Burg liegt auf halbem Weg zwischen Paris und Rouen. Im 12. Jahrhundert, zu einer Zeit, als Gisor noch Hauptstadt des normannischen Vexin war, begann man mit den ersten Bauarbeiten. Den Grundstein der Wehrburg legte Thibaud, Graf von Gisor, Sohn des Grafen Hugo de Chaumont und seiner Frau Adélaide, einer Schwester Hugos de Payens, des Gründers des Templerordens. Die Arbeiten wurden später vom englischen König Heinrich I. fortgeführt, den seine Zeitgenossen *Beau Clerc*, den »Gelehrten«, den »Eingeweihten«, nannten. Wegen Streitereien zwischen

England und Frankreich um den Besitz von Gisor – den sogar der eigens nach Gisor gekommene Papst Calixtus II. nicht zu schlichten vermochte – wurde Gisor 1158 treuhänderisch an die Templer übergeben. Othon de Saint-Omer, Bruder eines der Ordensgründer, und Richard of Hastings, der Ratgeber Heinrichs und späterer Großmeister des Ordens in England, unterzeichneten den Vertrag. Die Templer blieben während der gesamten Zeit ihrer Existenz der Burg verbunden. Wie G. Lizerand (1923) aufzeigen konnte, wurde dem Friedensrichter von Gisor erst am 29. November 1307, also einein- halb Monate nach der großen Razzia gegen die Templer, der Befehl zur Verhaftung zugestellt.

Die Jahrhunderte überdauert haben bis heute die starken Befesti- gungsmauern, der eigentliche Wehrturm und der ominöse Brunnen, von dessen Seitengang aus Roger Lhomoy 1946 seine Entdeckung machte.

Beim Staatssekretariat der Schönen Künste in Paris und beim Bürger- meister der Stadt Gisor hat Lhomoy kurz zuvor die Genehmigung für »archäologische Grabungen« erhalten. Allein und verbissen kämpft er sich Meter um Meter weiter nach vorn, kratzt die Erde in dem gefährlich engen, ständig vom Einsturz bedrohten Gang Zentimeter für Zentimeter ab. Immer wieder mußte er an die Oberfläche zurück- kehren, weil er tief unten nur noch schwer atmen kann und manchmal sogar ohnmächtig wird. Da der Stollen zu eng ist, um mit einer Schaufel oder einer Kreuzhacke arbeiten zu können, benutzt er nur eine Brechstange und die bloßen Hände. Wiederholt versperren große Blöcke den Weg. Er lockert sie in mühseliger Arbeit und bricht sie heraus.

Dann stößt er nur noch auf harten Stein. Mechanisch arbeitet er weiter. Er bemerkt, daß der Stein glatt ist, behauen wurde. Er ertastet einen zweiten, einen dritten Block. Sie alle tragen Spuren menschli- cher Bearbeitung. Vor ihm muß sich eine Mauer befinden. Die Fugen sind nur mit Lehm verstrichen. Eine wilde Neugier erfaßt den Mann: »Ich lege den ersten Stein frei wie einen großen Zahn«, schreibt er später darüber, »und kann jetzt den danebenliegenden mit der Hand wegnehmen. Mein Kopf geht durch, die Schulter ebenfalls – die Lücke reicht. Doch ich sehe überhaupt nichts.«

Lhomoy hat keine Geduld mehr. Laut stößt er einen Schrei aus, um sich Gewißheit über seine Entdeckung zu verschaffen. Erschrocken fährt er im nächsten Moment zurück: das zurückgeworfene Echo ist gewaltig. Freude und Erregung überwältigen ihn fast. Er kriecht zurück, holt eine Lampe, hält sie in das Loch. Vor ihm liegt ein weiter, hoher Raum: »Ich bin in einer romanischen Kapelle. Sie ist dreißig Meter lang, neun Meter breit und bis zum Schlußstein des Gewölbes etwa viereinhalb Meter hoch. Gleich links von mir neben dem Loch, durch das ich gekommen bin, ist der Altar, zu meiner Rechten liegt der übrige Teil des Baues.« Sein Blick fällt auf die in halber Höhe der Wände aufgereihten Statuen, die Jesus und die zwölf Apostel darstellen. Unter ihm, auf dem Boden, stehen neunzehn Steinsarkophage, zwei Meter lang, sechzig Zentimeter breit. Im Schiff der Kapelle jedoch befinden sich dreißig Truhen aus kostbarem Metall. Wie große Schränke hat man sie hier vor Jahrhunderten in Zehnerreihen aufgestellt: 2,5 Meter lang, 1,8 Meter hoch und 1,6 Meter breit.

Die Burg, das zeigen Berechnungen von Gérard de Sède (1962), dem wir diesen Bericht verdanken, scheint für ein Geheimversteck geradezu prädestiniert gewesen zu sein. Die gesamte Anlage ist nach dem Stand des Himmels am 24. Dezember (Mitternacht) konzipiert. Nach damaliger Ansicht (man glaubte noch, die Erde sei eine Scheibe und der nicht sichtbare sommerliche Sternenhimmel befinde sich unsichtbar unterhalb dieser Scheibe) standen am Heiligen Abend der *Große* und der *Kleine Wagen* in Opposition zum Sternbild des *Schiffs* (dem Wagen der Meere). Durch gedanklich projizierte Verbindungslinien zwischen den einzelnen Sternen dieser Himmelsbilder erhielt man den Plan von Gisor, der auch die unterirdische Kapelle mit einschloß.

Auch in der Kirche von Gisor scheinen sich versteckte Hinweise auf den geheimen Saal unterhalb der Burg zu befinden. Verschiedene Inschriften konnten als Anagramme identifiziert werden, die auf die ägyptische Göttin Isis hinweisen. Isis war eine Symbolfigur der Hermetiker, einer sich als »eingeweiht« verstehenden Bruderschaft, die sich durch derartige Zeichen zu erkennen gaben.

Befand sich die Manna-Maschine unterhalb der Festung von Gisor? Die Truhen, die Lhomoy sah, wären groß genug gewesen, das – auseinandergenommene – Gerät und weitere Unterlagen zu beherbergen. Wurde die Maschine nach ihrer erneuten Entdeckung im Jahr 1964 vom französischen Militär abtransportiert? Militäraktionen dieser Art im Zusammenhang mit dem Auffinden einer außerirdischen Technologie wären durchaus verständlich, wenn auch nicht

– im Interesse der Öffentlichkeit und einer frei arbeitenden Wissenschaft – zu befürworten. Sollte die Maschine in Gisor gelegen haben, so wird ein entsprechender Nachweis allerdings schwer zu führen sein. Im Grunde bleibt in diesem Fall nur die Hoffnung, daß das französische Militär bzw. die französische Staatsregierung Informationen darüber in der nächsten Zukunft freigibt. Aber dies ist wenig wahrscheinlich, und so sind wir auch weiterhin auf Mutmaßungen angewiesen.

Hypothese 4.0.: Europäisches Ausland

Schon bald nach seiner Gründung hatte der Templerorden damit begonnen, Ordensprovinzen auch außerhalb der Stammlande aufzubauen: in Protugal, Spanien, England, Schottland, Italien, Deutschland, Österreich, Böhmen, Mähren, Slowenien, Polen und Dalmatien. Philipps Machtbereich erstreckte sich demgegenüber lediglich auf Francien, das nur Teile des heutigen Frankreich umfaßte. Außerhalb seines Reiches vollzogen sich die Verhaftungen – verständlicherweise – daher nur mit Widerstand und Verzögerungen. Philipps Aufforderung, die Ende Oktober an die Könige von Deutschland, England, Sizilien, Aragonien und an die Herzöge von Brabant und Flandern erging, folgte eine Taktik des Hinhaltens. Eduard II. König von England und zukünftiger Schwiegersohn Philipps, äußerte in einem Brief vom 30. Oktober 1307 große Zweifel an der Wahrheit der Beschuldigungen. Erst als am 22. November Papst Clemens eine Bulle (*Pastoralis praeeminentiae solio*) an die christlichen Könige Europas verfaßte, begannen auch im nichtfranzösischen Ausland größere Aktionen gegen die Templer.

Eduard II. wich der Aufforderung aber auch zu diesem Zeitpunkt noch immer aus. Er verlangte zunächst von seinem Seneschall, Wilhelm de Dene, Auskunft über »die bösen Gerüchte über die Templer«, die er weder glauben wolle noch könne. Am 4. Dezember wendet sich Eduard an die Könige von Portugal, Kastilien, Aragonien und Sizilien. Er fordert sie auf, den ausgestreuten Gerüchten um die Templer, die sich um die gesamte Christenheit hoch verdient gemacht hätten, keinen Glauben zu schenken, sondern im Gegenteil ihre Güter zu schützen, bis ihre eventuelle Schuld erwiesen sei. Am 15. Dezember, also erst ganze zwei Monate nach der Verhaftung der Templer in Frankreich, sieht sich Eduard aufgrund der ihm ausgehändigten päpstlichen Bulle schließlich doch genötigt, die Templer zu verhaften und entsprechende Befehle auch nach Wales, Schottland und Irland zu übersenden. Die Gefangennahme erfolgte jedoch erst vom 7. bis 10. Januar des folgenden Jahres. In der Provence – die damals nicht dem Machtbereich Philipps unterlag – setzte auf Anordnung von Karl II., dem König von Neapel und Grafen der Provence, die Verhaftung sogar erst am 24. Januar ein.

Der Orden, dessen Mitglieder sich anfangs eher gleichmütig in der Hoffnung hatten gefangennehmen lassen, ihre Unschuld zweifelsfrei beweisen zu können, gruppierten sich nun zum Widerstand. In Moncon (Spanien) beispielsweise verteidigten die Templer Aragoniens bis zum 17. Mai ihre Festung gegen König Jaime. Dieser hatte zuvor an Philipp geschrieben, mehrfach seien Angehörige des Ordens für seine Vorfahren gestorben und er wisse, daß sie rein und katholisch und ihre Verdienste unschätzbar seien. Jaime schritt erst nach mehrmaligem Botenaustausch, nach Mahnungen und Bullen des Papstes und auch dann noch schweren Herzens gegen die Templer ein.

Und erst am 27. Mai ergaben sich die Templer auf Zypern. An eine geheime Verhaftung wie in Frankreich war dort, am damaligen Hauptsitz der Templer, ohnedies nicht zu denken. Der Orden war gewarnt. (Interessanterweise wurde, laut H. Finke [1907], einem in Neapel verhafteten Templer nachgerufen: »Das ist auch einer von jenen, die in Zypern ein Götzenbild anbeten.«) Zwar wurde das Eigentum vom zyprischen König eingezogen, die Templer selbst blieben jedoch auf freiem Fuß und durften auch nach wie vor die Sakramente empfangen. Beim Verhör, das erst 1310 begann, erklärten selbst die Zeugen der Anklage, daß sie nur Gutes über die Templer aussagen könnten. – Auf Mallorca kam es lediglich zu Verhören.

Nur halbherzig kamen auch in anderen Staaten die Landesherren der Aufforderung zur Verhaftung nach. In Portugal wurde der Templerorden schließlich einfach in den *Christusorden* umbenannt, in Trier gab es einen Freispruch. In Mainz traten zwanzig vollgewappnete Tempelritter, die vom Komtur der rheinischen Lande, Reichsgraf Hugo, angeführt wurden, vor den Erzbischof. Die Chronik berichtet über dieses Auftreten:

Der Erzbischof Peter Aichspalter sah sich die Männer an, und obwohl er sie einer Gewalttat für fähig hielt, forderte er den Komtur verbindlich auf, sich zu setzen und sein Anliegen vorzutragen. »Diese Ritter und ich haben erfahren«, sagte der Komtur mit heller Stimme, »das durch päpstliche Verordnung eine Synode einberufen werde, um unseren Orden zu vernichten. Man klagt uns, so heißt es, schwerer Verbrechen und Laster an, die selbst die Heiden entehren würden. Es wäre uns zu schmerzlich, ja unerträglich, sie auch nur auszusprechen. Wir beschweren uns, daß die Ritter verurteilt werden sollen, ohne gehört worden zu sein. Wir erklären laut, daß jene unsere Ordensbrüder, die unter dem Vorwand solcher Verbrechen zu den Flammen verurteilt wurden, alle ohne Ausnahme trotz Tortur und Tod geleugnet haben.«

Bei einem zweiten Termin, bei dem 38 Templer und elf hochstehende Personen zur Verhandlung erschienen, sprach Erzbischof Peter die Templer von jeglicher Schuld frei. Auch in Österreich zogen die Herzöge die Verfahren in die Länge.

Es ist auffällig, daß bei den Razzien im Machtbereich Philipps und bei den Durchsuchungen in anderen Ländern nie eigentliche Archive des Ordens gefunden wurden. Lediglich meist einfache Hausbibliotheken wurden entdeckt. Verschiedene Autoren nehmen deshalb an, Philipp habe das Ordensarchiv vernichtet, aber Konrad Schottmüller (1970) zieht nicht zu Unrecht den Schluß, »Molay [habe] das Archiv 1306 nach Frankreich [d. h. von seinem Hauptsitz auf Zypern nach Frankreich, Anmerk. d. Verf.] mit sich geführt. [Wenn das nicht] *irrig* ist, so sind auch alle Folgerungen über die Zerstörung hinfällig; und es ist kaum anzunehmen, daß die außerordentlich umfangreichen Aktenstücke des ein *ganzes Staatswesen* repräsentierenden Templerordens unter dem Schutz des regierenden Konventes auf Zypern zurückgelassen und in dessen Hut bis Ende Mai 1308 zu Limisso geblieben sind.« Verschiedene Hausarchive sind jedoch belegt, so eine Urkunde über die »Sequestration des Tempelhofes von Limaye in der Provence«, dessen Präzeptor das Archiv einem befreundeten Prior am 23. Januar 1308 übergab. Es fehlen dagegen die Ordensprovinzial-Archive, es fehlt das General- oder Staatsarchiv des Ordens, es fehlt die gesamte Korrespondenz mit dem Heiligen Stuhl, den Königen, den Fürsten, anderen Großwürdenträgern, der Verwaltung und die des kaufmännisch-bankmäßigen Verkehrs. Lediglich Akten über die nicht-politische und nicht-rituelle Seite des Ordens befinden sich in England und Kastilien und in den Archiven des Christusordens in Portugal.

Die Frage bleibt, wohin all diese Schriftstücke verschwunden sind. Es ist anzunehmen, daß es mehrere Verstecke gab, denn eine Vernichtung sämtlicher Unterlagen ist wenig wahrscheinlich.

Eduard I. (er starb im Juli 1307) und sein Nachfolger Eduard II. von England waren den Templern wohlgesinnt, nicht zuletzt auch wegen des großen Einflusses, den die Großmeister des Ordens seit jeher in England hatten. Belegt ist auch, daß dem Großmeister der Auvergne, Pierre d'Aumont, zwei Kommandeuren und fünf Rittern die Flucht nach Schottland gelang. Dem Templerorden waren auch Maurerzünfte angegliedert, die ebenfalls weiße Mäntel trugen und über zahlreiche Privilegien verfügten. In ihrer Tracht sollen etliche Mönche der Verfolgung entgangen sein. Andere kamen verkleidet aus dem nicht-französischen Ausland und holten Erkundigungen über die Gefangennahme ihrer Ordensbrüder ein, um so sichere Informationen zu erhalten (Konrad Schottmüller, 1970).

Besonders hilfreich scheint Robert I., König von Schottland, gewirkt zu haben. Verwandte des Königs waren Mitglieder des Ordens, er selbst war 1306 exkommunuziert worden und mit Philipp verfeindet. Manche vermuten hier, in dieser Zeit und in diesem Land, die Ursprünge der Freimaurerei. 1738 schrieb Sir Horace Mann, der englische Gesandte in Florenz, an den schwedischen Konsul Udny (nach Alec Mellor, 1963):

Der König von Schweden hat an den König von Spanien geschrieben... und hat Schritte unternommen, die vielleicht lächerlich erscheinen, aber dennoch sicher sind. Sie fußen auf der Annahme, daß nach der Aufhebung des Tempelherrenordens und der Verfolgung seiner Mitglieder einige von ihnen in die schottischen Highlands flüchteten, dort wieder auftauchten und sich dem Freimaurerbund anschlossen, als dessen erbliche Großmeister die schottischen Könige gelten.

Verschiedene Überlieferungen berichten, Templer seien nach der Auflösung ihres Ordens im Jahr 1312 auf die schottische Insel Mull geflüchtet und hätten dort sogar einen neuen, geheimen Orden gebildet.

Alten Chroniken zufolge hätten Angehörige der Templer – in voller Ordenstracht – sogar noch in der Schlacht von Bannockburn am 25. Juni 1314 an der Seite von Robert I. von Schottland gekämpft.

Wie glaubwürdig all diese Berichte sind, läßt sich heute nur noch schwer entscheiden. Immerhin ist es interessant – und auch für unsere Suche nach der Manna-Maschine nicht unwichtig –, daß verschiedene Spuren nach England und Schottland weisen: Glastonbury zum Beispiel wurde schon sehr früh mit der Artus- und der Gralssage verknüpft. Einer christlichen Legende zufolge soll Josef von Arimathea um 60 n. Chr. von Glastonbury aus »seine« Kirche in England auf- und ausgebaut haben. Sozusagen »im Reisegepäck« hatte er den Kelch Christi. Es ist aber bemerkenswert, daß »tatsächlich... niemand im Mittelalter ernsthaft zu behaupten scheint, den Kelch des Letzten Abendmahls zu besitzen. In einer Zeit, da Reliquien ungeheuer populär waren und häufig höchst unglaubwürdige Ansprüche auf Echtheit erhoben wurden, ist dieses Schweigen merkwürdig«, schreibt Geoffry Ashe (1986). Da Glastonbury in der Tat eine der frühesten christlichen Gemeinden Europas war, ist es verständlich, daß fromme Gläubige die Gründung einer der größten und bedeutendsten Abteien mit einem Netz von Legenden umsponnen haben, »um so mehr, als die ursprüngliche Kirche an diesem Ort tatsächlich so alt war, daß niemand wußte, wer sie erbaut hatte. Joseph aber kommt in den frühesten Berichten der Abtei über ihre eigene Geschichte nicht mehr vor... Und obwohl sich die Abtei rühmte, über viele heilige Reliquien zu verfügen, erhob sie niemals den Anspruch, den heiligen Gral zu besitzen oder je besessen zu haben.« (G. Ashe, 1986)

Gral und Abtei scheinen somit erst später und in bezug auf die Arthur-Erzählung miteinander in einen Zusammenhang gebracht worden zu sein. Dies vermutlich deswegen, weil sich die Mönche von Glastonbury schließlich damit rühmen konnten, das Grab König Arthurs 1191 neben ihrer Abteikirche gefunden worden. In einer Tiefe von mehr als zwei Metern seien sie auf eine Steinplatte und ein Kreuz aus Blei gestoßen, auf dem die Inschrift HIC IACET SEPULTUS INCLITUS REX ARTURIUS IN INSULA VALONIA – *Hier liegt der berühmte König Arthur auf der Insel von Avalon begraben.* Aber Ashe (1986) bemerkt dazu, daß »die unbeholfene Beschriftung nicht dem Stil des 12. Jahrhunderts entspricht und die lateinische Schreibung Arturius eine archaische Form ist, die 500 Jahre zuvor benutzt worden war, aber niemals – soweit bekannt ist – zwischen damals und dem Zeitpunkt der Exhumierung«. Das Problem sei nach wie vor komplex und »noch nicht restlos geklärt«.

Somit ist dieser Hinweis auf Glastonbury für die Artus-Forschung von einigem Interesse, unserer Suche nach dem Gral hilft er jedoch nicht weiter.

Ungeklärt ist bislang allerdings ein Zusammenhang mit einem anderen Sakralheiligtum auf der britischen Insel. Etwa 10 km von Edinburgh (Schottland) entfernt findet sich die geheimnisumwitterte, in der Hochgotik des 15. Jahrhunderts erbaute Rosslyn-Chapel. Unweit der ehemaligen Niederlassung der Templer in Schottland legte Sir William St. Clair 1446 den Grundstein. Freimaurer und Rosenkreuzer sollen später ihre Versammlungen an dieser Stelle abgehalten haben, die Sinclairs selbst sogar »erbliche Großmeister der schottischen Freimaurer« gewesen sein (David Lyon, 1900). In diesem Gotteshaus ist angeblich die schottische Freimaurerei begründet worden, und hier liege – so will es die Legende – der heilige Gral verborgen: direkt unterhalb einer der am schönsten verzierten Säulen, dem *Prentice Pillar*. Untersuchungen an der angegebenen Stelle haben bis heute jedoch nichts erbracht, aber die Erzählung zeigt, wie eng in den Volksmythen Schottlands Templer, Gral und Freimaurer zusammengerückt sind und daß ein Transport der Maschine in die wilden schottischen *Highlands* letztlich ebensowenig ausgeschlossen werden kann wie ein Versteck auf der Iberischen Halbinsel oder anderswo in Europa.

Eine Spur, die den von uns vermuteten Zusammenhang von Manna-Maschine – Gral – Schechina in prägnanter Weise bestätigen könnte, sei hier noch angedeutet: Wir wissen, daß Kyot die Urschrift über den Gral (das *Flegetanis*-Buch bzw. das *felek thani*) besessen haben muß. Chrestian und Wolfram müssen zusätzlich im Besitz einer von Kyot übertragenen und ausgeführten Fassung (dem *Ur-Parzival* Kyots) gewesen sein. Über Abschriften beider Dokumente sollten Zisterzienser und/oder Templer verfügt haben, so daß zumindest drei mehr oder weniger genaue Originale vorhanden gewesen sein könnten. Hinzu käme eine Chronik, in der Kyot das »Gralsgeschlecht« gefunden haben will. Läßt sich wirklich keines dieser Manuskripte entdecken? Immerhin – und dies sollte uns Mut machen – fand man erst in den letzten Jahrzehnten unter einem Berg von Gerümpel im Ablageraum der Kairoer Altstadtsynagoge mehrere Handschriften aus dem judeo- und arabospanischen Kulturkreis (S. M. Stern, 1948). In diesem Zusammenhang darf man auch auf die laufenden Arbeiten von Prof. Herbert Kolb gespannt sein.

Hypothese 4.1.: Österreich

Der Eingang zum jahrhundertealten Stollen war verriegelt. Ein eisernes Schloß, zu dem kein Schlüssel mehr paßte, versperrte uns den Weg hinab in die Tiefe. Professor Hermann Bauch setzte den Meißel an, schlug mit kräftigen Hieben auf den Riegel ein. Nichts tat sich.
Sollten wir aufgeben? »Ich versuche es noch einmal«, sagte ein anderer aus unserer Gruppe und nahm den Hammer zur Hand. Minuten vergingen. Das alte Schloß hielt stand.
»Vielleicht ginge es, wenn wir das gesamte Schloß abschrauben.«
»Hm, gute Idee«, sagte Bauch zustimmend. »Wir sollten es versuchen.«
Er suchte einen Schraubenzieher aus seinem Werkzeugkasten und begann, die ersten von mehreren stark eingerosteten Schrauben herauszudrehen. »Es funktioniert. Vielleicht schaffen wir es.«
Nochmals mußten wir warten, Minute um Minute verging, dehnte sich zu einer Viertel-, dann zu einer halben Stunde. »Jetzt nur noch diese eine Schraube, dann haben wir es geschafft.«
Klirrend fiel uns das alte Schloß entgegen. Die Spannung, die die ganze Zeit über auf uns gelastet hatte, wich für kurze Momente. Es war uns tatsächlich gelungen, die Tür zu öffnen. Was würde uns nun erwarten? Seit Jahrzehnten hatte kein Mensch diese Gänge mehr betreten. Was würden wir sehen, finden, entdecken? Hatten die unterirdischen Räume, von denen in alten Überlieferungen die Rede war, einst Schätze enthalten? War davon etwas übriggeblieben? Oder hatten Räuber die Gänge schon vor Jahrhunderten abgesucht, in jeden Winkel geschaut und nichts übriggelassen, das für uns von Interesse war? Wir suchten kein Gold oder Edelsteine – uns ging es um Hinweise auf das Drama, das sich im 14. Jahrhundert hier abgespielt haben muß.

Von Archäologen bislang nicht beachtet: 30 Meter unter der Erdoberfläche meißelten Unbekannte einen eigentümlichen Kreuzweg in das Gestein. Handelt es sich um eine verschlüsselte Botschaft aus dem Mittelalter für die Nachwelt? Fotos: Fiebag.

Damals, so heißt es, waren Mitglieder des Templerordens auf der Flucht vor ihren Häschern bis hierher gelangt. Hatten sie sich in den unterirdischen Räumen versteckt gehalten? Was hatten sie bei ihrer Flucht aus Frankreich mitnehmen können? Schätze? Dokumente? Mehr als das?

Die Tür öffnete sich knarrend und ächzend, Prof. Bauch stemmte sich dagegen. Vor uns lag tiefste Dunkelheit. Mit Kerzen und Taschenlampen leuchteten wir in einen steil nach unten abfallenden Gang. Die Stufen waren verwittert, zum Teil zerbrochen. Ein eisernes Geländer führte hinab, und trotz des heißen Sommertages schlug uns kalte, feuchte Luft entgegen. Uns fröstelte.

»Gehen wir«, sagte Prof. Bauch schließlich. Er griff die Taschenlampe fester, leuchtete tiefer hinab in die Dunkelheit. Vorsichtig, Stufe um Stufe, tasteten wir uns hinunter. Die Kerzen, die wir in den Händen hielten, warfen einen gespenstischen Schein auf das uralte, hohe Gewölbe des Ganges, beleuchteten schwach den behauenen Felsen der künstlichen Höhlung.

Begonnen hatte alles einige Monate zuvor, als uns ein Freund einen Zeitungsbericht über ein Labyrinth unter dem niederösterreichischen Weinort Kronberg zugesandt hatte: ZUFLUCHTSSTÄTTE DER TEMPLER lautete die Überschrift, die uns neugierig gemacht hatte. Recherchen folgten. Der Wiener Autor Reinhard Habeck und der Physikstudent Karl Grün suchten Grundstückspläne heraus, Grundrisse der Höhlen, wir erhielten EDV-Ausdrucke über die entsprechende Literatur. Dann waren beide nach Kronberg gefahren. Kurz darauf schrieb uns Reinhard Habeck: »Sonntag, der 14. Juli, wird mir lange in Erinnerung bleiben. Mit Karl Grün begab ich mich auf Entdeckungsreise zur ehemaligen Templerresidenz in Kronberg, 24 Kilometer nördlich von Wien. Erwartungen und Hoffnungen wurden geweckt: Gibt es diese alte Ruine tatsächlich? Existieren dort unterirdische Stollen und einstige Fluchtanlagen? Sind die Gänge begehbar?«

Tatsächlich, so erfuhren wir, seien die Gänge wenigstens zum Teil noch begehbar. Alte Sagen rankten sich um die unterirdischen Anlagen, und Prof. Hermann Bauch, ein profunder Kenner der Geschichte des Templerordens in Österreich, erwarte uns.

Es war an der Zeit, die Tunnelanlagen von Kronberg selbst anzusehen. Im Sommer 1986 fuhren wir ins niederösterreichische Weinviertel. Wir – dazu gehörten auch unsere Freunde Reinhard Habeck, Karl Grün und Dr. Martina Steinhardt aus Wien.

Kronberg ist ein kleines, verträumtes Weindörfchen. Seinen besonderen Reiz erhält es durch die »Kellergasse«. Grünes Weinlaub rankt über steinerne Torbögen und hölzerne, kunstvoll verzierte Türen, hinter denen Treppen in die mit Fässern gefüllten Keller der Weinbauern führen. Einst ragte hoch über den kleinen Häusern und der Kirche des Ortes eine mächtige und stolze Burg empor, von der außer ein paar Steinen nichts mehr übriggeblieben ist. Ein Kreuz mit einer rotgold schimmernden Christusfigur steht heute an jener Stelle. Die Inschrift weist den Besucher auf das Jahr 1330 hin, als die Burg von Hermann von Chronperch wehrhaft ins Land schaute.

Ein abschüssiger Weg führte uns zu einem barocken Gebäude. Im Hof empfing uns der Besitzer, Prof. Hermann Bauch. Er ist ein Meister der Glasmalerei, ein Künstler im wahrsten Sinne des Wortes: aufgeschlossen, kreativ, humorvoll, vor allem aber unkompliziert. Seit über 25 Jahren hat er es sich zur Aufgabe gemacht, dem Geheimnis von Kronberg, dem Geheimnis der Templer in Niederösterreich, nachzuspüren. Ein Vermögen hat er innerhalb dieser Jahre für privat finanzierte Grabungen ausgegeben, weil staatliche Stellen bislang nur geringes Interesse zeigten. Ein uns völlig unverständliches Verhalten der Behörden, wenn man sieht, welch kulturelle Schätze in Kronberg und Umgebung, nur 24 Kilometer von der Hauptstadt Wien entfernt, verborgen liegen.

Schon in der Steinzeit gab es hier eine erste Siedlung, auf deren Überreste Prof. Bauch zwangsläufig – oder besser: beiläufig – stieß. Auch vier eigenartig deformierte Hunnenschädel – vergleichbar der künstlich herbeigeführten Kopfform der Armara-Epoche im alten Ägypten – können in seinem Ausstellungsraum besichtigt werden. Kronberg hat viele historische Ereignisse erlebt, Krieg und Frieden, Zerstörung und Wiederaufbau.

Uns drängte es in das Labyrinth, von dem wir durch die Zeitung erfahren hatten. Prof. Bauch führte uns eine Treppe hinunter, hinab in die Unterwelt von Kronberg. Unzählige Gänge verzweigen sich hier, breite und sehr schmale, hohe und niedrige. Sie führen in ein noch unerforschtes Dunkel. Über drei Stockwerke tief verläuft das Geflecht aus Tunneln und Höhlungen, die ihren Ausgangspunkt einst in der Burg gehabt haben müssen. Die meisten sind verschüttet oder zugemauert, insgesamt aber wird die Ausdehnung auf 20 Quadratkilometer geschätzt. Unsere Stimmen und Schritte hallten von den Wänden wider, als wir tiefer und tiefer auf die letzte bislang bekannte Sohle dreißig Meter unter der Oberfläche hinabstiegen.

»Die ›Roten Pfaffen‹«, erzählte uns Hermann Bauch, »das war in dieser Gegend die Bezeichnung für die Templer. Sie sollen in Kronberg ein Hospital errichtet haben, und man bringt sie auch mit der Schäferei und dem weiter entfernt liegenden Meierhof in Verbindung. Bis dorthin sollen die Geheimgänge geführt haben. Unter der Pfarrkirche soll sich früher ein riesiges Gewölbe befunden haben, das in späterer Zeit absichtlich verschüttet wurde. Dort will man auch einige Skelette gefunden haben, an deren zerfetzten Gewändern noch Teile des achteckigen roten Templerkreuzes zu erkennen waren.«

Aufzeichnungen berichten darüber, daß die Bevölkerung der umliegenden Ortschaften jahrhundertelang verschiedene steinerne Dämonenköpfe an und in den gotischen Kirchen mit dem »Idol Baphomet« in Verbindung brachte und lange Zeit Sagen über die Gefangennahme der Templer und die Sicherung ihres Schatzes kursierten.

Inzwischen hatten wir einen sich zu einem breiten Gang ausweitenden Tunnel betreten. Bequem können hier mehrere Personen nebeneinander stehen. Prof. Bauch hat ihn mit eigenen Mitteln ausgebaut und Licht hineinlegen lassen.

Und dann befanden wir uns unvermittelt in einer unterirdischen, kuppelförmigen Kapelle. Wo waren wir hier? In einer der letzten geheimen Kultstätten des Templerordens? »Es gibt«, so sagte Hermann Bauch, »eine volksmündliche Überlieferung, die davon erzählt, daß zu der Zeit, da in Frankreich die Scheiterhaufen brannten, einige Templer Zuflucht bei den Herren von Kronberg suchten.« Noch in seiner eigenen Kindheit, so fügte er lächelnd hinzu, hätten die alten Leute des Ortes versucht, die junge Generation vom Betreten der Gänge abzuhalten, indem sie von »Schwarzen Messen« und unheimlichen Riten erzählten, die die »Roten Pfaffen« noch immer dort unten zelebrierten. Hermann Bauch ließ sich davon augenscheinlich nicht abschrecken.

Die Kapelle, in der wir nun standen, war erst vor wenigen Jahren von Prof. Bauch entdeckt worden. Im Zentrum hatten – von Erdreich fast verschüttet – ein »Opferstein« und ein Wasserbecken ähnlich einem kleinen Taufbecken sowie ein Fackeltöter mit sieben Vertiefungen überdauert. Zur Kuppel hinunter führte ein Luft- und Lichtschacht.

Wir fühlten uns unweigerlich in eine mittelalterliche Geheimkammer versetzt. Erinnerungen an die unterirdische Kapelle von Gisor wurden wach. Wenn man der von Gérard de Sède entdeckten Geometrie der Burg glauben kann, soll dort anhand der Sternkonstellationen am 24. Dezember der gesamte Bauplan der Festung zu entschlüsseln sein. Fiel auch hier am 24. Dezember das Licht eines bestimmten Sternzeichens ein? Waren auch die Anlagen von Kronberg unter astronomischen Gesichtspunkten erbaut worden?

Prof. Bauch hatte uns bislang durch zwei Gangsysteme geführt. Es soll aber noch ein drittes geben, in das schon seit Jahrzehnten niemand mehr eingedrungen war. Nun schlug er selbst vor, auch dieses System zu erkunden. Zu Beginn des Jahrhunderts sollen die Gänge letztmals von einem etwas verschrobenen alten Mann betreten worden sein, der sich dort »in sein Stübl«, eine kleine Seitennische, zurückzog, um ungestört beten zu können. Seither hatte sich kein Mensch mehr dort hinuntergewagt.

Ein wahres Entdeckerfieber hatte uns gepackt: Was würden wir vorfinden? Der Eingang war mit Weinlaub so verwachsen, daß man ihn kaum erkennen konnte, die Tür konnten wir nur öffnen, indem wir das Schloß herunterschraubten. Das Licht unserer Kerzen – uns hatten sich nun auch Frau Bauch und Dr. Schramm, ein Freund der Familie, angeschlossen – enthüllte uns ein noch unentdecktes Geheimnis: Reliefartig herausgehauene Bilder eines vor Jahrhunderten hier unten arbeitenden Künstlers bedeckten die 1,80 Meter hohen Wände. Über viele Meter hinweg hatte der Bildhauer anscheinend den Kreuzweg Christi in den Stein gemeißelt: Das letzte Abendmahl mit Jesus in der Mitte (seltsamerweise sein Haupt mit einer Kapuze bedeckt, wie sie auch die Templer besaßen), vor ihm der Kelch, dann der das Kreuz tragende Christus, Christus am Kreuz und schließlich – für einen Kreuzweg ebenfalls ungewöhnlich – seine Auferstehung: Jesus, die Hände emporgehoben, neben ihm zwei Engel, unter ihm zur Linken eine Gruppe von fünf, zur Rechten eine Gruppe von sieben Personen (fünf und sieben sind mystische Zahlen für Juden wie für Christen). Weiter rechts ist noch eine weitere Person abgebildet, die auf ihrem Gewand das Abbild eines von einer Strahlenaureole umgebenen Kopfes trägt. Das Sonderbarste dieses gesamten Bilderreigens ist jedoch – und hier ist uns keine entsprechende Tradition in der christlichen Kunst bekannt – die Darstellung der Geburt Jesu am Ende dieses Kreuzweges: Das Jesuskind in der Krippe, links seine Mutter Maria, rechts Josef auf einen Stab gestützt und den Arm zum nächtlichen Himmel erhoben, an dem der Stern von Bethlehem, zwei weitere Sterne und die Mondsichel zu erkennen sind. – Sollte all das vielleicht überhaupt kein Kreuzweg im üblichen Sinne sein? Sind in den Figuren, den Sternen am Himmel vielleicht Zeichen verborgen, ähnlich den geheimen Chiffren von Chinon?

Durch eine Mauer und feinen Schutt wird uns der weitere Weg in das unterirdische Labyrinth versperrt – vorläufig zumindest. Es erfaßt uns ein tiefer Unmut darüber, daß hier keine offiziellen Grabungen des archäologischen Instituts der Universität Wien, keine staatlich finanzierten Restaurierungsarbeiten vorgenommen werden. Es ist aufgrund alter Pläne und Zeichnungen bekannt, daß die Gänge weitergehen und riesige, hallenartige Gewölbe existieren müssen. Vor etwa 40 Jahren wurden die Einwohner von Kronberg mitten in der Nacht von einem donnerähnlichen Geräusch aufgeschreckt. Ein riesiges Loch hatte sich nahe der Ortschaft gebildet. Damals schüttete man es einfach zu. In gleicher Weise wurde mit vielen der Gänge verfahren, die z. T. noch während des Türkenansturms auf Wien als Fluchttunnel für die Bevölkerung gedient hatten. Man füllte sie später mit Erdreich auf, mauerte sie zu oder verwendete sie zweckentfremdet als Weinkeller. Andere Gänge wurden nach dem Krieg durch Neubauten zerstört. Damals gab es noch niemanden wie Prof. Bauch, der sich seit einem Vierteljahrhundert um das geschichtliche Erbe Kronbergs bemüht.

In der Nähes seines Hauses hat Hermann Bauch das Bildnis eines Tempelritters aufstellen lassen. Die Inschrift darunter lautet: »Im 12. Jahrhundert waren auf dem Residenzberg zu Kronberg die Tempelritter ansässig. Sie wurden von Papst Clemens V. und König Philipp IV. von Frankreich ausgerottet und als Ketzer auf dem Scheiterhaufen verbrannt.«

Es gibt keine Dokumente mehr aus dem Kronberg jener Zeit, wir fanden sie auch nicht in den unterirdischen Gewölben. Aber vielleicht existieren noch völlig unberührte Hinweise in den nicht-zugänglichen Bereichen des Labyrinths. Es wäre an der Zeit, das Geheimnis zu lüften, das über diesem kleinen Weinort in Niederösterreich liegt.

Hypothese 5.0.: Amerika

Die Hypothese 5 besteht im Grunde aus zwei Teilhypothesen. Voraussetzung für beide ist die – bislang wissenschaftlich nicht ausreichend verifizierte – Annahme, daß es bereits vor der Entdeckung Amerikas durch Christoph Columbus 1492 n. Chr. Kontakte zwischen der Alten und der Neuen Welt gegeben hat. Zwar ist man sich inzwischen einig darüber, daß nordische Seefahrer vor dem Jahr 1000 Streifzüge und sogar Kolonisationsversuche in Grönland und im nördlichen Kanada durchführten, aber es blieb bei diesen vereinzelten Aktionen. Nach allgemeiner Lehrmeinung gab es keine längerfristigen Aufenthalte, insbesondere nicht bei den Kulturen Mexikos und Südamerikas.

Nun haben aber Thor Heyerdahl und andere nachweisen können, daß sogar für antike Völker (etwa die Ägypter oder die Phönizier) zumindest die seetechnische Möglichkeit bestand, mit den ihnen zur Verfügung stehenden Schiffen den Atlantik zu überqueren und Amerika zu erreichen. Diese rein theoretische Möglichkeit kann allerdings nicht als Beweis dafür gewertet werden, daß dies tatsächlich auch geschehen ist. Trotzdem sind wir der Auffassung, daß es einige sichere Indizien für prä-kolumbianische Kontakte mit Amerika gibt. Einige dieser Hinweise seien hier kurz angerissen:

● In der ersten Hälfte des sechsten Jahrhunderts n. Chr. lebte der irische Mönch St. Brendan. In der im 10. Jahrhundert niedergelegten *Navigatio Sankti Brendani* gibt es Hinweise darauf, daß der Mönch und einige seiner Begleiter Nordamerika erreichten. Nach den »Schafinseln« (Färoer), der »Insel der Schmiede« (Island), dem »großen Fisch Jasconius« (Walfischen) und den »Kristallsäulen« (Eisbergen) des Nordmeeres muß ihnen das neue Land mit den »herrlichsten Pflanzen« wie ein Paradies vorgekommen sein. Inzwischen hat der englische Segler Tim Severin mit einem nach 1400 Jahre alten Konstruktionsplänen gebauten Boot aufzeigen können, daß es den Iren damals möglich gewesen sein kann, Amerika zu erreichen.

● Um 985 n. Chr. muß der Wikinger Bjarn Herluffson als erster Norweger Amerika erreicht haben. Um 1000 folgte ihm Leif Eriksson und gründete in dem von ihm so benannten »Vinland« (wegen des dort wachsenden wilden Weines) die erste europäische Kolonie, die sich – mit Unterbrechungen – sogar bis zu Beginn des 15. Jahrhunderts behaupten konnte, dann aber wegen des sich verschlechternden Klimas aufgegeben werden mußte. 1121 war sogar der isländische Bischof Erich Gnupson nach Amerika aufgebrochen, um die dort ansässigen Kolonien zu besuchen, da er sie ganz selbstverständlich als zu einer Diözese gehörend betrachtete. An der Mündung des *Black Duck Brook*, nicht weit von dem kleinen Fischerdorf L'Anse au Meadow in Kanada entfernt, fanden sich die Ruinen dieser Wikinger-Siedlung.

● Zwischen 1166 und 1183 scheint der Waliser Prinz Madoc mit zwei Schiffen und etwa 30 Männern von Abergle in Nordwales die Neue Welt angesteuert zu haben. Was aus ihm und seinen Leuten geworden ist, läßt sich nur noch schwer rekonstruieren. Möglicherweise gründeten auch sie eine Kolonie und vermischten sich im Laufe der Zeit mit den Eingeborenen. Die Indianerstämme der *Mandan* beispielsweise, die im letzten Jahrhundert durch eine Blatternepidemie vollständig ausgerottet wurden, könnten Nachkommen solcher Kolonisten gewesen sein. Sie scheinen den anderen Stämmen in ihren technischen Fähigkeiten überlegen gewesen zu sein, auch hatten sie z. T. europäisch anmutende Gebräuche, Kleidung und eine hellere Hautfarbe.

● Bei den kolumbianischen *Chibcha*-Indianern gibt es eine Überlieferung, der zufolge einst ein weißer Missionar in ihr Land kam und versuchte, christliche Glaubensgrundsätze zu vermitteln. Rekonstruktionen ergaben, daß dieser *Bochica* genannte Mann lange vor Kolumbus das Land erreicht haben muß.

Es ließe sich eine ganze Reihe weiterer solcher Indizien anführen, auf die wir hier aber verzichten wollen. Wenn wir also – rein hypothetisch – voraussetzen, daß es vor dem Jahr 1492 Kontakte nach Amerika gab, daß möglicherweise sogar entsprechende Karten existierten (zumindest in Nordeuropa sollte dies der Fall gewesen sein; die sogenannte *Vinland*-Karte ist ein anschauliches Beispiel dafür) – wie wahrscheinlich ist es dann, daß die Templer davon wußten?

Wir müssen in diesem Zusammenhang auf einen Faktor aufmerksam machen, den Louis Charpentier (1978) und Jacques de Mahieu (1979) nennen. Wenn man das von den Templern ausgebaute und gesicherte Straßennetz in Frankreich betrachtet, dann fällt auf, daß sich sämtliche großen Verbindungslinien in einem Punkt treffen: in La Rochelle an der Atlantikküste. Der in einer natürlichen Bucht gelegene Hafen von La Rochelle war leicht zu verteidigen und wurde von den Tempeln schon sehr frühzeitig angelegt und ausgebaut. Immerhin besaß der Orden eine mächtige Flotte und weitere Häfen im Norden (um die Verbindung mit England aufrechtzuerhalten) und im Süden (um ins Heilige Land reisen zu können) sowie in Süd-Frankreich und einigen Mittelmeerinseln. La Rochelle liegt aber im Grunde zu weit im Norden, um als Ausschiffungshafen für die Fahrten nach Palästina rentabel gewesen zu sein, und Ähnliches gilt für Reisen nach England, dafür befand sich die Stadt zu weit im Süden; es gab andere Häfen, aus denen man schneller nach Britannien übersetzen konnte.

Und dennoch muß gerade La Rochelle eine besondere Bedeutung gehabt haben. Die Stadt war nicht nur Sitz einer einfachen Komturei, sondern eines Provinzials. Ihre Bevölkerung wuchs im Laufe der Jahre rasch an. Wohin also führten die Schiffahrtslinien der Templer, wenn sie weder nach Norden noch nach Süden verliefen? Es bleibt letztlich nur eine Möglichkeit, die Position dieses Hafens zu erklären: Von hier aus fuhren Templerschiffe direkt nach Westen, nach Amerika.

Unter den Akten, die nach der Eroberung Roms durch Napoleon 1809 nach Paris gebracht wurden, befanden sich auch etliche, zuvor in den Geheimarchiven des Vatikans verwahrte Dokumente aus den Templerprozessen. In einer dieser Niederschriften findet sich die Aussage von Jean de Chalons, einem Mitglied des Ordens aus Nemours in der Diözese Troyes, die uns einerseits bestätigt, daß die Templer von der drohenden Verhaftung informiert waren, die uns andererseits aber auch einen wertvollen Hinweis auf den möglichen Verbleib der Manna-Maschine gibt:

Ich habe am Abend vor der Razzia, am Donnerstag, den 12. Oktober 1307, selbst drei mit Stroh beladene Wagen gesehen, die kurz nach Einbruch der Nacht den Tempel von Paris verließen, und Gérard de Villers und Hugo de Chalons, die dazu 50 Pferde führten. Auf den Wagen waren Truhen verborgen, die den gesamten Schatz des Generalvisitators Hugo de Pairaud enthielten. Sie nahmen Richtung auf die Küste, wo sie an Bord von achtzehn Schiffen des Ordens ins Ausland gebracht werden sollten.

Wenn wir voraussetzen, daß die Templer – die, wie kein anderer Orden ihrer Zeit, an den Wissenschaften interessiert waren, die eine eigene große Flotte und in La Rochelle einen ausgezeichnet positionierten Hafen besaßen – von Ländern jenseits des Atlantiks wußten, daß sie möglicherweise über entsprechende Karten verfügten: Gibt es dann Hinweise darauf, daß Angehörige des Ordens lange vor Christoph Columbus den Ozean überquerten und Amerika erreichten?

Hypothese 5.1.: Mexiko

Zu Beginn des 17. Jahrhunderts verfaßte der zum Christentum bekehrte indianische Chronist Francisco de San Antón Muñon Chimpalpáhin Chuauhtlehuanitzin die Geschichte des mexikanischen Volkes, der *Nonohualca Teolixca Tlacochcalca*. Folgt man Francisco de San Antón, so stammten die Angehörigen dieses Stammes aus einem Land namens *Tlapallán Nonohualco*. Für uns von Interesse ist nun die Transkription dieses Namens. *Tlapallán* läßt sich mit »Land im Osten« (nach Sonia Rendon, 1965), »Land der Morgenröte« bzw. »Land des Orients« (nach Walter Krickeberg, 1965), »Land jenseits des Meeres« (nach Bernardino de Sahágun, 1829) oder »Osten inmitten von Wasser« (nach Eugene Beauvois, 1902) übersetzen. Ferner finden wir diesbezüglich die Angabe Franciscos de San Antón:

Als die Nonohualca Tlacochcalca das Land Tlapallán verließen, überquerten sie das große Meer, den großen Ozean.

Der Chronist selbst hegte keinen Zweifel daran, daß diese *Nonohualca Tlacochcalca* tatsächlich von einem Land jenseits des Ozeans, also aus Europa, gekommen sein müssen. Und der erste französische Übersetzer der Chronik Franciscos, René Siméon, fügt hinzu, daß diese Leute *sur des coquillages*, also auf »Muscheln« fuhren. Das mag auf den ersten Blick seltsam erscheinen, aber Siméon schreibt: »Die Verwendung dieser Vokabel für ein Schiff kann uns nicht besonders verwundern, die wir das Wort *coque* (Schale, Nußschale) im gleichen Sinn für ein Schiff verwenden, ein Wort, das vom lateinischen *concha* (Muschel) hergeleitet ist.«

Nonohualca bedeutet »Land der Stummen« oder »Land derer, die eine fremde Sprache sprechen« (nach Krickeberg, 1956), was unsere Ansicht von aus Europa gekommenen Einwanderern bestätigt. Für eine Beweisführung im Sinne einer Templer-Kolonisierung ist dies aber nicht ausreichend, da, wie wir gesehen haben, offensichtlich mehrere Landungen von Europäern zu unterschiedlichen Zeiten in Amerika erfolgten. Daher kommt der Analyse des Stammesnamens, den Francisco nennt, eine besondere Bedeutung zu.

Der mexikanische Chronist bezeichnet die aus dem Osten gekommenen Einwanderer als *Nonohualca Teolixca Tlacochcalca*. Der Begriff *Tlacochcalca* setzt sich aus drei Wortstämmen zusammen, zum einen aus *tlacochtli*, was »Pfeil« oder »Waffe« bedeutet, aus *calli*, was mit »Haus« übersetzt werden kann, und *ca*, dem Plural von *catl*, also »Personen« (dieses Hauses). *Tlacochcalca* hieße folglich »Personen bzw. Leute vom Haus der Waffen« oder – wie wir kürzer sagen würden – »Soldaten«.

Teolixca leitet sich ebenfalls aus drei verschiedenen Worten ab: *téotl* heißt »Gott«, *ixtli* bedeutet Antlitz«, aber auch »Bote« oder »Gesandter«, und *ca*, wie wir bereits sahen, ist der Plural von *catl*, also wiederum »Personen« oder »Menschen«. Es handelt sich demnach bei den Einwanderern um »vom Land jenseits des östlichen Meeres von Gott gesandte Soldaten«.

Eine solche Namensgebung wäre für einen Mönchsritterorden wie die Templer sicherlich angebracht und zutreffend, für eine Beweisführung hinsichtlich einer Identität aber nicht zwingend. Glücklicherweise hatten diese *Nonohualca Teolixca Tlacochcalca* noch einen weiteren Namen, nämlich *Tecplantlaca*. Auch dieser Begriff setzt sich wiederum aus drei Wortstämmen zusammen, nämlich aus *tecpan* = Tempel, was sich seinerseits von *tecuhtli* also »Herr«, ableitet, aus *pantli* = »Mauer« oder »Pavillon« sowie aus *tlácatl*, was wiederum auf »Person« Bezug nimmt, also: »Leute vom Haus des Herrn« oder »Leute vom Tempel« oder – wenn wir es verkürzt ausdrücken – »Templer«. »In dieser letzten Bedeutung«, schreibt Eugene Beauvois 1902, »muß der Name der Tecplantlacen verstanden werden.«

Die drei wichtigsten Anführer dieses »Volkes« nannten sich *tetzauhquiacuili*, also »ehrwürdiger Mönch« (dieser Mann trug eine Tonsur, wie sie sonst nur von den europäischen Mönchen bekannt ist), *xochpoyo*, also der »Prediger« und *caccole*, »der schlecht Beschuhte«. All dies weist auf mönchisch lebende und aus einem Mönchsorden stammende Menschen hin.

Nach Francisco de San Antón sollen diese »Leute vom Tempel« in zwei Einwanderungswellen in der zweiten Hälfte des 13. Jahrhunderts nach Amerika gekommen sein. Als die Chronik des Francisco entstand, waren demnach bereits mehr als vierhundert Jahre vergangen, und es ist fraglich, ob die von ihm genannten exakten Zeitangaben (1272 und 1294) wirklich zutreffen, zumal keine schriftlichen Zeugnisse aus jener Zeit mehr existierten. (Es gibt heute noch ganze drei Maya-Handschriften, alle anderen schriftlich fixierten Unterlagen sind bei der Eroberung Mexikos vernichtet worden, in dem absurden Glauben, Gott damit ein wohlgefälliges Werk zu tun.) Man kann aber wohl davon ausgehen, daß die von Francisco genannten »Templer« während des 13. Jahrhunderts den amerikanischen Kontinent betraten.

Über ihre Ankunft in Amerika berichtet Francisco de San Antón:

Sie erreichten festes Land an einem Punkt, wo sich die Mündung eines sehr großen Flusses befand, dem sie an seinen Ufern bis dahin folgten, wo der Fluß seine erste Biegung tat; dann verließen sie das Ufer des Flusses und marschierten in östlicher Richtung weiter...

Aber die »Leute vom Tempel« kehrten von dort bald wieder zurück und besuchten die Insel *Acihuatlmichintlaco*, kamen daraufhin durch zahlreiche Orte, erreichten schließlich Tullan, die ehemalige Hauptstadt des Tolteken-Reiches, in der sie drei Jahre blieben, um endlich bis zum *Chalco*-See vorzustoßen. Von dort aus unterwarfen sie die Bevölkerung und gründeten ein eigenes kleines Reich. Mit der »Mündung des großen Flusses« könne der St.-Lorenz-Strom gemeint sein, denn segelt man von La Rochelle aus direkt nach Westen, so trifft man als erstes auf diesen größten Fluß Kanadas. *Acihuatlmichintlaco* könnte dann mit der Halbinsel Neuschottland identisch sein, von der aus man an der Ostküste der heutigen USA weiter nach Süden fuhr und schließlich in Yukatan, also im heutigen Mexiko, endgültig an Land ging. Über das von ihnen errichtete Herrschaftsgebiet schreibt Francisco de San Antón:

*Obwohl sich seine Ausdehnung nicht entfernt mit derjenigen der
mexikanischen Föderation vergleichen konnte, der sie später angeschlossen wurde, stellte sie einen recht eindrucksvollen Verband in
einer Breite von 100 bis 150 km dar.*

Diese »Leute vom Tempel« hatten also offensichtlich in Amerika
etwas verwirklicht, das ihnen in Europa nicht gelungen war: die
Gründung eines eigenen, von ihnen regierten und verwalteten Reiches. Nun kann uns die Aussage Jean de Chalons nicht mehr in
Erstaunen versetzen, wenn er während seines Verhörs davon spricht,
die Schätze der Templer seien auf Schiffen des Ordens »ins Ausland«
gebracht worden. Es gab kein Land in Europa, das hinreichend Schutz
geboten hätte – dies war nur außerhalb des Kontinents möglich.
Es wird in diesem Zusammehang die nicht unberechtigte Frage
gestellt werden müssen, warum wir aus dieser Zeit der Templer in
Amerika nicht mehr wissen, warum z. B. keine archäologischen
Funde gemacht wurden, die weitere Hinweise auf die Anwesenheit
des Ordens ergeben würden. Wir müssen dabei bedenken, daß die
Herrschaft der Templer (immer unter der Voraussetzung, es handelte
sich bei den *Tecplantlaca* tatsächlich um Angehörige des Ordens)
schon nach wenigen Jahrzehnten zu Ende gewesen sein muß. Als
Mönche hatten sie gelobt, in Keuschheit, d. h. ehelos, zu leben. Und
selbst wenn wir annehmen würden, daß sie in Amerika – außerhalb
der Reichweite der Kirche und nur sich selbst unterstellt – dieses
Gelübde eines Tages doch brachen, so waren es insgesamt zu wenige,
als daß sie zu einer völligen Umorientierung der Gesellschaft und zu
wirklich spür- und nachweisbaren Veränderungen hätten beitragen
können. In der ersten Hälfte des fünfzehnten Jahrhunderts, als vielleicht noch konkrete Erinnerungen und Dokumente vorhanden waren, überrannten die Azteken das Land und vernichteten alles, was auf
die Geschichte vor ihrer Herrschaft hätte hinweisen können. Und als
zu Beginn des sechzehnten Jahrhunderts die Spanier kamen, fuhren sie
in der Vernichtungsaktion alles »Heidnische« fort und ließen nichts
übrig, was uns heute vielleicht weiterhelfen könnte.
Dennoch sollte man erwarten, daß sich – neben den bereits in der
Chronik des Francisco de San Antón niedergelegten Überlieferungen
der *Tecplantlacen* – zumindest mythologische Hinweise bei benachbarten Völkern finden lassen sollten. Von besonderem Interesse

wären dabei Legenden, die sich in irgendeiner Weise zur Manna-Maschine in Relation setzen lassen, denn es ist anzunehmen, daß die Templer insbesondere dieses sie so außerordentlich berührende Objekt und seine Geschichte in den Mittelpunkt ihres Verständnisses von Gott und der Welt gesetzt haben – in Amerika ganz besonders, da sie hier frei von allen Nachstellungen weltlicher und kirchlicher Herrscher waren. Man kann sogar vermuten, daß sie den Wüstenzug der Israeliten und die Überlieferungen von der Bundeslade zum Kernpunkt ihrer Religion gemacht haben. Und nur wenn die Templer dieser Geschichte aus dem 2. Buch Mose große Bedeutung beigemessen haben, kann sie in der einen oder andern Form überdauert haben, mit der Zeit von den Eingeborenen freilich verfremdet und mit Geschehnissen aus der eigenen Mythologie vermischt.

Es gibt diese Überlieferungen. Sie stimmen zum Teil in so großartiger Weise mit den Geschehnissen des Alten Testaments überein, daß wir hier nicht an einen irgendwie gearteten Zufall glauben können. Den »Durchzug durch das Rote Meer« (vgl. 2 Mose 14) beschreiben die *Cakchiquel*, eine die Maya-Sprache sprechende Volksgruppe im Hochland von Guatemala, wie folgt:

Da kamen wir an das Ufer des Meeres. Dort am Ufer des Meeres waren alle Stämme und Krieger versammelt. Und wenn sie auf das Meer hinausschauten, ward ihnen das Herz schwer.

»Man kann es nicht überqueren, und wir kennen niemanden, der es überquert hätte«, sprachen die Krieger und die sieben Stämme zueinander. »Wer hat ein Log, auf dem wir es überqueren könnten, Bruder? Wir vertrauen auf dich«, sagten sie alle. Und wir sprachen zu ihnen: »Geht ihr vorsichtig voran.« – »Wie sollen wir es überqueren?«

So fragten wir alle. Da sprachen sie: »Habe Mitleid mit uns, Bruder. Wir sind gekommen, uns hier am Meeresufer zu versammeln, ohne unsere Berge und Täler zu sehen. Wenn wir uns hier schlafen legen, wird man uns gefangennehmen, uns, die beiden ältesten Söhne, die Oberhäupter und Anführer, die ersten Krieger der sieben Stämme, Bruder. Wenn wir das Meer doch überqueren könnten und alsbald die Geschenke sehen, die uns unsere Mütter und unsere Väter bereitet haben, mein Bruder.« So sprachen die miteinander, die die Quiché zeugten. Und unsere Großväter Gaga-

vitz und Zactecauh sprachen: »Wir sagen euch, laßt uns ans Werk gehen, Brüder. Wir sind nicht gekommen, um hier in Massen am Meeresufer zu stehen, ohne das Land zu sehen, von dem uns verheißen ist, daß wir es sehen werden, ihr Krieger und ihr sieben Stämme. Laßt uns ohne Zögern ins Meer tauchen.« So sprachen sie, und plötzlich erfüllte sie alle Freude.

»Als wir an die Tore von Tulán kamen, gab man uns einen roten Stecken, der sollte unser Stab sein, deshalb werden wir die Cakchiquel genannt, ihr Söhne.« So sprachen Gagavitz und Zactecauh. »Laßt uns die Spitzen der Stäbe in den Sand stechen, der im Meer ist, und alsbald werden wir Sand und Meer überqueren, wenn wir unsere roten Stecken gebrauchen, die man uns an den Toren von Tulán gab.« So überquerten wir die Sandbänke, die sich im Meer erstrecken, überquerten die Fläche des Meeres. Freude erhob sich in uns, sobald wir den Sand unter dem Wasser sahen. Dann hielten wir Rat. »Dort ist unsere Hoffnung, dort in dem ersten Land müssen wir uns vereinigen«, sprachen sie, »nur dort können wir uns niederlassen, nachdem wir von Tulán hierhergekommen sind.«

Die Parallelen sind unübersehbar: es *muß* damals ein Wissen von der erfolgreichen Durchquerung des Roten Meeres durch die Israeliten bestanden haben, und es muß für diejenigen, die es an die mexikanischen Ureinwohner weitergaben, von außerordentlicher Bedeutung gewesen sein.

Und die Bundeslade? Gibt es eine Überlieferung von ihr? Gibt es einen Hinweis auf das »Idol« der Templer, die Manna-Maschine, die die Israeliten durch die Wüste trugen? Es gibt sie! Wir fanden sie bei jenem Volk, das schließlich, als die Herrschaft der Templer zu Ende gegangen war, in ihr einstiges Reich eindrang, es eroberte und dabei zwangsläufig auch die Legenden und Mythen der Unterworfenen in den eigenen Sagenschatz aufnahm, wie wir es aus vielen anderen Beispielen kennen. Der mexikanische Historiker Fray Diego Durán hat uns eine Überlieferung aufgezeichnet, die von der Wanderschaft des Azteken-Volkes spricht. Es wurde dabei – der Legende zufolge – von vier Priestern angeführt, die sich »Träger Gottes« nannten. Durán berichtet:

Sie hatten ein Idol bei sich, genannt Huitzilopochtli, das von vier Hütern getragen wurde, die ihm dienten; zu ihnen sprach er insgeheim über die Ereignisse ihrer Wanderschaft und verkündete ihnen alles, was sich ereignen würde. Und dieses Idol war so hoch geachtet und verehrt, daß niemand außer den Hütern es wagte, sich ihm zu nähern oder es zu berühren. Es wurde aufbewahrt in einem Schrein aus Schilf, und bis zum heutigen Tag hat keiner dieser Eingeborenen es jemals zu Gesicht bekommen. Und die Priester erhoben dieses Idol zu einem Gott und taten ihrem Volk die Gesetze kund, die es zu befolgen und einzuhalten hatte, die Zeremonien und feierlichen Handlungen, die seine Opfergaben begleiten sollten.

Und Durán fügt hinzu:

Und dies taten sie an jedem Ort, wo sie ihr Lager aufschlugen, gemäß dem Brauch der Kinder Israels, da sie durch die Wüste wanderten.

Fray Diego Durán legte seine Aufzeichnungen vor über hundert Jahren – 1867 – nieder, als er weder etwas von der Manna-Maschine noch von nach Amerika gekommenen Templern gewußt haben kann. Es gibt keine andere Möglichkeit: Die Azteken kannten die Geschichte von der Sinai-Wanderung der Israeliten, sie wußten von der bei diesem Unternehmen mitgeführten Bundeslade, und sie kannten das »Idol« der Templer, die Manna-Maschine, über die die »Träger Gottes« Verbindung mit ihren außerirdischen Führern aufnahmen. Die 1949 erstmals übersetzte und veröffentlichte *Cronica Mexicayotl* berichtet darüber hinaus über die Azteken-Wanderung:

So zogen die Mexikaner geraume Zeit durch das Chichimeken-Gebiet ... Wo sie lange genug blieben, bauten sie Tempel und errichteten ihrem Gott Huitzilopochtli einen Wohnsitz.

Die Parallelen zum »heiligen Zelt« und dem »Tempel von Jerusalem«, die gleichfalls als »Wohnsitz« des sich »in« der Lade befindlichen »Gottes« errichtet wurden, und zwar überall dort, wo die Israeliten »lange genug blieben«, sind unübersehbar. Und wie der »Gott« des

Alten Testaments verheißt nach der *Crónica Mexicayotl* auch *Huitzilopochtli* seinem »auserwählten Volk«:

> *... denn wir werden uns niederlassen und seßhaft werden, und wir werden alle Völker der Welt erobern; und wahrhaftig, ich sage euch: Ich will euch zu Herren und Königen machen über alles auf dieser Welt. Und ihr werdet herrschen und unzählige Lehensleute haben, die euch Tribut entrichten und euch zahllose und sehr kostbare Steine darbringen werden, dazu Gold, die Federn des Quetzalvogels, Smaragde, Korallen und Amethyste, und ihr werdet euch damit schmücken. Ihr sollt auch vielerlei Federn haben, die des blauen Schmuckvogels, und all das herrliche Gefieder und Cacao und Baumwolle in vielen Farben; dies alles werdet ihr erleben, denn dies ist in Wahrheit mein Auftrag, und dafür bin ich hierhergesandt worden.*

Es ist unwahrscheinlich, daß sich die hier beschriebenen Ereignisse tatsächlich in dieser Form abgespielt haben. In die geschichtlich nachweisbare Wanderung der Azteken-Stämme wurden später lediglich Elemente aus der von den »Leuten vom Tempel« übermittelten Erzählung der Wüstendurchquerung des Volkes Israel aufgenommen und mit dem schon bestehenden Sagengut zum Gott *Huitzilopochtli* verwoben. Denn es ist extrem unwahrscheinlich, daß sich nahezu identische Ereignisse sowohl in Israel als auch in Mexiko abgespielt haben sollen. Zudem ist die Wanderung der Azteken auf die Zeit zwischen 1111 und 1345 datiert, als unseres Wissens Eingriffe außerirdischer Intelligenzen, zumindest in dieser prägnanten Form, nicht mehr zu verzeichnen sind. Es ist zudem auch wenig glaubhaft, daß die Azteken in einem Land, das unermeßlich reich an Pflanzen und Tieren war, eine Manna-Maschine zur Verfügung gestellt bekommen haben sollten. Dafür gab es keinen Anlaß, und in der *Crónica Mexicayotl* lesen wir:

> *Sie nähren sich von Fleisch, Bohnen, Amarant, Salbei, Pfeffer und Tomaten.*

Wenn die Azteken also trotzdem von einem »Idol« wußten, das »in einem Schrein« transportiert wurde, das Anweisungen gab und Verheißungen aussprach, dem »Wohnstätten« und »Tempel« errichtet wurden und zu dem nur auserwählte Priester Zutritt hatten, kann damit *nur* die Manna-Maschine der Israeliten bzw. die Bundeslade gemeint gewesen sein. Und davon wiederum können sie *nur* von dem Templern erfahren haben.

Wenn sich also der Gral wirklich in Mexiko befand: Wo wurde er untergebracht? Wo haben die Templer ihn versteckt?

Der letzte konkrete Hinweis ist die Aussage von Jean de Chalon. Wenn die Maschine in die Neue Welt gebracht wurde, wird sie zur Zeit der Templer-Herrschaft vermutlich in einem Gotteshaus untergebracht gewesen sein, vielleicht in einer Art Kloster. Aber sämtliche Hinweise darauf sind – wir erwähnten es bereits – verlorengegangen, und es ist sehr fraglich, ob sie jemals wieder auftauchen. Vielleicht hat man das Gerät, als die Templer bemerkten, daß die Verbindung mit Europa völlig abgebrochen war und das an die Indianer übermittelte Wissen für die Errichtung einer ihren Maßstäben entsprechenden Kultur nicht ausreichte, erneut versteckt – irgendwo im Inneren einer Pyramide, unter einem Tempel, in einer Höhle oder im Urwald selbst. Vielleicht hat man sie auch erneut außer Landes gebracht (siehe Hypothese 5.2.). Es hat vermutlich Aufzeichnungen darüber gegeben, Markierungen, Zeichen, die für spätere Templer gedacht waren. Aber diese Hinweise sind längst verschwunden – verbrannt, vermodert, vom Urwald überwuchert. Vielleicht wurde das Gerät auch von den Azteken zerstört, so wie es immer und überall gemacht wurde, wenn die alten den neuen Göttern weichen mußten. Als schließlich die Spanier kamen, waren die Erinnerungen verschwunden, die Spuren verwischt. Und falls sie tatsächlich etwas gefunden haben, so erkannten sie es nicht, zerstörten es, übergaben es dem Feuer. Denn für sie war es »heidnisches Teufelswerk«, das vernichtet werden mußte, damit niemand dadurch in Versuchung geriet. So nahmen sie uns vermutlich die letzte Möglichkeit, Genaueres über das hypothetische Schicksal der Manna-Maschine in Mexiko zu erfahren, verbauten uns jeden Weg, der vielleicht zu ihrer Entdeckung hätte führen können. Wenn der Gral eines Tages in Mittelamerika ans Licht kommen sollte, dann nur durch einen Zufall. Eine gezielte Suche ist zum gegenwärtigen Zeitpunkt unmöglich.

Hypothese 5.2.: Oak Island

Die Teil-Hypothese 5.2 erweist sich von allen bislang besprochenen Möglichkeiten als diejenige, die vielleicht am ehesten zu einem Ergebnis (positiv oder negativ) führen und dann aus der Liste denkbarer Aufenthaltsorte der Manna-Maschine gestrichen werden kann. Sie baut auf der Vermutung von der Amerika-Entdeckung der Templer auf, ist aber nicht zwangsläufig an die Mexiko-Hypothese gebunden, obwohl sich interessante Zusammenhänge zeigen.

Es war bereits weiter oben darauf hingewiesen worden, daß ein Kurs exakt westwärts von La Rochelle aus nach Kanada führt und auf den St.-Lorenz-Strom stößt. Unmittelbar südlich der Mündung liegt die Halbinsel Neuschottland, der wiederum zahlreiche kleine und kleinste Inseln vorgelagert sind. Eine dieser Inseln heißt Oak Island (Eicheninsel), weil sie bis vor wenigen Jahrzehnten einen reichen Eichenbestand hatte, der aber von Schädlingen dezimiert und mittlerweile völlig vernichtet worden ist.

Mit der Geschichte dieser kleinen, unscheinbaren Insel verbunden ist die Geschichte der größten und längsten Schatzsuche, die es jemals gegeben hat. Seit nahezu 200 Jahren versuchen Abenteurer und Wissenschaftler, Millionäre und hoffnungsvolle Idealisten, Oak Island das Geheimnis zu entreißen – bislang ohne Erfolg. Unmengen an technischem Material hat diese Suche bereits verschlungen, Millionen an US-Dollar sind investiert und verloren worden, mehrere Menschenleben sind zu beklagen gewesen. Das Rätsel Oak Island blieb bestehen.

Im Herbst 1795 entdeckt der 16jährige Holzfäller Daniel McGinnis, der mit einem kleinen Boot zu der damals völlig unbewohnten Insel vor der Mahonebucht Neuschottlands ruderte, am Ast einer Eiche einen Flaschenzug und darunter eine Vertiefung mit einem Durchmesser von etwa zwei Metern. Der Flaschenzug ist so alt, daß er bereits bei der ersten Berührung zerfällt.

Bereits am folgenden Tag kehrt McGinnis mit zwei Freunden zur Insel zurück. Sie vermuten einen vergrabenen Piratenschatz und beginnen, die gut erkennbare Vertiefung zu erweitern. Der *Money Pit*, wie der Schacht bald genannt wird, gewinnt schnell an Tiefe. Aber ebenso schnell geht das Geld der drei Freunde zu Ende, und so müssen sie ihre Suche aufgeben.

Seither haben zahlreiche, immer wieder neu gegründete Organisationen, Gesellschaften und finanzstarke Trusts versucht, den auf Oak Island vermuteten Schatz zu heben. Sie alle scheiterten. Verschiedene Gräben wurden ausgehoben, insgesamt mehr als 20 Parallelschächte in den Boden getrieben, unzählige Bohrungen durchgeführt, Dämme aufgeschüttet, geophysikalische Messungen vorgenommen, Gesteins- und Bodenproben untersucht. Einen Schatz hat man nicht gefunden. Was die Suche dennoch seit fast 200 Jahren am Leben erhält, ist die gewaltige bergtechnische Anlage, die den *Money Pit* und die gesamte Insel umspannt. Was immer hier vergraben wurde – das Versteck wurde mit einer Genialität angelegt, die auf der Welt wohl einzigartig ist.

In drei Meter Tiefe fand sich eine erste Platte aus Eichenbohlen, in sechs Meter Tiefe eine zweite und in neun Metern eine dritte. Bei 9,60 Metern stieß man auf den Grundwasserspiegel. Bei etwa elf Metern fand sich Holzkohle (möglicherweise Reste einer beim Bau in Brand geratenen Holzplatte) und bei 12 Metern erneut eine Platte aus Eichenbohlen. Zwischen 12 und 15 Metern (hier wieder eine Eichenholzplatte) entdeckte man eine kittähnliche Substanz, im Bereich zwischen 15 und 18 m Kokusnußfasern, weitere wurden in Tiefen bis zu 51 m gefunden. Bei 18 m stieß man erneut auf eine Eichenholzplatte. In einer Tiefe von 30 Meter fand man eine Sandsteinplatte mit eingeritzten Schriftzeichen und Bildsymbolen. Weiterreichende Bohrungen stießen bei 33 m erneut auf eine Platte aus Eichenbohlen und zwischen 35,4 und 37,2 m auf Eichenkisten und möglicherweise Tonnen voll losen Metalls. In einer Tiefe von 42,6 Meter wurden eine sehr starke Holzplatte lokalisiert und darunter ein Hohlraum. Möglicherweise zweigen hier mehrere Tunnels vom eigentlichen Schacht ab. Darunter stieß man auf eine mehrere Meter dicke Lehmfüllung und eine Eichenkiste in einem zementähnlichen Material. Aus der Kiste wurde ein winziger Fetzen Pergament an die Oberfläche befördert. Die tiefste Bohrung erfaßte in 57,9 m Tiefe eine Eisenbarriere, die bislang nicht durchstoßen wurde.

Die Grabungen innerhalb der letzten beiden Jahrhunderte kamen insbesondere deswegen schleppend voran, verzögerten sich oder mußten zeitweise völlig eingestellt werden, weil bei einer Tiefe von

30 m der ganze Schacht voll Wasser lief. Wie sich schnell herausstellte, handelte es sich um Salz- und nicht um Grundwasser. Erkundungen ergaben, daß ein künstlicher Flutkanal vom Meer her die weiteren Grabungen verhinderte. Die Erbauer des *Money Pit* hatten offensichtlich einen mehrere hundert Meter tiefen, unterirdisch verlaufenden Schacht gegraben, der unbefugten Eindringlingen jedes Weiterkommen unmöglich machen sollte.

Weitere Schächte, die neben dem *Money Pit* in die Tiefe getrieben wurden, offenbaren ein ganzes System solcher Kanäle. Die gesamte Insel ist von Flutkanälen durchzogen, eindringendes Meerwasser verhinderte ein ums andere Mal ein Weiterkommen. Immerhin haben Bohrlochaufnahmen in einer 70 m tief gelegenen, vermutlich natürlichen Höhle mit einer Höhe von etwa fünf Meter gezeigt, daß sich dort offensichtlich wenigstens drei große Kisten befinden. Analysen der – leider sehr undeutlichen Fotos – ergaben, daß derartige Behälter eher zum Aufbewahren großer, sperriger Güter geeignet sind und weniger zum Lagern von Münzen, Schmuck und ähnlichem.

Heute wird auf Oak Island versucht, mit modernstem Bohrgerät und schweren Bergtagebau-Maschinen dem Geheimnis näherzukommen. Zur Zeit ruhen diese Arbeiten allerdings, da sich zwei Gesellschaften um die Rechte an dem vermuteten Schatz streiten. Wann die Suche wieder aufgenommen wird, ist unklar.

Es gibt mehrere Theorien darüber, wer das Versteck auf Oak Island angelegt hat. Viele dieser Theorien sind recht abenteuerlich (z. B. die Annahme, es handle sich um verlorengegangene Schriften Shakespeares, um den Schatz eines Inka-Fürsten, um Sakralheiligtümer eines schottischen Klosters usw.). Am populärsten war und ist jedoch die »Piraten«-Hypothese, wonach der berühmte Kapitän Kidd oder ein anderer Piratenhauptmann hier seine Schätze habe vergraben lassen. Aber wie wahrscheinlich ist diese Annahme? Piraten verstecken die von ihnen geraubte Beute in der Regel an Orten, die ihnen einen schnellen Zugriff ermöglichen. Das ist auf Oak Island nicht gegeben. Es fanden sich auch sonst im gesamten in Frage kommenden Raum keinerlei Hinweise auf die Aktivität von Piraten (etwa Markierungen, Signalzeichen, zurückgelassene Gegenstände usw.).

Wer immer das Versteck auf Oak Island angelegt hat – er hat die Arbeiten sorgfältig geplant, vorbereitet und durchgeführt. Janusz Piekalkiewicz (1971) schreibt dazu, daß »... eine solche Leistung nur in mehrmonatiger ausdauernder Arbeit von einer disziplinierten Gruppe von Männern vollbracht werden [konnte], die einem hervorragenden Fachmann unterstand, der zudem mit großen Führungsqualitäten ausgestattet sein mußte. Die für eine solche Arbeit erforderlichen technischen Kenntnisse sind die vollkommene Beherrschung des Tief- und Bergbaues; Erfahrungen in dieser Richtung sind naturgemäß weniger bei Leuten zu suchen, die fast ihr ganzes Leben auf dem Wasser verbringen.«

Wer waren die Erbauer des Verstecks auf Oak Island? Vor allem aber: Was verbargen sie so sicher auf der kleinen Insel, daß eine inzwischen 200 Jahre andauernde Suchaktion zu keinem Ergebnis führte?

Die Genialität und Kenntnisse der Erbauer, die Absicherung der Anlage, die Konstruktion des Verstecks selbst lassen auf mehr schließen als einen gewöhnlichen »Schatz«, für wie wertvoll er auch gehalten wurde. Hier ging es augenscheinlich um etwas ganz anderes.

Es ist auch bemerkenswert, daß niemals irgendwelche Gerüchte, Erzählungen oder »Seemannsgarn« über einen Schatz auf einer Kanada vorgelagerten Insel in Umlauf gekommen sind. Diejenigen, die die Anlage erbauten, konnten schweigen, und ihr Schweigen war so absolut, daß – bis zur zufälligen Entdeckung durch Daniel McGinnis 1795 – kein Außenstehender etwas vom Geheimnis um Oak Island wußte. Piekalkiewicz (1971) schreibt dazu: »Es ist aber auch nicht auszuschließen, daß diese gewaltige Arbeit von einer Gruppe von Männern durchgeführt wurde, die einer disziplinierten Gemeinschaft angehörten, der die Wahrung des Geheimnisses eine Selbstverständlichkeit war.« Und an anderer Stelle: »Auf jeden Fall deutet das derart kompliziert angelegte Schatzversteck darauf hin, daß die Männer, die dort arbeiteten, ihren Schatz, wenn nicht für sich, so doch der Gemeinschaft, der sie angehörten, für die Zukunft bewahren wollten, sei es auch für eine Zeit, die erst nach Generationen kommen würde.«

Wolfgang Siebenhaar (1988) und M. I. B. Castellvillar (1988) haben in der jüngsten populärwissenschaftlichen Paläo-SETI-Literatur auf die Möglichkeit hingewiesen, auf Oak Island könne ein extraterrestrisches Artefakt bzw. die Manna-Maschine vergraben sein. Wir selber waren diesem Gedanken bereits um 1983 nachgegangen, hatten ihn dann aber doch verworfen. Durchgeführte und uns bis dahin bekannte C^{14}-Datierungen deuteten nämlich ein relativ junges Alter an (um 1700). Dies erschien uns nicht relevant, um auf von Templern durchgeführte Aktionen schließen zu können.

Durch M. I. B. Castellvillar sind uns nun aber andere Datierungen bekannt geworden, die im Grunde nur ein Charakteristikum aufweisen: ihre Verschiedenheit. Durchgeführte Analysen erbrachten Werte von jünger als 300 Jahre (D. O'Conner, 1978), 300 Jahre (V. Morell, 1983), 1100 Jahre (Unterlagen im Oak-Island Museum) und – als absolut kuriosestes Datum – 3100 Jahre *nach* Christus (D. O'Conner, 1978).

Derart voneinander abweichende und völlig »unmögliche« Daten können nur unter einer Bedingung produziert werden: dann nämlich, wenn die radioaktive C^{14}-Uhr »durcheinandergebracht«, d. h. künstlich verfälscht wird. Man denkt auf Oak Island inzwischen an eine von den Erbauern bei den Schachtarbeiten verwendete uranhaltige Pechblende, deren Strahlung die Verzerrung bewirkt. Aber man hat niemals – weder bei den Ausschachtungsarbeiten noch bei Bohrungen – eine Pechblende oder andere uranhaltige Gesteine oder Materialen gefunden.

Den gleichen Effekt könnte jedoch auch ein Neutronenbeschuß bewirken. Wie sich aus der Rekonstruktion der Manna-Maschine und den in der Bibel beschriebenen (siehe Kap. VI) Unfällen ergibt, wurde das Gerät von einem Plutonium-Reaktor betrieben, der eine sehr starke Neutronenquelle darstellt.

Für diese Annahme einer radioaktiven Quelle im unmittelbaren Bereich des *Money Pit* sprechen auch der Fund und die Datierung von Holz, das bei einer Bohrung in einigen hundert Metern vom Hauptschacht entfernt gefunden wurde. Hier stieß man auf offenbar natürliche Hohlräume im unterlagernden Kalkgestein, die aber mit einer Eichenholzverschalung abgesichert zu sein scheinen. Das C^{14}-Alter erbrachte, daß das Holz um 1200 n. Chr. gewachsen sein muß. Dies ist ein akzeptabler Wert, da man davon ausgehen kann, daß in dieser Entfernung die radioaktive Quelle im Untergrund keinen Einfluß mehr auf die »Atomuhr« des Eichenholzes hatte.

Folgende Faktoren sind demnach für die Hypothese eines Verstecks der Manna-Maschine durch die Templer auf Oak Island zu berücksichtigen:

● die ingenieurmäßig geniale Konstruktion des Verstecks (die Templer besaßen in ihren Reihen ausgezeichnete Architekten, Baumeister und Handwerker);

● die disziplinierte Arbeit, die als Voraussetzung für dieses Projekt anzunehmen ist, die Verschwiegenheit, mit der es durchgeführt wurde, und die Annahme, daß der Inhalt des Verstecks erst für spätere Generationen bestimmt zu sein scheint;

● die Tatsache, daß nur ein besonders wertvoller, einmaliger und absolut geheimzuhaltender Gegenstand ein derartiges Vorgehen rechtfertigt,

● die Ungestörtheit, in der das Unternehmen verwirklicht wurde (Arbeiten, wie sie zum Anlegen des Verstecks notwendig waren, müssen große Mengen an Material und eine Vielzahl an Menschen erforderlich gemacht haben. Trotzdem wurde nie etwas Vergleichbares beobachtet. Daraus ist der Schluß zu ziehen, daß die Arbeiten zu einer Zeit stattfanden, als das angrenzende Festland erst spärlich oder noch gar nicht von Europäern besiedelt war, d. h. entweder unmittelbar nach der Entdeckung Amerikas durch Kolumbus oder bereits davor.);

● die Position Oak Islands – die Insel liegt nahezu auf dem gleichen Breitengrad wie La Rochelle; der Kurs direkt nach Westen führt fast automatisch an den Ort des Verstecks;

● die Entdeckung einer mit Geheimzeichen bedeckten Sandsteinplatte in einer Tiefe von 30 m; bekanntermaßen verwandten Organisationen wie die Templer solche Zeichen, um spezielles Wissen gegen Außenstehende zu schützen (die Platte ist im Laufe der Jahre verlorengegangen, eine Fotografie oder Zeichnung existiert nicht);

● die sich auf von Bohrsonden in einer 70 m Tiefe befindlichen Höhle aufgenommenen Fotos, die drei identifizierbare große Kisten zeigen, die sich zum Aufbewahren großer Gegenstände eignen;

● die Datierung von um das Jahr 1200 gewachsenen Holzes aus einer Höhlenverschalung in einiger Entfernung von *Money Pit*;

● die verfälschten radioaktiven Zeitmarkierungen, die durch einen Neutronenbeschuß hervorgerufen werden können, wie er bei Plutonium-Reaktoren auftritt.

Unter Berücksichtigung der Mexiko-Hypothese kommen noch folgende Punkte hinzu:

● Vorhandensein bautechnisch genutzter Gesteine, die weder auf der Insel noch im weiteren Umkreis vorkommen (Granit, Sandstein);

● wiederholtes Auffinden von Kokosfasern zum Abdichten und Isolieren; Kokospalmen gedeihen weder in Kanada noch im Bereich der heutigen nördlichen USA – sie müssen folglich aus tropischen Gebieten (etwa Mittelamerika) herangebracht sein;

● ausdrückliche Erwähnung der als Neuschottland identifizierten Insel *Acihuatlmichintlaco* im Bericht Franciscos de San Antón über die Ankunft der »Leute vom Tempel« in Amerika.

Es ergeben sich somit – immer vorausgesetzt, unsere Hypothese entspricht in etwa den Tatsachen – zwei Möglichkeiten, den Transport nach und das Versteck der Manna-Maschine auf Oak Island zu rekonstruieren:

1. Die Maschine wurde im Jahr 1307 unmittelbar von La Rochelle nach Oak Island gebracht, das die Templer bereits als Versteck vorbereitet hatten.
2. Die Maschine wurde zunächst nach Mexiko gebracht. Aus uns unbekannten Gründen entschloß man sich jedoch später, sie nicht im Land zu belassen (vielleicht fürchtete man bereits kriegerische Auseinandersetzungen mit den Nachbarvölkern, insbesondere mit den Azteken), sondern sie auf Oak Island in einem sicheren Versteck für die Nachwelt zu bewahren.

In jedem Fall wurde das Versteck so angelegt, daß nur Eingeweihte, die den entsprechenden »Schlüssel« besaßen, Zugang zum Gerät finden konnten. Alle Fremden mußten spätestens an den Überflutungskanälen scheitern, die ein Weiterkommen unmöglich machten. Wie gut die Erbauer des Verstecks dieses Detail ihres Plans durchdacht hatten, wissen wir.

Ausgesprochen dilettantisch wirkt dagegen das Zurücklassen eines Flaschenzugs über dem *Money Pit*. Piekalkiewicz (1971) schreibt dazu: »Dies läßt vermuten, daß das Versteck selbst schon sehr lange existierte, während die Spuren an der Eiche und um sie herum möglicherweise Überbleibsel der schon erfolgten Bergung oder eines – vielleicht um 1700 unternommenen – Bergungsversuchs darstellten.«

Wäre es möglich, daß eine im geheimen weiterbestehende Templer-Nachfolgeorganisation noch im Besitz der Pläne des Verstecks war (und ist) und vor der Entdeckung durch Daniel McGinnis einen

Bergungsversuch unternehmen wollte? Wie auch immer – wenn es so war, besaßen sie offensichtlich nur noch einen Lageplan, nicht aber den eigentlichen Schlüssel zum Geheimnis. Denn das Gerät selbst fanden sie nicht.

Wir haben bislang insgesamt fünf verschiedene Orte lokalisiert und beschrieben, an denen der Gral von den Templern untergebracht worden sein könnte. Jeder dieser Orte ist mit einer Vielzahl von Fragen umgeben, jeder dieser Orte weist aber auch Faktoren auf, die eine eingehendere Untersuchung erforderlich machen würden. Der einzige Ort, an dem zur Zeit (wenn auch mit Unterbrechungen) gearbeitet wird, ist Oak Island. Der Einsatz modernster Technik läßt darauf hoffen, daß man hier am ehesten zu einem Erfolg kommt und eine Entscheidung im Sinne der Hypothese (d. h. positiv oder negativ) gefällt werden kann.

Im Grunde wäre eine multidisziplinäre Arbeitsgruppe erforderlich, die über die nötigen fachlichen, logistischen und finanziellen Möglichkeiten verfügt, das Projekt einer erneuten »Entdeckung des Grals« zu verwirklichen. Sicher ist es von Interesse und ein großes wissenschaftliches Abenteuer, wenn ein Schiff wie die *Titanic* entdeckt, mit Robotersonden untersucht, fotografiert werden kann und längst verlorengeglaubte Utensilien nach Jahrzehnten der ewigen Nacht des Meeres entrissen werden. Um wieviel größer, wissenschaftlich interessanter und für die Zukunft der ganzen Menschheit von entscheidender Bedeutung aber wäre die Entdeckung eines Gerätes wie der Manna-Maschine, eines eindeutig identifizierbaren außerirdischen Artefakts auf unserer Erde? Es gäbe kein vergleichbares Ereignis in der uns bekannten Geschichte. Denn dann hätten wir Gewißheit darüber, daß *sie* hier waren und daß wir erst am Anfang eines Abenteuers stehen, das wahrhaft kosmische Dimensionen besitzt und uns schließlich den Weg hinaus ins Universum öffnen wird ...

Schlußbemerkung

Mythos oder Realität? Auf jeden Fall ein großartiger
Mythos, der aus dem tiefsten Grunde der Zeiten
stammt und zugleich Brandung der Zukunft ist.

Louis Pauwels/Jacques Bergier
Aufbruch ins dritte Jahrtausend, 1962

Wir haben in diesem Buch versucht, die Geschichte der Manna-Maschine aufzuzeichnen, von den allerersten Anfängen bis in jene Zeit, da sich die Spuren im Dunkel der Vergangenheit wieder verlieren. Dabei sind wir bemüht gewesen, Spekulationen weitgehendst zu vermeiden und die Texte selbst sprechen zu lassen, sie zu interpretieren und Hypothesen als solche zu kennzeichnen. Großes Gewicht haben wir auch auf die Aussagen der Literaturwissenschaft zu dem gesamten Themenkomplex gelegt. Dabei erwies es sich als vorteilhaft, daß gerade die Parzivallegende jene mittelalterliche Überlieferung ist, der innerhalb der deutschen Literaturwissenschaft die größte Aufmerksamkeit zuteil wurde. Die von uns zitierten Forscher wie *Prof. G. Ash, Prof. J. Bumke, Prof. W. Foerster, Dr. S. Gelbhaus, Dr. H. Goetz, Prof. W. Golther, Prof. A. Hauck, Prof. A. Hilka, Prof. H. Kolb, Prof. K. Lachmann, Dr. E. Martin, Prof. B. Mergell, Prof. K. Sandkühler, Prof. G. Scholem, Prof. K. Simrock* oder *Dr. W. Wolf* sind oder waren anerkannte Wissenschaftler auf ihrem Gebiet. Nicht anders verhält es sich auch mit den in Kapitel IV zitierten Naturwissenschaftlern und Ingenieuren (z. B. *Prof. V. Avinsky, Ing. H. Beier, Ing. J. F. Blumrich, Dr. Mark Carlotto, Prof. L. J. Cox, Prof. J. Deardorff, Prof. F. Dyson, Dr. F. Egger, Dr. W. Feix, Dr. M. Fogg,*

Dr. R. Freitas, Prof. D. Kanjilal, Dr. T. Kuiper, Dr. M. Morris, Prof. L. Navia, Prof. W. Neuman, Prof. M. Papagiannis, Dr. V. Rubtsov, Prof. C. Sagan, Dr. D. Scharzmann, Prof. V. I. Slysh, Prof. F. Tipler, Prof. F. Valdes und *Prof. B. Zuckermann*). Ihre Arbeiten wurden von uns insbesondere deswegen zitiert, um deutlich zu machen, daß die Suche nach außerirdischer Intelligenz zu einem wissenschaftlichen Anliegen geworden ist und den Makel der Pseudo-Wissenschaftlichkeit verloren hat.

Man wird uns vielleicht vorwerfen, daß wir uns nicht auf diese Weise mit der Gralproblematik hätten auseinandersetzen dürfen, weil eine seriöse Beschäftigung einzig der Literaturwissenschaft vorbehalten bleiben müsse. Wir können jedoch in der Art und Weise, in der wir uns dem Thema genähert haben, nichts Verurteilungswürdiges sehen. Wissenschaft (und zwar sowohl die Natur- als auch die Geisteswissenschaft) lebt ja geradezu von neuen Ideen, neuen Entdeckungen, neu entdeckten Zusammenhängen. Daß dabei ältere Hypothesen, Theorien und sogar Axiome verändert, angepaßt oder ganz fallengelassen werden müssen, ist ein normaler Prozeß und wird überall dort praktiziert, wo analysiert, untersucht und geforscht wird. Nur durch diesen Mechanismus ist Fortschritt überhaupt möglich. Wer sich – aus welchen Gründen auch immer – diesem Prinzip verweigert, hat Wissenschaft im Grunde nicht verstanden.

Wir möchten auch daran erinnern, daß Troja nie entdeckt worden wäre, hätte nicht ein Mann wie Heinrich Schliemann den Mut gehabt, Homers Schriften zu folgen, um die Stadt an der angegebenen Stelle zu suchen; es ist auch fraglich, ob unsere Kenntnisse der sumerischen Keilschrift auf dem heutigen Stand wären, hätte nicht ein philologischer Laie wie Georg Friedrich Grotefend die entscheidende Idee gehabt und zu Beginn des vergangenen Jahrhunderts erstmals eine Übersetzung vorgenommen. Eine Liste derartiger Entdeckungen ließe sich beliebig erweitern. Auf unser Thema bezogen müssen wir insbesondere auf das Buch Ezechiel hinweisen. Es wäre nie deutlich geworden, um was es sich bei der »Vision« des Propheten wirklich gehandelt hat, hätten nicht ein Raketentechniker wie Josef F. Blumrich und ein Ingenieur wie Hans Herbert Beier die Bibel zur Hand genommen und – den Niederschriften Ezechiels Wort für Wort folgend – aus ihrem technologischen Verständnis heraus die Texte auf ihre ursprüngliche Bedeutung zurückgeführt. Ein Theologe, der sich nie mit

Technik, oder ein Religionsgeschichtler, der sich nie mit Raumfahrt beschäftigt hat, wäre dazu nicht in der Lage gewesen.

In gleicher Weise verhält es sich mit der Rekonstruktion der Manna-Maschine durch George Sassoon und Rodney Dale. Solange die *Kabbalah* und das *Buch Sohar* nur Mystikern und allenfalls Religionswissenschaftlern vorbehalten blieb, *konnten* aus der Beschreibung des OTHIQ IVMIN nichts anderes entnommen werden als undurchsichtige magisch-spirituelle Anschauungen und Weisungen, *mußte* »Kabbalistik« ein Tummelfeld für »Magier«, Zahlenmystiker, Sterndeuter, dubiose Geheimbünde und andere Scharlatane bleiben. Erst durch die Arbeit Sassoons und Dales, die eben *nicht* unter dem bisherigen Blickwinkel an das Thema herantraten, ist es möglich geworden, den wirklichen Sinn, die wirkliche Bedeutung des *Sohar*-Textes zu verstehen. Allerdings wird die Interpretation des Grals als Maschine für all jene letztlich enttäuschend sein, die darin nur ein esoterisches Symbol gesehen haben. Wir wissen aus vielen Vorträgen und anschließenden Diskussionen, mit welcher Vehemenz gerade sogenannte »Esoteriker« unserer Deutung des Grals begegnen. Natürlich ist es jedem unbelassen, im Gral das zu sehen, was er gern möchte, und wer darin nichts anders erkennen kann als einen metaphysischen Sakralgegenstand oder ein geistiges Ursymbol, mag an seinem Glauben festhalten. Solange wir die Identität von Gral und Manna-Maschine nur haben *wahrscheinlich machen* und nicht *beweisen* können (dazu wäre eine Entdeckung des Gerätes nötig), wollen wir niemandem einen Vorwurf machen, der sich unserer Argumentation entzieht. *Esoterik* (griechisch) bedeutet aber nichts anderes als »Geheimlehre« oder »Geheimwissenschaft«, und wir sehen es als eine unserer Aufgaben an, Lehren und Wissenschaften nicht geheim und im verborgenen zu betreiben, sondern neue Erkenntnisse, neue Einsichten, neues Wissen zu erwerben und zu verbreiten, zu veröffentlichen und darzustellen. Wer es dagegen vorzieht, im geheimen zu arbeiten und sich neuem Wissen zu verschließen, mag dies tun. Er läuft dann allerdings Gefahr, von den Entwicklungen überrollt zu werden.

Wir möchten an dieser Stelle auch ein Wort zur religiösen Gesamtproblematik sagen. Unter unseren Lesern werden etliche sein, die über die hier gegebene Interpretation des Alten Testaments und anderer religiöser Schriften zutiefst schockiert sind. Aus eigener Erfahrung wissen

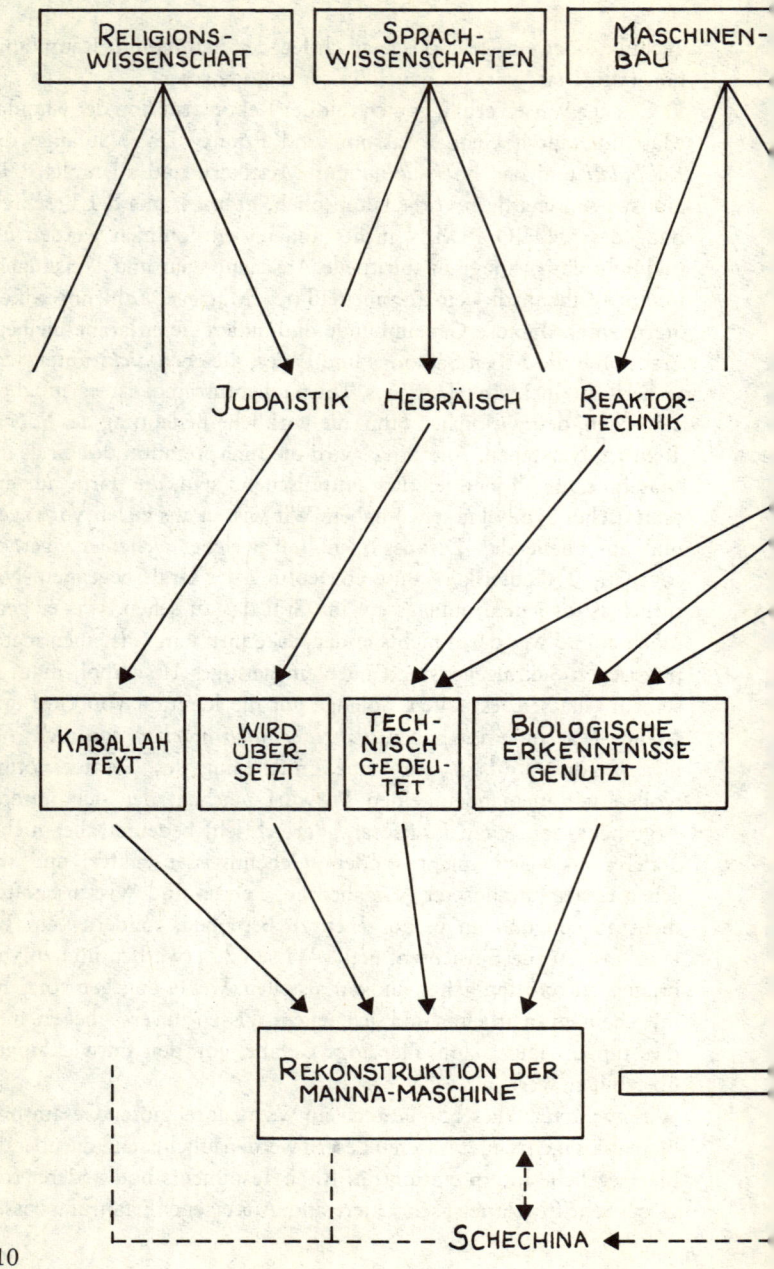

310

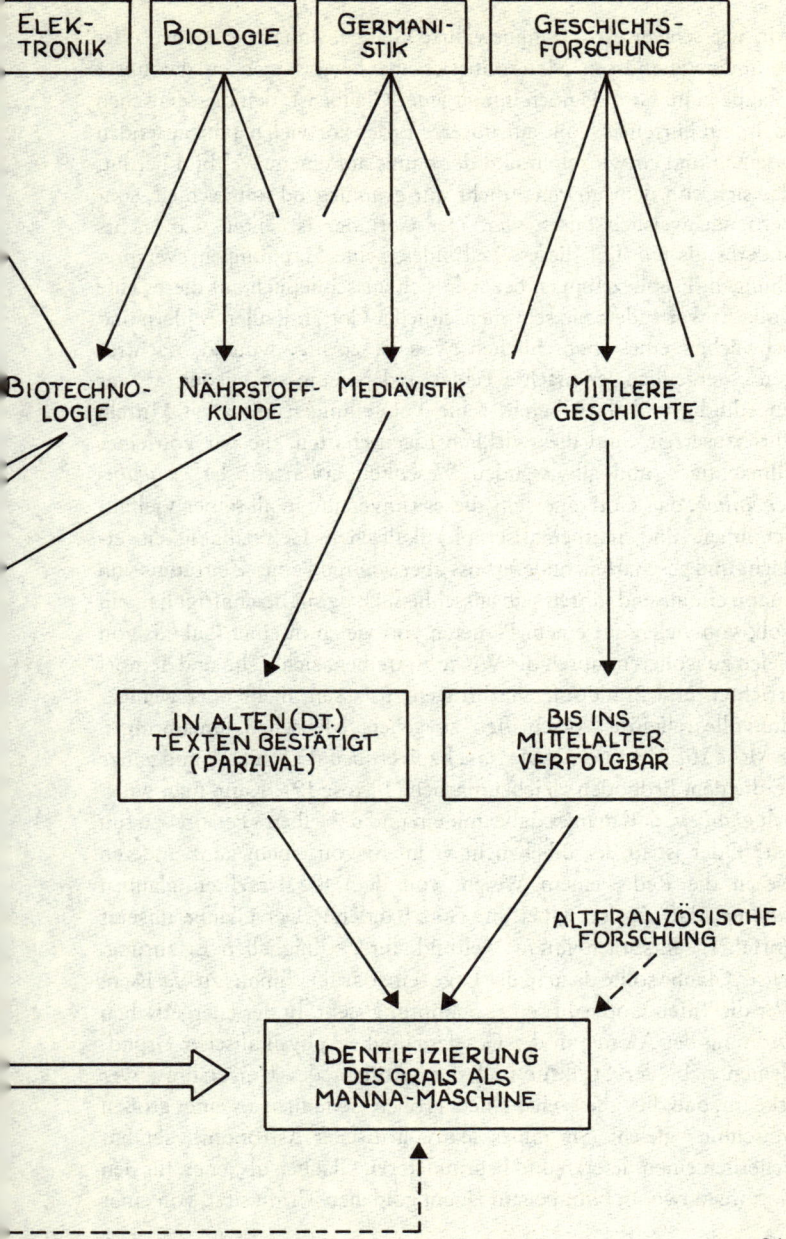

ELEK-TRONIK | BIOLOGIE | GERMANISTIK | GESCHICHTSFORSCHUNG

BIOTECHNOLOGIE | NÄHRSTOFFKUNDE | MEDIÄVISTIK | MITTLERE GESCHICHTE

IN ALTEN (DT.) TEXTEN BESTÄTIGT (PARZIVAL)

BIS INS MITTELALTER VERFOLGBAR

ALTFRANZÖSISCHE FORSCHUNG

IDENTIFIZIERUNG DES GRALS ALS MANNA-MASCHINE

wir, wie schwer es ist, langbewahrte Glaubensinhalte aufgeben oder verändern zu müssen. Man sollte sich aber bewußt machen, daß unser Glaube ja im Grunde noch immer jener Glaube ist, den die Menschen (d. h. ein einzelnes Volk auf unserer Erde) vor vielen Jahrtausenden besaßen und entwickelten und der damit auf einem Weltbild beruht, das sich von dem unsrigen nicht nur grundlegend unterschied, sondern nachweislich falsch war. Der Gott der Israeliten war nichts anderes als ein Teil dieses Weltbildes, seine Handlungen, Versprechungen, Prophezeiungen bezogen sich ausschließlich auf dieses eine Volk. Er war zudem ein sehr menschlicher Gott, mit allen Fehlern und Schwächen eines menschlichen Wesens: zornig, wütend, nachtragend, vergeßlich, er machte Fehler und bereute sie wieder, er war ungeduldig und dazu bereit, seine Vorstellungen mit allen Mitteln durchzusetzen. Sind dies wirklich Eigenschaften, die wir von einer allmächtigen und allwissenden Wesenheit erwarten? Ist es *wahrscheinlich*, daß Gott einerseits dieses Universum in all seiner Vielfalt, Schönheit und mathematisch-physikalischen Gesetzmäßigkeit erdacht und geschaffen, andererseits aber während eines Zeitraums von knapp eintausend Jahren sich ausschließlich damit beschäftigt hat, ein Volk von vielen auf einem Planeten von vielen in einer Galaxis von vielen zu isolieren, durch die Wüste zu treiben, sich Zelte und Tempel errichten und Brandopfer darbringen zu lassen, mehr oder weniger sinnvolle religiöse Vorschriften zu geben, Menschen umzubringen (3 Mose 10; 2 Samuel 6), Massaker zu verüben (Ezechiel 8) und ganze Städte dem Erdboden gleichzumachen (1 Mose 19)? Kann man wirklich *glauben*, daß man es dabei mit ein und derselben »Person« zu tun hat? Oder ist in der Bibel nicht vielmehr von einem ganz anderen Wesen die Rede, einem Wesen, von dem die Israeliten glauben *mußten*, daß es sich dabei um Gott handelte? Der Glaube unserer Vorfahren entsprach ihrem Weltbild, ihrer alltäglichen Erfahrung. *Unser* Glaube sollte dazu in der Lage sein, darüber hinaus zu wachsen. Wer die Taten Gottes in seiner Schöpfung sieht, in der energetischen Ordnung der Atome, in der Gesetzmäßigkeit physikalischer Grundelemente, in der Struktur und dem Aufbau des Universums, wer erkennt, daß dies alles »eher einem großen Gedanken als einer großen Maschine« gleicht (Sir James Jeans, britischer Astronom), der hat sicherlich einen tieferen und begründeteren Glauben als jener, für den Gott irgendwo im Himmel auf einem goldenen Thron sitzt, von einer

Engelschar umgeben, mehr oder weniger wohlwollend das Geschehen auf der Erde betrachtet und hin und wieder mit Blitz und Donner in die Geschicke der Menschen eingreift. Dies ist der Gott, der den Vorstellungen eines längst vergangenen Zeitalters entsprungen ist, in dem Kontakte mit außerirdischen Intelligenzen *Cargo*-Kulte gigantischen Ausmaßes entstehen ließen. Wäre es nicht an der Zeit, in Gott das zu sehen, was er ist: ein namenloses Wesen, in und über allem, jenseits der Gesetze von Raum und Zeit und allem Lebendigen immanenent?

Unsere Arbeit wäre ohne das Buch »Die Manna-Maschine« und den seit fast zehn Jahren bestehenden freundschaftlichen Kontakt zu George Sassoon nicht möglich gewesen. Erst *nachdem* bekannt war, daß das Manna der Israeliten nicht einfach »vom Himmel fiel« oder von Insekten ausgeschieden wurde, konnten wir darangehen, nach weiteren Spuren der Manna-Maschine außerhalb der biblischen und hebräischen Welt und ihrer Literatur zu suchen. Wir fanden sie schließlich in der Parzival-Erzählung der deutschen und französischen Dichter des Mittelalters. Die Wahrscheinlichkeit, daß diese von etwas völlig anderem als der Manna-Maschine schreiben, ist als extrem gering zu bewerten. Wie B. Laufer (1928) ausführlich dargelegt hat, ist es auch der menschlichen Phantasie nicht möglich, Dinge zu »erfinden«, die außerhalb des normalen, täglichen Erkenntnisbereichs liegen. Die Idee eines Gerätes oder eines »Dings« aber – wie Wolfram schreibt –, das dazu in der Lage war, Nahrung zu produzieren, muß für den Menschen des Mittelalters völlig und absolut jenseits dessen gelegen haben, das er imaginativ erfahren und erfassen konnte (nicht umsonst beschwört Wolfram seine Leser mehrmals, ihm zu glauben). Die Menschen des Mittelalters lebten in einer agrarisch geprägten Welt, in der Nahrungsmittel ausschließlich auf natürliche Weise erzeugt und verbreitet wurden. Selbst die Vorstellung vom *Schlaraffenland* beinhaltet ja nichts, das in irgendeiner Weise über das Vorstellungsvermögen der durch mittelalterliche Landwirtschaft geprägten Menschen hinausgeht; es projiziert lediglich die alltägliche Erfahrung ins Unermeßlich-Große. Wenn dennoch ein *Gegenstand* beschrieben wird, der allen persönlichen Erfahrungen zum Trotz dazu in der Lage sein soll, »Brot« herzustellen, müssen wir annehmen, daß dieser Gegenstand tatsächlich existiert hat. Wenn darüber hinaus Informationen aus sehr unterschiedlichen Quellen zur Verfügung stehen (Bibel, Kabbalah, Talmud, mittelalterliche Dichtung, Geschichte des Templerordens) und diese Quellen parallelisierbar sind und in einen logischen Zusammenhang gebracht werden können, darf man sich nicht länger der Erkenntnis verschließen, daß hier von ein und demselben Objekt die Rede ist, das lediglich von unterschiedlichen Autoren zu unterschiedlichen Zeiten und infolgedessen in einem unterschiedlichen Kontext beschrieben wird.

Veröffentlichungen zu unseren Entdeckungen erfolgten zunächst in Form von Vorträgen und Artikeln, 1984 wurde ein erstes Buch – gewissermaßen der Vorläufer des nun publizierten *vorläufigen* Abschlußberichts unserer Suche – veröffentlicht. Rainer Holbe gab uns in RTL und in den von ihm herausgegebenen Büchern mehrfach die Gelegenheit, unsere Hypothese einem größeren Publikum vorzustellen. Die zahlreichen Zuschriften, Anregungen und Hinweise, die wir im Laufe der vergangenen Jahre erhielten, zeugen vom großen Interesse jener, die mit unseren Gedanken konfrontiert wurden. Verschiedene Reisen auf den Spuren der Templer und der Manna-Maschine haben uns neues Material geliefert und interessante Zusammenhänge aufgezeigt.

Wir glauben, mit dem vorliegenden Buch einen nicht unwichtigen Beitrag zur Beantwortung der Frage geleistet zu haben, ob wir einst von Vertretern einer extraterrestrischen Intelligenz besucht wurden oder nicht. Uns ist es möglicherweise zum ersten Mal gelungen, die Geschichte eines von Außerirdischen zur Erde gebrachten Artefakts über einen Zeitraum von 2500 Jahren zu verfolgen – und dies ausschließlich anhand von Literatur, die das Schicksal dieses Objekts in der einen oder anderen Form widerspiegelt.

Aufgrund der hier behandelten und interpretierten Texte, Dichtungen und anderer Überlieferungen können wir also Folgendes annehmen: Die Manna-Maschine wurde den Israeliten zu Beginn ihrer Wüstenwanderung übergeben. Während dieser vierzigjährigen Odyssee (»vierzigjährig« bedeutet hier lediglich: über mehrere Jahrzehnte bzw. eine Generation hinweg) transportierte man sie in einem Schrein, den die Bibel »Bundeslade« nennt. Nach der Eroberung des Landes Kanaan spielte die Maschine etliche Jahre keine tragende Rolle mehr, bis sich König David ihrer erinnerte und sie nach Jerusalem holte. Dort befand sie sich unter seiner Herrschaft im »Heiligen Zelt« und erhielt schließlich ihren Platz im Tempel Salomons. Der

Sohn des Königs eignete sich kurz darauf die Bundeslade an und entführte sie nach Äthiopien, wo sie sich noch heute befinden dürfte. Die Manna-Maschine dagegen blieb in Jerusalem und wurde vor dem Angriff der Babylonier von Jeremias versteckt. Sie blieb in diesem Versteck oder wurde später erneut nach Jerusalem bzw. in die jüdische Festung Masada gebracht. Der jüdischen Welt blieb sie unter dem Begriff der *Schechina* in vager Erinnerung. Angeregt durch Aufzeichnungen des phönizischen Tempelarchitekten Hiram-Abi, die von Kyot in Spanien entdeckt wurden, machten sich neun Gründungsmitglieder des Templerordens auf die Suche nach dem Gerät und fanden es nach acht Jahren an einer der benannten Stellen. Sie kehrten damit nach Europa zurück und bewahrten es als »Idol« in ihrem Orden. Literarisch fand es als *Gral* (was nichts anderes als der vorderorientalische Geheimname für die *Schechina* ist) daraufhin Einzug in die populäre mittelalterliche Arthur- bzw. Parzival-Sage. Kurz vor der Zerschlagung der Templer-Gemeinschaft brachte man das Gerät in Sicherheit: irgendwo in Frankreich, im europäischen Ausland, in Mexiko oder auf Oak Island. Dann verliert sich die Spur, die Texte schweigen (oder wurden zum Schweigen gebracht), und das einzige, worauf wir hoffen können, ist ein glücklicher Zufall, durch den wir eines Tages mehr erfahren oder sogar das Gerät selbst finden werden.

So stellt sich uns die Geschichte der Manna-Maschine oder des OThIQ IVMIN oder des »Alten der Tage« oder des »Transportierbaren mit den Behältern« oder der *Schechina* oder des *Grals* oder des »Idols *Baphomet*« oder des *Huitzilopochtli* letztlich dar – eine verworrene Geschichte, die aber gerade wegen ihrer Komplexität und Problematik faszinierend ist und deren Entscheidung vielleicht dazu beitragen wird, auch weitere, hier nicht behandelte Aspekte der menschlichen Vergangenheit unter einem anderen Licht zu betrachten. Wir meinen, daß es an der Zeit ist, neue und auch notfalls unkonventionelle Wege zu gehen, selbst wenn das auf den entschiedenen Widerspruch mancher Gelehrter der einen oder anderen Fachrichtung stoßen wird. Damals, vor mehr als 2600 Jahren, sagten außerirdische Intelligenzen aus den Tiefen des Alls zum Propheten Ezechiel (12, 2):

Menschensohn, du lebst in einem widerspenstigen Geschlecht. Sie haben wohl Augen, daß sie sehen könnten, aber sie wollen nichts sehen, und Ohren, daß sie hören könnten, und hören doch nichts.

Wie lange eigentlich soll dieses Wort noch gelten . . .?

Nachwort

von George Sassoon

Zur Frage der Überdauerungsfähigkeit der Manna-Maschine und ihrer Entdeckung

Zunächst möchte ich Johannes und Peter Fiebag zu ihrem Buch gratulieren. Sie waren nicht nur in der Lage, das Material über die Manna-Maschine zu verstehen, sondern haben auch eine gut lesbare Zusammenfassung davon wiedergegeben – etwas, das mir selbst immer schwierig erschien. Ihre Schlußfolgerungen waren für mich von größtem Interesse, da sie zum überwiegenden Teil die Ergebnisse meiner eigenen Nachforschungen seit der Veröffentlichung der »Manna-Maschine« bestätigen. Das Material über die möglichen Reisen der Templer nach Mexiko und Oak Island ist außerordentlich bedeutungsvoll, und es unterstreicht den Bedarf nach weiteren Nachforschungen in dieser Richtung.

Sie haben mich gebeten, in meinem Nachwort die folgende Frage zu erörtern: Ist es denkbar, daß die Manna-Maschine derart konstruiert war, daß sie 3200 Jahre überdauert haben könnte, und wenn ja, wie und mit welchen Mitteln sollte man heute danach suchen?

Die Antwort auf den ersten Teil der Frage lautet auf jeden Fall ja. Die Manna-Maschine arbeitete vierzig Jahre lang unter widrigen Umständen und bei einem Minimum an qualifizierter Instandhaltung. Die Priester, die das Gerät bedienten, hatten im Höchstfall eine Ausbildung von einigen Wochen hinter sich und keinerlei frühere Erfahrung im Umgang mit Maschinen. Das heißt, daß die Maschine ein Produkt einer sehr ausgereiften Technologie gewesen sein muß.

Maschinen sind im allgemeinen nur während des Anfangsstadiums ihrer Entwicklung unzuverlässig. Man denke dabei nur einmal an unsere moderneren Automobile, die 10 000 km und mehr ohne Kundendienst fahren können, auf Reifen, die ihrerseits 100 000 km und mehr überdauern. Die frühesten Kraftfahrzeuge hatten alle paar Dutzend Kilometer irgendwelche Pannen, so daß wir sagen können, daß in einer hundertjährigen Weiterentwicklung eine hundertfache Verbesserung zu verzeichnen war. Um wieviel zuverlässiger wären dann aber die Autos, die nach einer tausendjährigen Entwicklung gebaut würden? Und wie sollte man die Zuverlässigkeit einer Manna-Maschine einstufen, die von einer intelligenten, sich vielleicht schon Zehntausende von Jahren im Weltraum aufhaltenden Kultur gebaut wurde? Die für die Konstruktion der Maschine verwendeten Materialien müssen extrem dauerhaft gewesen sein, was bedeutet, daß während der inzwischen vergangenen 3200 Jahre eigentlich nur die Möglichkeit einer absichtlichen Zerstörung zu berücksichtigen wäre.

Eine absichtliche Zerstörung der Maschine liegt durchaus im Bereich des Möglichen. Man muß dabei aber bedenken, daß der Umgang mit dem Gerät, selbst als es nicht mehr arbeitete, äußerst gefährlich sein könnte. Dies hätte eine natürliche Abschreckung für jeden, der eine solche Zerstörung erwogen haben sollte, dargestellt. Es fällt schwer, sich vorzustellen, wie eine solche Maschine gefahrlos zu zerstören wäre. Man könnte sie in eine tiefe Schlucht oder ein tiefes Loch stellen und aus sicherer Höhe schwere Steine herunterfallen lassen. Aber selbst dabei könnte sie noch explodieren und fürchterlichen Schaden anrichten. Die einzig sichere Art der Beseitigung wäre, sie irgendwo zu verstecken, vorzugsweise in einer Höhle, deren Eingang man zuschüttet, und alles darüber zu vergessen – so wie man es heutzutage mit Atommüll macht. Aufgrund dessen halte ich es für durchaus möglich, daß die Manna-Maschine in einem unterirdischen Versteck liegt.

Wenn wir uns nun dem zweiten Teil der Frage zuwenden, wirft das einige Probleme auf: Mit welchen Mitteln soll man heute nach den Überresten der Maschine suchen? Ein auf der Hand liegendes Hilfsmittel wäre der Geigerzähler oder andere, zur Messung radioaktiver Strahlung taugliche Meßgeräte. Allerdings ist es nicht ganz einfach, eine solche Suche genau zu planen und durchzuführen, wenn man nicht exakt weiß, wie hoch die radioaktive Strahlung der Maschine liegt und in welchem Ausmaß diese Strahlung durch die eventuell darüberliegenden Felsschichten abgemindert wird. Je schwächer die Strahlung, desto höher der Zeitaufwand pro Quadratkilometer des Suchgebietes.

Eine weitere Alternative wäre die Magnetfeldmessung unter Verwendung von Protonen-Magnetometern, die selbst geringe Abweichungen wie ein Zehnmillionstel vom natürlichen Magnetfeld der Erde registrieren können. Wir haben allerdings keine Gewähr dafür, daß in der Manna-Maschine größere Mengen von magnetischem Material verarbeitet waren. Davon abgesehen, ließe sich diese Art der Suche vielleicht in Mexiko ganz gut durchführen, würde aber in Europa oder Israel zu nicht viel mehr als einer Anhäufung alter Hufeisen und ähnlichem führen.

Bevor man aber solche Methoden überhaupt in Erwägung zieht, sollte man sich von der Existenz einer unterirdischen Höhle überzeugen; dies kann unter Verwendung von Ultraschallsonden leicht durchgeführt werden. Auf diesem Gebiet macht die Technologie ziemlich rasche Fortschritte, und es wäre möglich, Karten von Höhlensystemen und eventuell Profilzeichnungen von sich darin befindlichen Gegenständen innerhalb von wenigen Jahren anzulegen.

Eine wesentliche Voraussetzung hierfür wäre natürlich zunächst einmal, das in Frage kommende Gebiet einzuengen und abzugrenzen. Dies kann aber nur durch weitere Nachforschungen auf historischem Gebiet, wie zum Beispiel in diesem Buch, geschehen. Wir können auch darauf hoffen, daß in dem Maße, in dem die Theorie der Manna-Maschine in weiteren Kreisen bekannt wird, auch weitere Beweise für ihre Existenz ans Licht kommen, die die Aufmerksamkeit der Öffentlichkeit erregen. Wir haben festgestellt, daß Mythen und Legenden in ihrer richtigen Auslegung überraschend viel an exaktem Informationsgehalt hergeben. Vielleicht existiert noch irgendwo auf der Welt eine alte Überlieferung, die uns den Schlüssel zu diesem Geheimnis liefern wird.

(Aus dem Englischen von Willy Jaeniche)

Zeittafel

Die hier angegebenen Daten und Ereignisse erheben keinen Anspruch auf Vollständigkeit. Die Tabelle stellt einen ersten Versuch dar, die wechselvolle Geschichte der Manna-Maschine (bzw. des Grals) in den Griff zu bekommen.

Um 1250 v. Chr.:
Exodus der israelitischen Stämme aus Ägypten.
Übergabe der Manna-Maschine.
Aufbewahrung des Gerätes in der Bundeslade bzw. im Heiligen Zelt.
Nach der vierzigjährigen Wanderschaft beendet die Maschine die Produktion von Nahrung. Ohne weitere Beachtung wird sie in Silo abgestellt.

Um 1040 v. Chr.:
Regierungszeit Samuels. Kriege gegen die Philister.
Verschleppung der Lade und der Manna-Maschine ins Land der Philister. Rückkehr nach Israel nach kurzer Zeit. Erneute Unterstellung in Baala.

1000–961 v. Chr.:
Regierungszeit Davids. Beendigung der Philisterkriege.
Beginn des Tempelbaus.
Überführung von Lade und Manna-Maschine nach Jerusalem.

961–926 v. Chr.:
Regierungszeit Salomos.
Fortführung und Beendigung des Tempelbaus mit phönizischer Hilfe.
Abfassung eines Berichts von Hiram-Abi über die Manna-Maschine.
Diebstahl der Bundeslade durch Salomos Sohn Baisa-Lekhem. Verbleib der Manna-Maschine im Tempel.

926 v. Chr.:
Zerfall des Staates Israel in ein Nord- und Südreich.

597 v. Chr.:
1. Angriff der Babylonier auf Israel.

587 v. Chr.:
2. Angriff der babylonischen Heere. Der Tempel wird zerstört, die Stadt geschleift. Dem Propheten Jeremias gelingt es, die Manna-Maschine im Abaraim-Gebirge zu verstecken.

Zwischen 100 und 200 n. Chr.:
Niederlegung des Talmud. Gleichsetzung des Begriffs *Schechina* mit der Manna-Maschine.

711 n. Chr.:
Einfall der Moslems in Spanien. Cordoba und Toledo werden Zentren des Islam in Spanien.

896–901 n. Chr.:
Thabit ben Quorrah. Er faßt möglicherweise die überlieferte Grals-legende in seinem *felek thani* zusammen. Die Schrift gelangt nach Spanien.

1058 n. Chr.:
Wiedereroberung Toledos durch die christlichen Armeen im Zuge der *Reconquista*.

1080 n. Chr.:
Geburt Hugo de Payens.

1099 n. Chr.:
Einnahme Jerusalems durch Gottfried de Bouillon. Hugo de Payens nimmt als 19jähriger an der Eroberung teil. Im gleichen Jahr kehrt er nach Frankreich zurück und begibt sich in die Dienste des Grafen Hugo de Champagne.

Vermutlich zwischen 1099 und 1104 n. Chr.:

»Kyot« (Hugo de Payens? Hugo de Champagne?) entdeckt in Toledo das *felek-thani*-Buch und damit die eigentliche Gralsüberlieferung von Hiram-Abi.

1104 n. Chr.:

Hugo de Payens und Hugo de Champagne reisen gemeinsam nach Palästina, bleiben jedoch nur für kurze Zeit.

1105 n. Chr.:

Auf Anregung von Hugo de Champagne beginnen Mönche des Zisterzienserordens mit einem genauen Textstudium alter hebräischer Schriften. Jüdische Gelehrte der berühmten Kabbalah-Schule des Rabbi Rashi von Troyes werden hinzugezogen.

1114 n. Chr.:

Hugo de Champagne reist zum zweiten Mal ins Heilige Land. Nach seiner Rückkehr erneute Verbindungsaufnahme mit den Zisterziensern. Gründung der Abtei von Clairvaux unter Bernhard de Fontaine (dem Hl. Bernhard). Fortsetzung der Studien unter den Benediktinern.

1119 n. Chr.:

Hugo de Payens zieht zusammen mit sieben Freunden, darunter dem Onkel Bernhards und zwei Zisterziensern, nach Jerusalem. Sie schließen sich dort zur »Armen Ritterschaft vom Salomonischen Tempel« zusammen, beziehen Quartier über den Tempelruinen, nehmen Ausgrabungen vor.

1125 n. Chr.:

Hugo de Champagne stößt zur Gruppe der ersten Templer in Jerusalem.

1127 n. Chr.:

Die Manna-Maschine bzw. der Gral ist gefunden. Auf Anordnung Bernhards hin wird das Gerät von den Templern nach Frankreich gebracht.

1128 n. Chr.:
Offizielle Gründung des Templerordens. Die Manna-Maschine geht in den Besitz der Bruderschaft über. Später wird sie dort als *Baphomet* verehrt.

Zwischen 1174 und 1190 n. Chr.:
Chrestian schreibt den »Conte del Graal«.

Etwa um die gleiche Zeit:
Robert de Boron verfaßt sein Gralsepos.

Zwischen 1200 und 1210 n. Chr.:
Wolfram von Eschenbach legt den »Parzival« nieder.

Um 1290 n. Chr.:
Rabbi Moses de Leon faßt die bis dahin nur mündlich weitergegebenen Kabbalah-Texte zusammen. In ihnen (im Buch *Sohar*) findet sich auch die detaillierte Beschreibung der Manna-Maschine.

12.–13. Oktober 1307:
Verhaftung aller Templer in Frankreich. Vom Tempel in Paris aus setzt sich kurz zuvor ein Wagenkonvoi in Bewegung. Die Manna-Maschine wird in Sicherheit gebracht.

11. März 1314:
Tod des letzten Großmeisters der Templer durch Verbrennen auf dem Scheiterhaufen. Endgültige Auflösung des Ordens der »Gralshüter«.

1978/1979:
George Sassoon und Rodney Dale legen in ihrem Buch die technische Rekonstruktion der Manna-Maschine vor und bilden damit die Basis für weitere Studien in dieser Richtung.

Danksagung

Wie jedes andere Buch wäre auch dieses ohne die Mitwirkung und Hilfe vieler nicht möglich gewesen. An erster Stelle sei hier meine (J. F.) Frau Gertrud genannt, die das gesamte Manuskript abtippte und durch konstruktive Kritik immer wieder auf Verbesserungsmöglichkeiten hinwies. Dank gilt auch unserem Bruder Matthias und unseren Reisebegleitern und freunden Armin Schrick, Reinhard Habeck, Karl Grün, Wolfgang Siebenhaar, Walter Förster, Peter Krassa, Erich von Däniken, Heinrich und Annette Willecke, Michael Heinze, Gerhard und Marlene Oberschmidt, Dr. Martina Steinhardt, Marie-Dominique Villar, Christoph Opfermann, Ulrike Mechler-Schedel, Hans Neumann, Henning Schmiedl, Robert Krause, M. I. B. Castellvillar, Harald Haack, Rudi Kutzer, Eckbert Sp. Guida, Alexander und Harry Schmieg, Jörg Dendl sowie Prof. Hermann Bauch und seiner Frau und Dr. Schramm. John Fisch (†) gab uns vor einigen Jahren erstmals die Möglichkeit, das Thema bekanntzumachen, Rainer Holbe die Gelegenheit, in den »Unglaublichen Geschichten« von Radio Luxemburg wiederholt darauf hinzuweisen. Für anregende Diskussionen danken wir Ing. Hans Herbert Beier, Ing. Josef Blumrich, Dr. Mark Carlotto, Prof. James Deardorff und Dr. Wolfgang Feix. Ganz besonders herzlich sei auch unserem Freund George Sassoon gedankt, der uns im Laufe der vergangenen Jahre bei unserer Arbeit unterstützt, uns zahlreiche Literatur- und andere Hinweise geliefert und auch das Nachwort für dieses Buch geschrieben hat.
Dank gebührt schließlich all jenen, die über die Jahrtausende hinweg das Wissen um den Heiligen Gral aufrechterhalten haben und ohne deren Niederschriften dieses Buch nicht möglich gewesen wäre.

Anhang

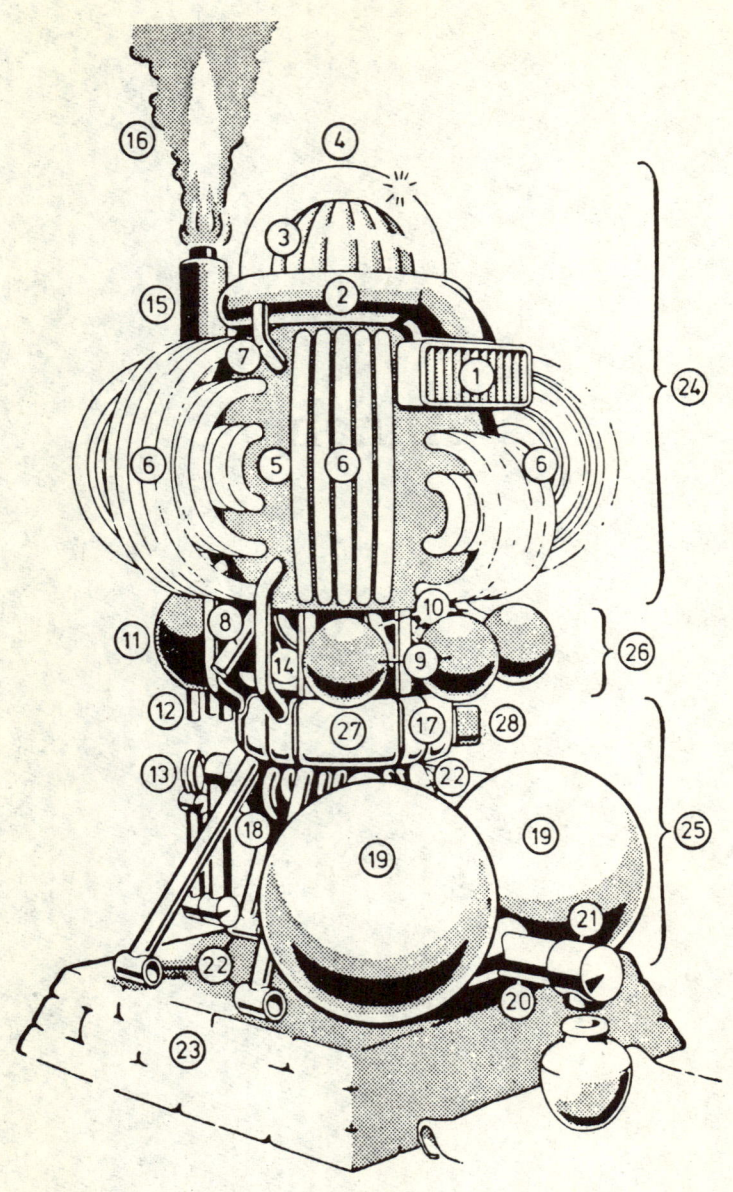

328

Anhang 1:

Erläuterungen zur Manna-Maschine

mit freundlicher Genehmigung des Moewig-Verlages:

1. *Mund* (Luftzufuhr) transportiert den *Lebensatem* (Luft) durch...
2. ein ringförmiges Rohr in...
3. das *Hirn des Hochbetagten* (Taukondensator). Der Taukondensator ist abgedeckt mit dem...
4. *Äther* beziehungsweise dem durchsichtigen *äußeren Hirn des Hochbetagten*.
   Das Wasser aus dem Kondensator läuft in...
5. das *Große Meer* (Tank mit Chlorella-Kultur), wo die Manna-Produktion beginnt. Die Kultur-Lösung zirkuliert durch...
6. die *Haare des Hochbetagten* (Gasaustauschröhren) und wird vom *oberen Auge* (der – nicht sichtbaren – Lichtquelle im Kultur-Tank) bestrahlt.
   Der Kultur-Tank ist versehen mit dem...
7. *Rest* (Sicherheitsventil) und den...
8. *Abflüssen des Gehirns* (Abflußstutzen).
   Mit dem Kultur-Tank verbunden sind...
9. *die drei unteren Augen* (Tanks gefüllt mit Nährsalzen) durch...
10. *die Kanäle der unteren Augen* (Verbindungsrohre).
    Licht und Energie für die Maschine stammen vom...
11. *Gefäß, das Feuer enthält* (Kernreaktor), mit seinen...
12. *Schlüsseln* (Dämpfungsstabschiebern).
    Fernbedienung erfolgt mit dem
13. *Arm des Kleinen Gesichts* (mechanischer Arm und mechanische Hand).
    Die durch den Kondensator zugeführte Luft strömt durch...

14. *die lange Nase* (Ventilationsrohr), wird am Reaktor (11) vorbei-
    geführt, um ihn zu kühlen, und steigt dann, erwärmt, auf
    durch...
15. *die Nase des Kleinen Gesichts* (Auspuff), wobei...
16. *die Rauchsäule bei Tag und die Feuersäule bei Nacht* erzeugt
    werden. Eine (nicht sichtbare) Buchnerpumpe im Auspuff er-
    zeugt den Unterdruck, der benötigt wird, um die Chlorella in
    den...
17. *Aushöhlungen des Hirns des Kleinen Gesichts* (Manna-Verarbei-
    tungsapparatur) zu verarbeiten.
    Die Buchnerpumpe ist an die *Aushöhlungen des Hirns* ange-
    schlossen durch den...
18. *Bart des Kleinen Gesichts* (Mehrzweckunterdruckrohre).
    Das verarbeitete Manna kommt zur Speicherung in...
19. *die Heere* (Manna-Speichergefäße) und wird abgezapft durch
    den...
20. *Penis* (Manna-Abfüllrohr) und
21. *die Penis-Abdeckung* (Vakuumschleuse).
    Die Maschine steht auf...
22. *Beinen wie sechs Säulen* (sechs Beine mit Ringen für Tragstangen.
    Diese ruhen auf dem...
23. *Thron* (Plattform aus Material der Umgebung), der abgerissen
    wird, wenn die Maschine transportiert wird.
    Die ganze, *der Hochbetagte* genannte Maschine läßt sich in...
24. *den Alten* (Oberteil) und
25. *das Kleine Gesicht* (Unterteil) zerlegen.
    Zwischen diesen Teilen ist...
26. *die Nacktheit* (Grenzflächenteil). Darunter befinden sich...
27. *die Kronen des Kleinen Gesichts* (Inspektionsabdeckplatten) und
28. *das Ohr des Kleinen Gesichts* (Kommunikationseinheit).

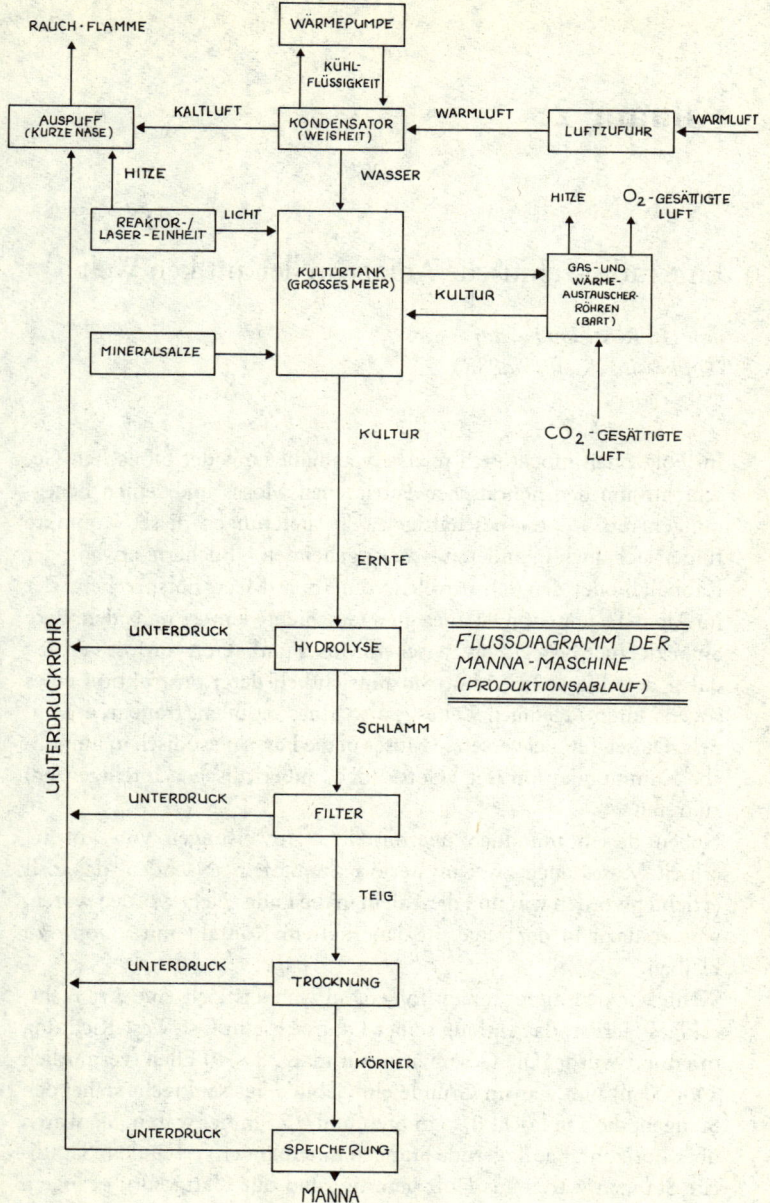

FLUSSDIAGRAMM DER
MANNA-MASCHINE
(PRODUKTIONSABLAUF)

331

Anhang 2:

Eine radiotechnische Anlage in der antiken Welt

von Dr. Rostislav Furduj
(Universität Kiew, UdSSR)

Im Folgenden möchte ich mich etwas näher mit der biblischen Geschichte um den hebräischen Patriarchen Moses und seinen Begegnungen mit »Gott« beschäftigen. Überlieferungen dieser Kontakte finden sich auch in anderen – meist geheimen – Büchern, etwa in der Kabbalah oder den Schriftrollen vom Toten Meer. Entsprechend der im Alten Testament niedergelegten Geschichte kam es nahe dem Berg Sinai zu einer Begegnung zwischen Moses und »Gott«. Moses erhielt dabei detaillierte Instruktionen hinsichtlich der Konstruktion eines sogenannten »Heiligen Zeltes«, also eines mobilen, tragbaren Tempels. Dieser Tempel versetzte Moses in die Lage, periodisch in mündliche Kommunikation mit »Gott« (d. h. außerirdischen Intelligenzen) zu treten.

Neben diesen mündlich übermittelten Anweisungen von »oben« erhielt Moses auch zwei mysteriöse Steintafeln. Nachdem das Zelt errichtet worden war und die Tafeln in die Lade gelegt worden waren, war er dazu in der Lage, in dauerhaftem Kontakt mit »Gott« zu bleiben.

Wenn wir den alten Texten folgen, so war das Zelt eine Art rechteckiges Gerüst, das entlang seiner Längsachse in Ost-West-Richtung orientiert wurde. Die Gesamtstruktur maß 28 × 40 Ellen (vermutlich 14 × 20 m) und war im Grunde ein Gebilde aus senkrecht stehenden Stangen, die 5 m hoch, 0,75 m breit und 0,25 m tief waren. Sie waren über horizontal auflagernde Stangen miteinander verbunden. Sämtliche Stangen waren aus Holz gefertigt und mit Blattgold überzogen.

Gewebte Tücher hingen zwischen ihnen, und ein weiteres Tuch bedeckte die ganze Struktur von oben, was im Inneren zu einem Zwielicht führte. Um dieses Zelt befand sich ein rechteckiger Zaun, der sogenannte »Vorhof« mit den Maßen von 25 × 50 m, mit 2,5 m hohen Stangen und ebenfalls aus Leinwand gewebten Vorhängen dazwischen. Im Inneren war das Zelt durch einen zwischen goldüberzogenen Pfählen hängenen Vorhang in zwei Räume unterteilt.

Im vorderen dieser Räume standen drei Gegenstände: ein Tisch, ein Leuchter und ein Opferaltar. Der bedeutendste Gegenstand hingegen, die »Lade des Gesetzes«, war im zweiten, abgedunkelten Raum des Zeltes (im sogenannten »Allerheiligsten«) untergebracht. Nach den alten Texten zu urteilen, fanden hier die »Begegnung« zwischen Moses und Gott statt.

Diese ganze Geschichte ist äußerst seltsam: Moses war beauftragt worden, ein riesiges Zelt, ein seltsames Gerüst mit großen Stangen, zu errichten. Das Zelt selbst erforderte 53 Stangen und der Zaun nochmals 60. Unter Berücksichtigung ihrer Größe und der goldenen Platten mußten diese Stangen schwer gewesen sein. Für einen nomadisch lebenden Wüstenmann handelt es sich fraglos um eine sehr fremdartige, gigantische Struktur. Es ist bekannt, daß die Israeliten etwa vierzig Jahre durch die Wüste wanderten und man dafür normalerweise jedes Pfund der zu transportierenden Last auf seine Notwendigkeit hin abschätzen würde. Das Gerüst des tragbaren Tempels hätte folglich aus dünneren und leichteren, kleineren und insbesondere weniger Stangen bestehen sollen. Dieses Paradoxon kann nur durch die Tatsache erklärt werden, daß die Dimensionen der Stangen von der technischen Funktion bestimmt wurden, die sie zu übernehmen hatten. Um es konkret zu sagen: Jene Wesen, die Moses mit dem Bau der Struktur beauftragten, hatten zuvor Parameter und exakte Position der Stangen so bestimmt, daß sie für ihre Aufgabe optimaler eingesetzt werden konnten.

Die »Bundeslade« war der wichtigste Teil des Zeltes, gewissermaßen sein »Herzstück«. Entsprechend den Texten war es ein innen und außen mit Blattgold überzogener goldener Kasten mit einem speziellen Aufsatz und den Maßen 1,25 × × 0,75 × 0,75 m. Oben war die Lade mit zwei Skulpturen goldener Cherubinen bedeckt. Es waren diese beiden Figuren, zwischen denen periodisch das Bild »Gottes« erschien und seine Stimme gehört werden konnte.

Wir wollen diese Beschreibung nun mit den Augen des modernen Ingenieurs untersuchen. Bei den Vorbereitungen zu meiner Arbeit konsultierte ich Ingenieure und Radiomechaniker, und wir kamen zu dem Schluß, diese antiken Texte seien von erheblichem Interesse für moderne Spezialisten. Von dem biblischen Text kann man annehmen, daß er reale geschichtliche Ereignisse reflektiert, insbesondere den einstigen Kontakt zwischen einem primitiven, nomadisch lebenden Stamm und den Repräsentanten einer höherentwickelten technologischen extraterrestrischen Zivilisation. Moses und seine Stammesangehörigen konnten in diesen menschenähnlichen Wesen nichts anderes als machtvolle »Götter« sehen.

Wir wollen weiter annehmen, daß diese »Götter« offensichtlich eine ziemlich umfangreiche technische Apparatur auf der Erdoberfläche benötigten, mit deren Hilfe sie u. a. eine Kommunikation mit dem kooperierenden Stamm betrieben. Könnte das Heilige Zelt ein Empfänger-Sender-Komplex gewesen sein? Theoretisch konnte es das, aber leider wissen wir nicht viel über seine wichtigen Details und vermögen unser Urteil nur anhand eines im Grunde recht mageren Textes zu fällen.

Wir können aber festhalten, daß im Prinzip jedes metallene und gut geerdete Objekt als Apparatur zum Empfang von Radiowellen dienen kann. In unserem Fall haben wir jedoch nicht eine »zufällige« Apparatur, sondern ein reguliertes System metallener Stangen, die einen maximalen operativen Effekt gewährleisten. Folgende typische Einzelheiten fallen auf:

1. Alle Dimensionen dieser Struktur (die Längsseiten des Zeltes und des Zaunes, die Entfernung zwischen dem Zelt und dem Zaun, die Höhe der Stangen etc.) scheinen ein Vielfaches von 10 Ellen (5 m) zu sein. Das bedeutet, daß das ganze System als ein effektiver Radioempfänger für Wellenlängen von 10 m arbeitete bzw. – wenn wir andere Werte für die Elle annehmen (insbesondere zwischen 40 und 64 Zentimetern, wie es im Nahen Osten in der Antike der Fall war) – für Wellenlängen zwischen 8 und 12 m.

2. Die fünf Meter hohen Pfähle des Zeltes, die an der Spitze in leitende Querstangen mündeten, konnten als Halbwellen-Vibratoren arbeiten. Jeder dieser Pfähle wirkte als ein besonderer metallischer Resonator. Sein mit Nägeln versehener silberner Fuß mag für einen besseren Kontakt mit dem Boden gesorgt haben.

3. Die 2,5 m hohen, an der Spitze geteilten Pfähle des Zaunes könnten als Viertelwellen-Vibrator fungieren. Beide Stangengruppen haben mit 10 m langen Radiowellen die effektivste Wechselwirkung. In der Regel arbeiten moderne Fernempfänger im Meter-Bereich, weil er von störenden atmosphärischen Einflüssen wie Gewitter, Regen und Schnee weniger abhängig ist als der Dezimeter- und Zentimeter-Bereich. Der Meter-Bereich wird auch beim Kontakt mit Objekten im All genutzt, etwa beim Funkkontakt mit Satelliten. Hinzu kommt, daß bei den fraglichen Parametern der Fehler beim Ausrichten der Stangen in den Grenzen von 0,25 m liegt. Bei Bereichen kürzerer Wellenlänge müßten die einzelnen Elemente der Struktur so präzise justiert werden, daß dies für primitive Nomaden ohne spezielle Instrumente und Wissen praktisch unmöglich gewesen wäre.

Die Gegenstände innerhalb des Zeltes (metallischer »Tisch«, »Leuchter« und Lade) spielten eine definierte Rolle in der angenommenen radiotechnischen Apparatur. Berechnungen zeigen, daß bei einer Frequenz von der Hälfte der des Reflektors (d. h. 5 m) das Zelt als ein gerichtetes Gitter für den Sender fungierte, der sich in der Lade befand. Wenn dem so war, kompensierte sich der Einfluß der seitlichen Wände des Zeltes gegenseitig, und die anderen Wände spielten die Rolle von zwei Direktoren und einem Reflektor.

Entsprechend unserer Hypothese könnte das Heiligtum des Mose also eine multifunktionsfähige radiotechnische Anlage gewesen sein. Auf der einen Seite vermochte sie als passiver Reflektor von Radiowellen im Meter-Bereich zu arbeiten, auf der anderen periodisch als Empfänger-Sender-Einheit. Um aber eine solche Einheit zu betreiben, bedarf es eines Generator und einer Eingabe-Quelle außerhalb des Gerüstes. Und damit wird unsere Aufmerksamkeit erneut auf das erstaunlichste Objekt des Zeltes – die »Lade des Gesetzes« mit ihren mysteriösen Steintafeln – gelenkt.

Zweifellos waren die Moses von »Gott« übergebenen Tafeln die wichtigsten Details des Schreins. Mose konnte sie nicht selbst herstellen und erhielt sie betriebsfertig geliefert. Offensichtlich bestanden die Tafeln aus einem Material, das den nomadischen Viehzüchtern Stein zu sein schien, da sie keine anderen Vergleiche hatten. Man kann vermuten, daß Moses zwei Blöcke einer komplizierten elektronischen Apparatur von den Außerirdischen erhielt – d. h. das Betriebsmodul aus kristallinen Elementeinheiten und einer nuklearen Energiequelle.

Wahrscheinlich begannen die Blöcke zu arbeiten, sobald sie zusammengefügt und fest mit der Lade verbunden waren. Es ist gut möglich, daß das Gerät über eine Fernkontrolle in Betrieb gesetzt wurde. Die Anweisungen, wie die Blöcke in die Lade einzubauen waren, wurden ursprünglich durch einen Text (»Die Zehn Gebote«) festgelegt. Man muß sich auch in Erinnerung rufen, daß die Tafeln »auf jeder Seite von der Hand Gottes« beschriftet waren. Diese Buchstaben, die Intervalle zwischen ihnen oder eine bestimmte Ornamentik dienten als Kontakte zwischen den beiden Tafeln und zwischen den Tafeln und dem Boden der Lade. Es ist anzunehmen, daß sich innerhalb der Tafeln eine nukleare Energiequelle befand, um den gesamten Komplex über eine längere Zeit versorgen zu können.

Jene, die Moses anwiesen, das Heiligtum zu erbauen, wußten um die Gefährlichkeit des Umgangs mit der Lade. Nur einigen wenigen Männern wurde erlaubt, damit zu arbeiten, jenen nämlich, die Instruktionen über die Sicherheitsvorschriften erhalten hatten. Ihnen wurde auch befohlen, innerhalb des Tempels eine spezielle Kleidung zu tragen; eine Unterwäsche aus isolierendem Material und darüber Gewänder mit eingewirkten Metallfäden. So, wie diese Kleidung beschrieben wird, entsprach sie einem »Faradayschen Käfig«. Es ist bekannt, daß sich eine Person durchaus in einem sogar sehr hohen Spannungsfeld aufhalten kann, wenn sie sich innerhalb eines geerdeten Käfigs befindet. Dennoch war der Zutritt ins »Allerheiligste« nicht jederzeit erlaubt, nicht einmal in dieser schützenden Kleidung. Moses wurde mehrfach davor gewarnt. Der Schrein war insbesondere dann gefährlich, wenn das Heiligtum »von Licht beschienen« oder »von einer Wolke überschattet« war. Die Texte beschreiben den Tod der Menschen, die diese Warnungen ignorierten. Auch jene Philister, die die Lade später gestohlen hatten, kamen um. Ein Mann namens Usa starb, als er sorglos die Lade mit der Hand berührte. Sein Tod mag durch elektromagnetische Aufladung hervorgerufen worden sein. Moses und sein Bruder Aaron wurden nach derartigen Vorfällen wiederholt gewarnt.

Wie wir den Texten entnehmen können, versetzte das Heiligtum also Menschen in die Lage, mit Wesen aus dem Kosmos in Kontakt zu treten. Natürlich kann man sich fragen, ob es nicht einfacher gewesen wäre, Moses ein tragbares Funkgerät zu geben, statt ihn ein so sperriges und unhandliches Gerüst bauen und transportieren zu lassen. Wir müssen aber daran denken, daß Moses und sein Stamm vierzig Jahre durch die Wüste wandern mußten und dabei einer verschlungenen und komplizierten Route folgten. Die Entfernung zwischen dem Niltal und dem Jordan beträgt nur etwa 1000 km. Selbst mit einer sich langsam vorwärtsbewegenden Karawane wäre es möglich gewesen, diese Distanz in etwa einem halben Jahr zu bewältigen. Folglich müssen die Wanderung von Lagerplatz zu Lagerplatz und die Dauer der Ruhepausen dazwischen durch jene »Befehle von oben« diktiert worden sein, die Moses erhielt.

Fremde aus dem All hätten mit Hilfe des Zeltes z. B. ein wissenschaftliches Forschungsprojekt durchführen können, etwa geophysikalische Untersuchungen unter Einsatz elektromagnetischer Wellen. In diesem Falle hätte das Zelt als ein besonderes geophysikalisches Gerät oder als Dipol fungieren können. Diese Frage muß von Spezialisten allerdings noch gründlich untersucht werden. Eines aber ist sicher: Das Zelt war eine irgendwie geartete technische Apparatur, die auf der Oberfläche der Erde entlangbewegt werden mußte, und Wesen aus dem Kosmos benutzten Moses und sein Volk dazu, um mit ihrer Hilfe die eigenen Ziele zu verwirklichen.

Aus dem Englischen von J. Fiebag.

Anhang 3:

(Zwei Artikel, die technische Anlagen beschreiben, die im Grunde nichts anderes als Vorstufen der Manna-Maschine darstellen, seien im folgenden wiedergegeben. Der erste erschien im Magazin *Luft- und Raumfahrt* 1/1983 der Deutschen Gesellschaft für Luft- und Raumfahrt e. V., Bonn; der zweite in der *Frankfurter Allgemeinen Zeitung* vom 21. 11. 1985.)

Geschlossenes ökologisches Lebenssystem entwickelt

Zwei Wissenschaftler der Universität von New Hampshire, Steven H. Schwartzkopf u. P. E. Stefan, haben ein geschlossenes ökologisches Lebenserhaltungssystem entwickelt, das sieben Parameter sicherstellt und überwacht, die lebensentscheidend für pflanzliches Leben sind: Temperatur, Befeuchtung, Feuchtigkeit, Luftdruck, Luftbewegung, Luftzusammensetzung und Nährstoffe. Die experimentelle Vorrichtung besteht aus einem doppelwandigen Kunststoffzylinder, der Sensoren enthält, die von einem Computer kontrolliert werden, sowie Zufuhr- und Abfuhrleitungen, welche die 1,5 m lange Kammer von 45 cm Durchmesser in einen kleinen botanischen Garten verwandeln. Die beiden Wissenschaftler sagen voraus, daß es eines Tages ganze Raumfahrzeuge mit getreideproduzierenden Sektoren einer Raumstation nach dem Prinzip ihrer Kammer geben wird. Eine solche Kammer könnte in naher Zukunft auch einmal an Bord des Raumtransporters fliegen. Das Prinzip der Kammer könnte auch Anwendung finden bei dem Versuch, Wüsten in pflanzenproduzierende Gebiete zu verwandeln.

Eiweiß aus Algen für die Ägypter

Zucht in der Wüste/Zusatz zu Nudeln oder Brot/Tiernahrung

Kairo, 20. November (dpa). Soweit das Auge reicht, reihen sich unter der gleißenden Sonne der westlichen Wüste Ägyptens Betonbecken aneinander, die mit einer schleimigen grünen Flüssigkeit gefüllt sind: Algen der Spezies Coelastrum und Scenedesmus. Die eiweißreichen Einzeller sollen eine Antwort sein auf die immer dringender werdenden Ernährungsprobleme Ägyptens. So jedenfalls sieht Mohammed El-Fuli vom nationalen Forschungszentrum in Kairo die Zukunft. El-Fuli hat soeben mit Hilfe des Instituts für Biotechnologie in Jülich ein Pilotprojekt über die Möglichkeit der Algenzucht in ägyptischem Klima abgeschlossen und steht nun vor dem Beginn der Großproduktion, um die Wirtschaftlichkeit nachzuweisen.

»Wir können das Ernährungsproblem nicht schlagartig lösen, und die Algen werden herkömmliche Nahrungsmittel auch nicht ersetzen können«, schränkt El-Fuli ein. Dennoch sieht er in der Algenproduktion die einzige Möglichkeit, langfristig den Proteinbedarf der 49 Millionen Ägypter zu decken, die sich alle neun Monate um eine Million vermehren. Denn die unscheinbaren Einzeller, die alle fünf bis sechs Tage geerntet werden können, enthalten bis zu 70 Prozent Eiweiß, dazu Fettsäuren, Kohlehydrate, Mineralien und Vitamine.

»Wir sprechen von Algenzusätzen etwa zu Makkaroni oder Brot«, erläutert der Wissenschaftler. »Die Japaner, die Algen sehr teuer produzieren, haben bereits 50 Algenprodukte für den menschlichen Konsum auf den Markt gebracht, unter anderem sogar Eiscreme.« El-Fuli ist überzeugt davon, daß eine Großproduktion von Coelastrum-Algen die teuren Mehl- und Weizen-Importe reduzieren wird. »Für Fischfarmen oder als Hühnerfutter eignen sich die Algen hervorragend«, sagt El-Fuli.

Die Anbaumöglichkeiten für Algenkulturen sind nach den Worten des Wissenschaftlers in Ägypten ideal: »Algen brauchen viel, viel Sonne und weite Flächen; von beidem haben wir hier mehr als genug.« Tatsächlich lassen sich Algen in dem sonnenreichen Land an

300 Tagen im Jahr züchten, bei einem geschätzten Ertrag von 50 bis 60 Tonnen pro Hektar und Jahr. Kohlendioxyd und eine Düngermischung aus Kalium, Stickstoff und Phosphor für die Algenzucht lassen sich billig im Land herstellen. Problematisch könnte lediglich der intensive Wasserverbrauch sein. Allerdings läßt sich nach den Erkenntnissen des Kairoer Forschungszentrums jegliches Wasser verwenden, sofern es keine Giftstoffe enthält.

Anhang 4:

Informationen zu Briefen des Französischen Kulturministeriums und der Römischen Kongregation für Glaubensfragen

Mit Schreiben vom 4. Januar 1982 erbaten die Autoren dieses Buches vom Ministerium für Kultur, Frankreich, Auskunft über die in den Jahren 1961 bis 1964 vorgenommenen archäologischen Grabungen in der alten Templerburg von Gisor. In seiner Antwort vom 9. Februar 1982 bestätigte der französische Minister für Kultur *(Ministère de la Culture et de la Communication)*, daß in der fraglichen Zeit von Prof. Michel de Bouard in Zusammenarbeit mit dem französischen Militär Ausgrabungen in der Burg von Gisor vorgenommen wurden. Hierbei seien jedoch die von Lhomoy beschriebenen Gegenstände nicht gefunden worden.

Fernerhin baten die Autoren um eine Stellungnahme zu den Templer-Prozessen durch die »Römische Kongregation für Glaubenslehre« *(Sacra Congregation Pro Doctrina Fidei*, Kardinal Ratzinger). In einem Antwortschreiben vom 19. Januar 1983 teilte der Vatikan mit, daß die Prozesse um die Ordensangehörigen des Tempelherrenordens vor der Gründung der Kongregation stattfanden und somit nicht im Zuständigkeitsbereich dieses Kirchenorgans lägen. Eine Bewertung der damaligen Vorgänge sei Sache der Historiker.

Anhang 5:

Antike Darstellungen der Manna-Maschine?

Auf dem One-day-meeting der *Ancient Astronaut Society* am 10. September 1988 in Wiesbaden wies der Berliner Geschichts- und Germanistik-Student Jörg Dendl in einem Referat auf die möglicherweise erste bildhafte Darstellung der Manna-Maschine in der Antike hin.

Darstellung der Schlacht gegen die Philister bei Eben-Ezer. Abgebildet ist nach theologischer Auffassung der Raub der Bundeslade. Die Art der Abbildung (zylinderförmiger, mit einer Kuppel versehener Gegenstand) läßt aber eher an die von Tüchern verhängte Manna-Maschine denken.

*Nach der unheilvollen Wirkung, die die Lade Gottes im Lande der Philister
angerichtet hat, wird das Gerät auf einem Ochsenwagen über die Grenze
nach Israel geschickt. Erneut ist die Lade nicht als rechteckiger Kasten,
sondern als kuppelförmiges, zylindrisches und mit Tüchern behängtes Objekt
dargestellt.*

Die Abbildungen waren von J. Dendl im offiziellen Grabungsbericht
von Dura-Europos (Carl Hermann Kraeling: The Excavations at
Dura Europos, Final Report VIII, The Synagoge, Part I.; Yale University Press, 1956) entdeckt worden.

Dura-Europos liegt am westlichen Ufer des mittleren Euphrat und
wurde um 312 von makedonischen Kolonisten erschlossen. Der
semitische Bevölkerungsanteil war von Anfang an groß. Die Stadt
wurde 272 n. Chr. aufgegeben und 1912 wiederentdeckt. Eine systematische Ausgrabung und Erforschung begann 1928.

Dabei wurde – neben zahlreichen anderen Gebäuden – auch die
Synagoge der Stadt freigelegt. Sie befindet sich nahe der westlichen
Stadtmauer. Innerhalb der Synagoge konnten mehrere Wandgemälde
entdeckt werden; der hellenistische Einfluß auf die sonst dem biblischen Bilderverbot unterliegenden Juden wird dabei sichtbar.

Zwei Gemälde an der Nord- und Westwand der Synagoge stellen
Szenen aus der Zeit der Philisterkriege dar. Auf mehreren der Bilder ist

343

Eine Abbildung des Heiligen Zeltes. In der Zeltöffnung sind Strukturen zu erkennen, die an die von Tüchern enthüllte Manna-Maschine erinnern: die beiden Kugeln im unteren Bereich könnten die beiden Auffangbehälter darstellen, die Details darüber den oberen Teil des Gerätes.

ein Objekt zu sehen, das im Grabungsbericht als »Lade« bezeichnet wird.

Es ist auffällig, daß diese »Lade« in keiner Weise den Beschreibungen der Bibel (rechteckiger Kasten mit aufgesetzten Cherubim-Figuren) entspricht. Statt dessen haben wir es mit einem zylindrischen, an der Oberseite kuppelartig abgerundeten Objekt zu tun. Einzelne Details sind erkennbar, aber nicht zuzuordnen.

Obwohl keine direkte Parallele zur Manna-Maschine nach der Rekonstruktion Sassoons und Dales gezogen werden kann (möglicherweise stellt die Abbildung die mit Tüchern, Widder- und Dachsfellen verhüllte Maschine dar), ergeben sich doch interessante Zusammenhänge:

1. Das Objekt, das hier gezeigt wird und in Zusammenhang mit den Philisterkriegen steht (Entführung durch die Philister und die Ereignisse in der Philisterstadt Dagon), hat keine Ähnlichkeit mit der Bundeslade, obwohl die dargestellten Ereignisse den Beschreibungen der Vorgänge um die Lade in der Bibel entsprechen.

2. Der statt dessen abgebildete zylinderförmige Gegenstand mit abgerundetem Oberteil besitzt keine Entsprechung zu den in der Bibel erwähnten »Heiligen Geräten«, die sich während des Exodus im Stiftszelt oder später im Tempel Salomons befanden.

3. Würde man die Manna-Maschine mit Tüchern oder Fellen behängt haben, ergäbe sich ein oben abgerundeter, zylinderförmig erscheinender Gegenstand. Es ist interessant, darauf hinzuweisen, daß bereits Sassoon und Dale (1979) dieser Auffassung waren (»Bekleidung« des »Alten der Tage«, um ihn vor Staub und Schmutz zu schützen, S. 239, 299) und der Sohar exakt dies zu beschreiben scheint, nämlich in GHV 882:

Und von dieser »Hoheit und Ehre« hängen diese Tücher, die ihn bekleiden. Und sie sind im teuren Purpur des Königs. Denn es steht geschrieben [Ps. 104, 1]: »Denn Du bist in Hoheit und Ehre gekleidet.« Dies ist der Teil, der ihn bekleidet.

Ein weiteres Wandgemälde ist von außerordentlichem Interesse. Es findet sich an der nördlichen Wand der Synagoge und bedeckt diese vollständig. Abgebildet ist u. a. eine Szene, in der das »Heilige Zelt« dargestellt wird. In der Zeltöffnung erkennt man im unteren Bereich zwei nebeneinander befindliche Kugeln, darüber undefinierbare Gegenstände im Halbdunkel des Zeltes. Laut Grabungsbericht handelt es sich um das Räuchergefäß, die Kugeln werden als aufrechtstehende Schalen bezeichnet. Letzteres befindet sich allerdings in deutlichem Widerspruch zum Alten Testament, da dort von einer derartigen Gruppierung nichts bekannt ist.

Auffällig sind dagegen die deutlichen Parallelen zur Rekonstruktion der Manna-Maschine. Die beiden Kugeln im unteren Bereich würden demnach die beiden nebeneinander angebrachten Auffangbehälter für das produzierte Manna darstellen, die Gegenstände darüber die oberen Teile der Maschine. Auch die Größe der Gesamtkonfiguration entspricht den Maßen, die für die Maschine angenommenen werden müssen.

Somit sind die Gemälde in der freigelegten Synagoge von Dura-Europos möglicherweise die ersten uns bekannten antiken Darstellungen der Manna-Maschine. Vermutlich handelte es sich bei den Juden der Siedlung um Nachkommen der ins babylonische Exil gegangenen Israeliten. Unter ihnen müssen Priester gewesen sein, denen die wahre Beschaffenheit der Manna-Maschine noch bekannt war und die in ihrer griechischen Umgebung weitgehend von den damaligen theologischen Strömungen des Judentums isoliert waren. Während in der übrigen Welt die Maschine als Geheimnis galt und Informationen darüber nur in eingeweihten Kreisen weitergegeben wurden, kam es in Dura-Europos unter dem freigeistigen hellenistischen Einfluß sogar zu bildhaften Darstellungen des Gerätes. Damit wird vielleicht jetzt, 77 Jahre nach der Entdeckung Dura-Europos', die Bedeutung dessen bewußt, was hier wirklich gefunden wurde.

Quellenverzeichnis

Addison, C.: The Knight Templars. London, 1842.

Adolf, H.: New light on oriental sources for Wolfram's Parzival and other Grail romances. *Public. of the Modern Language Association,* 62, 1974.

Adolf, H.: Studien zur Gralssage (Eine Zusammenfassung). *Archiv für das Studium der neueren Sprachen,* 188, 1951.

Adolf, H.: Christendom and Islam in the Middle Ages: New light on »Grail Stone« and »Hidden Host«. *Speculum,* 32, 1957.

Adolf, H.: Holy City and Grail. The Pennsylvanien State University Press, Pennsylvanien, 1960.

Ambelain, R.: Jésus ou le mortel secret des Templiers. Paris, 1970.

Angst, G., Ehrismann, O. und Engels, H.: Wolfram von Eschenbach – Parzival – Titurel – Tagelieder. Transkriptions. Stuttgart, 1970.

Anne, E.: Gisors, son histoire, ses monuments. Gisor, 1938.

Anton, C.-G.: Versuch einer Geschichte des Tempelherrenordens. Leipzig, 1781.

Archer, T. A.: The crosaders. London, 1894.

Archipow, A. V.: Search for artificial cosmic radio emission. *G. Marx (Hrsg.): Bioastronomy – The Next Steps. Astrophysics and Space Library,* 144, *Kluwer Academic Publs., Dordrecht–Boston–London,* 1988.

Arcons, C.: Du flux et reflux de la mer et des longitudes . . . Paris, 1667.

Ash, G.: König Arthur. Düsseldorf, 1986.

Atienza, J. G.: La meta secreta de los Templarios. Barcelona, 1979.

Atienza, J. G.: La mística solar de los Templarios. Barcelona, 1983.

Atienza, J. G.: La rebelion del Grial. Barcelona, 1985.

Atienza, J. G.: Guia de la España templaria. Barcelona, 1985.

Baigent, M., Leigh, R. und Lincoln, H.: The Holy Blood and the Holy Grail. London, 1982.

Baigent, M., Leigh, R. und Lincoln, H.: The messianic legacy. London, 1986.

Bamm, P.: Eines Menschen Einfälle. München, 1978.

Barber, M.: The trial of the Templers. Cambridge, 1978.

Bardtke, H.: Die Handschriftenfunde am Toten Meer: Die Sekte von Qumran. Berlin, 1958.

Barker, E.: **The crosades.** London, 1923.

Barnard, M.: **Treasure Island!** In: *Imperial Oil Review,* August 1963.

Barret, P. und Gurgand, J.-N.: **Gott will es!** Herrsching, 1987.

Barthel, M.: **Was wirklich in der Bibel steht.** Düsseldorf, 1980.

Bayer, H.: **Gralsberg und Minnegrotte.** Berlin, 1978.

Bayer, H.: **Die Hochmittelalterliche Glaubenskrise im Spiegel der Literatur.** Stuttgart, 1983.

Beier, H. H.: **Kronzeuge Ezechiel.** München, 1985.

Beltz, W.: **Gott und die Götter.** Berlin und Weimar, 1975.

Bernard von Clairvaux: **De laude novae militiae ad milites Templi.** In: V. Mortet und P. Deschamps: Recueil des textes relativs à l'histoire de l'architecture et à la condition des architeces en France au moyen-age, XIIe–XIIIe siècles. Paris, 1929.

Berneck, L.: **Rätsel der Weltgeschichte.** Wien und Heidelberg, 1976.

Bertau, K.: **Wolfram von Eschenbach.** München, 1983.

Birch-Hirschfeld, A.: **Die Sage vom Gral.** München, 1923.

Blangis, L. N.: **Le prisonnier de la tour de Gisor.** Elbeus, 1873.

Blumrich, J. F.: **Da tat sich der Himmel auf.** Düsseldorf und Wien, 1973.

Bokor, C. v.: **Winkelmaß und Zirkel.** Wien, 1982.

Bond, F. B.: **Glastonbury Abbey.** Wellingborough, 1909, 1981.

Bordonove, G.: **Les Templiers.** Paris, 1963.

Bordonove, G.: **La vie quotidienne des Templiers.** Paris, 1975.

Borne, G. v. d.: **Der Gral in Europa.** Frankfurt, 1987.

Borst, A.: **Neue Funde und Forschungen zur Geschichte der Katharer.** *Historische Zeitschrift (HZ),* 174, 1952.

Brennan, J.: **The occult Reich.** Bergenfield, 1974.

Buitenen, J.A.B. (Hrsg.): **The Mahabharata.** University of Chicago Press, Chicago, 1973.

Bumke, J.: **Wolfram von Eschenbach.** München, 1970.

Burdach, K.: **Der Gral – Forschungen über seinen Ursprung und seinen Zusammenhang mit der Longinuslegende.** Stuttgart 1928 und Darmstadt, 1974.

Busch, F.-O.: **Wikinger-Segel vor Amerika.** Hameln und Hannover, 1966.

Büsching, J. G.: **Der Heilige Gral und seine Hüter.** *Museum für Altdeutsche Literatur und Kunst,* 1, 1809.

Busink, T. A.: **Der Tempel von Jerusalem.** Leiden, 1970.

Buttlar, J. v.: **Leben auf dem Mars.** München und Berlin, 1987.

Carlotto, M.: **Digital imagery analyses of unusual Martian surface features.** *Applied Optics,* 27, 1988.

Carmin, E. R.: **»Guru« Hitler.** Zürich, 1985.

Castellvillar, M. I. B.: **Wurde die Manna-Maschine auf Oak Island vergraben?** In: *Ancient Skies,* Sept.–Okt. 88, CH-Feldbrunnen/So, 1988.

Champbell, G. A.: **Die Tempelritter – Aufstieg und Verfall.** Stuttgart, 1938.

Charpentier, J.: **Die Templer.** Stuttgart, 1965.

Charpentier, L.: **Macht und Geheimnis der Templer.** Olten, 1978.

Charroux, R.: **Verratene Geheimnisse.** München und Berlin, 1973.

Closs, H. M. M.: **The meeting of the waters – An enquiry into the interrelationships of East and West in the mystery of the Grail.** Aryan Path, Bombay, 1948.

Compomanets, P.-R.: **Dissertaciones historicas del orden y cavalleria de los Templarios o resumen historical de sus principias.** Madrid, 1747.

Cox, L. J.: **An explanation for the absence of extraterrestrials on Earth.** *Quarterly Journal of the Royal Astronomical Society,* 17, 1976.

Crooker, W. S.: **The Oak Island quest.** Hantsport, 1985.

Dailliez, L.: **Les Templiers.** Paris, 1972.

Daniels, J. C.: **Wolframs Parzival, St. Johannes der Evangelist und Abraham Bar Chija.** Nijmegen, 1937.

Däniken, E. v.: **Beweise.** Düsseldorf und Wien, 1979.

Däniken, E. v.: **Prophet der Vergangenheit.** Düsseldorf und Wien, 1979.

Däniken, E. v.: **Purma Punku – das wirkliche Rätsel der Anden.** In: E. v. Däniken (Hrsg.): Kosmische Spuren, München, 1988.

Däniken, E. v.: **Habe ich mich geirrt?** München, 1985.

Däniken, E. v.: **Wir alle sind Kinder der Götter.** München, 1987.

Däniken, E. v. (Hrsg.): **Kosmische Spuren.** München, 1988.

Davies, N.: **Bevor Columbus kam.** Düsseldorf und Wien, 1976.

Davies, N.: **Die Azteken.** Düsseldorf und Wien, 1976.

Deardorff, J.: **Possible extraterrestrial strategy for Earth.** *Quarterly Journal of the Royal Astronomical Society,* 27, 1986.

Deardorff, J.: **Examination of the Embargo hypothesis as an explanation for the Great Silence.** *Journal of the British Interplanetary Society,* 40, 1987.

Deinert, W.: **Ritter und Kosmos im Parzival.** München, o. D.

Dopatka, U.: **Das Spiegelbild der Götter.** Bonn – Bad Godesberg, 1976.

Dopatka, U.: **Lexikon der Prä-Astronautik.** Düsseldorf und Wien, 1976.

Dopatka, U.: **Cargo-Kulte – gestern-heute-morgen.** Ancient Astronaut Society, CH-Feldbrunnen, 1982.

Dupuy, P.: **Historisches Tractat von dem Process wider den Ritterorden der Tempel-Herren.** Frankfurt, 1665.

Douglas-Bruce, J.: **The evolution of Arthurian romance.** Göttingen, 1928.

Dyson, F.: **Search for artificial stellar sources of infrared radiation.** *Science,* 131, 1960.

Ehrenberg, G.: **Symbolae physicae.** Frankfurt, 1823.

Ehrismann, G.: **Geschichte der deutschen Literatur bis zum Ausgang des Mittelalters (II).** München, MCMLIV.

Eistert, K.: **Der Ritterorden der Tempelherren in Schlesien.** In: *Archiv für schlesische Kirchengeschichte*, 14, Hildesheim, 1957.

Elie, H.: **A la gloire de Jesus Christ – Le Saint Gral.** Couiza, 1983.

Erdmann, C.: **Die Entstehung des Kreuzzugsgedankens.** Stuttgart, 1965.

Evola, J.: **Das Mysterium des Grals.** München, 1955.

Ertelt, A., Fiebag, J., Fiebag, P. und Sachmann, H.-W.: **Die kosmischen Eingeweihten.** Dortmund–Halver, 1981.

Falkenstein, C. C. v.: **Geschichte der drei wichtigsten Orden des Mittelalters, Templer, Johanniter und Marianer.** Dresden, 1830.

Fau, G.: **L'Affaire des Templiers.** Paris, 1972.

Feix, W.: **Eine Botschaft von Alpha Centauri?** In: E. v. Däniken (Hrsg.): Kosmische Spuren, München, 1988.

Ferrari, M.: **Von dem Stein der Weisen, wie man den bereiten soll.** Frankfurt, 1673.

Fiebag, J.: **Rätsel der Menschheit.** Luxemburg-Göttingen, 1982.

Fiebag, J.: **Die geheime Botschaft von Fatima.** Tübingen, 1986.

Fiebag, J.: **Marienerscheinungen – Kontakte zu außerirdischen Intelligenzen?** In: E. v. Däniken (Hrsg.): Kosmische Spuren, München, 1988.

Fiebag, P.: **Beschreibung eines außerirdischen Reliktes in der mittelhochdeutschen Parzival-Legende.** In: J. und P. Fiebag (Hrsg.): Aus den Tiefen des Alls, Tübingen, 1985.

Fiebag, J. und P.: **Der Gral – ein außerirdisches Gerät.** Vortrag, 8. Weltkonferenz der Ancient Astronaut Society, Wien, 1982.

Fiebag, J. und P.: **Wo blieb die Manna-Maschine?** Vortrag, 3. One-day-meeting der Ancient Astronaut Society, Horn/Bad Meinberg, 1983.

Fiebag, J. und P.: **Die Entdeckung des Heiligen Grals.** Luxemburg-Göttingen, 1984.

Fiebag, J. und P.: **Aus den Tiefen des Alls.** Tübingen, 1985.

Fiebag, J. und P.: **Die Suche nach dem Heiligen Gral.** In: R. Holbe (Hrsg.): Unglaubliche Geschichten, RTL-Edition, München, 1985.

Fiebag, J. und P.: **Chiron und Nereide – künstliche Objekte im Sonnensystem?** In: Erich von Däniken (Hrsg.): Kosmische Spuren, München, 1988.

Finke, H.: **Papsttum und Untergang des Templerordens.** Münster i. W., 1907.

Fiore, S.: **Les origines orientales de la légende du Graal: évolution des thèmes dans le cadre des cultures et des cultes.** *Cahiers de civilisation médiévale,* 10, 1967.

Fischer, W. (Hrsg.): **Der Wartburgkrieg.** Eisenach, 1935.

Foerster, W.: **Kristian von Troyes.** Halle, 1914.

Fogg, M.: Temporal aspects of the interaction among the first Galactic civilizations: The »Interdict Hypothesis«. *Icarus,* 69, 1987.

Frantzen, E.: Der heidnische Mythos vom Stein des Lebens. In: *Germanische-Romanische Monatszeitschrift,* 8/9, 1910.

Freitas, R.: There is no Fermi Paradox. *Icarus,* 62, 1985 a.

Freitas, R.: Extraterrestrial intelligence in the Solar System: Resolving the Fermi Paradox. *Journal of the British Interplanetary Society,* 36, 1985 b.

Freitas, R. und Valdes, F.: The search for extraterrestrial artifacts (SETA). International Astronautical Federation, 35. Kongreß, 1984.

Fuchs, W. (Hrsg.): Neue Beweise der Prä-Astronautik. Rastatt, 1979.

Gebhardt, B.: Geschichte des Templer-Ordens. In: *Preussische Jahrbücher,* 65, 1891.

Gelbhaus, S.: Über den Parzival Wolframs von Eschenbach (Mhd. Dichtung in ihrer Beziehung zur biblisch-rabbinischen Literatur). Frankfurt, 1890.

Gentes, L.: Zur Frage der Tatsächlichkeit von Kontakten zu Außerirdischen in Altertum und Vorzeit. Ergänzungsband zum Bericht über die Tagung der MUFON Central European Section in Ottobrunn, 1977.

Goetz, H.: Der Orient der Kreuzzüge in Wolframs Parzival. *Archiv für Kulturgeschichte,* 1, 1967.

Goldberg, A. M.: Untersuchungen über die Vorstellung von der Schekinah in der frühen rabbinischen Literatur. Berlin, 1969.

Göller, K.-H.: König Arthur in der englischen Literatur des späten Mittelalters. Göttingen, 1963.

Golther, W.: Parzival und der Graf in der Dichtung des Mittelalters und der Neuzeit. Stuttgart, 1925.

Golther, W.: Lohengrin. Stuttgart, 1928.

Gorion, M. J. ben: Die Sagen der Juden. Frankfurt am Main, 1962.

Gorny, J.: Croisés et templiers. Paris, 1974.

Götz, J.: Die Entwicklung des Wolframbildes von Bodmer bis zum Tode Lachmanns in der germanistischen und schönen Literatur. Dissertation, Universität Freiburg, 1940.

Gras, P.: L'ancienne église du Temple de Chalon. In: *Mémoires de la Société d'histoire et d'archéologie de Chalon-sur-Saone,* 32, Macon, 1947.

Gronvelle, P.-A.: Memoiren über die Tempelherren. Leipzig 1806.

Grundmann, H.: Religiöse Bewegungen im Mittelalter. Berlin, 1935.

Guinguard, M.: L'Ordes templiers. Paris, 1973.

Gülke, P.: Minnesänger. Wien, Köln und München, 1962.

Hagen, P.: Der Gral. Straßburg, 1900.

Hagen, V.: Sonnenkönigreiche. München, 1962.

Havemann, W.: **Geschichte des Ausganges des Tempelherrenordens.** Stuttgart, 1846.

Holl, A. und Kingson, J.: **Hexerei und Schwarze Kunst.** Glarus, 1979.

Harris, R. V.: **The Oak Island Mystery,** Toronto, 1967.

Hart, M.: **An explanation for the absence of Extraterrestrials on Earth.** *Quarterly Journal of the Royal Astronomical Society,* 16, 1975.

Hauck, A. (Hrsg.): **Real-Encyclopädie für protestantische Theologie und Kirche (Bd. 17).** Leipzig, 1899.

Haussig, H. W.: **Götter und Mythen im alten Europa – Wörterbuch der Mythologie II.** Stuttgart, 1973.

Heffner, R. M. S.: **Collected indexes to the works of Wolfram von Eschenbach.** The University of Wisconsin Press, Madison, 1961.

Heinzel, J. (Hrsg.): **Wolfram von Eschenbach: Titurel.** Göppingen, o. D.

Heinzel, R.: **Über die französischen Gralsromane.** Kaiserl. Akademie der Wissenschaften, Sitzungsberichte, Wien, 1891.

Heinzel, R.: **Über Wolfram von Eschenbachs Parzival.** Kaiserl. Akademie der Wissenschaften, Sitzungsberichte, Wien, 1893.

Hennes, J. H.: **Die Tempelherren in Mainz.** In: *Zeitschrift des Vereins zur Erforschung des Rhein. Geschichte und Altertümer in Mainz,* 1, Mainz, 1845.

Hergenröther, J. Cardinal und Kaulen, F.: **Kirchenlexikon oder Encyclopädie der katholischen Theologie und ihrer Hilfswissenschaften (X).** Freiburg, 1897.

Herm, G.: **Die Phönizier.** Düsseldorf und Wien, o. D.

Hermann, E.: **Am Himmel das Kreuz des Südens.** Klagenfurt, 1973.

Hermann, P.: **Sieben vorbei und acht verweht.** Hamburg, 1978.

Hertz, W.: **Parzival von Wolfram von Eschenbach.** Stuttgart und Berlin, 1906.

Herzog, G. (Hrsg.): **Real-Encyclopädie für protestantische Theologie und Kirche (XIII).** Gotha, 1860.

Hiestand, R.: **Papsturkunden für Templer und Johanniter.** Göttingen, 1972.

Hilka, A. (Hrsg.): **Kristian von Troyes Cliges.** Halle, 1921.

Hilka, A. (Hrsg.): **Der Percevalroman (Li Contes del Graal).** Halle, 1932.

Hirschmann, T.: **Tempelherren in Deutschland.** In: *Historische Blätter für das katholische Deutschland,* 159, 1917.

Hofer, S.: **Chrestian de Troyes.** Graz und Köln, 1954.

Höhne, H.: **Der Orden unter dem Totenkopf.** München, 1976.

Holland, J.: **Tractatus de lapside philosophico oder vom Stein der Weisen.** Frankfurt, 1669.

Hollis, C. und Brownrigg, R.: **Heilige Stätten im Heiligen Land.** Hamburg, 1969.

Holroyd, S. und Labert, D.: **Rätselhafte Funde der Geschichte.** Glarus, 1979.

Holtzmann, R.: **Wilhelm von Nogaret.** Freiburg i. Br., 1898.

Hurley, F.: **Pearls and savages – Adventures in the air, on land and sea in New Guinea.** New York – London, 1924.

Hüser, K.: **Wewelsburg 1933 bis 1945 – Eine Dokumentation.** Paderborn, 1982.

Hutin, S. (Hrsg.): **Die großen Geheimbünde.** Wiesbaden, 1979.

Iselin, L. E.: **Der morgenländische Ursprung der Grallegende.** Halle, 1909.

Ivanoff, P.: **Maya.** Wiesbaden, 1974.

Jackson, W. T. H.: **Die Literatur des Mittelalters.** Heidelberg, 1967.

Jacob, C.: **Recherches historiques sur les Croisades et les Templiers.** Paris, 1828.

James, E. O.: **Myth and ritual in the ancient Near East. An Archaeological and documentary Study.** London, 1958.

Jones, E.: **Colonization of the Galaxy.** Icarus, 28, 1976.

Josephus, F.: **Antiquities of the Jews.** London, 1872.

Josephus, F.: **Jewish war.** London, 1872.

Juergens, J.: **Der biblische Moses als Pulver- und Dynamitfabrikant.** München, 1920.

Jung, E.: **Die Gralslegende in psychologischer Sicht.** Zürich und Stuttgart, 1960.

Jungmann, B.: **Clemens V. und die Aufhebung des Tempelordens.** In: *Zeitschrift für katholische Theologie,* V, 1881.

Kahane, H. und R.: **Proto-Perceval and Proto-Parzival.** *Zeitschrift für romanische Philologie,* 79, 1963.

Kahane, H., Kahane R. und Pietrangeli, A.: **The krater and the Grail: Hermetic sources of the Parzival.** *Illinois Studies in Language and Literature,* Urbana, Ill., 1965.

Kaltenbrunner, G.-K. (Hrsg.): **Geheimgesellschaften und der Mythos der Weltverschwörung.** Freiburg, 1987.

Kampus, F.: **Die Mär von der Bestattung Karls des Großen – Zur Karlslegende und zur Gralssage.** Köln, 1918.

Kanjilal, D. K.: **Fliegende Maschinen und Weltraumstädte im antiken Indien.** In: J. und P. Fiebag (Hrsg.): Aus den Tiefen des Alls, Tübingen, 1985.

Kanjilal, D. K.: **Fliegende Maschinen im alten Indien.** In: E. v. Däniken, Habe ich mich geirrt? München, 1985.

Kanjilal, D. K.: **Unterwasser- und Weltraumstädte in altindischen Texten.** In: E. v. Däniken (Hrsg.): Kosmische Spuren, 1988.

Karg-Gasterstädt, E.: **Zur Entstehungsgeschichte des Parzival.** Halle, 1925.

Kautzsch, E.: **Die Apokryphen und Pseudepigraphen des Alten Testaments.** Tübingen, 1900.

Keller, W.: **Und die Bibel hat doch recht.** Düsseldorf und Wien, 1955.

Keller, W.: **Und wurden zerstreut unter alle Völker.** München und Zürich, 1966.

Kellermann, W.: **Aufbaustil und Weltbild Chrestian von Troyes im Perceval-roman.** Halle, 1963.

Kluge, M. (Hrsg.): **Das Buch Merlin.** München, 1988.

Knorr von Rosenroth, C.: **Kabbalah Denudata.** Sulzbach und Frankfurt, 1677–1684.

Kolb, H.: **Schola Humilitatis.** Beitr., 78, München, 1956.

Kolb, H.: **Munsalvaesche.** München, 1963.

Krause, S.: **Das Echo auf den Templerprozeß in der Historiographie.** Dissertation an der Universität zu Wien, Wien, 1969.

Krassa, P.: **Gott kam von den Sternen.** Freiburg, 1974.

Krassa, P. und Habeck, R.: **Licht für den Pharao.** Luxemburg und Göttingen, 1982.

Krassa, P. und Farkas, V.: **Lasset uns Menschen machen.** München, 1985.

Krueck v. Poturzyn, M. J.: **Der Prozeß gegen die Templer.** Stuttgart, 1963.

Kühmel, J. (Hrsg.): **Wolfram von Eschenbach – Parzival.** Göppingen, 1971.

Kuiper, T. und Morris, M.: **Searching for extraterrestrial civilizations.** *Science,* 196, 1977.

Lachmann, K.: **Wolfram von Eschenbach.** Berlin und Leipzig, 1926.

Lambert, E.: **L'Architecture des Templiers.** Paris, 1954.

Laude-Nash, H.: **3000 Jahre Jerusalem.** Tübingen, 1964.

Laufer, B.: **The preshistory of aviation.** Field Museum of Natural History, *Anthropological Series,* Volume XVIII, No. 1, Chicago, 1928.

Lees, B. A.: **Records of the Templars in England in the twelfth Century.** London, 1935.

Legman, G.: **La culpabilité des Templiers.** Paris, 1970.

Lehmann, A.: **Aberglaube und Zauberei von den ältesten Zeiten bis in die Gegenwart.** Stuttgart, 1907.

Le Jeune, C.: **Historie critique et apologétique de l'ordre des chevaliers du Temple de Jérusalem.** Paris, 1789.

Leitzmann, A. (Hrsg.): **Wolfram von Eschenbach.** Halle, 1948.

Léjeune, R.: **Préfiguration du Graal.** *Studi Medievali,* 17, 1951.

Lewis, L. S.: **St. Joseph of Arimathea at Glastonbury.** Cambridge, 1922, 1955.

Lincoln, H., Baigent, M. und Leigh, R.: **Der Heilige Gral und seine Erben.** München, 1984.

Lincoln, H., Baigent, M. und Leigh, R.: **Das Vermächtnis des Messias.** München, 1987.

Lizerand, G.: **Le dossier de l'affaire des Templiers.** Paris, 1923.

Lobet, M.: **Le fils du Temple.** Brüssel, 1977.

Louis, R.: **Une source islamisante du Parzival du Wolfram von Eschenbach.** Paris, 1959.

Loomis, Sherman, Roger: The Grail from celtic myth to christian Symbol. University of Wales Press, Cardiff, 1953.

Loomis, Sherman, Roger: The development of Arthurian romance. Hutchison University Library, London, 1963.

Loomis, Sherman, Roger (Hrsg.): Arthurian literature in the Middle Ages. Oxford University Press, 1959.

Lundgren, F.: Wilhelm von Tyrus und der Templerorden. Berlin, 1911.

Lundgren, F.: Zur Geschichte des Templerordens. In: *Mitteilungen des Instituts für österreichische Geschichtsforschung,* 35, Innsbruck, 1914.

Lyon, D. M.: History of the Lodge of Edinburgh. Edinburgh, 1900.

Mahieu, J. de: Die Templer in Amerika. Tübingen, 1979.

Maier, J.: Jesus von Nazareth in der talmudischen Überlieferung. Darmstadt, 1978.

Mailly, A.: Der Tempelherrenorden in Niederösterreich in Geschichte und Sage. Wien, 1923.

Mandel, G. und Eisele, P.: König Salomo. München und Zürich, 1981.

Marcel, L.: La tragique historie de l'ordre du Temple. Brüssel, 1954.

Mariel, P.: Guide pittoresque et occulte des Templiers. Paris, 1973.

Martin, E.: Zur Gralssage. 1880.

Martin, E.: Wolfram von Eschenbach – Parzival und Titurel. Halle, 1903.

Massa, A.: Die Welt der Phönizier. München und Berlin, 1977.

Mayer, H. E.: Geschichte der Kreuzzüge. Stuttgart, 1970.

Mellor, A.: La Charte inconnue de la France-maconnerie. Paris, 1963.

Melville, M.: La vie des Templiers. Paris, 1951, 1974.

Mergell, B.: Wolfram von Eschenbach und seine französischen Quellen, II. Münster, 1943.

Mergell, B.: Der Gral in Wolframs Parzival. München, MCMLX.

Merzdorf, J.: Die Geheimstatuten des Ordens der Tempelherren, nach Abschriften eines vorgeblich im Vatikanischen Archive befindlichen Manuscriptes. Halle, 1877.

Messiha, K.: Flugzeugmodelle im alten Ägypten. In: J. u. P. Fiebag (Hrsg.): Aus den Tiefen des Alls, Tübingen, 1985.

Mohr, W.: Wolfram von Eschenbach. Göppingen, 1979.

Morell, V.: The pit and the perplexities. In: *Equinox,* Mai/Juni 1983.

Muehsam, A.: Coin and temple. Leiden, 1966.

Mund, R. J.: Der Rasputin Himmlers. Wien, 1985.

Münster, F.: Statutenbuch des Ordens der Tempelherren. Berlin, 1794.

Navia, L. E.: Unsere Wiege steht im Kosmos. Wien und Düsseldorf, 1976.

Nelli, R.: Les Cathares. Paris, 1964.

Nelli, R.: La philosophie du catharesme. Paris, 1978.

Nell von Nellenburg, F. Frhr. v.: Baphomet, Actenstücke zu den durch Joseph Hammers Mysterium Baphometis relevatum wieder angeregten Prozesse gegen die Tempelherren. Wien, 1820.

Nellmann, E.: Wolframs Erzähltechnik. Wiesbaden, 1976.

Neu, H.: Bibliographie des Templerordens. Bonn, 1965.

Newman, W. und Sagan, C.: Galactic civilizations – Population dynamics and interstellar diffusion. *Icarus,* 46, 1981.

Nicklas, M., Fiebag, J. und Fiebag, P.: Der Huaxteken-Galvanisierer. In: E. v. Däniken (Hrsg.): Kosmische Spuren, München, 1988.

Nicolai, C. F.: Versuch über die Beschuldigungen welche dem Tempelherrenorden gemacht wurden, und über dessen Geheimniß. Berlin, 1789.

Niel, F.: Les Cathares de Montségur. Paris, 1973.

Noerlinger, H. S.: Moses und Ägypten. Heidelberg, 1957.

Nolting, I.: Die Stellung der Liebeskasuistik im höfischen Roman. Heidelberg, 1959.

O'Conner, D.: The Money Pit. New York, 1978.

Oliver, A.: Les Templiers. Paris, 1958.

Olschki, L.: Die romantischen Literaturen des Mittelalters. Potsdam, 1932.

O'Neill, G.: Space colonies and energy supply to the Earth. *Science,* 190, 1974. Siehe auch: O'Neill, G.: Unsere Zukunft im All. Bern und Stuttgart, 1978.

Oursel, R.: Le procès des Templiers. Paris, 1959.

Owen, D. D. R.: The evolution of the Grail legend. Northwestern University Press, Evanston, Illinois, 1969.

Palgen, R.: Der Stein der Weisen. Breslau, 1922.

Palmer, E. H.: Der Schauplatz der vierzigjährigen Wüstenwanderung Israels. Gotha, 1876.

Papagiannis, M. D.: Are we all alone, or could they be in the Asteroid Belt? *Quarterly Journal of the Royal Astronomical Society,* 19, 1978.

Papagiannis, M. D.: The search for extraterrestrial civilizations – A new approach. *Mercury,* Jan.–Feb., 1982.

Papagiannis, M. D.: The importance of exploring the Asteroid Belt. *Acta Astronautica,* 10, 1983.

Papagiannis, M. D.: Natural selection of stellar civilizations by the limits of growth. *Quarterly Journal of the Royal Astronomical Society,* 25, 1984.

Papagiannis, M. D. (Hrsg.): The search for extraterrestrial life – Recent developments. International Astronomical Union, 1985.

Parker, T.: The Knights Templars in England. Tuscon, 1963.

Payne, R.: The holy sword. New York, 1959.

Payne, R.: Die Kreuzzüge. Zürich, 1986.

Pelzel, F.-M.: Beyträge zur Geschichte der Tempelherren in Böhmen und Mähren. Prag, 1798.

Piekalkiewicz, J.: Da liegt Gold. München, 1971.

Piper, P.: Wolfram von Eschenbach – Parzival (I und II). Stuttgart, 1890.

Pollmann, L.: Christian de Troyes und der Conte del Graal. Tübingen, 1965.

Ponsoye, P.: L'Islam et »le Graal« – Etude sur l'ésotérisme du Parzival de Wolfram von Eschenbach. Paris, 1957.

Prause, G.: Herodes der Große, König der Juden. Hamburg, 1977.

Probst, B.: Les mystères des Templiers. Nizza, 1947.

Prutz, H.: Untersuchungen zur Geschichte des Templerordens. Göttingen, 1979.

Rahn, O.: Kreuzzug gegen den Gral. Freiburg, 1933.

Rahn, O.: Luzifers Hofgesind. Struckum, 1985.

Rattinger, D.: Die Aufhebung des Templer-Ordens und die ältesten geschichtlichen Zeugen. In: *Stimmen aus Maria-Laach, Katholische Blätter*, 33, 1887.

Rauschning, H.: Gespräche mit Hitler. Zürich, 1940.

Ravenscroft, T.: The spear of destiny. Maine, 1982.

Ravenscroft, T.: Der Kelch des Schicksals. Basel, 1982.

Regnier, L.: Les historiens de Gisor. Pontoise, 1912.

Richter, H. (Hrsg.): Cluny. Darmstadt, 1966.

Richthofen, E. Frhr. v.: Studien zur romanischen Heldensage des Mittelalters. Halle, 1944.

Ringbohm, L.-I.: Graltempel und Paradies. *Vitterhets Hiestrie och Antikvitets Akademiens Handlingar*, 73, Stockholm, 1951.

Robert de Boron: Die Geschichte vom Heiligen Gral. Stuttgart, 1958.

Ruh, K. (Hrsg.): Wolfram-Studien. Berlin, 1970.

Rupp, H.: Wolfram von Eschenbach. Darmstadt, 1966.

Runciman, S.: Geschichte der Kreuzzüge (II). München, MCMLVII.

Sachmann, H.-W.: Die Epoche der Engel. Baden-Baden, 1980.

Sagan, C.: White dwarfs, little green men, and tales of the Ancient Astronauts. *Omni*, New York, 1979.

Sandkühler, K.: Christian de Troyes – Perceval oder Die Geschichte vom Gral. Rastatt, 1963.

Sandkühler, K.: Christian de Troyes – Irrfahrt und Prüfung des Ritters Parceval. Stuttgart, 1964.

San-Marte: Über das Religiöse in den Werken Wolframs von Eschenbach und die Bedeutung des Heiligen Grals in dessen »Parzival«. Halle, 1861.

Sassoon, G. und Dale, R.: Die Manna-Maschine. Rastatt, 1979.

Schafarschick, W.: Wolfram von Eschenbach, Die großen Klassiker, Bd. 19. Salzburg, 1983.

Schäfer, H.-W.: **Kelch und Stein.** Frankfurt und Bern, 1983.

Schellenberg, W.: **Aufzeichnungen.** Wiesbaden, 1979.

Scherr, J.: **Das Rätsel des Tempels.** In: *Gartenlaube,* 1865.

Schirmer, W. F.: **Die frühen Darstellungen des Arthurstoffes.** Köln und Opladen, 1958.

Schirok, B.: **Parzivalrezeption im Mittelalter.** Darmstadt, 1982.

Schmitz, P., O.S.B.: **Geschichte des Benediktinerordens.** Einsiedeln und Zürich.

Schmitz-Valchenberg, G.: **Grundlehren katharischer Sekten des 13. Jahrhunderts.** München, 1971.

Schneider, H.: **Geschichte der deutschen Literatur – Heldendichtung, Geistlichendichtung, Ritterdichtung.** Heidelberg, 1943.

Schnürer, G.: **Templer.** In: Lexikon für Theologie und Kirche, IX, Freiburg i. Br., 1937.

Scholem, G.: **Das Buch Bahir.** Leipzig, 1923.

Scholem, G.: **Zur Entwicklung der kabbalistischen Konzeption der Schechina.** Frankfurt, 1952.

Scholem, G.: **Die jüdische Mystik in ihren Hauptströmungen.** Frankfurt, 1957.

Scholem, G.: **Von der mystischen Gestalt der Gottheit.** Frankfurt, 1962.

Schonfield, H.: **The Essene odyssey.** Shaftesbury, GB-Dorset, 1984.

Schonfield, H.: **Die Essener.** Südergellersen, 1985.

Schottmüller, K.: **Der Untergang des Templerordens. Mit urkundlichen und kritischen Beiträgen.** Berlin, 1887; Wiesbaden, 1970.

Schreiber, A.: **Neue Bausteine zu einer Lebensgeschichte Wolframs von Eschenbach.** Frankfurt, o. D.

Schröder, L. v.: **Die Wurzel der Sage vom Heiligen Gral.** Wien, 1910.

Schröder, F. R.: **Die Parzivalfrage.** München, 1928.

Schröder, W.: **Der Ritter zwischen Welt und Gott.** Weimar, 1952.

Schwarzenfeld, G. v.: **Cornwall – König Arthurs Land.** München und Wien, 1977.

Schwarzmann, D. W.: **The absence of extraterrestrials on Earth and the prosepects for CETI.** *Icarus,* 32, 1977.

Schwietering, J.: **Die deutsche Dichtung des Mittelalters.** Potsdam, 1941.

Sède, G. de: **Die Templer sind unter uns oder Das Rätsel von Gisor.** Berlin, Frankfurt und Wien, 1963.

Segl, P.: **Ketzer in Österreich.** Paderborn, 1984.

Serbanesco, G.: **Historie de l'ordre des Templiers et les croisades.** Paris, 1969.

Shanks, H.: **The city of David.** The Biblical Archaeological Society, Washington, 1975.

Siebenhaar, W.: **Geheimnis um Oak Island.** In: E. v. Däniken (Hrsg.): Kosmische Spuren, München, 1988.

Simon, H. und M.: **Geschichte der jüdischen Philosophie.** München, 1984.

Simrock, K.: **Parzival von Wolfram von Eschenbach.** Stuttgart, 1861.

Singer, S.: **Wolframs Stil und der Stoff des Parzival.** Kaiserl. Akademie der Wissenschaften, Sitzungsberichte, Wien, 1916.

Slysh, V. I.: **A search in the infrared to microwave for astro-engineering acitivity.** In: M. D. Papagiannis (Hrsg.): The Search for Extraterrestrial Life – Recent Developments, Internationale Astronomische Union, 1985.

Snellmann, W.: **Das Haus Anjou und der Orient in Wolframs »Parzival«.** G. F. Callenbach, Uitgever-Nijkerk, 1941.

Soisson, P. und J.: **Das Leben der Azteken.** München und Berlin, 1978.

Stapel, W.: **Parzival.** Langen-Müller, München und Wien, 1977.

Staude, W.: **Die äthiopische Legende von der Königin von Saba und die Parsival-Erzählung Wolfram von Eschenbachs.** In: *Archiv für Völkerkunde,* XII, 1957.

Stein, G. H.: **Geschichte der Waffen-SS.** Düsseldorf, 1978.

Steinbauer, F.: **Die Cargo-Kulte als religionsgeschichtliches und missionstheologisches Problem.** Dissertation, Universität Erlangen, 1971.

Stern, S. M.: **Les vers finau en espagnol dans les Muwassahs hispano-hébraiques.** Paris, 1948.

Sterzenbach, T.: **Ursprung und Entwicklung der Sage vom Heiligen Gral.** Münster, 1908.

Taylor, J.: **Rosslyn.** Glasgow, o. D.

Temple, R.: **Das Sirius-Rätsel.** Frankfurt, 1977.

Tierney, J., Wright, L. und Springen, K.: **The search for Adam and Eve.** *Newsweek,* New York, 11. Januar 1988.

Tipler, F. J.: **Extraterrestrial beings do not exist.** *Quarterly Journal of the Royal Astronomical Society,* 21, 1980.

Trunz, A.: **Zur Geschichte des letzten Templermeisters.** Fribourg, 1919.

Ulzen, U. (Hrsg.): **Wolfram von Eschenbach – Parzival (Tk).** Göppingen, 1941.

Vickery, A. R.: **Holy Thorn of Glastonbury.** Guernsey, 1979.

Vielhauer, P.: **Geschichte der urchristlichen Literatur.** Einleitung in das Neue Testament, die Apokryphen und die Apostolischen Väter. Berlin, 1975.

Wais, K. (Hrsg.): **Die Arthurischen Sagen.** Darmstadt, 1970.

Walsh, J.: **Das Grabtuch Christi.** Bergisch-Gladbach, 1979.

Wapnewski, P.: **Wolframs Parzival – Studien zur Religiösität und Form.** Heidelberg, 1955.

Watzinger, C.: **Denkmäler Palästinas. Eine Einführung in die Archäologie des**

Heiligen Landes. *I.* Von den Anfängen bis zum Ende der israelitischen Königszeit. *II.* Von der Herrschaft der Assyrer bis zur arabischen Eroberung. Berlin, 1911.

Weber, G.: Parzival, Ringen und Vollendung. Oberursel, 1948.

Weber, G.: Wolfram von Eschenbach – Parzival (Text, Nacherzählung, Worterklärung). Darmstadt, 1967.

Weber, K. J.: Das Ritter-Wesen und die Templer, Johanniter und Marianer oder Deutsch-Ordens-Ritter insbesondere. Stuttgart, 1822–1824.

Wechsler, E.: Die Sage vom Gral. Halle, 1898.

Weston, J. L.: From ritual to romance. Garden City N. Y., 1957.

Wheeler, R. R.: Le Graal pyrénéen. In: *Archives de Mont Ségur et du Saint Graal.* Paris, 1957.

Wilcke, W. F.: Geschichte des Tempelherrenordens. Leipzig, 1826.

Wilcox, R. K.: Das Turiner Grabtuch. Düsseldorf, 1978.

Wildermann, A. K.: Die Beurteilung des Templerprozesses bis zum 17. Jahrhundert. Freiburg, 1971.

Williams, M.: Some aspects of the Grail problem. *Folklore,* 71, 1960.

Winkler, H. A.: Siegel und Charakter in der muhammedanischen Zauberei. Berlin und Leipzig, 1930.

Wolf, W.: Grundsätzliches zu einer Ausgabe des Jüngeren Titurel II (Der Graltempel). *Zeitschr. für deutsches Altertum,* 79, 1942.

Wolf, W.: Der Vogel Phönix und der Gral. In: Studien zur deutschen Philologie des Mittelalters, Friedrich Panzer zum 80. Geburtstag 1950 dargebracht. Hrsg. von Richard Kienast, Heidelberg, 1950.

Wolfram von Eschenbach: Parzival, Studienausgabe. Berlin, 1965.

Wollasch, J.: Neue Forschungen über Cluny und die Clunyacenser. Freiburg, 1959.

Worsley, P.: Die Posaune wird erschallen – »Cargo«-Kulte in Melanesien. Frankfurt, 1973.

Yadin, Y.: Der letzte Kampf um die Festung des Herodes. Hamburg, 1972.

Zehetbauer, M.: Jesus? Die Ergebnisse der Grabtuchforschung. Planegg, 1986.

Zöckler, O. (Hrsg.): Die Apokryphen des Alten Testaments. München, 1891.

Zuckerman, B.: Stellar evolution – Motivation for mass interstellar migrations. *Quarterly Journal of the Royal Astronomical Society,* 26, 1985.

Die Bibel. Nach der Übersetzung Martin Luthers, Württembergische Bibelanstalt, Stuttgart, 1973.

Die Heilige Schrift. Approbierte Übersetzung von V. Hamp und M. Stenzel, Pattloch-Verlag, Aschaffenburg, 1972.

Die Kabbalah. Übersetzt von Julius Nestler. Abi Melzer Productions, Dreieich und Fourier Verlag, Wiesbaden, o. D.

Bibliotheka Apostolica Vaticana, Catalogo di Vendita. No. 56/1987. Vatikan-Stadt, 1987.

Das Drama der Katharer. Frankfurter Allgemeine Zeitung, Nr. 249/1985.

Geheimarchive des Vatikans. Regist. Aven. No. 48. Bendicti XX, Bd. I, Blätter 448–451.

Glastonbury, The isle of Avalon. Illustrated Guide. Glastonbury, o. D.

Glastonbury Abbey. London, 1973.

Zufluchtstätte der Templer. Bayerische Staatszeitung, Nr. 16/85.

*Die letzten Seiten dieses Buches sind nicht die letzten »Sei-
ten« in der Geschichte der ENTDECKUNG DES GRALS.
Noch steht das wichtigste Kapitel, die Wiederauffindung der
Manna-Maschine in unserer Zeit, bevor ...*

Wir arbeiten daran.

Personenregister

Aaron 95, 121, 138, 150, 152, 154, 158, 160, 166 ff., 192, 336
Abd Ar-Rahman 202
Abd Ar-Rahman III. 202
Abihu 154, 167
Abraham 63, 192
Adam 191, 236
Agni 142
Ahab 122
Aichspalter, Peter 274
Aiscelin, Gille 248
Alanus ab Insulis 23
Alarich 252
Alexander II. 218
Alexander der Große 51
Andhaka 144
André von Montbard 232, 234
Andropow, Alexej 82
Anfortas 32, 34, 36, 38, 49, 51, 199, 213 f.
Archembald v. St. Amand 232
Armadi, André 245
Arthur 23 f., 28 f., 32 f., 35, 42, 44, 47, 49 ff., 277
Artus 24, 27, 29
Ashe, Geoffry 277, 307
Asiel 124
Asmodi 257, 260
Augustodunenis, Honorius 53
Avinski, Vladimir 78, 307

Baal 206
Baalat 209
Baigent, M. 249, 254, 258, 260, 267
Baisa-Lekhem 183, 185 ff., 321
Balduin II. 233 f.
Bamm, Peter 259
Ban de Gomoret 49

Bauch, Hermann 279, 282–286, 325
Beauvois, Eugene 290 f.
Beier, Hans Herbert 307 f., 325
Belacane 187
Belancane 25
Bergier, Jacques 261, 263, 307
Bernhard de Clairvaux 217, 234
Bernhard de Fontaine 232
Bertrand de Blanchefort 259
Bigou, Antoine 255
Bilquis (s. auch Königin v. Saba)
Birch-Hirschfeld, A. 216
Bisol, Gottfried 232
Blanceflor 42
Blumrich, Josef F. 91, 94, 124, 307 f., 325
Bochica 288
Bonifaz VIII. 264
Bouard, Michel de 18, 341
Bran 49
Breitenbach 97
Brendan, Hl. 287
Breuning, Max 266, 325
Bumke, Joachim 187, 194, 233, 307

Caath 132
Campell, Bruce 79
Cann, Rebecca 86
Carlotto, Mark 80, 307, 325
Castellvillar M.R.B. 302
Charpentier, Louis 221, 234, 264, 266, 288
Chrestian de Troyes 41 f., 44 f., 47 ff., 51, 55, 57 ff., 62 ff., 69, 112 f., 116 f., 126, 128, 131, 133, 196–201, 228, 231, 266, 278, 324
Christus 44, 285

Völker und geographische Begriffe

Sachregister